Nouveaux copains

HBJ
Foreign Language Programs

FRENCH

- **Nouveaux copains**
  Level 1

- **Nous, les jeunes**
  Level 2

- **Notre monde**
  Level 3

Nouveaux copains

 HARCOURT BRACE JOVANOVICH, PUBLISHERS
Orlando   San Diego   Chicago   Dallas

Printed in the United States of America
ISBN 0-15-381700-3

For permission to reprint copyrighted material, grateful acknowledgment is made to the following sources:

ATI: Classified advertisement for director of Africa programs from *The New York Times,* May 24, 1987.
Artists Rights Society, Inc.: Postcards, "Saint-Tropez," "Bassin d'Arcachon," and "Paris." Copyright 1987 by ARS, NY/SPADEM.
Bayard Presse: Chart, "Quel est le genre de film que vous choisissez?" from *Juniorscopie.* Published by Bayard Presse and Librairie Larousse.
Fabien Bonacorsi and AMP: Lettres à la carte No. LC318 greeting card, "Bon Anniversaire!," illustrated by Fabien Bonacorsi.
Casterman S. A. Editeurs: Tintin cartoon character from *Le Secret de la licorne* by Hergé. © by Hergé.
Dargaud Editeur: Lucky Luke cartoon character from *La Fiancée de Lucky Luke* by Guy Vidal, illustrated by Morris. Achille Talon cartoon character from "La Civilisation de sommations" in *Le Sort s'acharne sur Achille Talon* by Greg.
Editions Dupuis S. A., Charleroi, Belgium: Gaston Lagaffe and Spirou cartoon characters from *Gaston—Le géant de la gaffe* by André Franquin and from "Spirou fait du Cheval" in *4 Aventures de Spirou... Et Fantasio* by André Franquin. © by Franquin/Editions Dupuis.
Le Figaro: Television schedule from *Le Figaro,* April 24, 1987, p. 33. Copyright © 1987 by Le Figaro.

continued on p. 390

Writer
Emmanuel Rongieras d'Usseau

ACKNOWLEDGMENTS

We wish to express our gratitude to the young people pictured in this book, to their parents for their cooperation, and to the many people who assisted us in making this project possible.

NEW FRIENDS
Some of our friends have been renamed in the units to avoid any confusion between names. In the list that follows, their fictional role appears in parentheses next to their real name. Vanessa DuHomme, Cyril Torres, Prosper N'Criessan, Guillaume Cabrère, Cover; Sandrine Aubrit (Sylvie), Unit 11; Olivia Bonamy (Sherry), Unit 5, and (Marianne), Unit 9; Mme Bonnefoy (professeur), Unit 2; Bénédicte Boudet (Marie-France), Unit 1; Célia Boulanger (Sylvie), Unit 8; Hector Cabello (Laurent, Unit 2), Unit 3, 10; Nathalie Caissoti, Introduction, p. 1; Aude Camberlein (Sophie), Unit 5; Richard Cartier (Jean-Claude), Unit 1; Gwendoline Castel (Sabine), Unit 6; Xavier Castel (Loïc), Unit 7; Yves et Josiane Castel (M. et Mme Lambert), Unit 6; Marc Celerier (Olivier), Unit 1; Bruno Dartigues (Paul), Unit 8; Emmanuelle Déroulède (Catherine, Unit 3, 10), Unit 1; Nicole Dimartino (mother), Unit 11; Luck Dubois-Chabert (Renaud), Unit 3; Anne Elizabeth Dunn (Isabelle), Unit 10; Elisabeth Duquenne (Louise), Unit 6; Elsa Durando (Christine), Unit 11; Sonia Glasberg (Pauline), Unit 10;

Olivier Guichard (Guillaume), Unit 3; Anne-Marie Guillaud (Monique), Unit 6; Agnès Henry (Lynn), Unit 7; Bénédicte Henry (Anne), Unit 7; Pierre Hiessler (Marc), Unit 10; Jean-François Langlamel (Guillaume), Unit 6; Anne Legal, Unit 1, p. 35; Betty Madiouma (Angèle), Unit 1; Pierre Menand (dirtbiker), Unit 3; Alexane Nicoud (Michèle, Unit 2), Unit 1; Christophe Nocard (Jean), Unit 1; Marie-Thérèse Pradon (Delphine), Unit 2; Sandrine Rabardeau (Marie), Unit 11; Emmanuel Rebillard (Jeffrey), Unit 6; Joyce Rivière (Nathalie), Unit 2; Philippe Saurel (Jean, Unit 3), Unit 1; Christine Schmidt (Véronique), Unit 1; Marc Simeon (Serge), Unit 2; La famille Thiercelin, Unit 6, p. 187; Agnès Tourdjmann (Agnès), Unit 3; Joanna Troianos, Unit 10, p. 279; Christopher Vila (Patrick), Unit 11; Marc Villette (Olivier), Unit 2; Isabelle Vronsky, Unit 1, p. 35; Stéphane Zaffino, Unit 1, p. 35; David Zakovitch (Philippe), Unit 3, 10; Youri Zakovitch (Eric), Unit 10.

Our special thanks to the following people and institutions for their assistance in France.

Matthieu de Laborde, who introduced us to some of our friends; Mme Michèle Gattino-Alart, Principal of the Collège Marcel Pagnol in Montsoult, for allowing us to photograph her school and for her warm hospitality; the Office de Tourisme in Dinan for kindly supplying us with information; the Collège Alexandre Fleming in Grenoble; the Collège Jules Romains in Paris.

CONTENTS

COMMUNICATIVE FUNCTIONS	GRAMMAR	CULTURE
Socializing • Saying hello and goodbye • Saying how you are		Gestures the French use to greet one another
Exchanging information • Asking and giving names	The verb **s'appeler**— singular	French names The first day of school in France
Exchanging information • Asking and saying where someone is from	Subject pronouns and the verb **être** Singular noun markers— gender	Cities of the French-speaking world
Counting • Learning numbers from 0 to 20		Gestures the French use to count
Recombining communicative functions, grammar, and vocabulary		French students meet in a cafe
Reading for practice and pleasure		Countries of the French-speaking world Greetings on postcards French family names

COMMUNICATIVE FUNCTIONS	GRAMMAR	CULTURE
Exchanging information • Talking about how you come to school • Saying how often you do something	The verb **venir**	Transportation and driving in France
Exchanging information • Talking about school subjects • Telling time **Expressing feelings and emotions** • Saying how you feel about your subjects	The verb **avoir** **Liaison** and **élision**	Education in France
Exchanging information • Saying what you need for school • Asking about prices of school supplies	Plural noun markers **des, les, ces**	French money School vacations in France
Recombining communicative functions, grammar, and vocabulary		A French boy talks about his school and subjects
Reading for practice and pleasure		A French girl's reaction to school Books for school and for leisure reading Bulletin board notices of extracurricular activities

	BASIC MATERIAL

COMMUNICATIVE FUNCTIONS	GRAMMAR	CULTURE
Exchanging information • Talking about your favorite sports	The verb **faire**	Sports in France
Expressing feelings and emotions • Saying what you like to do in your free time	Verbs ending in **-er**	Favorite leisure activities of French young people
Expressing feelings and emotions • Saying which TV shows you like, dislike, or prefer	The negative **ne... pas** Asking questions	TV in France
Recombining communicative functions, grammar, and vocabulary		French friends participate in different sports during different seasons
Reading for practice and pleasure		Interview with a cycling champion French students tell how they find time for both sports and their studies
Reviewing communicative functions, grammar, and vocabulary		Leisure activities in Quebec

DEUXIEME PARTIE

COMMUNICATIVE FUNCTIONS	GRAMMAR	CULTURE
Exchanging information • Talking about going to France • Telling time • Using official time **Counting** • Learning numbers from 20 to 1,000	The verb **aller** Prepositions with names of cities and countries	Official time in schedules French cities and provinces
Exchanging information • Asking for information • Asking for directions • Giving directions	Contractions with the preposition **à** Contractions with the preposition **de** Asking questions	Charles de Gaulle Airport
Exchanging information • Saying what you're going to do **Socializing** • Making a phone call • Apologizing	Verbs ending in **-re**	Telephoning in France Some sights of Paris
Recombining communicative functions, grammar, and vocabulary		A clerk at the information desk in Charles de Gaulle Airport talks about his work
Reading for practice and pleasure		Famous French planes and pilots

COMMUNICATIVE FUNCTIONS	GRAMMAR	CULTURE
Socializing • Welcoming people **Persuading** • Making requests or giving commands **Exchanging information** • Talking about your home	Making requests or giving commands Pronouns referring to things	A French home
Exchanging information • Talking about family relationships • Talking about professions • Talking about age	Possessive adjectives	A French family Occupations
Exchanging information • Talking about food and meals **Expressing feelings and emotions** • Expressing annoyance • Saying what food you like **Socializing** • Accepting and refusing food	The verb **prendre** How to indicate quantity	Typical French meal French table setting
Recombining communicative functions, grammar, and vocabulary		A letter about a French family
Reading for practice and pleasure		How a guest in a French home should behave

	BASIC MATERIAL

COMMUNICATIVE FUNCTIONS	GRAMMAR	CULTURE
Exchanging information • Talking about France • Describing where people live	Adjectives: agreement and position	Cities and provinces in France
Persuading • Making suggestions **Exchanging information** • Talking about the weather	The pronoun **y** Making suggestions	The town of Dinan Brittany Temperatures on the Celsius scale
Exchanging information • Describing different places • Telling where places are located	The adjectives **beau** and **vieux** The verb **connaître**	The town of Dinan **La Maison des Jeunes et de la Culture**
Recombining communicative functions, grammar and vocabulary		Two boys play detective in their small provincial town
Reading for practice and pleasure		French young people's reactions to life in the city and the country
Reviewing communicative functions, grammar, and vocabulary		Some sights of Paris The Parisian subway

TROISIEME PARTIE

BASIC MATERIAL

COMMUNICATIVE FUNCTIONS	GRAMMAR	CULTURE
Exchanging information • Speaking about where to go and what to do **Expressing feelings and emotions** • Saying what you like to do	Verbs ending in **-ir: sortir**	Places where French teenagers go when they go out together
Socializing • Inviting your friends to go out • Accepting or refusing an invitation	The verbs **pouvoir** and **vouloir**	Reasons why French teenagers like to go out and reasons why they can't
Exchanging information • Discussing which movie to see **Expressing feelings and emotions** • Saying what you think about a movie	Verbs ending in **-ir: choisir**	Going to the movies in France
Recombining communicative functions, grammar, and vocabulary		A French boy describes what he and his American pen pal might do during the American's visit to France
Reading for practice and pleasure		A rock concert at La Grande-Motte

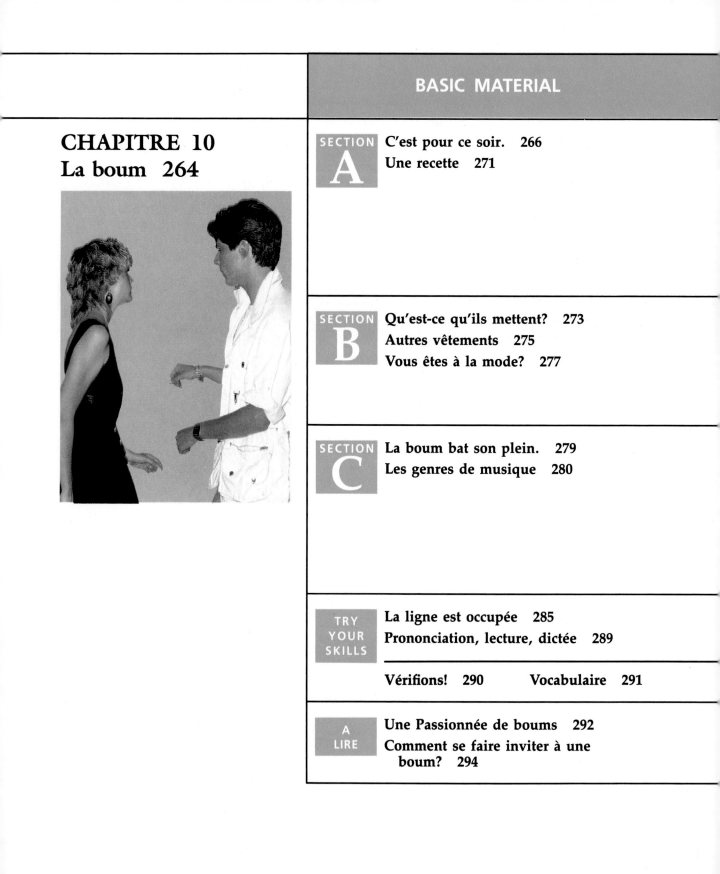

COMMUNICATIVE FUNCTIONS	GRAMMAR	CULTURE
Exchanging information • Talking about what you did **Expressing feelings and emotions** • Expressing annoyance **Socializing** • Making plans • Making excuses	The **passé composé** with **avoir** How to express quantity	French teenagers plan a party Recipe for chocolate mousse
Exchanging information • Talking about what to wear to a party • Giving reasons for and against wearing certain clothes	The verb **mettre**	Clothes that French teenagers like to wear
Socializing • Talking with your friends at a party • Paying and acknowledging compliments **Expressing feelings and emotions** • Saying what music you like	The verb **savoir** **Connaître** or **savoir**	French teenagers at a party French music
Recombining communicative functions, grammar, and vocabulary		French teenagers discuss over the phone what to do on Saturday night
Reading for practice and pleasure		A French girl who enjoys parties

COMMUNICATIVE FUNCTIONS	GRAMMAR	CULTURE
Exchanging information • Talking about gifts to give family and friends **Persuading** • Asking for and giving advice	The verbs **acheter** and **offrir** The indirect-object pronouns **lui** and **leur**	A shopping mall in France Stores in France
Socializing • Getting someone's attention **Exchanging information** • Asking prices	The interrogative adjectives: **quel, quelle, quels, quelles** Adjectives used as nouns	A French department store The metric system Clothing sizes
Socializing • Extending special greetings **Expressing feelings and emotions** • Expressing pleasure when you receive a gift	The demonstrative pronouns: **celui, celle, ceux, celles** The verb **recevoir**	Birthdays and saint's days in France A French family celebrates a birthday
Recombining communicative functions, grammar, and vocabulary		A French boy tries to exchange a shirt at a department store
Reading for practice and pleasure		A French man buys a new pair of shoes
Reviewing communicative functions, grammar, and vocabulary		Vacation activities in Martinique

FOR REFERENCE

MAPS

GETTING TO KNOW YOUR TEXTBOOK

BIENVENUE

Some of us are fortunate enough to be able to learn a new language by living in another country, but most of us are not. We begin learning the language and getting acquainted with the foreign culture in a classroom with the help of a teacher and a textbook. Your textbook can be a reliable guide if you know how to use it effectively. The following pages will help you get to know this book, **Nouveaux copains** *(New Friends)*, and its various features.

INTRODUCTION

Who speaks French? Where is French spoken? Where did the language come from? Why should I learn it? How can I learn it well? You'll find the answers to these questions in English, illustrated with colorful photographs, in the Introduction, which begins on page 1.

INTRODUCTION
French and You

Welcome to the French-speaking world! During the coming year you'll learn to understand, speak, read, and write French in a variety of situations. You'll also learn about the daily life, customs and traditions, music, art, science, and history of the French-speaking world. As you begin your travels through this exciting new world, here's wishing you . . .

Bonne chance!   **Bon voyage!**
(Good luck!)   *(Have a good trip!)*

In this introduction you will learn about:

1   France and other countries or regions where French is spoken

2   French in the United States and the relationship between the French language and English

3   the use of French in leisure activities—sports, TV, movies, music, travel

4   the importance of a foreign language such as French in your future career

5   ways to succeed in learning French

1

PREMIERE PARTIE

PART OPENER

There are twelve units in Nouveaux copains, grouped in three Parts. Each Part contains three units and a review unit based on them. At the beginning of each Part, you'll see an illustrated table of contents like the one shown here. It will tell you the number, title, and opening page of each unit (Chapitre) and give you a brief preview, in English, of each unit's theme and content.

UNIT OPENER

Nine units in your textbook present new material. Each of these units opens the same way. Before you begin a unit, examine its two opening pages. First scan the photos—they'll give you an idea of what the unit is about. Next read the introductory paragraph—it sets the theme and provides information about the life and customs of French-speaking people. Finally, look at the outline of the unit. Read the objectives of each section carefully. They'll tell you specifically what you'll be learning to communicate.

CHAPITRE **3**
Sports et passe-temps

REVIEW UNIT OPENER

Review is essential to learning a second language. It's good to stop now and then to ask yourself what you've learned and, more importantly, to practice your new skills in different situations. That's just what each review unit (Chapitre de révision) will help you do. There is one review unit at the end of each Part—three in the book. In the review unit you'll be introduced to a new theme and setting, but

French teenagers—in spite of long school days—find time for fun in the evening, on weekends, or during holidays. There's always something to do—play sports, read comic books, listen to music, watch TV, or just get together with friends and talk. Their leisure activities are not much different from yours—or are they?

In this unit you will:

SECTION A	talk about your favorite sports
SECTION B	say what you like to do in your free time
SECTION C	say which TV shows you like, dislike, or prefer
TRY YOUR SKILLS	use what you've learned
A LIRE	read for practice and pleasure

87

CHAPITRE **4**

Au Québec
Chapitre de révision

you won't have to learn any new vocabulary, grammar, or communicative functions (language uses). Just concentrate on using what you've already studied in new and interesting ways.

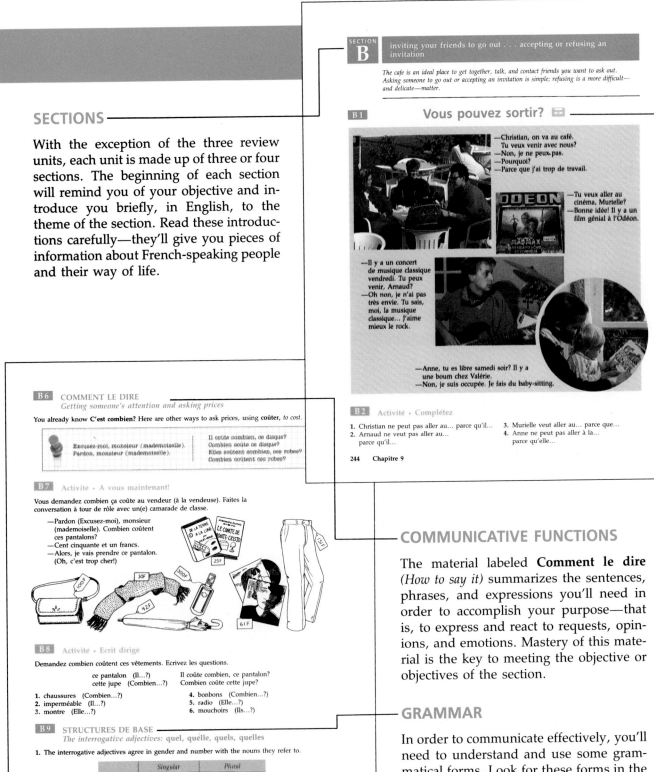

SECTIONS

With the exception of the three review units, each unit is made up of three or four sections. The beginning of each section will remind you of your objective and introduce you briefly, in English, to the theme of the section. Read these introductions carefully—they'll give you pieces of information about French-speaking people and their way of life.

The cafe is an ideal place to get together, talk, and contact friends you want to ask out. Asking someone to go out or accepting an invitation is simple; refusing is a more difficult—and delicate—matter.

B1   Vous pouvez sortir?

—Christian, on va au café. Tu veux venir avec nous?
—Non, je ne peux pas.
—Pourquoi?
—Parce que j'ai trop de travail.

—Tu veux aller au cinéma, Murielle?
—Bonne idée! Il y a un film génial à l'Odéon.

—Il y a un concert de musique classique vendredi. Tu peux venir, Arnaud?
—Oh non, je n'ai pas très envie. Tu sais, moi, la musique classique... J'aime mieux le rock.

—Anne, tu es libre samedi soir? Il y a une boum chez Valérie.
—Non, je suis occupée. Je fais du baby-sitting.

B2   Activité · Complétez

1. Christian ne peut pas aller au... parce qu'il...
2. Arnaud ne veut pas aller au... parce qu'il...
3. Murielle veut aller au... parce que...
4. Anne ne peut pas aller à la... parce qu'elle...

244   Chapitre 9

B6   COMMENT LE DIRE
Getting someone's attention and asking prices

You already know **C'est combien?** Here are other ways to ask prices, using **coûter**, *to cost.*

Excusez-moi, monsieur (mademoiselle). Pardon, monsieur (mademoiselle).	Il coûte combien, ce disque? Combien coûte ce disque? Elles coûtent combien, ces robes? Combien coûtent ces robes?

B7   Activité · A vous maintenant!

Vous demandez combien ça coûte au vendeur (à la vendeuse). Faites la conversation à tour de rôle avec un(e) camarade de classe.

—Pardon (Excusez-moi), monsieur (mademoiselle). Combien coûtent ces pantalons?
—Cent cinquante et un francs.
—Alors, je vais prendre ce pantalon. (Oh, c'est trop cher!)

B8   Activité · Ecrit dirigé

Demandez combien coûtent ces vêtements. Ecrivez les questions.

ce pantalon (Il...?)   Il coûte combien, ce pantalon?
cette jupe (Combien...?)   Combien coûte cette jupe?

1. chaussures (Combien...?)
2. imperméable (Il...?)
3. montre (Elle...?)
4. bonbons (Combien...?)
5. radio (Elle...?)
6. mouchoirs (Ils...?)

B9   STRUCTURES DE BASE
The interrogative adjectives: quel, quelle, quels, quelles

1. The interrogative adjectives agree in gender and number with the nouns they refer to.

	Singular		Plural	
Masculine	Quel	pull?	Quels	pulls?
Feminine	Quelle	jupe?	Quelles	jupes?

306   Chapitre 11

COMMUNICATIVE FUNCTIONS

The material labeled **Comment le dire** (*How to say it*) summarizes the sentences, phrases, and expressions you'll need in order to accomplish your purpose—that is, to express and react to requests, opinions, and emotions. Mastery of this material is the key to meeting the objective or objectives of the section.

GRAMMAR

In order to communicate effectively, you'll need to understand and use some grammatical forms. Look for these forms in the boxes with the heading **Structures de base** (*Basic grammar*). The color blue is a cue that the material in the box is to be mastered.

BASIC MATERIAL

The material in each section is numbered in sequence together with the letter of the section: A1, A2, A3, and so on. The first presentation is always new or basic material, signaled by a number and title in blue. In some sections new material may be introduced in two or three other places. Whenever you see a heading in blue, you'll know that there's something new to learn. The new material is a model of what to say in a situation. The authentic language and pictures will acquaint you with the way French-speaking people live, think, and feel and with the various settings in which French is spoken.

LISTENING

Listening is an essential skill that requires practice to develop. Whenever you see this cassette symbol ▦ after a heading, you'll know that the material is recorded, with pauses provided for your repetition or responses. A special listening comprehension activity in each section is headed **Ecoutez bien** (*Listen carefully*). In order to respond, you will need to listen as your teacher plays the cassette or reads the French to you.

ACTIVITIES

The headings of all the activities in the section begin with the word **Activité** in orange. This signals an opportunity to practice and work with new material—and sometimes old material—either orally or in writing. Many of the activities are designed so that you may work together with your classmates in pairs or in small groups.

CULTURE NOTES

The question **Savez-vous que…?** (*Do you know that…?*) printed in green invites you to find out more about the life of French-speaking people. These culture notes in English provide additional information about the theme of the section to help you increase your cultural awareness.

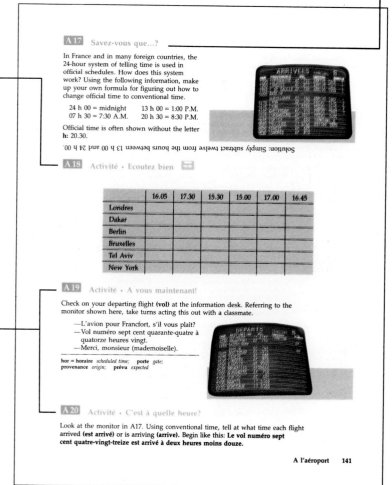

A17 Savez-vous que…?

In France and in many foreign countries, the 24-hour system of telling time is used in official schedules. How does this system work? Using the following information, make up your own formula for figuring out how to change official time to conventional time.

24 h 00 = midnight   13 h 00 = 1:00 P.M.
07 h 30 = 7:30 A.M.   20 h 30 = 8:30 P.M.

Official time is often shown without the letter **h**: 20.30.

Solution: Simply subtract twelve from the hours between 13 h 00 and 24 h 00.

A18 Activité • Ecoutez bien ▦

	16.05	17.30	15.30	19.00	17.00	16.45
Londres						
Dakar						
Berlin						
Bruxelles						
Tel Aviv						
New York						

A19 Activité • A vous maintenant!

Check on your departing flight (**vol**) at the information desk. Referring to the monitor shown here, take turns acting this out with a classmate.

—L'avion pour Francfort, s'il vous plaît?
—Vol numéro sept cent quarante-quatre à quatorze heures vingt.
—Merci, monsieur (mademoiselle).

hor = horaire *scheduled time;*   **porte** *gate;*
provenance *origin;*   **prévu** *expected*

A20 Activité • C'est à quelle heure?

Look at the monitor in A17. Using conventional time, tell at what time each flight arrived (**est arrivé**) or is arriving (**arrive**). Begin like this: **Le vol numéro sept cent quatre-vingt-treize est arrivé à deux heures moins douze.**

A l'aéroport   141

TRY YOUR SKILLS

This section will let you experiment with the skills and knowledge you've gathered in the previous sections of the unit. Its variety of activities will give you many opportunities to practice communicating with others.

1   Aux renseignements

«Je m'appelle Hector et je suis employé aux renseignements de l'aéroport Charles-de-Gaulle. Ce n'est pas toujours facile! Du lundi au vendredi je réponds aux questions. Beaucoup de gens viennent aux renseignements : des Italiens, des Anglais, des Américains... Moi, je parle anglais, italien, français, mais répondre aux questions ridicules, c'est impossible!»

Renseignements

- C'est bien la France ici?
- Je ne trouve pas mon chien!
- Je m'appelle Sophie. Et vous?
- C'est lundi ou mardi?
- Un hamburger, s'il vous plaît.

2   Activité • A vous maintenant!

Imagine that you are the clerk at the information desk in 1. Take turns with a classmate asking and answering the following questions. Make up some of your own questions, too.

—Je change de l'argent où?

—L'avion de Boston arrive à quelle heure?

—Je ne trouve pas mes chèques de voyage!

—Il y a une cafeteria dans l'aéroport?

—Où sont les autobus pour Paris, s'il vous plaît?

—C'est combien le taxi pour aller à Paris?

A l'aéroport   155

VERIFIONS!

SECTION A
Have you learned the verb *venir* and the various means of transportation?
Use complete sentences to say how each person comes to school. Vary the means of transportation.

     elle   nous   tu   vous   ils   je

SECTION B
Do you know the forms of the verb *avoir*?
Use the correct forms of the verb **avoir** to make complete sentences, as in the example below.

     je / anglais / 10 h   J'ai anglais à dix heures.

1. il / maths / 2 h
2. nous / gym / 8 h 30
3. elles / espagnol / 10 h 15
4. vous / français / 9 h
5. tu / musique / 11 h 30
6. je / histoire / 4 h

Can you say how you feel about your school subjects?
Follow the example.

Like	Dislike
L'anglais? C'est chouette.	L'informatique?
Le français?	Les maths?
L'histoire?	La géographie?

SECTION C
Do you know the names of school supplies in French?
What school supplies are suggested by the following clues?

1. Two items for math class.
2. An essential for someone who makes lots of mistakes.
3. A loose-leaf notebook is useless without this.
4. Two objects in which to carry your things.
5. You can't take pages out of these two without tearing them.
6. Two writing tools.

Do you know how to make noun markers and nouns singular and plural?
Write the plural:

   cette moto   la règle   ce garçon   un livre   une gomme

Write the singular:

   des calculettes   les filles   ces cahiers   des crayons   les stylos

Can you ask the price of something in French?
Find out how much these items cost.

   les cahiers   le stylo   la gomme

80   Chapitre 2

SELF-CHECK

Each of the nine basic units ends with a one-page self-check called **Vérifions!** (*Let's check!*). It includes a series of questions in English for you to ask yourself. Following the questions are short activities that will check your knowledge and skills. The questions and activities are grouped by section, so if you can't answer *yes* to a question or if the activity shows that you need to review, you'll know which section to turn to.

VOCABULAIRE

SECTION A

à *at, to, in, on*
à pied *on foot*
les autres *the others*
avec *with*
un collège *middle or junior high school*
comment *how*
de *of*
d'habitude *usually*
une école *school*
un(e) élève *pupil, student*
en *in, by, on*
en bus *by (public) bus*
en métro *by subway*
en mob(ylette) *by moped*
en moto *by motorcycle*
en vélo *by bicycle*
en voiture *by car*
un kilomètre *kilometer*
mais *but*
quelquefois *sometimes*
souvent *often*
toujours *always*
trente *thirty*
venir *to come*
voilà *there is/are, here is/are*

SECTION B

l' anglais (m.) *English*
après *after*
(de) l' après-midi (m.) *(in the) afternoon*
les arts plastiques (m.) *art*
avant *before*
avoir *to have*
beaucoup (de) *many, much, a lot (of)*
la biolo(gie) *biology*
c'est *it's*
C'est la barbe! *It's boring!*
chouette *great*
une classe *grade*
un club *club*
un cours *course, class*

le déjeuner *lunch*
les devoirs (m.) *homework*
difficile *difficult, hard*
(le) dimanche *(on) Sunday(s)*
un emploi du temps *schedule*
l' espagnol (m.) *Spanish*
un examen *exam*
extra(ordinaire) *terrific, great*
facile *easy*
le français *French*
génial *fantastic, great*
la géo(graphie) *geography*
la gym(nastique) *gym, P.E.*
une heure (h) *hour, o'clock (See B7 for expressions of time.)*
heureusement *luckily, fortunately*
l' histoire (f.) *history*
il y a *there is, there are*
l' informatique (f.) *computer science*
une interro(gation) *quiz*
(le) jeudi *(on) Thursday(s)*
un jour *day*
tous les jours *every day*
libre *free, unoccupied*
(le) lundi *(on) Monday(s)*
maintenant *now*
(le) mardi *(on) Tuesday(s)*
les maths (mathématiques) (f.) *math*
le/du matin *(in) the morning*
un membre *member*
(le) mercredi *(on) Wednesday(s)*
midi *noon*
minuit *midnight*
la musique *music*
un nom *name*
pas terrible/pas le pied *not so great*
la physique *physics*

un prof(esseur) *teacher*
quoi *what*
la récré(ation) *recess, break*
(le) samedi *(on) Saturday(s)*
sauf *except*
la semaine *week*
le/du soir *(in) the evening*
super *super*
sympa(thique) *nice*
la technologie *shop*
(le) vendredi *(on) Friday(s)*

SECTION C

alors *so, well, then*
aujourd'hui *today*
un cahier *notebook*
une calculette *pocket calculator*
ces *these, those*
un classeur *loose-leaf notebook*
combien *how much*
un crayon *pencil*
dans *in*
demain *tomorrow*
des *some*
eh bien *well*
faut : il me/te faut *I/you need (See C7.)*
une feuille *sheet of paper*
un franc (F) *franc*
une gomme *eraser*
une librairie *bookstore*
un livre *book*
un magasin *store*
merci *thank you*
un poster *poster*
pour *for*
regarde *look (at)*
une règle *ruler*
un sac *bookbag*
s'il vous plaît *ple[...]*
un stylo *pen*
un tee-shirt *T-shirt*
une trousse *pencil case*
un vendeur, une vend[...] *salesman, saleswoma[...]*

ETUDE DE MOTS

Synonyms are words that have the same—or nearly the same—meaning. You recall that antonyms are words that have the opposite meaning. How many of each can you find in the vocabulary list for this unit?

A l'éc[...]

VOCABULARY

The French-English vocabulary list **(Vocabulaire)** after the self-check contains the unit words and phrases you'll need to know. They're grouped according to the sections of the unit. Below the list, a word-study exercise, **Etude de mots,** will focus your attention on various aspects of the vocabulary and provide helpful ways to work with and learn the new words and phrases.

READING

A reading section, **A Lire** (*To Read*), concludes the unit. Here you'll find one or more reading selections related to the unit's theme. They include comic strips, postcards, interviews, opinion polls of French teenagers, character sketches, factual selections, and stories. Most reading selections are followed by questions and activities designed to help you practice and develop your reading skills.

A LIRE

Bananes Flambées à la Grande-Motte!

Lucien Durut, présentateur de télévision à Antenne 2, est à la Grande-Motte, une petite ville sur la Méditerranée, pour transmettre un concert de rock :

Mesdames et messieurs, bonsoir. Ici Lucien Durut, en direct de la Grande-Motte. Ce soir, nous allons transmettre le concert du célèbre groupe de rock français, Bananes Flambées. Tout le monde connaît maintenant Bananes Flambées et leur chanson à succès, *C'est toujours moi qu'on montre du doigt!°*, première au hit-parade d'Antenne 2. C'est maintenant un tube dans plusieurs pays; en France, bien sûr, mais aussi en Angleterre et en Allemagne... A la Grande-Motte, il y a une foule immense. Beaucoup de jeunes sont là pour ce concert exceptionnel... Ils écoutent de la musique avec leur Walkman... Ils jouent de la guitare... Il y a beaucoup d'animation!... Ah, voilà un jeune homme avec une guitare!

montre du doigt *points the finger at*

PHOTO ESSAYS

Following each of the three review units in the textbook, you'll find a cultural photo essay called **Aperçu culturel.** The three essays tell you more about the lives of French-speaking people and the places where they live.

APERÇU CULTUREL 1

Les Français

Following the worldwide trend, the French are steadily moving to suburban areas close to the cities where they work. There are many, however, who choose the more traditional way of life on farms or in small towns and villages.

The French are an industrious people. They work longer hours than many other Europeans. When they are not working, their favorite pastimes include a conversation with friends on the terrace of a cafe, a relaxing walk through the park, or a short trip to the country.

Les Français et la France   125

APERÇU CULTUREL 2

La Francophonie

The word **francophonie** means "the speaking of French." French-speaking people outside France are scattered over six continents. They live in the four overseas **départements**—the equivalent of states in the United States—that are part of France and in the seven overseas territories that France governs. French-speaking people live in other European nations. They also live in Africa, the Middle East, and Southeast Asia in former French colonies, which are now independent nations. Even the frozen regions of the Antarctic continent echo the language spoken by French scientists at their base. French is the first, or second, language of forty nations. Outside France 100 million people use French daily.

Le français en Amérique du Nord

En 1534 Jacques Cartier prend possession du Canada pour la France. Samuel de Champlain fonde la ville de Québec en 1608. D'autres Français arrivent et en 1642 ils établissent une petite colonie à Montréal.

Aujourd'hui la ville de Québec a toujours un charme colonial, mais c'est aussi un centre industriel moderne.

Montréal est la deuxième ville et le quatrième grand port du Canada. C'est la seconde ville francophone dans le monde après Paris.

Québec est une ville; c'est aussi une province.

❶ Une statue d[e] Champlain [et le château] Frontenac [à Québec]

❷ Voici la [rue Jacques Car]tier à M[ontréal.]

❸ Québe[c est une ville] étroi[tement liée à la France.]

APERÇU CULTUREL 3

Les Fêtes françaises

Like people all over the world, the French love a festival—the crowds, the music, the colors, the food. Above all they love to share with others their **joie de vivre** and their pride in their country or region, its history, and its culture. As in other countries, the year in France is marked by a series of holidays and festivals. These events are celebrated throughout the land. Other events are regional, having local significance but universal appeal.

Les fêtes nationales

La nuit du 31 décembre les Français célèbrent l'arrivée du nouvel an. Dans les restaurants ou en famille on fête le réveillon par un grand dîner. Le 1ᵉʳ janvier (le Jour de l'An) on rend visite à ses amis. On souhaite la bonne année à tout le monde. Et bien sûr, on prend des résolutions.

Avant le carême (*Lent*) on fête le Mardi Gras (*Shrove Tuesday*) dans toutes les régions de France, surtout à Nice. Il y a de beaux défilés (*parades*). On met un costume et on danse dans la rue.

Aux Etats-Unis c'est le lapin (*rabbit*) qui donne des bonbons aux enfants à Pâques. En France c'est les cloches (*bells*) qui retournent de Rome avec des œufs et des bonbons pour les enfants.

❶ Au Carnaval de Nice on fête le Mardi Gras.

❷ Voilà des cloches et des œufs en chocolat. C'est Pâques.

❸ Ces filles ont mis un costume folklorique pour le Carnaval.

SUMMARY OF FUNCTIONS

The term *functions* can be defined as what you do with language—what your purpose is in speaking. You can do a lot with your French. Here is a list of functions accompanied by the expressions you've learned to accomplish them. The unit in which the expression is introduced is followed by the section letter and number in parentheses.

SOCIALIZING

Saying hello
1 (A4) Bonjour!
Bonsoir!
Salut!

Saying goodbye
1 (A4) Au revoir!
Salut!
A tout à l'heure!

Saying how you are
1 (A4) Ça va?
Ça va.
(Très) bien.
Pas mal.

Addressing people
1 (A5) madame
mademoiselle
monsieur

Getting someone's attention
11 (B6) Excusez-moi,...
Pardon,...

Welcoming people
6 (A4) Entrez. / Entre.
Soyez le bienvenu. / Bienvenue.
Faites comme chez vous.
Fais comme chez toi.

Expressing good wishes
11 (C5) Bonne fête!
Joyeux Noël!
Bonne année!
Joyeuses Pâques! (Joyeuse Pâque!)
Joyeux (Bon) anniversaire!

C'est tout à fait ton style!
Mes compliments pour la mousse.
Les sandwiches sont excellents!
Tu as bon goût!
Tu joues / danses drôlement bien!

Acknowledging compliments
10 (C4) Tu trouves?
Oh, ce n'est rien.
C'est gentil.

Extending an invitation
9 (B1) Tu veux...?
Tu peux...?

9 (B6) Je t'invite à...

Accepting an invitation
9 (B10) Si tu veux.
D'accord!
Bonne idée!
Volontiers!
Avec plaisir!

Refusing an invitation
9 (B10) Je n'ai pas envie.
Je ne peux pas.
Encore!
Je regrette, mais...
Impossible,...

Expressing thanks
2 (C13) Merci.

Responding to thanks
6 (A21) De rien.

Making a phone call
5 (C4) Allô.
Je suis bien chez...?
C'est une erreur.
C'est occupé.

Paying
342

GRAMMAR SUMMARY

ARTICLES

SINGULAR		PLURAL
MASCULINE	FEMININE	
un frère	une sœur	des frères / sœurs
un ami		des amis / amies
le frère	la sœur	les frères / sœurs
l'ami	l'amie	les amis / amies
ce frère	cette sœur	ces frères / sœurs
cet ami		ces amis / amies

ADJECTIVES: FORMATION OF FEMININE

MASCULINE	FEMININE

FRENCH-ENGLISH VOCABULARY

This vocabulary includes all the active words (new words appearing in basic material, listed in the **Vocabulaire** section of each unit) presented in the book. Also included are words for recognition only (new words, which may be understood from context, appearing in exercises, in optional material, in the Try Your Skills and A lire sections, or in review units). Omitted are a few close cognates, glossed words, and words explained in the **Savez-vous que...?** sections.

The number after each definition refers to the unit in which the word or phrase is introduced. When in light type, it indicates vocabulary for recognition only.

Verbs are given in the infinitive. Nouns are always given with a gender marker. If gender is not apparent, however, it is indicated by *m.* (masculine) or *f.* (feminine) following the noun. Irregular plurals are also given, abbreviated *pl.* An asterisk (*) before a word beginning with *h* indicates an aspirate *h*.

A

à at, to, in, on, 2; till, 10; à bientôt see you soon, 1; à tout à l'heure see you later, 1; A vous maintenant! It's your turn now! 1

abandonner to give up, 11
l' aboiement (m.) barking, 7
accepter to accept, 10

aller to go, 5; Allez! Go on! 6; Come on! 10; Allons-y! Let's go! 7; Ça va? How are things? (Are things going OK?) 1; Ça va. Fine, 1; Il (Elle) te va bien. Ils (Elles) te vont bien. It/They look(s) nice on you, 10

un anniversaire anniversary, birthday, 11; l'anniversaire de mariage wedding anniversary, 11; Joyeux (Bon) anniversaire!

FOR REFERENCE

The reference section at the end of the textbook provides you with valuable aids. It is grouped into the following parts: Summary of Functions, Grammar Summary, Verb Index, Pronunciation, English Equivalents, French-English and English-French Vocabularies, and Grammar Index.

SUMMARY OF FUNCTIONS

The Summary of Functions sums up the communicative functions you have learned and practiced in a variety of situations throughout this textbook. If you want to ask for directions, invite someone to a party, pay a compliment, or respond to a friend's good fortune, for example, you will find the appropriate phrases and sentences listed here, as well as the unit in which the particular function was introduced.

GRAMMAR SUMMARY

The grammar points that have been presented in the textbook are organized in tables for easy reference and review in the Grammar Summary.

FRENCH-ENGLISH VOCABULARY

The French-English Vocabulary includes almost all the words you will come across in this textbook. The numbers after each entry tell you in which unit the word first appeared. If the number is in heavy type, you are expected to know that word or phrase and be able to use it. In this Vocabulary, you can look up the English meaning of words and phrases, and you can check the gender of nouns as well as the plural forms.

VOILA!

There it is, a special textbook that will help you enlarge your view of the world and enable you to contribute to better understanding and communication among people. Now you're ready to begin an exciting, rewarding experience—learning another language and meeting new friends, **nouveaux copains.**

INTRODUCTION

French and You

Welcome to the French-speaking world! During the coming year you'll learn to understand, speak, read, and write French in a variety of situations. You'll also learn about the daily life, customs and traditions, music, art, science, and history of the French-speaking world. As you begin your travels through this exciting new world, here's wishing you . . .

Bonne chance!
(*Good luck!*)

Bon voyage!
(*Have a good trip!*)

In this introduction you will learn about:

1 France and other countries or regions where French is spoken

2 French in the United States and the relationship between the French language and English

3 the use of French in leisure activities—sports, TV, movies, music, travel

4 the importance of a foreign language such as French in your future career

5 ways to succeed in learning French

1

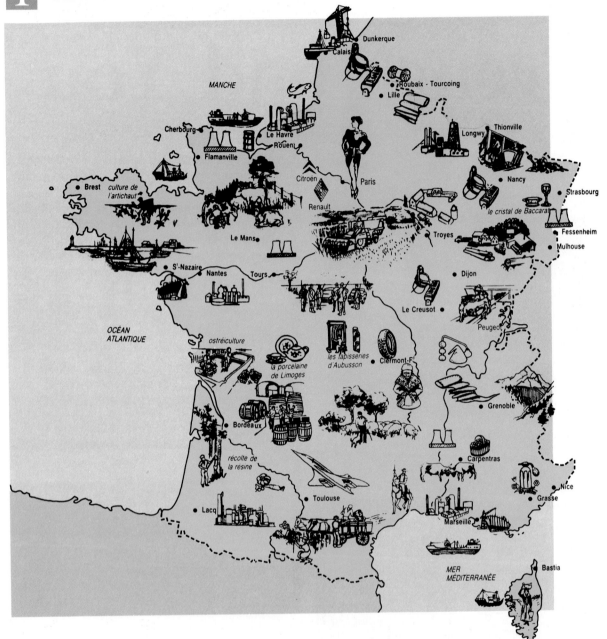

France touches our lives every day. Paintings by Renoir and Monet are printed on calendars, Chanel perfume and Peugeot bicycles appear in magazine ads, and Truffaut's movies are shown on TV. At the supermarket brie and camembert cheeses are on the same shelf as Wisconsin cheddar. Even modest restaurants offer quiche, chocolate eclairs, or crepes. We admire the sleek lines of the Concorde and applaud the brilliant detective work of Simenon's Inspector Maigret. Above all, we marvel at the generosity of a people who gave us the Statue of Liberty. But no matter how much we are influenced by French products and art, we can best understand the culture of French-speaking people by learning their language.

France is a land of abundance . . .

and a land of contrasts—

high fashion and
casual styles;

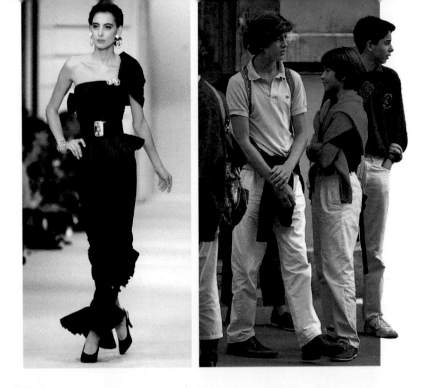

ordinary stores for everyday things . . .

and elegant stores for luxuries.

France is rich in tradition . . .

and rich in innovation,

strongly classical and formal . . .

yet also inventive and experimental.

French and You   5

France has magnificent structures for its art and sculpture,

memorials to its early defense . . . and to its military victories,

as well as branches of American institutions.

It has elegant restaurants . . . and outdoor markets,

indoor theater . . .

and outside art.

France has a life underground . . .

and above ground.

France has produced great leaders,

Charles de Gaulle (1890–1970)

great singers,

Edith Piaf (1915–1963)

great chefs,

great scientists,

and great writers.

Louis Pasteur (1822–1895)

Paul Bocuse (1926–   )

Molière (1622–1673)

French Around the World: «Le Monde français»

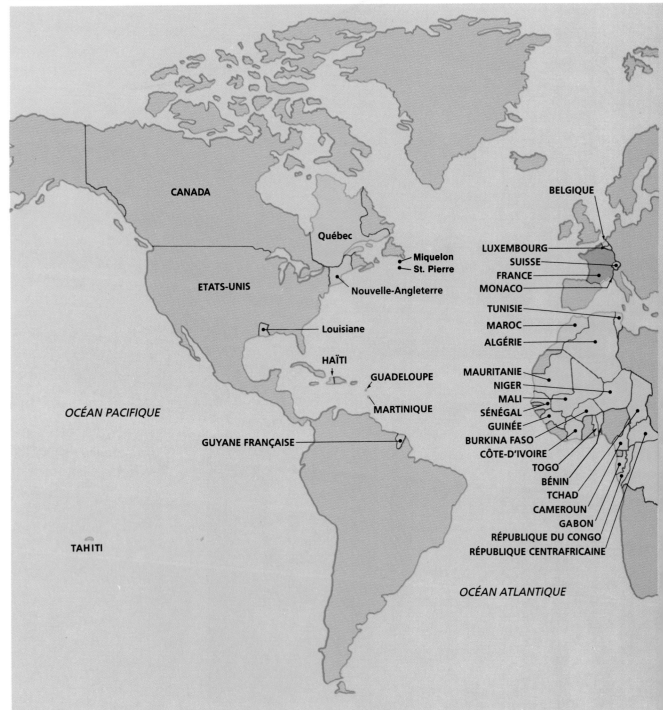

French is spoken in many countries and regions throughout the world. In some, it is the official language—or one of two languages, as in Senegal or in Louisiana in the United States. French is also the preferred language of diplomats who work at the United Nations.

How exciting it would be if you could visit each place, becoming acquainted with its history, geography, and national spirit! You could shop for products not available in your own

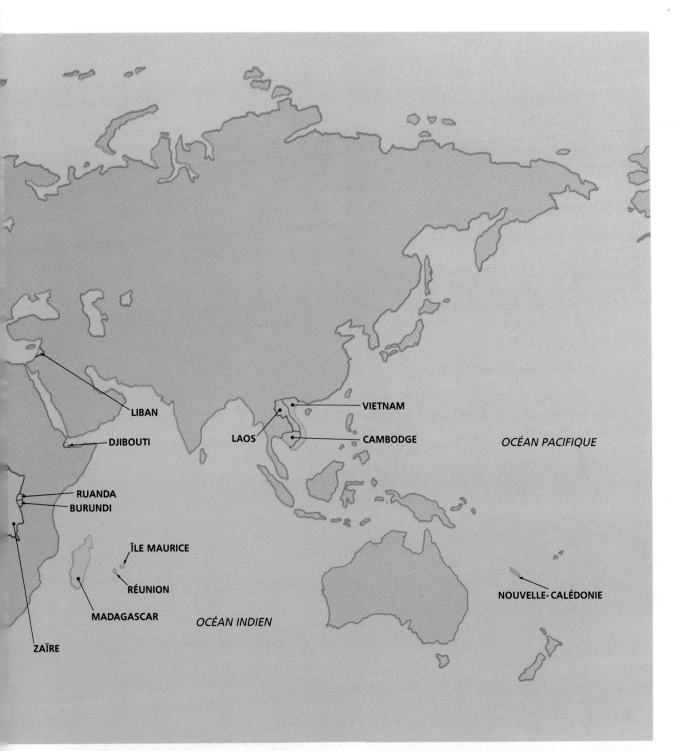

LIBAN

DJIBOUTI

VIETNAM

LAOS

CAMBODGE

OCÉAN PACIFIQUE

RUANDA

BURUNDI

ÎLE MAURICE

RÉUNION

MADAGASCAR

OCÉAN INDIEN

NOUVELLE- CALÉDONIE

ZAÏRE

community, taste new foods, see regional differences within a country, and speak to the people.

By comparison, classroom learning may seem limited, but it can be enjoyable as well as informative. Through pictures, books, films, and discussions, you will be able to travel to new lands, discover new ways of thinking, and experience the richness of the French language and culture.

French and You 11

In Cap Haitien, a port on the northern coast of Haiti, students walk to the National School for Girls.

French has been widely used in the West Indies **(les Antilles)** since the middle of the seventeenth century, when French people first settled there. It is spoken, of course, in France's overseas territories—Guadeloupe, Martinique, and French Guiana—as well as in Haiti, Dominica, Grenada, Saint Lucia, Saint Vincent, and part of Saint Martin. In Haiti French is the official language, but most people speak Creole, which is a combination of French, Spanish, and African dialects.

The millions of French-speaking people who live outside France are scattered over five continents. French Guiana, on the northeast coast of South America, is the base for the Ariane satellite launcher, developed by France in cooperation with its European neighbors.

In Canada most French-speaking people live in the province of Quebec. In Belgium those people who speak French live mainly in the southern part of the country that borders France.

An Ariane rocket being moved to its launch pad in French Guiana

Students at a shopping arcade in Belgium

Shoppers stroll along a busy street in Quebec City, the capital of the province of Quebec.

In Kairoun, Tunisia, signs in both French and Arabic identify shops.

Cars line both sides of this street in Noumea, the capital of New Caledonia.

French is widely spoken on the African continent. In Tunisia, Morocco, and Algeria, French is spoken along with Arabic. In Asia French is spoken in Vietnam, Laos, and Kampuchea (Cambodia), as well as on the Pacific island of New Caledonia.

Activities

1. As the French explored the Americas, they named places in honor of their king, other French people, or French cities and towns. Here are a few of those places. What others can you add?

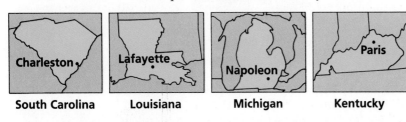

Charleston	Lafayette	Napoleon	Paris
South Carolina	**Louisiana**	**Michigan**	**Kentucky**

2. Review your geography by looking at the world map on pages 10 and 11. Then, on a separate sheet of paper, write the names of these countries and their capitals.

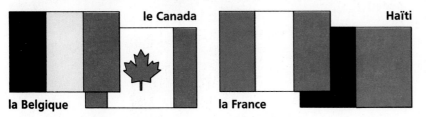

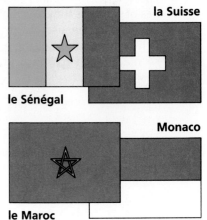

le Canada

Haïti

la Belgique

la France

la Suisse

le Sénégal

Monaco

le Maroc

3. Select an area or country outside France where the French language is spoken. Find out when and why the French influence began there.

2 FRENCH IN THE UNITED STATES

When you hear the word *French*, what image comes to mind? The Eiffel Tower? French cheese? Pastries? Art? Perfume? Napoleon? Designer fashions? Chateaus?

Whatever image you may have, it should also include an awareness of places in the United States with French names. The French explorers Marquette, Joliet, and LaSalle gave French names to the land and bodies of water as they journeyed down rivers and explored the Great Lakes. The name usually described the place or represented the French pronunciation of the name of the Indian inhabitants. Look at these old French names and try to match them with the current names.

Old French Names

1. Millioke
2. Ouisconsing
3. (rivière) des Moingouenas *or* Moings
4. Ouaouia
5. des étroits

Current Names

a. Wisconsin
b. Des Moines
c. Iowa
d. Detroit
e. Milwaukee

Dancers and musicians enjoy Cajun-style music.

This family spends the afternoon fishing in Atchafalaya Swamp, Louisiana.

Ron Guidry: the "Ragin' Cajun"

Louisiana is the only officially bilingual state in the United States. The French-speaking Cajuns have traditionally been farmers and fishermen along the bayous of southern Louisiana, but now many are involved in the development of the state's oil industry. Their recent success has not, however, caused the Cajuns to abandon their cultural heritage. They value it and are trying to strengthen it through cultural exchanges with France and Quebec.

French appears where you might least expect to see it!

Bilingual signs at the Vermont-Quebec border

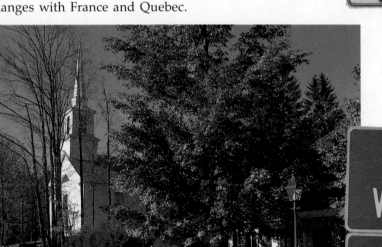

A typical New England scene

There are some 400,000 French-speaking people living in New England **(la Nouvelle Angleterre).** They (or their parents) have emigrated to the United States from Quebec. These people are proud of their heritage and, in spite of living in an English-speaking environment, have been successful in preserving the language and traditions of their ancestors.

French and You   15

French, English, and Other Languages

All of these French words have something to do with school. See if you can guess what they mean. Write your answers on a separate sheet of paper and then check them with the help of your teacher. You'll probably notice that some French words are spelled exactly the same as the English, while others vary a little. These French and English look-alikes, called cognates, will be of help to you, particularly as you read in French. However, be sure to check a dictionary because some look-alikes may fool you; these are known as false cognates or **faux amis** *(false friends)*. Here is an example of a **faux ami**—the French word **pain** means *bread* in English, not *pain*.

Why do these vocabulary connections exist? English is a Germanic language, but it is related to French because of an important historical event. In A.D. 1066 the Norman French conquered England. For almost two hundred years, French actually became the language of the English noble classes. Thousands of French words, descended mostly from Latin, passed into English. We still use many of them today in the United States.

table gymnase laboratoire biologie secrétaire projecteur cafeteria mathématiques papier professeur

A detail of the Bayeux tapestry (70.34 m × 50 cm), showing the Norman conquest of England

English words have also crept into French. If you look through a French magazine, at the advertisements in particular, you may find such words as **le week-end, le tee-shirt, le snack,** or **le bulldozer.** But be careful! The spelling may be the same, but the words are definitely pronounced with a French accent.

French has several linguistic relatives—Spanish, Italian, Portuguese, and Romanian. All of these languages come from Vulgar Latin, called Roman, which dates back to the third century. These languages are therefore known as Romance languages. If you look at this linguistic family tree, you can trace the changes from the Latin **cantare** *(to sing)* through the modern versions in the Romance languages. All these words mean *to sing*. The spellings may differ, but the meaning has not changed. Later on, if you study another Romance language, your knowledge of French will help you.

CANTAR (Spanish) CHANTER (French) CANTAR (Portuguese) CANTARE (Italian)

CANTARE (Latin)

Try to use what you already know about English and other languages to make your study of French easier and more interesting. There will be many similarities—the alphabet, parts of speech, punctuation marks. As you learn more French, you will discover that there will also be differences; many of these will help you understand how both French and English operate.

The letters representing the sounds of English and French are the same—that is, the alphabet used in French is the same as the one used in English. As a rule, however, it represents different sounds. Here is how the French say the alphabet. Your teacher will help you interpret the pronunciation symbols.

A	[a]	F	[ɛf]	K	[ka]	O	[o]	S	[ɛs]	W	[dublǝve]
B	[be]	G	[ʒe]	L	[ɛl]	P	[pe]	T	[te]	X	[iks]
C	[se]	H	[aʃ]	M	[ɛm]	Q	[ky]	U	[y]	Y	[igrɛk]
D	[de]	I	[i]	N	[ɛn]	R	[ɛr]	V	[ve]	Z	[zɛd]
E	[ǝ]	J	[ʒi]						

Activities

1. How would you spell—in French—these abbreviations that are commonly used in France? Your teacher will help you find out what they mean.

   a. ONU   **c.** USA   **e.** RFA   **g.** SNCF   **i.** RER   **k.** OVNI
   b. OTAN   **d.** URSS   **f.** RDA   **h.** RATP   **j.** PTT   **l.** TGV

2. Imagine that you are spending a week with a French family in Paris. You and your French friends set out to do the shopping at the small stores and stands that line one of the neighborhood streets. Shopping for perishable food is usually done every day to make sure that the food is fresh. Staple items may be bought at the local **supermarché.** From the list on the right, guess what you will be buying. As you decide what the items are in English, be careful of **faux amis.**

3. When you visit a restaurant and see the words **hors-d'œuvre** or **à la carte** on the menu, they remind you that French has influenced our language. Many French words that have been borrowed are now considered English words. Which words in the following list can you identify? Look up any you don't know in a dictionary. What are five words that you can add to the list?

croissants	fiancée	débutante
consommé	matinée	à la mode
mousse	café	entrée
chocolat	boutique	chauffeur

When people talk about studying French, they usually think of learning and using it only in the classroom. But learning about the culture and language of French-speaking countries can go beyond school into leisure activities. In this way you can expand on what you are learning in class. What are some of your hobbies and interests? Do you like sports? You might be interested in finding out about track, tennis, mountain climbing, or basketball in France—or ice hockey and skiing in Canada.

Mountain climbing in the Alps is a breathtaking experience.

Women's doubles during the French Open in Paris at Roland Garros stadium

A player for the Quebec Nordiques tries to score a goal.

Both downhill and cross-country skiing are popular winter sports in Canada.

Young people in France and in French Canada can get special passes for trains and buses, thus cutting their costs when they go skiing, camping, or backpacking . . . or just sightseeing in the city.

Skiing is such an enjoyable sport that some people take to the hills and go grass-skiing in the summer. In France the February vacation is the most popular time for skiing on snow. The mountains are a constant invitation.

When it's winter in Paris, Brussels, or Montreal, people in Martinique, far across the Atlantic Ocean, can go scuba diving!

The Pyrenees Mountains provide excellent skiing in France.

The Inter-rail pass provides free travel in 20 foreign countries.

A diver views the natural treasures of Martinique.

Thanks to satellite TV, you can follow international competition in soccer and many other sports. If you are a soccer fan, you may even find yourself cheering for your favorite French-speaking team.

Then there is the famous bicycle race, the **Tour de France,** and auto racing at Le Mans.

A French player moves past his opponent in a World Cup match.

Cyclists begin the grueling **Tour de France.**

Drivers maneuver for position in a race at Le Mans.

Young people in France like to watch TV and go to the movies. They watch French TV programs, as well as American programs dubbed in French. What programs on the TV schedule shown below do you recognize? In your area, be sure to watch for TV programs about French-speaking countries or for French films.

Music is part of everyday life in French-speaking countries— classical, folk, country, Western, jazz, and rock. Young people enjoy listening to music and going to concerts as much as young Americans do. Young people in France, Belgium, and Switzerland play a variety of musical instruments and have their own rock groups.

LA CINQ 5   20.30 : SÉRIE   **L'INSPECTEUR DERRICK**

7.10	King Arthur
7.35	Tu as le bonjour d'Alfred
7.55	Arnold et Willy
8.25	Happy Days
8.50	Tonnerre mécanique
9.40	Kojak
10.35	Mission impossible

11.30	Star Trek
12.25	Chips
13.15	Hill Street Blues

Série policière. « Quelle possession ».

| 14.10 | Lou Grant |

Série sur la vie d'un grand quotidien, avec Ed Asner : « Andromède ».

| 15.05 | Kojak |

Série policière : Coup de théâtre ».

| 15.55 | Chips |

Série policière : Voisinage indiscret ».

| 16.50 | King Arthur |

Dessin animé : « Sauvez la vie de Pete ».

| 17.20 | Tu as le bonjour d'Albert |

Dessin animé : « Sale temps pour les devoirs ».

| 17.40 | Arnold et Willy |

Série pour les jeunes : « La voiture ».

| 18.10 | Tonnerre mécanique |

Série d'aventures : « Un livre mortel ».

| 19.05 | Happy Days |

Série sur les années 60.

| 19.35 | K 2000 |

Série d'aventures : « Travaux publics ».

| 20.30 | **L'Inspecteur Derrick** |

Série policière inédite, avec Horst Tappert, Fritz Wepper et Heinz Bennent :
UN CORPS PERDU
Hilde et Werner Stettner appellent l'inspecteur Derrick pour constater la mort d'un homme dans une villa.

| 21.35 | Serpico |

Série policière inédite avec David Birney, Tom Atkins et Janet Margolini : épisode pilote.
(Lire ci-contre : « La chasse aux Ripoux ».)

MICHAEL DOUGLAS / KATHLEEN TURNER / DANNY De VITO

On ne court pas dans la jungle en talons hauts

A LA POURSUITE DU DIAMANT VERT
(ROMANCING THE STONE)

TWENTIETH CENTURY FOX présente une production de MICHAEL DOUGLAS un film de ROBERT ZEMECKIS
MICHAEL DOUGLAS · KATHLEEN TURNER A LA POURSUITE DU DIAMANT VERT (ROMANCING THE STONE)
avec DANNY DI VITO · ALFONSO ARAU · MANUEL OJEDA · Architecte décorateur LAWRENCE G. PAULL
directeur de la photographie DEAN CUNDEY · musique de ALAN SILVESTRI · scénario de DIANE THOMAS · produit par MICHAEL DOUGLAS
réalisé par ROBERT ZEMECKIS

Distribué par TWENTIETH CENTURY FOX FRANCE · diffusé par le G.I.E. FOX-HACHETTE distribution

HIT-PARADE

Salut ! vous propose son hit-parade qui est la synthèse du Top 50 d'Europe 1, des hits des radios RTL, NRJ, RMC et de celui de notre rédaction.

1	**Sally** Carmel
2	**Tes états d'âme Eric** Luna Parker
3	**Je dois m'en aller** Niagara
4	**Don't leave me this way** Les Communards
5	**C'est la ouate** Caroline Loeb

6	**Duel au soleil** Etienne Daho
7	**C'est comme ça** Rita Mitsouko
8	**The more I see you** Valli
9	**Always the sun** The Stranglers
10	**Jackie s'en fiche** Les Ablettes
11	**B.O. du film «Le Passage»** Francis Lelanne
12	**Notorious** Duran Duran
13	**Il faudra leur dire** Francis Cabrel

14	**Walk like an Egyptian** Bangles
15	**Sometimes** Erasure
16	**Pleurer des rivières** Viktor Lazlo
17	**Coeur à coeur** Images
18	**You keep me hangin' on** Kim Wilde
19	**In the army now** Status Quo
20	**Mourir les sirènes** Canada

You may not travel to a French-speaking country or area right away, but you may someday. You may even live there for a while as an exchange student. In the meantime, reading books or watching travel films about Senegal, France, Louisiana, Martinique, or Belgium is one way of discovering the far-reaching influence of the French language.

Having a French pen pal is a good way to learn how people live in other countries, what music they like, and what sports and games they play, as well as how their culture differs from yours. Your teacher can tell you how to get the name of a pen pal. You may start by writing in English, but before long you will use more and more French. Since many teenagers in French-speaking countries study English, your pen pal will welcome the chance to practice.

The most important benefit of studying any foreign language is discovering how people live in other parts of the world—what they value, what they like, what matters to them, and, to some extent, how they think.

> Arcachon le 28 avril
>
> Chère Kathy,
>
> On monday, I on my motorbike go to the lycée, it is not very far from where I live. The classes began at eight o'clock they last until twelve. Then I eat at the lycée, the food isn't very good. After the meal I go a café in Arcachon with my friends, we chat over a cup of coffee. Then, I go back to the lycée because the classes resume at two o'clock. After I go back home until 5.00 pm my home. Every day of the week is spent like that. Saturday we go for a walk in the neighbourhood. we are a group of "motards", we have a good time. In the evening we generally go to the cinema. I like motor-cycling very much. Living in Arcachon is pleasant, it is a beautiful town, I like it.
>
> Amitiés,
> Pascal

Activity

Find and bring to class an item related to French language or culture. It could be a recipe, information about travel to a French-speaking country, a newspaper or magazine article, an advertisement, or notes on a TV program. Describe the item's relationship to French to your classmates.

Have you ever wondered what you will be doing ten, fifteen, or even twenty years from now? Where will you be working and living? What kind of job will you have? A knowledge of French can be an asset in many occupations and professions, and for some it is essential.

Teachers of French must be fluent in the language and also know a great deal about the culture of French-speaking countries. They travel and study abroad or sometimes teach for a year in French schools to increase their knowledge. In addition, they keep up with advances in educational technology such as the use of microcomputers and video-cassette recorders.

The two interpreters of French in the photo above are translating a speech for people attending a large international conference. Interpreters must be able to think quickly in two languages.

Translators need a thorough knowledge not only of the language, but also of the culture. Translators of literature must study the author's style and background. Translators also prepare the subtitles or dubbing in English for French films shown in the United States.

Librarians find it useful to know more than one language. In the publishing industry, writers and editors use foreign language skills to produce teaching materials and textbooks like this one.

Are you interested in a career in business? Because French is an international language, it is in demand in such fields as agriculture, hotel management, and technology, as well as in the food, fashion, and cosmetic industries. More than 25,000 companies in the United States engaged in the export business hire managers, salespeople, shipping clerks, and specialists in export traffic. In addition, there are more than 500 American companies based abroad—manufacturing firms, petroleum companies, banks, and engineering firms. These businesses employ more than 100,000 Americans overseas.

Elf Aquitaine   Saint-Gobain

Perrier

Cartier   Crédit Suisse

Total

Peugeot   Air France

Delhaize "Le Lion"   Petrofina

Many French companies have branches in the United States. They hire managers and other employees who speak French. Many American companies are dealing with companies from French-speaking countries all over the world.

People who work in the food industry often have to travel to foreign countries, where they sample and buy local products and are in close contact with local merchants. Often, the only way food importers can keep up with product changes is by going to the foreign countries. This is especially true in the wine industry, where a good relationship between wine brokers and the growers or distributors is essential.

The French fashion industry is international in scope. Designers of men's and women's clothing have opened stores in cities all over the world. The employees in these stores speak French; you will often see a sign in the store window that says **Ici on parle français** *(French is spoken here)*.

Many highly skilled professionals find foreign languages an asset. Economists sometimes deal with foreign countries. Financial experts may work in the international commodity and money markets. For American lawyers who handle cases in Quebec or conduct negotiations with companies in French-speaking countries, skills in French are necessary.

WE SEE INTERNATIONAL UNDERWRITING AS AN EXCEPTIONAL GROWTH OPPORTUNITY

With over 175 years of experience in serving domestic markets, we are expanding aggressively into the growing international market for insurance services. The following openings offer high visibility and outstanding career growth.

Senior Staff International Property Underwriter

Senior Staff International Casualty Underwriter

Both positions will involve development and management of subsidiaries, acquisitions and coordination of assigned international business and referrals to overseas markets.

We are interested in professionals with at least six years of experience in property or casualty underwriting. A college degree is required and preferred consideration will be given to those with language skills and backgrounds in international business and referrals to overseas markets.

In addition to the growth potential of an exciting new operation, you will find a competitive salary and benefits that rank among the best in the industry. For prompt, confidential consideration, please send your resume or a brief letter outlining your qualifications and experience, along with your salary history and requirements, to: Box 759.

We are an Equal Opportunity Employer.

CHALLENGING OPPORTUNITIES IN FOREIGN LANGUAGES—SPANISH, FRENCH, GERMAN

A major publisher of school textbooks is expanding the Foreign Language division of its School department at its corporate headquarters. This expansion has created these immediate openings.

EDITORS (all levels in each language): responsible for the development of instructional materials from manuscript through all stages of production to bound book. Strong junior high or high school foreign language teaching experience required. Textbook publishing experience helpful.

EXECUTIVE EDITOR (French): responsible for planning and developing instructional materials from inception to publication, for supervising editors at all levels, and for assisting Sales and Promotion in marketing foreign language materials. Must have a minimum of 5 years' textbook publishing experience.

Interested applicants should send resume in confidence to: **Box 12503.**

Equal Opportunity Employer

unicef

THE UNITED NATIONS CHILDREN'S FUND

With headquarters in New York and offices throughout the world, requires a

PROGRAMMER ANALYST

QUALIFICATION REQUIREMENTS: University degree in Computer Science. Ongoing attendance at professional seminars and courses. Five years relevant experience with progressively increasing level of programming knowledge and skills and full mastery of computer programming techniques and languages. Experience with WANG VS, COBOL, or PL-1. On-line systems development a must. Fluency in English and French.

Competitive salary. Excellent benefits package.

Send detailed resume as soon as possible to: Box 257946.

DIRECTOR OF AFRICA PROGRAMS

Non-profit international development Wash., DC-based organization seeks a Director. Combine small scale enterprise and economic development with innovative technology in rural regions; work in multi-disciplinary environment, establish and maintain productive activities for local enterprises; design, implementation, and evaluation of regional projects and dev programs; and manage team of four. MBA or 5 yrs work exper required. Travel 30–40%. Fluent French and English. Send resume no later than June 15 to: Box 4798.

Before you make your career choice, it is wise to talk to as many people as you can about their jobs. Find out what they do, and what they like and don't like about their work. Start with Activity 1!

Activities

1. Find some people in your family, school, or neighborhood who use French in their work. Interview them, asking the following questions. Then write up the interview or record it to share with the class.

   Please describe the kind of work you do.
   How do you use French in your work?
   Do you travel to French-speaking areas?
   What do you like best about your work?
   What do you like least about your work?
   What types of French courses did you take?

2. Who are all the people listed below and why are they speaking French? Work in a group of two or three students. Think of as many reasons as you can why French would be useful in their jobs. Take notes on your ideas and report to the class. Write up your notes to post on a bulletin board display. You may also want to write an imaginary interview with one of these people.

   salesperson in a bookstore
   owner of a gift shop
   cosmetologist
   waiter/waitress in a restaurant
   travel agent
   aerospace engineer
   museum director
   radio announcer
   librarian
   research scientist

LISTEN

Listening is particularly important in the beginning because you have to get used to a new set of sounds. You will have to listen carefully to what is being said to you so that you can answer in French.

PRACTICE

Learning a foreign language is like learning to play a musical instrument. You have to practice a little every day. Several short periods are more effective than one long, last-minute cramming session. To make progress, practice listening, speaking, reading, and writing.

VISUALIZE

Remembering French vocabulary is easy if you visualize what a sentence, phrase, or word means. For example, if you're practicing the sentence **Les enfants nagent dans le lac,** try to hold in your mind an image of children swimming in a lake while you say the sentence to yourself several times.

CONNECT

Make use of your English connections. Find cognates or near-cognates (**danser,** *to dance;* **musique,** *music;* **s'amuser,** *to have fun*) to help you understand the meaning of a sentence or paragraph that you are reading. Also, group French words into families to help you remember—for example, **ami,** *friend;* **amitié,** *friendship;* **aimer,** *to like, love;* **aimable,** *likable, pleasant.*

ORGANIZE

Look for ways to organize the material you have to learn. Use memory devices. For example, make up a new word using the first letters of the words you have to learn. There are standard devices your teacher will be sharing with you.

EXPAND

Use French outside class. Speak French with friends who are also studying the language. Find people who know some French and then practice with them. Talk into a cassette recorder in French. Pick up shortwave radio broadcasts from Quebec, France, or Belgium. Look at French magazines, newspapers, and books; you may not understand much at first, but it will get easier as you learn more French.

ENJOY

You may want to choose a new name in French (see the following list). Join the French Club and make new friends. If there are any French exchange students in the area, make a point of meeting them and making them feel welcome. Above all—don't be afraid to make mistakes in French! Concentrate on getting your message across and have fun doing it.

Noms de garçons *(Boys' names)*			Noms de filles *(Girls' names)*		
Antoine	Gilles	Marc	Agnès	Estelle	Marie-Hélène
Arnaud	Guillaume	Mathieu	Anne	Fabienne	Murielle
Bruno	Hervé	Michel	Béatrice	Florence	Nathalie
Christophe	Jean-Charles	Nicolas	Cécile	Françoise	Nicole
Didier	Jean-Claude	Olivier	Céline	Hélène	Pauline
Emmanuel	Jean-Michel	Paul	Charlotte	Inès	Sandrine
Eric	Jean-Pierre	Philippe	Claire	Isabelle	Sophie
Etienne	Jérôme	Stéphane	Corinne	Jeanne	Stéphanie
François	Julien	Thierry	Delphine	Laurence	Sylvie
Frédéric	Laurent	Vincent	Dominique	Marie-Claire	Véronique

French Classroom Phrases

Your teacher will be using French to give routine directions in the classroom. Here are a few phrases that you should recognize.

Ecoutez!	*Listen!*
Répétez (après moi).	*Repeat (after me).*
Essayez encore une fois.	*Try/Say it again.*
Répondez.	*Answer.*
Levez-vous.	*Stand up.*
Asseyez-vous.	*Sit down.*
Ouvrez votre livre à la page...	*Open your book to page . . .*
Prenez une feuille de papier.	*Take out a piece of paper.*
Un peu de silence, s'il vous plaît!	*Quiet, please!*
Soyez attentif(s)/attentive(s).	*Pay attention.*
C'est ça!	*That's right!*

Activity

Either alone or with a classmate, find the answers to these questions. Share the information with the class.

1. What is the most famous mountain in France for skiing?
2. Who said **L'état, c'est moi**? What did he mean?
3. When did the French build the Concorde?
4. Who were Marquette and Joliet and what did they do?
5. What are three French words commonly used in English?
6. What is the world population of French-speaking people?
7. In what sports do the French excel?
8. In England, in the twelfth and thirteenth centuries, all official proceedings were conducted in French. Here are some English legal terms that were borrowed from French—**laches, mortmain, tort, venue, voir dire**. What do they mean?

En route!
(Let's go!)

CHAPITRE 1

Nouveaux copains

C'est la rentrée! It's back to school! French students—happy or sad—gather in nearby cafes and in school hallways, where they meet old friends and make new ones. With vacation behind them, they talk about their summer activities and school-related matters.

In this unit you will:

SECTION A	greet people . . . say goodbye
SECTION B	meet new friends and get acquainted
SECTION C	ask others where they're from . . . tell where you're from
SECTION D	learn numbers from 0 to 20
TRY YOUR SKILLS	use what you've learned
A LIRE	read for practice and pleasure

31

greeting people . . . saying goodbye

When saying hello to friends, French teenagers often shake hands. When a boy greets a girl or when girls meet, they usually kiss each other lightly on both cheeks.

A1

Salut! 📼

C'est la rentrée au collège Jules Romains à Paris.

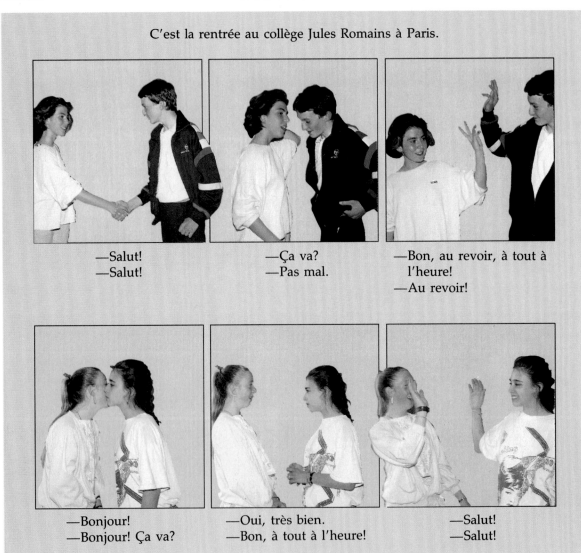

—Salut!
—Salut!

—Ça va?
—Pas mal.

—Bon, au revoir, à tout à l'heure!
—Au revoir!

—Bonjour!
—Bonjour! Ça va?

—Oui, très bien.
—Bon, à tout à l'heure!

—Salut!
—Salut!

A2 **Activité • A vous maintenant!** *It's your turn now!*

With a classmate, practice reading aloud the dialogues in A1. Then try to say the same things to each other without looking at your book.

Rewrite this conversation in the correct order.

—Au revoir!
—Pas mal.
—Bonjour!
—Ça va?
—A tout à l'heure!
—Salut!

A4 COMMENT LE DIRE *How to say it*
Saying hello and goodbye

TO WHOM	WHEN	HELLOS	GOODBYES
Anyone	Daytime Evening	Bonjour! Bonsoir!	Au revoir!
Someone your own age or younger	Anytime	Salut!	Salut! A tout à l'heure!

Saying how you are

Informal	Ça va?	—Ça va. —(Très) bien. —Pas mal.

A5 MADAME, MADEMOISELLE, MONSIEUR 📼

—Bonjour, madame!

—Bonjour, mademoiselle!

—Au revoir, monsieur!

A6 Activité • Bonjour, au revoir

You are in France on your way to school. Say hello and goodbye to these people you meet on the street.

1.

2.

3.

4.

A7 Activité • Ecoutez bien *Listen carefully*

Choose a response to what you hear.

A. Salut!
B. Au revoir, madame!

C. Bonjour, monsieur!
D. Pas mal.

A8 Activité • Ecrivez *Write*

Rewrite the dialogue below, filling in the missing words.

PIERRE	Salut!		AMÉLIE	...
AMÉLIE	...!		PIERRE	...!
PIERRE	Ça va?		AMÉLIE	Au revoir!

A9 Activité • Parlons un peu *Let's talk*

Following your teacher's directions, walk around the classroom. Greet as many people as you can, including your teacher. Don't forget the handshake!

When you go to France, you'll notice that many French names are similar to English names, and others are quite different. Compound names like Jean-Pierre and Marie-France are very common. At the collège, *you'll want to find out the names of your new friends.*

B1

Tu t'appelles comment?

Le premier jour de classe!

—Salut! Je m'appelle Olivier. Et
toi, tu t'appelles comment?
—Moi, je m'appelle Jean-Claude.

—Tu t'appelles Marie?
—Non, je m'appelle Marie-France.

—Salut, Véronique, ça va?
—Oui, ça va.

Activité • Je m'appelle...

Perhaps you'd like to assume a new name
and another identity in French. You
might choose a name from the list on page 28
or from another source: history, fiction,
or current events. Make a name tag,
put it on, and practice greeting your
friends. Act out the dialogues in B1. Again,
don't forget the handshake!

Corinne

Marc-André

Marie-Claire

Luc

B3   IL S'APPELLE COMMENT? ET ELLE?

—Il s'appelle comment, le garçon
  là-bas?
—Il s'appelle Jean Dufont.
—C'est un copain?
—Oui, c'est un ami.

—Et la fille là-bas? Elle
  s'appelle Emilie?
—Non, elle s'appelle Nathalie
  Latour. C'est une amie aussi.

B4   COMMENT LE DIRE
      Asking and giving names

Tu t'appelles comment? Je m'appelle Pierre.	What's your name? My name is Pierre.
Il s'appelle comment? Il s'appelle Jean-Claude.	What's his name? His name is Jean-Claude.
Elle s'appelle comment? Elle s'appelle Anne.	What's her name? Her name is Anne.

Activité • Nouveaux copains

Ask a friend the names of your new classmates.

　　—Il s'appelle...?　　　　　　　　—Elle s'appelle...?
　　—Oui, il s'appelle...　　　　　　—Non, elle s'appelle...

B6　Activité • A vous maintenant!

Practice with a classmate, asking each
other the names of several other
students in your class.

Et lui, il s'appelle comment?

Il s'appelle Jean-Pierre.

B7　Activité • Ecrivez

Complete the answers to the questions in the following dialogues.

1. Tu t'appelles comment?
　... Claire.
2. Le garçon s'appelle comment?
　... Jean Dufont.
3. Elle s'appelle Sophie?
　... Julie.

4. Il s'appelle Antoine?
　... Olivier.
5. La fille s'appelle comment?
　... Nathalie.
6. Tu t'appelles François?
　... Jean-François.

B8　Activité • Ecoutez bien　

Meet a new friend. Choose your responses.

A. Pierre.
B. Au revoir!
C. Non, elle s'appelle Coralie.
D. Je m'appelle...

E. Salut!
F. C'est une amie.
G. Bonsoir!

B9　Activité • Jeu　*Game*

The class is divided into two teams. You are not wearing name tags. Someone
from each team tries to name all the boys and girls on the other side, saying **Il
s'appelle...** or **Elle s'appelle...** (Use French names!) The player who correctly
names the most students is the winner.

Activité • Qui est-ce? *Who is it?*

Here are some famous French cartoon characters. Who are they? Their names are listed for you. Begin your answer with **C'est…**

Astérix   Achille Talon   Le Grand Schtroumpf
Tintin   Obélix   Gaston Lagaffe
Spirou   Lucky Luke

People who speak French don't all come from France. French is a language spoken in many countries throughout the world. Here are some young people from cities on three different continents. They have one thing in common: they all speak French. Where are they from?

C1

Tu es d'où?

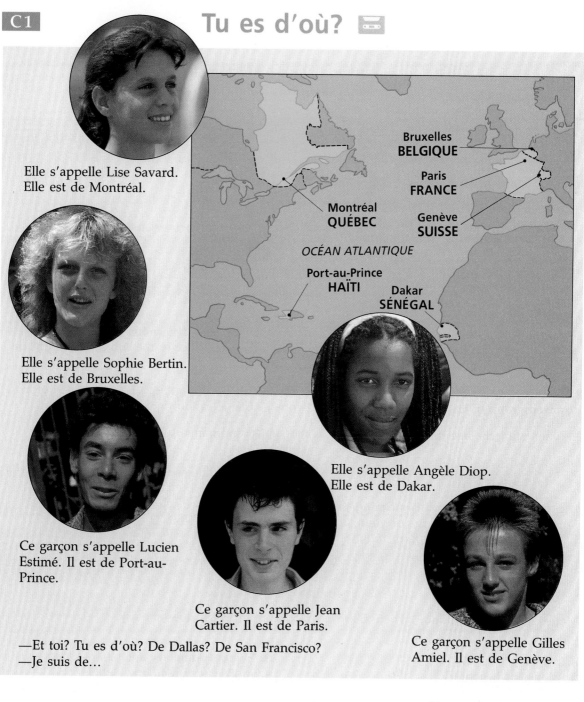

Elle s'appelle Lise Savard.
Elle est de Montréal.

Elle s'appelle Sophie Bertin.
Elle est de Bruxelles.

Ce garçon s'appelle Lucien
Estimé. Il est de Port-au-
Prince.

Ce garçon s'appelle Jean
Cartier. Il est de Paris.

Elle s'appelle Angèle Diop.
Elle est de Dakar.

Ce garçon s'appelle Gilles
Amiel. Il est de Genève.

Bruxelles
BELGIQUE

Paris
FRANCE

Montréal
QUÉBEC

Genève
SUISSE

OCÉAN ATLANTIQUE

Port-au-Prince
HAÏTI

Dakar
SÉNÉGAL

—Et toi? Tu es d'où? De Dallas? De San Francisco?
—Je suis de...

Nouveaux copains 39

C2 Activité • Il est d'où? Elle est d'où?

Pick a name from those listed below and ask the following question: **Il est d'où?**
or **Elle est d'où?** A classmate may answer. Here's an example.

—Lise Savard, elle est d'où?
—Elle est de Montréal.

1. Lise Savard
2. Sophie Bertin
3. Jean Cartier
4. Gilles Amiel
5. Angèle Diop
6. Lucien Estimé

C3 Activité • Ils s'appellent comment? *What are their names?*

1. Le garçon de Genève?
2. Le garçon de Port-au-Prince?
3. La fille de Montréal?
4. La fille de Dakar?
5. Le garçon de Paris?
6. La fille de Bruxelles?

C4 STRUCTURES DE BASE *Basic grammar*
Subject pronouns and the verb être

être *to be*					
Je	**suis**	} de Paris.	Nous	**sommes**	} de Paris.
Tu	**es**		Vous	**êtes**	
Il/Elle	**est**		Ils/Elles	**sont**	

1. The subject pronouns in French are **je** *(I),* **tu** *(you),* **il** *(he),* **elle** *(she),* **nous** *(we),* **vous** *(you),* **ils** *(they),* and **elles** *(they).* French verbs change their forms according to the subject pronouns: **je suis** *(I am),* **nous sommes** *(we are),* and so on.

2. French has two pronouns for *they:* **ils** and **elles.** Use **ils** for any group of boys or men or a mixed group of boys and girls or men and women. Use **elles** for a group of girls or women.

3. Noun subjects take the same verb form as the subject pronouns **il(s)** and **elle(s).**

Ce garçon **est** de Genève.   Cette fille **est** de Montréal.
Emilie **est** de Paris.   Emilie et Antoine **sont** de Paris.

4. French has two pronouns meaning *you:* **tu** and **vous.** Tu is used when you talk to someone your own age or younger or to a family member. **Vous** is used when you talk to an adult or to more than one person.

C5 Activité • Tu es d'où? Vous êtes d'où?

Marie-Claire wants to know where these people are from. What does she ask them?

1. Sylvie
2. Monsieur Leconte
3. Sophie, Anne et Paul
4. Monsieur et Madame Dubois

Activité • Ecrit dirigé

Write out each sentence with the correct form of the verb **être**.

1. Elle ____ de Montréal.
2. Je ____ de Bruxelles.
3. Nous ____ de Boston.
4. Ils ____ de Dakar.

5. Tu ____ d'où?
6. Il ____ de Paris.
7. Cette fille ____ de Genève.
8. Elles ____ de New York.

Rewrite each sentence, replacing the noun subject with the right pronoun: **il, ils, elle,** or **elles.**

1. Ce garçon s'appelle Pierre.
2. Cette fille est de Dakar.
3. Anne est de San Francisco.
4. Nicolas et Emilie sont de Paris.
5. Marie et Isabelle sont de Montréal.

6. Mademoiselle Lanier est de New York.
7. Marc est de Port-au-Prince.
8. Monsieur et Madame Leroi sont de Bruxelles.

C7 Activité • Ils sont d'où? Elles sont d'où?

1.
2.
3.

C8 Activité • A vous maintenant!

Ask your classmates where they're from originally and be ready to answer their questions. Use the following dialogue as a guide.

—Tu es d'où?
—Je suis de Chicago. Et toi?
—Moi, je suis de Los Angeles.

STRUCTURES DE BASE
Singular noun markers—gender

	Masculine	Feminine
the	**le** garçon **l'** ami	**la** fille **l'** amie
a, an	**un** garçon **un** ami	**une** fille **une** amie
this, that	**ce** garçon **cet** ami	**cette** fille **cette** amie

Did you notice that French has two words for *the*?

le garçon   *the* boy
la fille   *the* girl

There are also two words for *a* or *an*, as in **un garçon/une fille,** and three words for *this* or *that*, as in **ce garçon/cet ami/cette fille.** All French nouns are classified as either masculine or feminine. These classes are called gender. The noun markers **le, un,** and **ce** (**cet** before a vowel sound) indicate masculine gender. **La, une,** and **cette** indicate feminine gender. **Le** and **la** become **l'** before a noun of either gender that begins with a vowel sound; this contraction is called **élision.** The gender classes, masculine and feminine, refer not only to persons, but also to things and even ideas, as you will see in later units.

C10 Activité • Choisissez *Choose*

Choose the correct noun marker. Read the dialogue aloud and then write it out.

—Elle s'appelle comment, _____ fille? (ce / cette)
—Elle s'appelle Valérie. C'est _____ amie. (un / une)
—Et _____ garçon là-bas? (le / la)
—Il s'appelle Emmanuel. C'est _____ ami aussi. (un / une)
—Et _____ garçon? (ce / cette)
—Il s'appelle Gilles.

C11 Activité • Ecrit dirigé

Rewrite these sentences so that they refer to boys.

La fille? Elle s'appelle Sophie.
Et cette fille là-bas, c'est une amie de Sophie.

C12 Activité • Ecoutez bien

How will you answer a new French friend?

A. Ils sont de New York.
B. Oui, elle s'appelle Diane.
C. Je m'appelle...
D. Au revoir!
E. Je suis de Denver.
F. John.
G. Bonjour!

Did you get the right change? What's your telephone number? How old are you? How important numbers are! In France people not only say the numbers differently, but also write them in a different way. And they use different fingers to count on!

D1   Les nombres de 0 à 20 📼

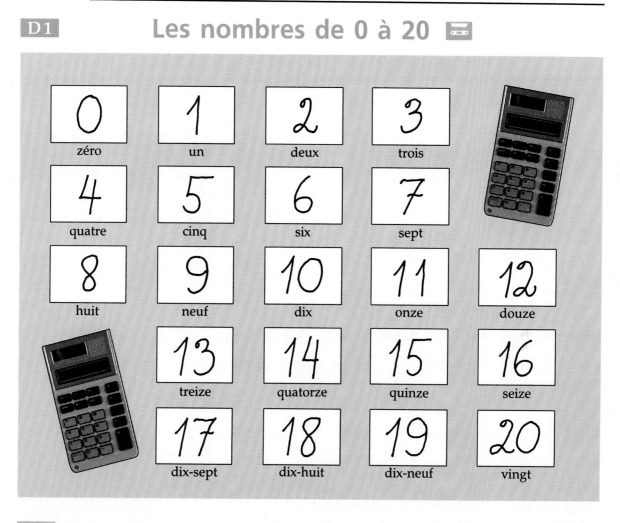

0 zéro	1 un	2 deux	3 trois
4 quatre	5 cinq	6 six	7 sept
8 huit	9 neuf	10 dix	11 onze	12 douze
	13 treize	14 quatorze	15 quinze	16 seize
	17 dix-sept	18 dix-huit	19 dix-neuf	20 vingt

D2   Savez-vous que...? *Do you know that . . . ?*

When the French count on their fingers, they begin with the thumb to indicate *one*, then the index finger to indicate *two*, and so on.

D3   Activité • A vous maintenant!

Pair off with a classmate. One of you holds up a certain number of fingers, as a French person would, and the other calls out the number in French. Take turns.

Nouveaux copains   43

D4 Activité • Ecoutez bien

Write down the numbers you hear. Use numerals, not words.

D5 Activité • Ecrit dirigé

Write the numerals for the following numbers.

1. huit
2. onze
3. sept

4. treize
5. dix-neuf
6. cinq

7. quatorze
8. vingt
9. seize

D6 Activité • Arithmétique

State the problem and the answer in French.

$7 + 3 = 10$ Sept plus trois égale dix.
$10 - 7 = 3$ Dix moins sept égale trois.

1. $11 + 2 =$
2. $8 - 5 =$
3. $10 + 6 =$
4. $7 + 8 =$

5. $17 - 3 =$
6. $14 + 4 =$
7. $10 - 5 =$
8. $16 - 12 =$

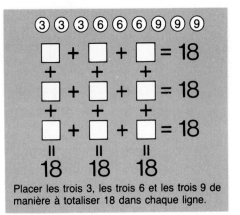

Placer les trois 3, les trois 6 et les trois 9 de manière à totaliser 18 dans chaque ligne.

D7 Activité • A vous maintenant!

Read each of the following numbers aloud.

7   14   3   16   19   6   2   15   8

Now say them again, first silently adding one to each number; then again, first silently subtracting one from each.

D8 Activité • Jeu de loto *Lotto*

Draw a rectangle and divide it into twenty squares as shown. Number the squares from 1 to 20 in any order you choose. Use each number only once. Someone will call numbers from 1 to 20 at random in French. As you hear each number, mark the corresponding square. The winner is the first one to fill in a horizontal line.

8	2	5	13	14
7	1	6	4	15
9	10	3	19	17
18	11	16	12	20

D9 Activité • Logique

Can you complete these number sequences? Read them aloud in French and then write them in words.

2, 4, 6, <u>8</u>   deux, quatre, six, huit

1. 4, 3, 2, ___
2. 15, 11, 7, ___

3. 0, 6, 12, ___
4. 20, 18, 15, ___

5. 10, 13, 16, ___
6. 9, 10, 12, ___

1 Au café

You're making new friends. It's the end of a school day. You're among students at a cafe opposite the **collège.**

NATHALIE	Salut! Tu t'appelles comment?
VÉRONIQUE	Véronique, et toi?
NATHALIE	Nathalie.
VÉRONIQUE	Tu es d'où?
NATHALIE	De Paris... Eh! Pascale!
PASCALE	Oui?
NATHALIE	C'est Véronique.
PASCALE	Bonjour, Véronique.
VÉRONIQUE	Bonjour.
NATHALIE	Pascale est de Genève.
VÉRONIQUE	Genève? En Suisse?
PASCALE	Oui. Et Laurent, là-bas, il est de Bruxelles.
LAURENT	Salut!
NATHALIE ET PASCALE	Salut, Laurent! Ça va?
LAURENT	Oui, ça va. Bon, eh bien, à tout à l'heure!
PASCALE (*leaving*)	Au revoir, les amis!

2 Activité • Complétez

Complete these sentences according to the conversation in 1.

1. Nathalie est une amie de...
2. Nathalie est de...
3. Pascale est de...
4. ... est de Bruxelles.
5. Laurent est un... de Nathalie.

3 Activité • Choisissez

With a classmate, select items from the columns below to create as many short, original dialogues as you can in the time allotted by your teacher.

Bonjour	madame	Ça va?	Très bien.	Au revoir!
Bonsoir	mademoiselle	Tu t'appelles comment?	Je m'appelle...	A tout à l'heure!
Salut	monsieur	Il/Elle s'appelle comment?	Il/Elle s'appelle...	Salut!
	Coralie	Tu es d'où?	C'est un(e) ami(e).	
	Olivier	Vous êtes d'où?	Je suis de...	
		Il/Elle est d'où?	Il/Elle est de...	

Activité • Devinez *Guess*

Meeting and greeting new friends happens in many different situations. What might the people in these cartoons be saying?

1.

2.

3.   **4.**

5   Activité • Pêle-mêle   *Helter-skelter*

Unscramble the words to make a sentence or a question.

1. t'appelles / tu / comment
2. le garçon / sont / de / et la fille / Bruxelles
3. cette fille / comment / elle / là-bas / s'appelle
4. tout / revoir / à / l'heure / au / à
5. il / garçon / d'où / ce / est

6   Activité • Minidialogues

If someone said each of the following things to you, what would you reply?

1. Bonjour!
2. C'est Angèle Diop.
3. Je m'appelle Hélène.

4. Elle est de Montréal.
5. Au revoir!
6. Tu es d'où?

7 Activité • Conversation

Two students meet for the first time. With a classmate, read this conversation aloud, supplying the missing words as you go along.

—...!   —Je...
—...!   —Tu... Paris?
—Tu... comment?   —Non,... de Genève. Et toi, tu...?
—... appelle... Et toi?   —De...

8 Activité • A vous maintenant!

1. Say hello to two classmates; ask their names and where they're from.
2. Introduce your new friends to the class, giving their names and telling where they're from.

9 Activité • Ecrivez

Make a drawing—or use a photo—of yourself, a boyfriend, and a girlfriend. Write at least six sentences about yourself and your friends. Give your own name and tell where you're from. Identify your friends and tell where they're from.

10 Activité • Quelle est la question? *What's the question?*

What questions prompted these answers?

1. Je m'appelle Michèle.
2. Nous sommes de Dakar.
3. Elle s'appelle Stéphanie.

4. Ils sont de Paris.
5. Oui, ça va.

11 Activité • Ça va?

How would each of these people answer?

12 Activité • Jeu d'arithmétique

The class is divided into two teams. Ask one another addition and subtraction problems in French. Keep score.

13 Activité • Analogies

How good are you at solving analogies? Try these.

1. le : ? = la : fille
2. moi : je = ? : tu
3. le : la = ce : ?

4. garçon : fille = il : ?
5. ? : huit = neuf : dix-huit
6. elles : elle = ? : il

14 Activité • Pêle-mêle

Put syllables together to make five French words.

çon ment com sieur jour bon pelle mon gar ap

15 ACCENTS

You've probably noticed some strange marks on certain French words; these are accent marks. They're as important to the correct spelling of the word as the letters are.

1. **La cédille (ç)** changes the sound of the letter **c** from **k** to **s**:
      français   ça va   garçon

2. **L'accent aigu (´)** tells you to pronounce the letter **e** like the **a** in the English word *late:*
      Coté   Estimé   André

3. **L'accent grave (`)** on the letter **e** tells you to pronounce the letter **e** like the sound in the English word *air:*
      très   Genève   collège

4. **L'accent grave (`)** on the letters **a** and **u** doesn't change the sound:
      à tout à l'heure   là-bas   où

5. **L'accent circonflexe (^)** is used over any vowel and doesn't change the sound:
      êtes   hôtel   âge

16 Prononciation, lecture, dictée *Pronunciation, reading, dictation*

1. Listen carefully and repeat what you hear. Note the regular rhythm: each syllable is said with almost equal stress. Greatest stress is always placed on the syllable at the end of a phrase or sentence. (rhythm and the letters **ll**)

2. Listen, then read aloud.

    —Tu t'appelles comment?
    —Je m'appelle Véronique.

    —Et elle? Elle s'appelle Marie-Hélène?
    —Non, elle s'appelle Marie-José.

3. Copy the following sentences to prepare yourself to write them from dictation.

    a. Ce garçon s'appelle comment? François?
    b. Et cette fille là-bas? Hélène?
    c. Elle est d'où? De Genève? Et vous?

    d. Je m'appelle André Coté.
    e. Vous êtes de Montréal?

1. Trop de lettres *Too many letters*

Remove the letters that appear more than once to find the French word that remains.

R	S	O	A	H	L	R	U	H	T	O

2. Ils sont d'où?

Do you recognize these teams? What cities are they from?

1. Red Sox
2. Cowboys
3. Dodgers

4. Celtics
5. Yankees
6. Canadians

3. Chaîne de mots *Word chain*

How many words are in this chain? The last letter of a word is also the first letter of the next word.

4. Trouvez les mots *Find the words*

Make at least five words from the letters in **mademoiselle**.

5. Quel est le chiffre?

The pen skipped! Can you tell what these numbers are?

6. L'intrus *The intruder*

Which word doesn't belong in the group?

1.	2.	3.	4.	5.
Genève	fille	je	Paris	est
Dakar	garçon	comment	Sophie	sont
Sophie	copain	tu	Jean	sommes
Bruxelles	classe	il	Lucien	bonjour

7. Changez une lettre

Change one letter in each word to make a new word.

1. vous   2. je   3. et   4. qui   5. moi

SECTION A

Have you learned to greet young people and adults in French?
Say hello to the following people:

1. Anne
2. Pierre
3. Monsieur Coste
4. Madame Coste
5. Mademoiselle Lebrun
6. your teacher

Have you also learned to say goodbye in French?
Say goodbye to the same people.

Do you know how to ask a friend how he/she is?
Ask how someone is and then give four different replies.

SECTION B

Can you introduce yourself in French?
Say hello to a new classmate and give your name.

Do you know how to identify others?
Identify by name a boy, Antoine, and a girl, Sylvie.
Say that Antoine is a friend, and Sylvie is, too.

Have you learned how to ask someone's name?
Ask a new classmate what his/her name is.

SECTION C

Do you know how to ask where someone is from and tell where you are from?
Exchange this information with a new friend in a brief dialogue.

Have you learned the forms of the verb *être*?
Using the correct forms of **être**, tell where these people are from.

1. Vous / Montréal?
2. Ce garçon et cette fille / Dakar.
3. Marie-Christine / Bruxelles.
4. Nous / Paris.
5. Tu / Port-au-Prince?
6. Je / Genève.

SECTION D

Do you know the numbers from 0 to 20?
Read these numbers aloud in French and then write out the words.
5, 10, 2, 1, 17, 19, 14, 3, 11, 0, 13, 4, 18, 12, 7, 16, 8, 15, 6, 20, 9

SECTION A

les **amis** *friends*
  à tout à l'heure *see you later*
  au revoir *goodbye*
  bien *fine, well*
  bon *good, well*
  bonjour *hello*
  bonsoir *good evening, good night*
  Ça va? *How are things? (Are things going OK?)*
  Ça va. *Fine.*
un **copain** *pal, friend*
  nouveaux copains *new friends*
  madame (Mme) *Mrs., madam, ma'am*
  mademoiselle (Mlle) *miss*
  monsieur (M.) *Mr., sir*
  oui *yes*
  pas mal *not bad*

salut *hello, hi, bye, see you*
très *very*

SECTION B

un **ami**, une **amie** *friend*
  appelle, appelles:
    Je m'appelle... *My name is . . .*
    Tu t'appelles comment? *What's your name?*
    Il/Elle s'appelle... *His/ Her name is . . .*
    Il/Elle s'appelle comment? *What's his/her name?*
  aussi *also, too*
  c'est *he's, she's*
  et *and*
la **fille** *girl*
le **garçon** *boy*
  là-bas *over there*
  le, la, l' *the*

moi *me*
non *no*
toi *you*
un, une *a (an)*

SECTION C

Bruxelles *Brussels*
ce, cet, cette *this, that*
de (d') *from*
être *to be*
Genève *Geneva*
Montréal *Montreal*
où *where*

SECTION D

égale *equals*
moins *minus*
les **nombres de 0 à 20** *numbers from 0 to 20 (See D1.)*
plus *plus*

ETUDE DE MOTS *WORD STUDY*

1. Cognates are words that have the same or similar spellings and meanings in both French and English. For example, you should recognize the word **chapitre** because it is so close to the English word *chapter*. As you look through the vocabulary list for this unit, what other cognates can you find?

2. Antonyms are words that have opposite meanings. What antonyms can you find for the following words in this vocabulary list?

    oui   **au revoir**   **toi**   **salut**   **elle**   **fille**   **monsieur**

A LIRE

La Francophonie : les pays

Before you start reading, glance through the text quickly, looking for place names that you might recognize: cities, countries, continents. You'll be able to name quite a few.

C'est Paris, la capitale de la France.

En Europe on parle français en France, en Belgique et en Suisse.

Genève est une grande ville° de Suisse.

Bruxelles est la capitale de la Belgique.

On parle aussi français en Afrique : en Algérie, au Maroc, en Tunisie, au Sénégal, en Côte d'Ivoire et aussi dans les îles de la Réunion et de Madagascar.

Alger est la capitale de l'Algérie.

La capitale de la Tunisie est Tunis.

---

les pays où on parle français *countries where they speak French;*   **grande ville** *big city*

où on parle français°

Québec est une grande ville du Canada.

Aux Etats-Unis on parle français en Louisiane et dans la Nouvelle Angleterre°. On parle aussi français au Canada, surtout° dans la province de Québec. Dans les Antilles° on parle français en Haïti, en Guadeloupe et en Martinique.

La capitale de la Martinique est Fort-de-France.

Activité • Les pays et les capitales

How many French-speaking countries can you identify? Write them down on a separate sheet of paper together with their capital cities.

Activité • Vrai ou faux? *True or false?*

If the statement is true, say **C'est vrai** and repeat it. If the statement is false, say **C'est faux** and correct it.

1. Paris est la capitale de la France.
2. Paris est une île.
3. La Suisse est en Europe.
4. Le Maroc est en Europe.
5. Haïti est en Afrique.
6. Genève est une grande ville de France.
7. Bruxelles est en Belgique.
8. Dakar est dans les Antilles.

---

la Nouvelle Angleterre *New England;* **surtout** *especially;* **les Antilles** *West Indies*

Des cartes postales

Here are some postcards from two of your classmates who are traveling abroad.

Cher Peter,
Un grand
bonjour de
Paris! C'est
une ville
immense,
mais sympa°!
Vive la France!
Amitiés,
Jim

Activité • Ecrivez

Now write a postcard to a friend back home from one or all of the following places: Montréal, Fort-de-France, Alger, la Réunion.

Chère Jackie,
Salut! Je suis
à Dakar. Ici on
parle français.
Le Sénégal est
fantastique!
Grosses bises +++
A bientôt,
Jennifer

Jackie Lobdell
6950 Edgeworth Dr.
A.

---

sympa *nice*

Les noms de famille

What's in a name? The illustration below shows you some common French family names drawn from nature. The names all begin with **le** or **la** which, as you know, mean *the*. Look at the second half of each name and, with the help of the picture, guess what the names mean. (The abbreviations **M., Mme,** and **Mlle** stand for **monsieur, madame,** and **mademoiselle.**)

Activité • Projet

With the help of a French-English dictionary you should be able to figure out the following names. Remember that **le** and **la** mean *the*, so look for the second part of the name in the dictionary. Make illustrations that show the meanings of the names for a classroom bulletin board display about French names.

1. M. Laporte   2. Mlle Larbre   3. Mme Leroi   4. M. Lechat
5. Mme Lafontaine   6. Mlle Lebrun   7. M. Larue

CHAPITRE 2
A l'école

When the school year begins, French students have new schedules—with ten or more subjects! Some students have two-day weekends, others have Saturday morning classes, and many have Wednesday afternoons free. There are no organized sports or study halls. Students buy their own supplies—and even textbooks—in bookstores. You may be surprised by such differences as you go on.

In this unit you will:

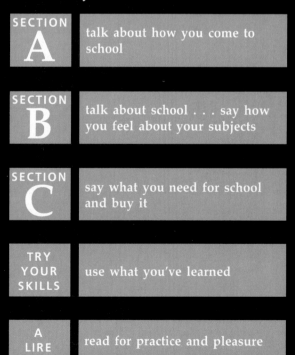

SECTION A	talk about how you come to school
SECTION B	talk about school . . . say how you feel about your subjects
SECTION C	say what you need for school and buy it
TRY YOUR SKILLS	use what you've learned
A LIRE	read for practice and pleasure

talking about how you come to school

Peugeots, Motobécanes, Hondas—and not a bright yellow schoolbus to be seen! The bicycles and mopeds in front of a French collège or lycée indicate that many French students not living within walking distance have to get to school by their own means.

A1 Ils viennent comment à l'école?

Nathalie est élève au collège Marcel Pagnol à Montsoult à trente kilomètres de Paris. Elle vient comment à l'école? Et les autres... ils viennent comment?

Voilà Nathalie.

Elle vient souvent en vélo.

Et Valérie?

Elle vient d'habitude en bus.

François est un ami de Nathalie.

Il vient toujours en mobylette.

Et Antoine, il vient en métro?

Non, il vient en voiture.

Christine, tu viens avec Jean? Vous venez comment?

Je viens avec Jean. Nous venons quelquefois en moto.

Et toi, Annette? Tu viens comment?

Oh, moi, je viens toujours à pied!

A2 Activité • Vrai ou faux? *True or false?*

1. Jean vient en mobylette.
2. Valérie vient à pied.
3. Nathalie vient souvent en vélo.
4. Christine vient en moto.
5. Annette vient toujours en bus.

6. Antoine vient en métro.
7. François vient en mobylette.
8. Jean vient en vélo.
9. Valérie vient d'habitude en bus.
10. Christine vient avec Antoine.

A3 Savez-vous que...?

Eighteen is the driving age throughout France. There's no variation according to states as in the U.S., so French teenagers do not drive to school. Driver's education courses are not offered as part of the school program. Students have to go to a private **auto-école** for instruction. At fourteen, French students are eligible to drive a moped **(une mobylette)** without a license. In some areas of France, towns provide transportation by bus **(en car de ramassage).**

A4 STRUCTURES DE BASE
The verb venir

venir *to come*					
Je	**viens**	} en bus.	Nous	**venons**	} en bus.
Tu	**viens**		Vous	**venez**	
Il/Elle	**vient**		Ils/Elles	**viennent**	

A5 Activité • Ecoutez bien

Does the sentence refer to a boy? A girl? More than one person?

	1	2	3	4	5	6	7	8
Pierre								
Anne								
Didier et Véronique								
Marie-Claire et Suzanne								

A6 Activité • Ecrit dirigé

Complétez le paragraphe avec le verbe **venir.**

«Bonjour! Je m'appelle Valérie. Je _____ à l'école en bus. Didier est un ami; il _____ aussi en bus. Quelquefois nous _____ en vélo. Christine et Marie-Claire _____ toujours en mobylette avec Olivier et Laurent. Et vous? Vous _____ comment à l'école?»

A7 Activité • Devinez

How do you think each person comes to school?

1.

2.

3.

4.

5.

6.

A8 COMMENT LE DIRE
Saying how often you do something

Je viens	d'habitude	en bus.	usually
	toujours		always
	souvent		often
	quelquefois		sometimes

A9 Activité • Et vous?

Vous venez comment à l'école? Toujours? Quelquefois? Avec un(e) ami(e)?

A10 Activité • Conversation

With a classmate, talk about how you come to school.

— Tu viens comment à l'école, d'habitude?
— D'habitude je viens à pied, mais *(but)* quelquefois en voiture. Et toi?
— Moi, je viens toujours en bus.

A11 Activité • Sondage *Poll*

Ask five classmates how they come to school. Write down their answers and report your findings to the class. What is the most common means of transportation used in your class?

In France students have very little choice in the courses they take. As you will notice from Nathalie's schedule, French students study many different subjects and the school day is longer than in the U.S. What other differences do you notice?

B1 Nathalie à l'école 📼

Au collège Marcel Pagnol, Nathalie a beaucoup de cours : maths, français, anglais, gymnastique, histoire, géographie, informatique… Elle vient à l'école tous les jours de la semaine, sauf le samedi et le dimanche. Elle a beaucoup de devoirs le soir. Mais, heureusement, il y a les récréations et le mercredi après-midi elle est libre.

Nathalie a physique le mardi et le vendredi.

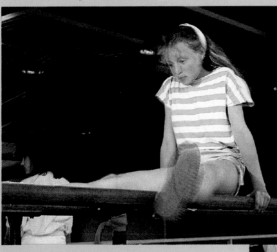

Voilà Nathalie. Elle est au cours de gymnastique.

Nathalie est membre du club d'informatique.

B2 Activité • Parlons de Nathalie

Complétez.

1. Nathalie a beaucoup…
2. Elle vient à l'école…
3. Mais, heureusement, il y a…
4. Le soir elle a…
5. Le mercredi après-midi elle…
6. Le samedi et le dimanche elle…

NOM: *Nathalie* LANCIER   EMPLOI DU TEMPS   Classe: *4e*

Heures	Lundi	Mardi	Mercredi	Jeudi	Vendredi	Samedi
8h00	*Anglais*	*Français*	*Anglais*	*Histoire/ géographie*	*Français*	
9h00	*Maths*	*Français*	*Biologie*	*Maths*	*Musique*	
10h00	RÉCRÉATION					
10h30	*gymnastique*	*Anglais*	*Maths*	*Arts Plastiques*	*Anglais*	
11h30	*Français*	*Maths*	*Technologie*	*Anglais*	*Déjeuner*	
12h30	*Déjeuner*	*Déjeuner*		*Déjeuner*	*Biologie/ Physique*	
1h30	*Histoire/ géographie*	*Physique*		*Français*	*Gymnastique*	
2h30	RÉCRÉATION					
3h00	*Espagnol*	*Espagnol*		*Espagnol*	*Gymnastique*	
4h–5h		*Histoire/ géographie*			*Club d'Informatique*	

(matin / après-midi labels at left)

B4   Activité • C'est faux

These statements about Nathalie's schedule are false. Read them aloud, giving the correct information.

1. Nathalie a anglais le mercredi après-midi.
2. Elle est libre le mardi matin.
3. Elle a cours le samedi.
4. Elle a récréation le lundi, le mercredi et le vendredi.
5. Elle a informatique tous les jours.
6. Elle a trois cours le mercredi matin.

B5   Activité • Les cours de Nathalie

Complétez.

1. Le lundi matin Nathalie a…
2. Et le lundi après-midi…
3. Le mardi matin…
4. Et le mercredi après-midi…
5. Le samedi…
6. Et le dimanche…

B6   Activité • Et vous?

Répondez.

1. Vous avez cours le vendredi?
2. Et le lundi après-midi?
3. Le samedi?
4. Vous êtes libre le mercredi après-midi?
5. Vous venez à l'école tous les jours de la semaine?
6. Vous êtes libre le dimanche?

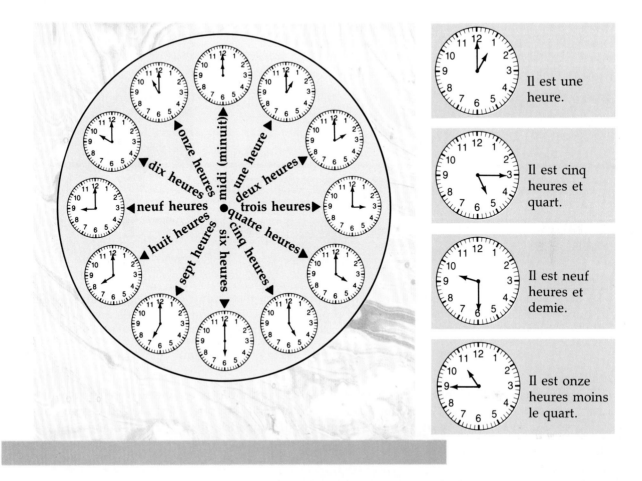

Il est une heure.

Il est cinq heures et quart.

Il est neuf heures et demie.

Il est onze heures moins le quart.

You may say **du matin** (*in the morning*), **de l'après-midi** (*in the afternoon*), and **du soir** (*in the evening*) to make it clear which part of the day you are talking about. **Midi** and **minuit** are the only ways to say *12 noon* and *12 midnight* in French.

B8 Activité • Il est quelle heure? Où est Nathalie?

Regardez (*Look at*) l'emploi du temps de Nathalie dans B3 et répondez.

lundi 8 h 15   Il est huit heures et quart. Nathalie est au cours d'anglais.

1. mardi 11 h 30   **2.** mardi 3 h 45   **3.** jeudi l h 15   **4.** vendredi 4 h   **5.** mercredi 9 h

B9 Activité • C'est à quelle heure, ces cours?

Tell at what time these courses meet, and when recess and lunch are scheduled.

l'anglais—8 h 30   L'anglais, c'est à huit heures et demie.

1. l'histoire—10 h
2. la géographie—2 h 15
3. la récréation—9 h 30
4. le français—11 h
5. les maths—12 h 45
6. le déjeuner—1 h

B 10 ILS ONT BEAUCOUP DE DEVOIRS.

DIDIER Tu as des cours le mercredi?
MARC Oui, j'ai trois cours le matin. Et toi?
DIDIER Moi aussi, j'ai trois cours.
MARC Tu as beaucoup de devoirs?
DIDIER Oui, j'ai beaucoup de devoirs et un
examen jeudi matin.

B 11 STRUCTURES DE BASE
The verb avoir

avoir	to have				
J'	**ai**	⎫	Nous	**avons**	⎫
Tu	**as**	⎬ un cours.	Vous	**avez**	⎬ un cours.
Il/Elle	**a**	⎭	Ils/Elles	**ont**	⎭

1. Liaison

A link in sound is often made between two words when the second word begins with a vowel
sound. When the two words are a subject pronoun and a verb form, the sounds are always
linked. This linking of sounds, called **liaison,** occurs in the plural forms of the verb **avoir.**

nous͜ᶻ͜avons   vous͜ᶻ͜avez   ils͜ᶻ͜ont

2. Elision

In the form **j'ai,** notice that the vowel **e** of **je** is not pronounced because the verb begins with
a vowel sound. In writing, the letter **e** is replaced by an apostrophe. This is called **élision.** You
saw **élision** in **l'ami(e), Tu es d'où?, je m'appelle, tu t'appelles, il/elle s'appelle,** and **c'est.**

B 12 Activité • Tu as beaucoup de cours?

Compare your schedule to those of your French friends.

1. Marc a trois cours le mercredi matin.
   Moi, j'ai...
2. Nathalie a beaucoup de devoirs le soir.
   Moi, j'ai...
3. Didier a un examen jeudi matin.
   Moi, j'ai...
4. Nathalie a douze cours.
   Moi, j'ai...
5. Nathalie a une heure pour le déjeuner.
   Moi, j'ai...

B 13 Activité • Ils ont des devoirs?

Tell what these students have
for homework. Use pronouns
instead of their names.

D'habitude nous avons
un devoir d'anglais.

Nous avons toujours
des devoirs!

(Marc et Philippe)

J'ai souvent des
devoirs de français.

(Anne et Sylvie)

(Nathalie)

Activité • Et vous?

1. Vous avez des devoirs de français tous les jours?
2. Vous avez français à quelle heure?
3. Vous avez maths tous les jours?
4. Vous avez anglais le matin ou l'après-midi?
5. Vous avez beaucoup de cours? Cinq? Six?
6. Vous avez une demi-heure pour le déjeuner?

B 15 Activité • Conversation

Talk with a classmate about your schedules. Ask each other what subject you have on a given day at a certain time. Follow this guide.

le lundi—10 h 30   —Tu as cours le lundi à dix heures et demie?
                     —A dix heures et demie? Oui, j'ai histoire.

1. le mercredi—10 h 30
2. le jeudi—9 h
3. le lundi—1 h 15
4. le mardi—12 h
5. le vendredi—2 h
6. le mercredi—8 h 30

B 16   TU AS QUOI MAINTENANT?

(Lundi, avant l'école)

(A la récréation)

(Au déjeuner)

NATHALIE Tu as quoi maintenant?
MICHÈLE Anglais.
NATHALIE Moi aussi. C'est super!

M. Oh là là! J'ai maths après la récré! C'est difficile!
N. Moi, j'ai gym.

M. Tu as une interro de géo cet aprèm?
N. Oui, c'est la barbe! Mais le prof est sympa.

B 17   Activité • Jeu des abréviations

Nathalie and Michèle use a lot of abbreviations when they talk. What words have they shortened?

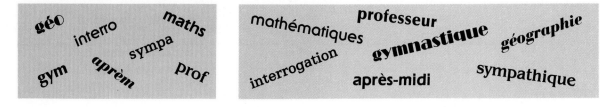

géo interro maths sympa gym aprèm prof

mathématiques professeur gymnastique géographie interrogation après-midi sympathique

1. Nathalie et Michèle ont _____ .
2. L'anglais, c'est _____ .
3. C'est difficile, les _____ .

4. Nathalie a une _____ de géo.
5. L'interro de géo, c'est _____ .
6. Le prof de géo est _____ .

B 19 COMMENT LE DIRE
Saying how you feel about your subjects

Here's how to express both favorable and unfavorable reactions.

FAVORABLE		UNFAVORABLE	
C'est facile!	It's easy!	C'est difficile!	It's difficult!
C'est chouette!	It's great!	C'est la barbe!	It's boring!
C'est génial!	It's fantastic!	C'est pas terrible!	
C'est extra!		C'est pas le pied!	It's not very good!
(extraordinaire)	It's terrific!		
C'est super!	It's super!		

B 20 Activité • A vous maintenant!

Talk with a classmate about your school subjects and how you feel about them.

—Tu as français?
—Oui, c'est super!

B 21 Activité • Qui a quoi, et quand? *Who has what, and when?*

Make sentences or questions (there are two) by choosing words from each group.

Qui?	Avoir	Quoi?	Quand?
nous	ai	maths	le lundi
Sophie	avons	gym	le jeudi après-midi
tu	ont	récréation	ce matin
ils	a	histoire	à quelle heure?
je	avez	quoi?	maintenant
vous	as	géographie	le mardi et le samedi

Activité • Minidialogues

With a classmate, complete these dialogues, using the verb **avoir**.

1. —Tu...?
   —... maths.

2. —Vous...?
   —Non,... le lundi.

3. —Nathalie...?
   —... à onze heures.

4. —Antoine et Sylvie...?
   —Non,... l'après-midi.

5. —Marc...?
   —... informatique.

B 23 Savez-vous que...?

Nathalie is in a grade called **quatrième**. This will mean more to you if you know something about the French system of education.

In France education is required from the ages of six to sixteen. From eleven to fourteen, young people attend **collèges,** which correspond roughly to American middle or junior high schools. Here they pursue their studies in grades numbered successively **sixième (6e), cinquième (5e), quatrième (4e),** and **troisième (3e).** Secondary education is continued in schools called **lycées,** or **lycées techniques,** for three more grades: **seconde (2e), première (1ère),** and **terminale.** In addition, there are **lycées professionnels,** where a student can learn a trade in two years.

Students who want to go on to the university must pass an oral and written examination on all the subjects they've studied. It is called the **baccalauréat,** or **bac** for short. **Baccalauréat** refers to the diploma given, as well as to the exam. **La première** is equivalent to the senior year of high school in the U.S. If you were going to school in France, what grade would you be in?

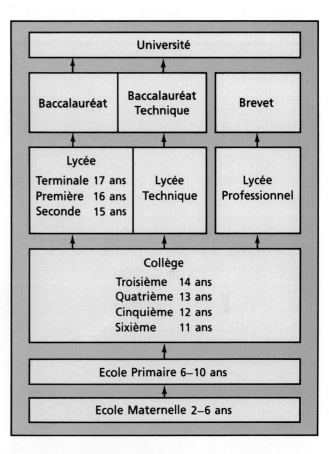

B 24 Activité • Ecoutez bien

Do these students have the same course at the same time? **Oui ou non?**

B 25 Activité • Conversation

With a classmate, talk about your schedule for each day of the week, both morning and afternoon. You might begin like this:

—Moi, le lundi matin, j'ai... et...
   Et toi, tu as quoi le lundi après-midi?

—Le lundi après-midi j'ai... et...
   Et toi, tu as quoi le mardi matin?

—Le mardi matin...

—Et le week-end, tu as quoi?

—Le week-end, je suis libre!

French students buy their school supplies, even their textbooks, in bookstores. Many of these stores also sell a number of articles—such as records, cassettes, T-shirts, and posters—that have nothing to do with school!

C1   Pour l'école il me faut...

School has begun. Each teacher wants the students to have certain items. Here's what Olivier needs.

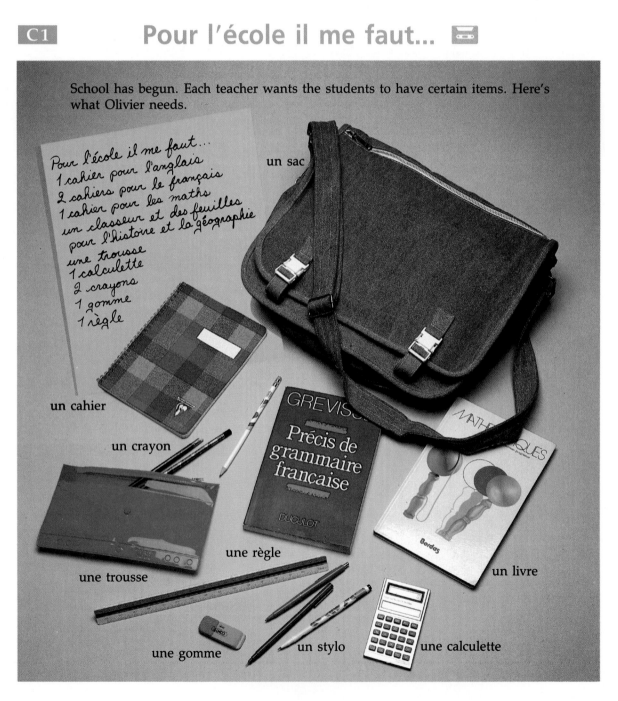

Pour l'école il me faut...
1 cahier pour l'anglais
2 cahiers pour le français
1 cahier pour les maths
un classeur et des feuilles
pour l'histoire et la géographie
une trousse
1 calculette
2 crayons
1 gomme
1 règle

un sac

un cahier

un crayon

GREVISSE
Précis de grammaire française
DUCULOT

MATHEMATIQUES
Bordas

une règle

un livre

une trousse

une gomme

un stylo

une calculette

C2 Activité • Où est la liste?

Olivier can't find his list. He tries to remember what he wrote. Can you help him out?

Pour le français il me faut trois cahiers.
Il me faut une trousse.
Pour les maths il me faut une calculette et un cahier.
Il me faut cinq crayons.
Pour l'anglais il me faut un classeur et des feuilles.
Il me faut une gomme.

C3 Activité • Tu as bonne mémoire?

How's your memory? Give one object each to five classmates. At the end of one minute, they will conceal the objects. Then, from memory, tell who has what. For example:

Philippe a un classeur. Christine a une gomme.

C4 Activité • Les quatre erreurs

Tell what there is in the first picture and then what's missing in the other.

Il y a un/une…   Il manque un/une…

C5 Activité • Chaîne de mots

Can you keep this conversation going around the room?

ELÈVE 1   Dans le sac d'Olivier, il y a un livre de maths.
ELÈVE 2   Dans le sac d'Olivier, il y a un livre de maths et deux cahiers.
ELÈVE 3   Dans le sac d'Olivier, il y a un livre de maths, deux cahiers et un stylo.
ELÈVE 4   Dans le sac d'Olivier,…

STRUCTURES DE BASE
Plural noun markers **des, les, ces**

You have already seen the words **un/une, le/la,** and **ce/cette** before nouns—for example, **un ami, la fille,** and **ce garçon.** These words are singular noun markers. The corresponding plural noun markers are shown in the chart below.

Singular			Plural		
un stylo **une** règle	*a* { *pen* *ruler*	**des** { *stylos* *règles*	*some* { *pens* *rulers*		
le stylo **la** règle	*the* { *pen* *ruler*	**les** { *stylos* *règles*	*the* { *pens* *rulers*		
ce stylo **cette** règle	*this/that* { *pen* *ruler*	**ces** { *stylos* *règles*	*these/those* { *pens* *rulers*		

1. All French nouns, including the names of things, are classified as either masculine or feminine. Singular markers have different forms for each gender, but plural markers use the same form for both masculine and feminine nouns.

2. The plural of most nouns is written by adding the letter **s** to the singular form. This letter is not pronounced in speaking; therefore, the plural form of a noun usually sounds like its singular form. You must listen carefully: it's the noun marker that tells you whether a noun is singular or plural.

3. **Liaison** always occurs between the plural noun marker and a noun that begins with a vowel sound.

les^z élèves   des^z élèves   ces^z élèves

4. When you use numbers before plural nouns, the pronunciation of the numbers varies.

Before a consonant	Before a vowel sound
deux trois quatre cinq six } crayons sept huit neuf dix	deux z trois z quatre r cinq k six z } élèves sept t huit t neuf f dix z

COMMENT LE DIRE
Saying what you need

Here's one way to express need, using **il faut.**

Il te faut un cahier? | Oui, il me faut un cahier.

Activité • Qu'est-ce qu'il vous faut? *What do you need?*

Take turns with a classmate deciding what you need for school. Make suggestions, using **des** and a plural noun. Answer, using the number of items shown.

—Il te faut des gommes?
—Oui, il me faut deux gommes.

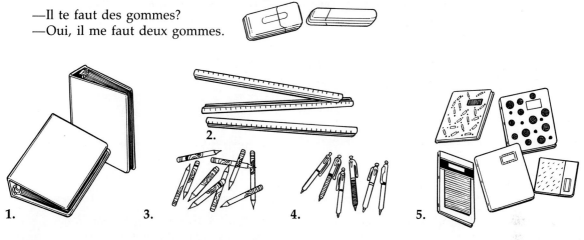

1.　　　　　　　3.　　　　　　　4.　　　　　　　5.

C9 Activité • Vous avez tout? *Do you have everything?*

Look at the school supplies in C1. Name the items you have and say how many you have of each: **J'ai un stylo. J'ai cinq cahiers.**

C10 Activité • Ecrit dirigé

Choose the word that completes the sentence. Spelling counts!

1. J'ai trois _____ .
2. Elle est d'où, cette _____ ?
3. Cette fille est une _____ .
4. Paul a des _____ .
5. Tu as un _____ ?
6. Pour les maths il faut une _____ .

> stylo　livres　calculette　amie
> amis　fille

C11 Activité • Ecrit dirigé

Make each noun and its marker plural.

1. la fille
2. le sac
3. cette règle
4. un livre
5. une feuille

6. la calculette
7. ce classeur
8. un cahier
9. ce crayon
10. le garçon

Rewrite each sentence, making the noun(s) and the noun marker(s) singular. Be sure to write the correct verb form.

1. J'ai deux gommes et cinq stylos.
2. Pour le français il me faut six cahiers.
3. Il me faut aussi des crayons.
4. Les filles ont ces livres.

5. Ces garçons ont des classeurs.
6. Ils ont aussi des calculettes.
7. Tu as les livres d'anglais?
8. Les cahiers sont sur la liste.

C12 Activité • Ecoutez bien

How many school supplies are these French students talking about?

	1	2	3	4	5	6
One						
More than one						

C13 AU MAGASIN

Delphine, Laurent et Marc sont dans une librairie.

DELPHINE	Les classeurs, s'il vous plaît?
VENDEUSE	C'est là-bas, avec les feuilles.
DELPHINE	Merci.
MARC	Eh, regarde le poster!
DELPHINE	Super! C'est combien?
MARC	Dix-huit francs.
DELPHINE	Génial! Alors, un poster!
MARC	Deux posters!

LAURENT	Eh, regarde aussi ces tee-shirts!
DELPHINE	Super! Un tee-shirt pour moi!
LAURENT	Deux tee-shirts!
DELPHINE	Trois tee-shirts! Un pour toi, un pour moi et un pour Nathalie!

MARC	Delphine?
DELPHINE	Oui?
MARC	Et pour l'école?
DELPHINE	Pour l'école?
MARC	Eh bien oui, il te faut un classeur, des feuilles, des crayons, une cal...
DELPHINE	Demain! Aujourd'hui les tee-shirts! Demain les classeurs!

C14 Activité • Moi aussi

You and your friend are buying some school supplies—among other things! You both need the same item, so that makes two.

une trousse —Il me faut une trousse.
—Moi aussi! Alors, deux trousses, s'il vous plaît!

1. un stylo
2. un poster
3. un crayon
4. une calculette
5. un classeur
6. un tee-shirt
7. un cahier
8. un sac

C15 Savez-vous que...?

The monetary unit of France is the **franc (F).** There are one hundred **centimes** in a franc. Pictures on French bills **(un billet)** are of famous French people.

Prices are read as follows: **20 F (vingt francs); 2,20 F (deux francs vingt).** Notice that a comma is used where you might expect a decimal point. Now check in the financial section of your newspaper. What is the current exchange rate for the franc? How many do you get for a dollar?

C16 Activité • C'est combien?

Say in French how much money is shown. Then write out the sum in both words and figures.

Les billets et les pièces

C17 COMMENT LE DIRE
Asking prices

C'est combien, le stylo?	How much is the pen?
C'est combien, les cahiers?	How much are the notebooks?

A l'école 73

C18 Activité • Conversation dans la librairie

Imagine that you are in the store asking the prices of the school supplies shown here in the ad. A classmate will play the role of the salesperson and tell you the prices. Your conversation might go like this:

—C'est combien, les crayons?
—Quatre francs vingt.
—Deux crayons, s'il vous plaît.

LIBRAIRIE LAMARTINE

«Pour la rentrée scolaire»

crayons	4,20 F
stylos	8,00 F
gommes	6,10 F
classeurs	20,00 F
trousses	19,00 F
règles	7,15 F
cahiers	12,00 F

C19 Activité • Ecrivez

You have only twenty francs. How many different items can you afford? Make a list of them and then write down what school subject each is for.

C20 Savez-vous que...?

	ZONE 1	ZONE 2	ZONE 3
Rentrée	mardi 8 septembre au matin		
Toussaint	du samedi 31 octobre au lundi 9 novembre		
Noël	du samedi 19 décembre au lundi 4 janvier		
Février	du jeudi 4 au lundi 15 février	du jeudi 11 au lundi 22 février	du jeudi 18 au lundi 29 février
Printemps	du samedi 26 mars au lundi 11 avril	du vendredi 1 avril au lundi 18 avril	
Eté	jeudi 30 juin		

The school year in France begins in early September and continues until the end of June, interrupted by four vacation periods. The vacations around All Saints' Day **(la Toussaint),** at Christmas **(Noël),** and in the summer **(les vacances d'été)** are the same for all of France. The dates of the winter vacation **(les vacances de février)** and the spring vacation **(les vacances de printemps)** vary according to which one of three geographical zones you live in.

Zone 1 : Paris, Créteil, Versailles.
Zone 2 : Bordeaux, Caen, Clermont-Ferrand, Grenoble, Lille, Montpellier, Nancy-Metz, Nantes, Nice, Rennes.
Zone 3 : Aix-Marseille, Amiens, Besançon, Dijon, Limoges, Lyon, Orléans-Tours, Poitiers, Reims, Rouen, Strasbourg, Toulouse.

Noël! Treize jours!

Février! Quinze jours!

Ah! Vacances de printemps! Douze jours!

C21 Activité • Et vos vacances? *And your vacations?*

Tell about your school vacations. Use this sentence, replacing the number of days and the month.

Nous avons quinze jours en février.

C22 Activité • Devoir

Pour le cours d'histoire : Qui est-ce?
C'est Napoléon? Charlemagne? Louis XIV? Jeanne d'Arc?

Pour le cours de biologie : Qu'est-ce que c'est?
C'est un scorpion? Une tarantule? Un hippopotame? Une tortue?

Et pour l'informatique : Qu'est-ce que c'est?
C'est un moniteur? Un clavier? Un lecteur de disquette? Une imprimante?

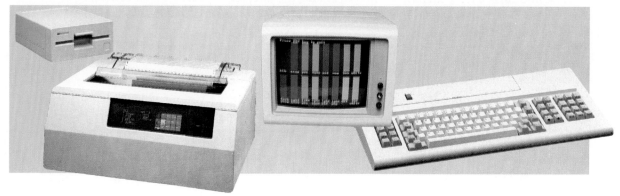

1

Mon emploi du temps

A French boy, Serge Martinet, tells you about his school and the subjects he's taking.

«Je m'appelle Serge Martinet. Je suis de Paris. Je suis élève au collège Louis Pasteur. D'habitude, je viens à l'école en métro.

Tous les matins j'ai français, maths, sciences et histoire de huit heures à midi. J'ai une heure pour le déjeuner et après, une heure de récréation.

Le lundi, le mardi, le jeudi et le vendredi j'ai cours l'après-midi. La musique est à deux heures le vendredi. A trois heures le lundi et le mardi j'ai latin. La technologie est de deux heures à quatre heures le jeudi. Le lundi et le mardi à deux heures j'ai gym. L'anglais est à quatre heures le jeudi. Le vendredi j'ai club d'informatique de quatre heures à cinq heures. L'espagnol est à quatre heures le mardi.

Mon cours favori, c'est la biolo. C'est super! L'anglais, c'est pas terrible. La technologie, c'est la barbe! Le français, c'est difficile, mais la musique est facile; le prof est sympa.»

2 Activité • Ecrivez

1. Write out Serge's afternoon schedule, as he has described it, in the form of a schedule card. Show the times, the days, and the subjects—in French, of course!
2. Rewrite Serge's last paragraph so that it expresses your opinion about some of your courses.

3 Activité • Conversation

Compare your schedule with a classmate's. Ask when you have various courses. Use this dialogue as a guide.

—Le lundi à... heures j'ai anglais. Et toi?
—Moi, j'ai...
—Tu as quoi à dix heures?

—A dix heures j'ai...
—Tu as français le mardi?
—Oui,... /Non,...

4 Activité • Les cours

Make a chart like the one shown here. List your courses. Tell what days they
meet, the times they start, whether they're in the morning or afternoon, how
frequently you have homework, and your opinion of each one.

Cours	Jour(s)	Le matin ou L'après-midi	Heure	Devoirs	Opinion
le français	tous les jours	le matin	à huit heures	d'habitude	C'est extra!

Talk about your chart with others. For example, you might say:

—J'ai français tous les jours, à huit heures du matin. D'habitude, nous avons
des devoirs. Le français, c'est extra!

5 Activité • Les emplois du temps

Exchange blank schedule cards with a classmate. Try to fill in each other's
schedule by asking questions in French. Take turns, asking three questions at a
time. Here are some questions you might ask and their answers:

—Tu as géographie le lundi?

—Oui.

—Le matin?

—Non.

—A trois heures?

—Oui.

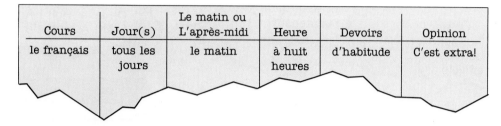

NOM:		EMPLOI DU TEMPS				Classe:	
Heures	Lundi	Mardi	Mercredi	Jeudi	Vendredi	Samedi	
8h00							
9h00							
10h00			RÉCRÉATION				
10h30							
11h30							
12h30							
1h30							
2h30			RÉCRÉATION				
3h00	Géographie						
4h–5h							

(matin / après-midi)

6 Activité • Ecoutez bien

Listen as two French students discuss their schedules. Then complete these
sentences.

1. L'histoire, c'est...
2. Le stylo est...
3. Cet après-midi Gilles et Sophie ont...
4. Sophie a gym jeudi...
5. Mademoiselle Garcin est le prof de...
6. Mademoiselle Garcin est...

7 Activité • Jeu

Close your eyes. A classmate will hand you various school supplies. Try to guess
what each one is. Take turns, using this dialogue.

—Qu'est-ce que c'est?
—C'est un(e)...

8 Activité • Pêle-mêle

Laurent has a new moped. He meets his friend Julien on the way to school.
Unscramble their conversation.

9 Activité • Dans la librairie

Here's a list of school supplies you need.
In the store you ask where the items
are and how much they cost. Act out
the situation with a classmate.

2 cahiers
3 crayons
1 classeur
1 gomme
des feuilles

10 Activité • Ecrivez

Complete the following paragraph about you and your school.

Je suis élève à l'école... D'habitude, je viens à l'école en (à)... J'ai... cours. Le
matin, j'ai... L'après-midi... Le déjeuner est à... Nous avons... minutes (heure)
pour le déjeuner. Je suis libre...

11 Prononciation, lecture, dictée

1. Listen carefully and repeat what you hear. (the vowel **u**)

2. Listen, then read aloud.

Salut!	Tu es d'où?	C'est une calculette?
Tu t'appelles comment?	De Bruxelles?	Bien sûr!
Tu viens en bus?	Un emploi du temps.	La musique.

3. Copy the following sentences to prepare yourself to write them from dictation.

   a. Salut! Tu es d'où?
   b. Tu as musique?
   c. La musique, c'est super!

   d. C'est une école.
   e. Tu as une calculette?
   f. Tu viens en bus?

1. Lettres embrouillées *Scrambled letters*

Unscramble the letters to discover six school subjects.

1. INETOCLEOGH
2. LAISGAN
3. SARFÇIAN

4. GERPAHEGOI
5. IQTNOAMEURFI
6. ROTIHSIE

2. Quel mois?

What's the French for the months when these holidays occur?

Thanksgiving   Washington's birthday   Christmas   St. Patrick's Day
Memorial Day   Veterans' Day   Father's Day   Independence Day

3. Chiffres enchaînés *Chained figures*

These two strange signs are groups of four figures attached to each other. Tell what the figures are in French and give the total of each group.

4. Quels cours?

Ecoutez le professeur. Nathalie est où? Elle est au cours de français? De maths?

1. Vous avez une disquette?
2. Non, ce n'est pas *I is*, c'est *I am!*
3. Parlons de Napoléon.
4. C'est un hippopotame, ce n'est pas un scorpion!
5. Dix-huit moins sept égale...
6. Genève est en Suisse.

5. Phrases absurdes

Make these ridiculous sentences meaningful by changing a word.

1. Nathalie vient à l'école en calculette.
2. Julien a maths le dimanche à deux heures.
3. Il me faut un classeur, des feuilles et un devoir.
4. Tu as géographie? C'est un cahier difficile?
5. Nous avons histoire à neuf mois et quart.
6. Lundi, maths, mercredi, jeudi, vendredi...

VERIFIONS!

SECTION A

Have you learned the verb *venir* and the various means of transportation?
Use complete sentences to say how each person comes to school. Vary the means of transportation.

elle   nous   tu   vous   ils   je

SECTION B

Do you know the forms of the verb *avoir*?
Use the correct forms of the verb **avoir** to make complete sentences, as in the example below.

je / anglais / 10 h   J'ai anglais à dix heures.

1. il / maths / 2 h
2. nous / gym / 8 h 30
3. elles / espagnol / 10 h 15
4. vous / français / 9 h
5. tu / musique / 11 h 30
6. je / histoire / 4 h

Can you say how you feel about your school subjects?
Follow the example.

Like	*Dislike*
L'anglais? C'est chouette.	L'informatique?
Le français?	Les maths?
L'histoire?	La géographie?

SECTION C

Do you know the names of school supplies in French?
What school supplies are suggested by the following clues?

1. Two items for math class.
2. An essential for someone who makes lots of mistakes.
3. A loose-leaf notebook is useless without this.
4. Two objects in which to carry your things.
5. You can't take pages out of these two without tearing them.
6. Two writing tools.

Do you know how to make noun markers and nouns singular and plural?
Write the plural:

cette moto   la règle   ce garçon   un livre   une gomme

Write the singular:

des calculettes   les filles   ces cahiers   des crayons   les stylos

Can you ask the price of something in French?
Find out how much these items cost.

les cahiers   le stylo   la gomme

VOCABULAIRE

SECTION A

à *at, to, in, on*
  à pied *on foot*
les autres *the others*
avec *with*
un collège *middle or junior high school*
comment *how*
de *of*
d'habitude *usually*
une école *school*
un(e) élève *pupil, student*
en *in, by, on*
  en bus *by (public) bus*
  en métro *by subway*
  en mob(ylette) *by moped*
  en moto *by motorcycle*
  en vélo *by bicycle*
  en voiture *by car*
un kilomètre *kilometer*
mais *but*
quelquefois *sometimes*
souvent *often*
toujours *always*
trente *thirty*
venir *to come*
voilà *there is/are, here is/are*

SECTION B

l' anglais (m.) *English*
après *after*
(de) l' après-midi (m.) *(in) the afternoon*
les arts plastiques (m.) *art*
avant *before*
avoir *to have*
beaucoup (de) *many, much, a lot (of)*
la biolo(gie) *biology*
c'est *it's*
  C'est la barbe! *It's boring!*
chouette *great*
une classe *grade*
un club *club*
un cours *course, class*

le déjeuner *lunch*
les devoirs (m.) *homework*
difficile *difficult, hard*
(le) dimanche *(on) Sunday(s)*
un emploi du temps *schedule*
l' espagnol (m.) *Spanish*
un examen *exam*
extra(ordinaire) *terrific, great*
facile *easy*
le français *French*
génial *fantastic, great*
la géo(graphie) *geography*
la gym(nastique) *gym, P.E.*
une heure (h) *hour, o'clock (See B7 for expressions of time.)*
heureusement *luckily, fortunately*
l' histoire (f.) *history*
il y a *there is, there are*
l' informatique (f.) *computer science*
une interro(gation) *quiz*
(le) jeudi *(on) Thursday(s)*
un jour *day*
  tous les jours *every day*
libre *free, unoccupied*
(le) lundi *(on) Monday(s)*
maintenant *now*
(le) mardi *(on) Tuesday(s)*
les maths (mathématiques) (f.) *math*
le/du matin *(in) the morning*
un membre *member*
(le) mercredi *(on) Wednesday(s)*
midi *noon*
minuit *midnight*
la musique *music*
un nom *name*
pas terrible/pas le pied *not so great*
la physique *physics*

un prof(esseur) *teacher*
quoi *what*
la récré(ation) *recess, break*
(le) samedi *(on) Saturday(s)*
sauf *except·*
la semaine *week*
le/du soir *(in) the evening*
super *super*
sympa(thique) *nice*
la technologie *shop*
(le) vendredi *(on) Friday(s)*

SECTION C

alors *so, well, then*
aujourd'hui *today*
un cahier *notebook*
une calculette *pocket calculator*
ces *these, those*
un classeur *loose-leaf notebook*
combien *how much*
un crayon *pencil*
dans *in*
demain *tomorrow*
des *some*
eh bien *well*
faut : il me/te faut *I/you need (See C7.)*
une feuille *sheet of paper*
un franc (F) *franc*
une gomme *eraser*
une librairie *bookstore*
un livre *book*
un magasin *store*
merci *thank you*
un poster *poster*
pour *for*
regarde *look (at)*
une règle *ruler*
un sac *bookbag*
s'il vous plaît *please*
un stylo *pen*
un tee-shirt *T-shirt*
une trousse *pencil case*
un vendeur, une vendeuse *salesman, saleswoman*

ETUDE DE MOTS

Synonyms are words that have the same—or nearly the same—meaning.
You recall that antonyms are words that have the opposite meaning. How
many of each can you find in the vocabulary list for this unit?

A LIRE

Poème

Have you ever tried to write any poetry? Stéphanie, a French girl in **troisième**, wrote this poem.

Read the poem through once. There are quite a few words you already know and even some English words. What is the main idea of the poem?

Le lundi géographie
Le mardi biologie
   Le matin c'est le latin
     Et le soir des devoirs!

Tous les jours
Il y a des cours!
Et puis aussi mathématiques
  Et gymnastique
    Et du français! Et de l'anglais!

Du lundi au samedi
  A mon avis° c'est pas une vie°!

Mais le week-end
Ça me plaît.
J'ai un boy-friend
Qui est anglais!

Activité • Découvrez *Find out*

1. In her poem Stéphanie says of the school week: **... c'est pas une vie!** Can you find three lines that tell, in general, why she doesn't like weekdays?

2. What line in the last stanza summarizes her feeling about the weekend?

à mon avis *in my opinion;*   **pas une vie** *not a life*

Le Rêve°

Activité • Vrai ou faux?

According to Paul's dream, are these statements true or false?

1. C'est lundi.
2. Paul est en retard.
3. Paul vient à l'école à pied.
4. Les amis de Paul sont déjà à l'école.
5. Paul a le devoir.
6. C'est dimanche.

---

rêve *dream;*   **debout** *get up;*   **déjà** *already;*   **vite** *quickly;*   **en retard** *late;*   **attendez** *wait;*   **là** *there;*   **à la maison** *at home*

Livres! Livres!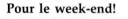

Books that you have to read . . . books that you like to read! Here are some examples of both from France.

Pour la semaine!

Des livres de classe, des livres pour tous les jours de la semaine!

Des livres d'histoire …d'anglais

…de maths

…de sciences

…de biologie …de français

Pour le week-end!

Des livres pour le week-end et les vacances!

Des livres
d'aventure

Des livres de
science-fiction

Des polars

Des bandes
dessinées

Le Tableau d'affichage du collège

During the school year students can sign up for all sorts of extracurricular activities. To find out what's going on, they check the bulletin board.

Promenades en vélo et pique-niques!
Départ tous les dimanches à 8 h.
Retour le soir.
Contactez Michel 48.55.30.83

Parlez anglais
pendant les vacances de Noël.
Partez en Angleterre
avec votre professeur d'anglais.

Inscription au mois de novembre.

Vous êtes libre le mercredi après-midi?
Venez au club Sports et Loisirs!
Nombreuses activités:
Cours de photo
musique
vidéo.
poterie
danse
judo
Le club Sports et Loisirs,
c'est fantastique!

des films français
des films américains
des films italiens
des films super!
Où? Au ciné-club!

Vous êtes
dynamique?
énergique?
athlétique?
Stage d'alpinisme
du 12 au 15 octobre.
22·63·06·30

Théâtre!
Théâtre!
Théâtre!
nous sommes
en salle
222

La marche à pied,
C'est le pied!
Pour les vacances
de la Toussaint
venez marcher avec nous!
(renseignements° salle 14)

loisirs *leisure activities;* **renseignements** *information;* **stage** *training course*

CHAPITRE **3**
Sports et passe-temps

French teenagers—in spite of long school days—find time for fun in the evening, on weekends, or during holidays. There's always something to do—play sports, read comic books, listen to music, watch TV, or just get together with friends and talk. Their leisure activities are not much different from yours—or are they?

In this unit you will:

SECTION A	talk about your favorite sports
SECTION B	say what you like to do in your free time
SECTION C	say which TV shows you like, dislike, or prefer
TRY YOUR SKILLS	use what you've learned
A LIRE	read for practice and pleasure

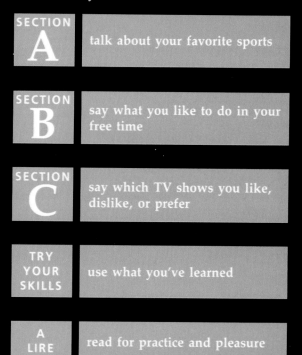

87

talking about your favorite sports

Guillaume Vallée lives in Grenoble, a city in the Alps of eastern France. The changing seasons and varied surroundings offer him a wide choice of sports.

A1

Vous faites quels sports? 📼

Salut! Je m'appelle Guillaume Vallée. Je suis de Grenoble, en France. C'est une grande ville, le site des Jeux Olympiques en février 1968. A Grenoble les gens font beaucoup de sports. Quels sports? Ça dépend des saisons.

Au printemps, nous faisons du jogging et de l'athlétisme. L'athlétisme, c'est extra!

En hiver, je fais du ski. Les copains, surtout les filles, font aussi du patin à glace.

En été, je fais surtout du tennis. Mais les copains et moi, nous faisons aussi de la natation. Nous aimons nager dans la piscine.

En automne, on fait du football, du volley-ball et du basket-ball. Le basket, j'aime beaucoup!

Activité • Qu'est-ce qu'ils font à Grenoble?

Complétez.

1. A Grenoble on fait…
2. Les sports à Grenoble? Ça dépend…
3. En hiver, beaucoup de filles…

4. En été, Guillaume…
5. L'athlétisme, c'est…
6. En automne, on…

A3   Activité • En quelle saison?

Tell in which season you would take part in each sport. For example:

En été, on fait du jogging.

1.

2.

3.

4.

5.

6.

STRUCTURES DE BASE
The verb faire

faire *to do, make*					
Je	**fais**	du ski.	Nous	**faisons**	du jogging.
Tu	**fais**	du tennis.	Vous	**faites**	du football.
Il/Elle/On	**fait**	de la natation.	Ils/Elles	**font**	de l'athlétisme.

1. Faire is used in many similar expressions, but its equivalent in English varies.

faire du jogging *to jog*

faire du basket-ball *to play basketball*

faire du ski *to ski*

2. Faire, like **être, venir,** and **avoir,** is an irregular verb.

3. The subject pronoun **on** (*one*) is used with the **il/elle** form of the verb, but it may have a plural meaning. For example, **On fait de la natation** may mean *We/You/They/People in general swim,* depending on the situation.

A5 Activité • Et vous?

Répondez **oui** ou **non.**

1. Vous faites du jogging?
2. Vous faites du ski?
3. Vous faites du tennis?

4. Vous faites du football?
5. Vous faites du patin à glace?
6. Vous faites de la natation?

A6 Activité • Ecoutez bien

C'est en quelle saison?

	1	2	3	4	5
En hiver					
Au printemps					
En été					
En automne					

A7 Activité • Devinez

Ils font quels sports?

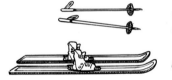 

1. Guillaume...   2. Nous...   3. Vous...   4. Tu...   5. Les filles...

A8 Activité • Complétez

Complétez le dialogue avec le verbe **faire.**

— Tu ____ quels sports, toi?
— Moi, je ____ surtout du football en hiver.
— Et les copains, ils ____ quoi?

— En été, Jean ____ de la natation et Hélène ____ du tennis.
— Et vous deux? Vous ____ quel sport?
— Nous, nous ____ du volley-ball.

A9 Activité • Le club des sports

It's Wednesday afternoon in France. The students at the **collège Marcel Pagnol** have signed up for informal sports. Who's doing what?

le basket	le volley	le tennis	le jogging	la natation
Pascale Marc Anne	Marie Valérie Claire	Laurent Nathalie Philippe	Jean-Claude Arnaud Emmanuel	Olivier Christine Noëlle

A10 AUTRES SPORTS *Other sports*

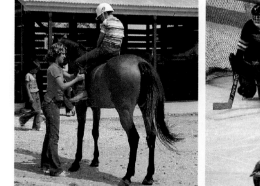

faire du cheval

faire du hockey

faire du vélo

faire de la planche à voile

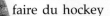

faire du bicross

faire du surf

Sports et passe-temps 91

COMMENT LE DIRE
Talking about sports

		Je fais du ski.
	Tu fais quels sports?	Je fais de la natation.
		Je fais de l'athlétisme.

When the verb **faire** is used to talk about sports, **du** is used before a masculine noun, **de la** before a feminine noun, and **de l'** before a noun beginning with a vowel sound.

A 12   Activité • **Trouvez la question**   *Find the question*

Ask about the sports these people take part in. Follow the example.

Mathieu / football   Et Mathieu, il fait quel sport? Du football?

1. Ariane / volley-ball
2. vous deux / ski
3. ces filles / natation

4. vous, M. Lemaire / jogging
5. Olivier / athlétisme
6. toi / patin à glace

A 13   Activité • **Et vous?**

Vous faites quels sports?

A14 Activité • À vous maintenant!

Talk with a classmate about the sports you take part in during each season. Use the following dialogue as a guide.

— Tu fais quel sport en hiver?
— En hiver, je fais… Et toi?

A15 Activité • Les sports et moi

Make a chart like the one shown here. In the left-hand column, list the sports you enjoy. Then tell in which season and how often you take part in them, and give your opinion of them.

Sport	Saison	Souvent?	Opinion
Je fais du ski.	en hiver	quelque fois	C'est chouette!

A16 Activité • Devinez

Study the French words for the sports equipment shown below. Then a classmate will tell you what equipment he or she has, and you guess what sport he or she takes part in.

— J'ai une batte, une balle et un gant.
  Je fais quel sport?
— Tu fais du base-ball.

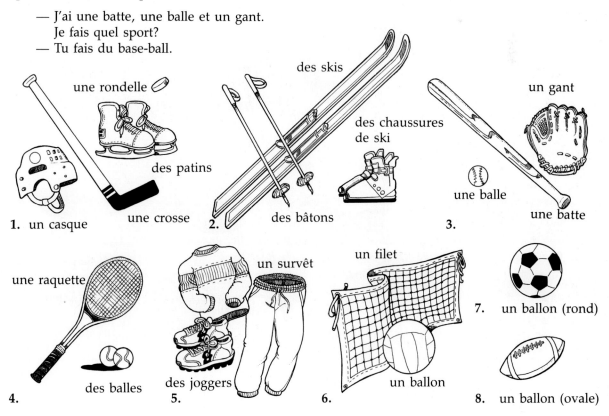

des skis

une rondelle

un gant

des chaussures de ski

des patins

une crosse

des bâtons

une balle

une batte

1. un casque

2.

3.

une raquette

un survêt

un filet

7. un ballon (rond)

des balles

des joggers

un ballon

4.

5.

6.

8. un ballon (ovale)

In France the most popular sport is soccer **(le football).** People of all ages enjoy playing or watching it. French cities have their own soccer teams that compete for the national title **(le championnat de France).** Each team has identifying colors. The fans **(les fanas de foot)** refer to their colors when they cheer: **Allez les Verts!** *Go, Green!* How would you cheer for your school team?

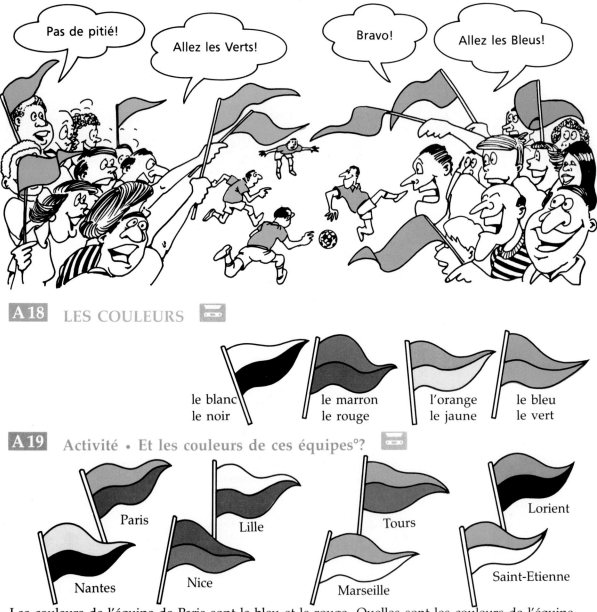

A 18   LES COULEURS

le blanc / le noir
le marron / le rouge
l'orange / le jaune
le bleu / le vert

A 19   Activité • Et les couleurs de ces équipes°?

Paris — Nantes — Lille — Nice — Tours — Marseille — Lorient — Saint-Etienne

Les couleurs de l'équipe de Paris sont le bleu et le rouge. Quelles sont les couleurs de l'équipe de Marseille? Quelles sont les couleurs de votre° équipe de football américain préférée? De votre équipe de base-ball préférée°? Des Red Sox? Quelles sont les couleurs de l'équipe de votre école?

équipes *teams;* **votre** *your;* **préférée** *favorite*

Now you'll find out what some typical French young people like to do when they have free time. Is your favorite activity among theirs?

B1 # Qu'est-ce qu'ils aiment faire, les jeunes Français?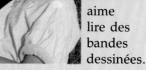

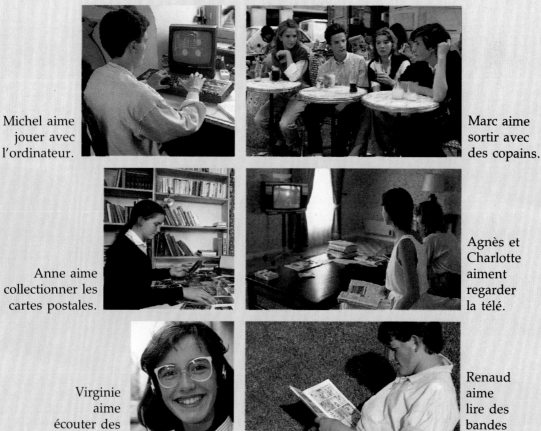

Michel aime jouer avec l'ordinateur.

Marc aime sortir avec des copains.

Anne aime collectionner les cartes postales.

Agnès et Charlotte aiment regarder la télé.

Virginie aime écouter des cassettes.

Renaud aime lire des bandes dessinées.

B2 Activité • Vrai ou faux?

1. Anne aime collectionner les bandes dessinées.
2. Michel a un ordinateur.
3. Renaud aime sortir avec des copains.

4. Virginie aime regarder la télé.
5. Marc a des copains.
6. Agnès aime regarder des cartes postales.

C'est Anne? C'est Marc? C'est...?

1. Il aime jouer avec l'ordinateur.
2. Il aime lire des bandes dessinées.
3. Elles aiment regarder la télé.
4. Elle aime écouter des cassettes.
5. Elle aime collectionner les cartes postales.
6. Il aime sortir avec des copains.

B4 INTERVIEWS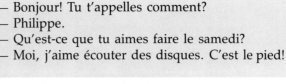

The local recreation center is taking a survey of what students like to do in their free time.

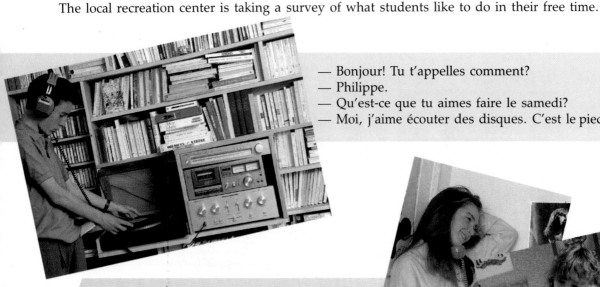

— Bonjour! Tu t'appelles comment?
— Philippe.
— Qu'est-ce que tu aimes faire le samedi?
— Moi, j'aime écouter des disques. C'est le pied!

— Et vous, Catherine et Joëlle, vous aimez jouer avec l'ordinateur?
— Oh non. Nous, nous aimons regarder des films vidéo. C'est super!
— Et nous aimons aussi téléphoner à des copains...

— Et vous, Frédéric et Jérôme, qu'est-ce que vous aimez faire?
— Nous aimons faire de la photo. C'est vraiment un passe-temps génial!

B5   Activité • Donnez votre opinion   *Give your opinion*

Using the photographs as cues, complete the phrase for each pastime. Then choose the expression that tells what you think of the pastime.

1. Regarder…

2. Lire…

3. Collectionner…

4. Sortir…

5. Ecouter…

6. Jouer…

7. Téléphoner…

8. Faire…

…c'est la barbe!

…c'est super!

…c'est génial!

B6   COMMENT LE DIRE
Saying what you like to do and asking others

Formal and written	Qu'est-ce que tu aimes faire?	J'aime	regarder la télé. jouer avec l'ordinateur.
Informal	Tu aimes faire quoi?		lire. sortir.

You have used the verb **faire** to talk about sports. When you ask what else people like to do, you can use **faire,** much as you use the verb *to do* in English: *What do you like to do? I like to read.* **Faire** in your question, . . . *like to do?*, asks for a verb that gives more information.

B7   Activité • Vous comprenez?   *Do you understand?*

Your teacher will mention several pastimes. When you hear what you like to do, raise your hand. What is the most popular pastime in your class?

B8 Activité • Qu'est-ce qu'ils aiment faire?

Using the drawings as cues, tell what each person likes to do.

1. Michel **2.** Philippe **3.** Catherine et Joëlle **4.** Nous

B9 Activité • Ecoutez bien

What does Nathalie like to do all week?

	lundi	mardi	mercredi	jeudi	vendredi	samedi	dimanche
sortir avec des copains							
jouer avec l'ordinateur							
regarder la télé							
lire des bandes dessinées							
écouter des disques							

B10 Activité • A vous maintenant!

With a classmate, discuss what you like to do in your free time. You might begin like this:

— J'aime regarder la télé. Et toi, tu aimes faire quoi?
— Moi, j'aime sortir avec des copains.

B11 Activité • La chambre de Jenny *Jenny's room*

Looking at Jenny's room, tell what she likes to do.

STRUCTURES DE BASE
Verbs ending in -er

Infinitive: **aimer** *to like*		
Subject pronouns	*Stem + endings*	
je	-e	j'aime
tu	-es	tu aimes
il/elle/on	-e	elle aime
nous	aim -ons	nous aimons
vous	-ez	vous aimez
ils/elles	-ent	ils aiment

1. The basic form of a verb is called the infinitive, the form you find in dictionaries and word lists. The infinitive is composed of a stem, such as **aim,** and an ending, such as **-er.** The stem is the part of the verb that carries the meaning. The ending changes according to the subject of the verb.

2. The infinitives of most French verbs end in **-er.** Verbs that follow the same pattern as **aimer** are called regular verbs. **Collectionner, regarder, écouter, jouer,** and **téléphoner** are verbs of this type.

3. Although there are spelling differences in the endings of the **je, tu, il,** and **ils** verb forms, they are pronounced alike. The endings **-e, -es,** and **-ent** are silent.

4. Elision and **liaison** occur if a verb begins with a vowel sound.

j'aime   nous^zaimons   vous^zaimez   ils^zaiment

B 13 Activité • Qui regarde la télé?

1. Ces filles…
2. Nous…
3. Tu…
4. Marie et Joëlle…
5. Je…
6. Vous…
7. On…
8. Sabine…

B 14 Activité • Qui écoute des disques?

1. Jérôme…
2. Vous…
3. Je…
4. Paul et Marc…
5. Olivier et moi, nous…
6. Jeanne…
7. Tu…
8. Les garçons…

B 15 Activité • Cherchez les phrases *Look for sentences*

1. Je (J')	jouent	des cassettes.
2. Vous	aime	à des copains.
3. Il	téléphone	la télé.
4. Nous	écoute	les cartes postales.
5. Elle	regardons	lire des bandes dessinées.
6. Ils	collectionnes	écouter des disques.
7. Tu	aimez	avec l'ordinateur.

B 16 Activité • Ecrit dirigé

This paragraph is from a letter that was left out in the rain. Rewrite it so that the smudged parts are clear.

> Mes copains et moi, nous aim⬛ lire des bandes dessinées. Nous écout⬛ aussi des disques. Olivier et Pauline jou⬛ avec l'ordinateur, Jean regard⬛ la télé. Moi, je collectionn⬛ des cartes postales. Et toi, qu'est-ce que tu aim⬛ faire?

B 17 Activité • Jeu de mime

Work in small groups. One person acts out one of these sentences. The others guess. If the actor selects **Je téléphone,** the group might guess **Tu téléphones?** The actor replies **Oui, je téléphone** or simply **Non.**

1. Je téléphone.
2. Je fais du tennis.
3. Je fais du ski.
4. J'écoute des disques.
5. J'aime lire des bandes dessinées.
6. Je regarde la télé.
7. Je joue avec l'ordinateur.
8. J'aime regarder les films vidéo.

B 18 Activité • Sondage

Take a survey of the class. Ask your classmates if they do the following activities and then tally the number for each activity. What is the most popular pastime?

Activité	Nombre d'élèves
collectionner des cartes postales	
aimer lire	
écouter des disques	
jouer avec l'ordinateur	
téléphoner aux copains	
regarder la télé	

saying which TV shows you like, dislike, or prefer

French homes usually have one TV set for the entire family. It's rare for teenagers to have their own sets in their rooms. Alain and Valérie decide to watch TV, but . . .

C1 Qu'est-ce qu'il y a à la télé?

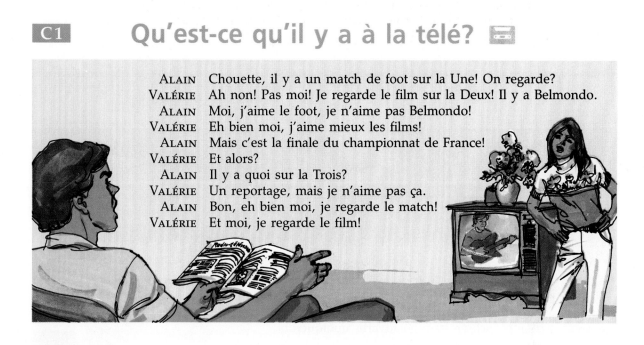

ALAIN   Chouette, il y a un match de foot sur la Une! On regarde?
VALÉRIE   Ah non! Pas moi! Je regarde le film sur la Deux! Il y a Belmondo.
ALAIN   Moi, j'aime le foot, je n'aime pas Belmondo!
VALÉRIE   Eh bien moi, j'aime mieux les films!
ALAIN   Mais c'est la finale du championnat de France!
VALÉRIE   Et alors?
ALAIN   Il y a quoi sur la Trois?
VALÉRIE   Un reportage, mais je n'aime pas ça.
ALAIN   Bon, eh bien moi, je regarde le match!
VALÉRIE   Et moi, je regarde le film!

C2 Activité • Alain ou Valérie?

1. _____ aime mieux les films.
2. _____ n'aime pas Belmondo.
3. _____ aime le foot.
4. _____ regarde les matches de foot.
5. _____ n'aime pas les reportages.

C3 Activité • Qu'est-ce qu'il y a à la télé?

Il y a	un reportage Belmondo un film un match de foot	sur la Une. sur la Deux. sur la Trois.

C4 Activité • Et vous?

1. Vous avez la télévision en couleurs ou en noir et blanc?
2. Vous regardez les reportages à la télé?
3. Vous aimez mieux les films ou les sports?
4. Il y a des films sur la Deux? Sur la Quatre? Sur la Treize?
5. Vous regardez la finale du championnat de base-ball? De basket-ball?

Sports et passe-temps   101

les informations ●● les dessins animés ●● les feuilletons ●●

les jeux ●● les séries ●● les variétés ●●

C6 Activité • Qu'est-ce qu'ils regardent?

Imagine what each of these people watches on TV. Use the pronoun **il** or **elle**. Include also the adverbs **quelquefois, souvent, d'habitude,** and **toujours.**

C7 Savez-vous que...?

In France there are presently six TV channels. **A2,** called **Antenne deux (la Deux),** and **FR3 (la Trois)** are state-owned. **TF1 (la Une),** France's oldest network, has recently changed to private ownership. **Canal Plus** is a cable channel for sports and films. Light entertainment appears on Channel 5, which resembles American MTV. Channel 6 features music. On state-owned channels, commercials **(les pubs)** are broadcast between programs rather than during them. The Eiffel Tower is not merely a tourist attraction: it serves as the antenna for the Paris region.

C8 Activité • Le programme TV

Regardez le programme et complétez.

1. Sur la Une à dix-huit heures il y a...

2. Sur la Cinq à vingt heures quinze il y a...

3. A dix-huit heures sur la Six il y a...

4. Il y a un film de Woody Allen...

5. Il y a une émission scientifique...

6. A dix-neuf heures quinze sur la Trois il y a...

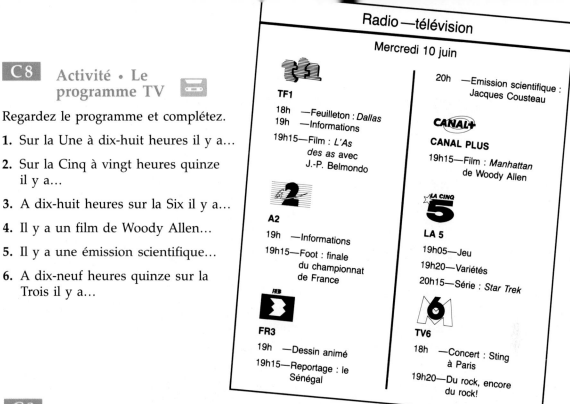

Radio—télévision

Mercredi 10 juin

TF1
18h —Feuilleton : *Dallas*
19h —Informations
19h15—Film : *L'As des as* avec J.-P. Belmondo

A2
19h —Informations
19h15—Foot : finale du championnat de France

FR3
19h —Dessin animé
19h15—Reportage : le Sénégal

20h —Emission scientifique : Jacques Cousteau

CANAL PLUS
19h15—Film : *Manhattan* de Woody Allen

LA 5
19h05—Jeu
19h20—Variétés
20h15—Série : *Star Trek*

TV6
18h —Concert : Sting à Paris
19h20—Du rock, encore du rock!

C9 STRUCTURES DE BASE
The negative ne...pas

Affirmative	Negative				
Je regarde la télé.	Je	**ne**	regarde	**pas**	la télé.
J'aime regarder les films.	Je	**n'**	aime	**pas**	regarder les films.

1. To make a verb form negative, use **ne** before it and **pas** after it. If the verb form begins with a vowel sound, **élision** occurs: **ne** becomes **n'**.

2. To make a verb form negative when it is followed by a second verb that is an infinitive, follow this order: **ne** + verb form + **pas** + infinitive.

3. In everyday spoken French, **ne** is often omitted before the verb: **J'aime pas ça.**

4. In a short negative remark without a verb form, only **pas** is used.
> — Tu regardes la télé? — **Pas beaucoup.** *Not much.*
> — Moi, j'aime les sports. — **Pas moi.** *Not me.*

C10 Activité • Pêle-mêle

Arrange each of the following groups of words to form a sentence.

1.
pas
je joue l'ordinateur ne avec

2. cartes postales
collectionnons les pas ne nous

3. pas ils
aiment ne du faire jogging

4. Alain
ne film pas regarde le

5. aime
Valérie pas match le regarder ne

6. ne
disques elle pas les écoute

C11 Activité • Qu'est-ce que Jean-François fait?

A classmate will ask you if Jean-François does these things. Answer no.

> regarder la télé — Il regarde la télé?
> — Non, il ne regarde pas la télé.

1. téléphoner aux copains
2. jouer avec l'ordinateur
3. collectionner les cartes postales
4. écouter les informations
5. regarder les feuilletons
6. avoir maths aujourd'hui

C12 COMMENT LE DIRE
Expressing like, dislike, or preference

LIKE	DISLIKE	PREFERENCE
J'aime les films.	Je n'aime pas les reportages.	J'aime mieux les matches de foot.
J'aime lire.	Je n'aime pas sortir.	J'aime mieux regarder la télé.

C13 Activité • A vous maintenant!

Listen carefully as your partner reads the following sentences. If the sentence refers to someone doing an activity, raise your hand. If the sentence expresses what someone likes, smile. If it expresses what someone dislikes, frown.

1. Philippe n'aime pas faire du vélo.
2. Anne aime jouer avec l'ordinateur.
3. Nathalie fait de la natation.
4. Nous aimons sortir.
5. Vous téléphonez souvent.
6. Il aime écouter des cassettes.
7. Je n'aime pas lire des bandes dessinées.
8. J'aime regarder les informations.
9. Elle collectionne les cartes postales.
10. Nous faisons du jogging.

C14 Activité • La télé et vous

1. Vous aimez mieux regarder la télé...

   a. seul *(alone)*?
   b. avec des copains?
   c. en famille?

2. Vous regardez les informations...

   a. souvent?
   b. tous les jours?
   c. quelquefois?

3. Vous aimez mieux regarder...

   a. les sports?
   b. les séries?
   c. les films?

4. Vous aimez mieux...

   a. regarder la télé?
   b. écouter des cassettes?
   c. lire?

C15 Activité • Chaîne de mots

Keep this conversation going around the class, using different types of TV programs or various activities.

ELÈVE 1 Moi, j'aime les films. Et toi?
ELÈVE 2 Moi, je n'aime pas les films. J'aime mieux les feuilletons. Et toi?
ELÈVE 3 Moi, je n'aime pas les feuilletons. J'aime mieux...

C16 Activité • Qu'est-ce qu'ils aiment faire?

Tell what these people like to do. Then tell whether or not <u>you</u> like to do each activity.

1.   2.   3.

4.   5.   6.

C17 Activité • A vous maintenant!

A classmate asks if you like to do a certain activity. Answer that you don't and say that you prefer the other activity. Take turns asking and answering questions.

regarder la télé / sortir avec des copains

— Tu aimes regarder la télé?
— Non, je n'aime pas regarder la télé. J'aime mieux sortir avec des copains.

1. sortir avec des copains / regarder la télé
2. regarder les sports / regarder les films
3. écouter les informations / écouter des disques
4. jouer avec l'ordinateur / téléphoner aux copains
5. faire du volley-ball / faire du tennis
6. lire des bandes dessinées / jouer avec l'ordinateur

Sports et passe-temps   105

Activité • Devant la télé *In front of the TV*

You and your friend are watching TV. Complete the following dialogue
according to your own likes and dislikes.

> — Il y a quoi sur la...?
> — Il y a...
> — Je n'aime pas les... Il y a quoi sur la...?

— Un/Une/Les...	*or*	— Un/Une/Les...
— Super! On regarde?		— Ah non! Je n'aime pas ça!
— D'accord. *(OK.)*		— Il y a quoi sur la...?

 Activité • Ecrivez

Your French class is writing to a school in France. The French students want to
know what you like, dislike, and prefer on American TV. Write at least four
sentences about yourself, giving the title of a TV program and telling the kind of
program it is and your feelings about it.

 Activité • Ecoutez bien

Do these people like, dislike, or prefer the activity mentioned?

	1	2	3	4	5	6
On aime.						
On n'aime pas.						
On aime mieux.						

STRUCTURES DE BASE
Asking questions

To ask a yes/no question, simply raise your voice at the end of the statement.

| Tu regardes la télé? | Oui. / Non. |

One way to ask for information in an informal situation is to put the question
word (*what? how? where? how much?*) at the end of the sentence. Your voice should
rise a bit at the end, but not as much as when you ask a yes/no question.

Tu regardes **quoi?**	Je regarde un film.
Tu viens **comment?**	Je viens en vélo.
Tu es **d'où?**	Je suis de Paris.
C'est **combien?**	Deux francs.

To ask *what* in a formal situation or in writing, use **qu'est-ce que: Qu'est-ce que tu aimes faire?**

C22 Activité • Ecoutez bien

Do you hear a statement or a question?

	1	2	3	4	5	6	7	8	9	10
Statement										
Question										

C23 Activité • Trouvez la réponse

Take turns with a classmate asking the questions and finding the answers.

1. Tu regardes les séries?   — Il vient de Genève.
2. Ce garçon est d'où?   — Du ski.
3. C'est combien, ce stylo?   — Non, je n'aime pas beaucoup la télé.
4. Elle vient comment à l'école?   — D'habitude, en mobylette.
5. On fait quoi à Grenoble en hiver?   — Dix francs.

C24 Activité • Trouvez la question

Here are the answers. Make up either a yes/no question or an information question for each one.

1. Non, je ne collectionne pas les cartes postales.
2. Elle fait du tennis.
3. Nous, nous aimons sortir avec des copains.
4. Oui, je regarde la télé.
5. Il aime regarder les reportages.
6. Non, ils n'aiment pas lire.
7. Elles écoutent des disques.
8. Il y a un match de foot sur la Deux.

C25 Activité • A vous maintenant!

With a classmate, take turns asking and telling each other if you do the activities suggested by the drawings.

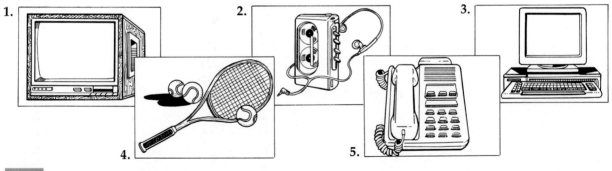

1.   2.   3.
4.   5.

C26 Activité • Sondage

Mingle with your classmates and find someone who does <u>not</u> do the following things. Report back to the class.

1. venir à l'école en métro
2. avoir histoire aujourd'hui
3. aimer les films
4. regarder les dessins animés
5. téléphoner souvent
6. collectionner les cartes postales
7. écouter les informations
8. jouer avec l'ordinateur

Sports et passe-temps   107

1 Les saisons et les sports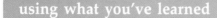

These French friends participate in different sports during different
seasons. According to the diagram, who does what when?

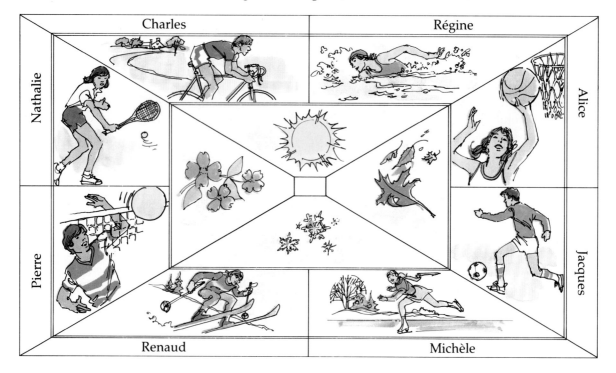

2 Activité • Quel désordre

With the help of a classmate, unscramble the following dialogue. Starting
with number 1, write down your final version and then compare it with
the version on the cassette.

— Pas moi. C'est la barbe, la télévision!
— Tu fais du foot?
— Non, j'ai un match de foot.
— Oui, en hiver.

— Et tu fais du ski?
— Moi, j'aime mieux regarder les sports à la télé.
1. — Tu regardes le film ce soir?
— Oui, j'aime beaucoup les sports.

3 Activité • Ecoutez bien

Ecoutez bien le dialogue et répondez à ces questions.

1. Pierre fait du basket-ball?
2. Qu'est-ce qu'il y a à la télé?
3. Pierre aime Sophie Marceau?
4. Jean aime mieux faire du basket-ball ou regarder la télé?

Activité • A vous maintenant!

Ask a classmate to tell you five things that he or she likes to do. After each response, give your opinion. If you like the same thing, say why. If you don't like it, say that you prefer something else. Your conversation might begin like this:

— Tu aimes faire quoi?
— J'aime faire du tennis.

— Moi aussi. C'est super!   *or*   — Pas moi! J'aime mieux faire du ski.

5   Activité • Petites annonces personnelles   *Personal ads*

Read the following personal ads. Then match up the people you think would get along well together and become friends.

J'aime les sports d'hiver, le ski et le patin à glace.
Sylvie

J'ai des skis, mais je n'ai pas d'ami(e)s.
Aude

J'aime sortir avec des amis mais je n'ai pas d'amis.
Marc

Ah, la télévision! C'est super! J'aime tout: les films, les feuilletons, les émissions pour les jeunes, les séries...
Jean

Je n'aime pas faire du foot, je ne regarde pas la télévision et je n'aime pas sortir avec des copains. J'aime mieux jouer avec un ordinateur!
Michel

En hiver, je regarde les films à la télévision. En été, je fais du sport.
Christine

Je suis un garçon américain. Je cherche des amis. J'aime faire du sport et jouer avec un ordinateur.
Paul

6   Activité • Ecrivez

You want to find a French pen pal. Write an ad for the personal column of a French young people's magazine. Include your likes and dislikes.

7   Activité • Ecrivez

A French pen pal has written to you, asking the following questions. Use some of the same words in your answer. Write one sentence for each question; do not use just **oui** or **non**.

1. Les gens font beaucoup de sports?
2. Ça dépend des saisons?
3. On fait quels sports en hiver?
4. Et au printemps?
5. Tu aimes ça?
6. En été, tu fais surtout quel sport?
7. Et en automne, on fait quels sports?

Activité • Qu'est-ce que vous regardez?

Make a schedule, listing your favorite TV shows for each day of the week. Write the days in French. Indicate the times. Below the name of each program, write its category in French **(un feuilleton, une série,…)**. Add a comment for each show, saying how you feel about it **(c'est génial, c'est pas terrible,…)**.

9   Activité • Minidialogues

People around you are bombarding you with questions and remarks. What reply would you give to each one?

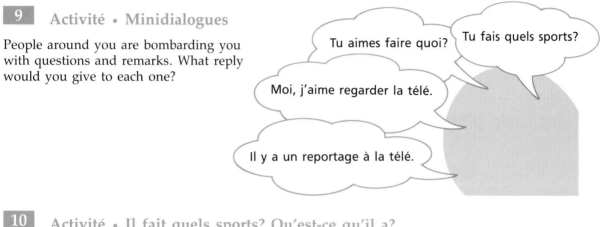

Tu aimes faire quoi?

Tu fais quels sports?

Moi, j'aime regarder la télé.

Il y a un reportage à la télé.

10   Activité • Il fait quels sports? Qu'est-ce qu'il a?

11   Prononciation, lecture, dictée

1. Listen carefully and repeat what you hear.   (the letters **es**)

2. Listen, and then read aloud.

les filles
des copains
ces disques
ces livres

Tu écoutes quoi?
Tu aimes ça?
Tu regardes la télé?
Tu collectionnes les cartes postales?

3. Copy the following sentences to prepare yourself to write them from dictation.

a. Tu regardes les reportages?
b. Tu téléphones à des copains?
c. Tu aimes ces livres?

d. Tu collectionnes quoi? Les cartes postales?
e. Tu écoutes des cassettes?

1. Qu'est-ce qui va ensemble? *What goes together?*

Find pairs of words that go together.

> carte postale écouter hiver foot disques
> ballon ski regarder lire télé

2. Trouvez des mots

How many words can you make from the letters in **des cartes postales**?

3. Un message

Replace every **h** with one other letter to decode this message.

HLLH   AIMH   LIRH   DHS   BANDHS   DHSSINHHS.

4. Trouvez les erreurs

What's wrong here?

1.   2.   3.

5. L'intrus

Find the intruder in each group of words.

a. basket, foot, ski, gomme, tennis
b. hiver, lundi, automne, été, printemps
c. ballon, raquette, rondelle, livre, survêt
d. bandes dessinées, feuilletons, variétés, films, reportages

6. Lettre déchirée *Torn letter*

This letter was torn. Can you put the sentences together again?

des cartes postales.   Je téléphone

J'écoute   à des copains.

des bandes dessinées.

J'aime lire

un film.

Je collectionne

des cassettes.

Je fais

Je regarde

du cheval.

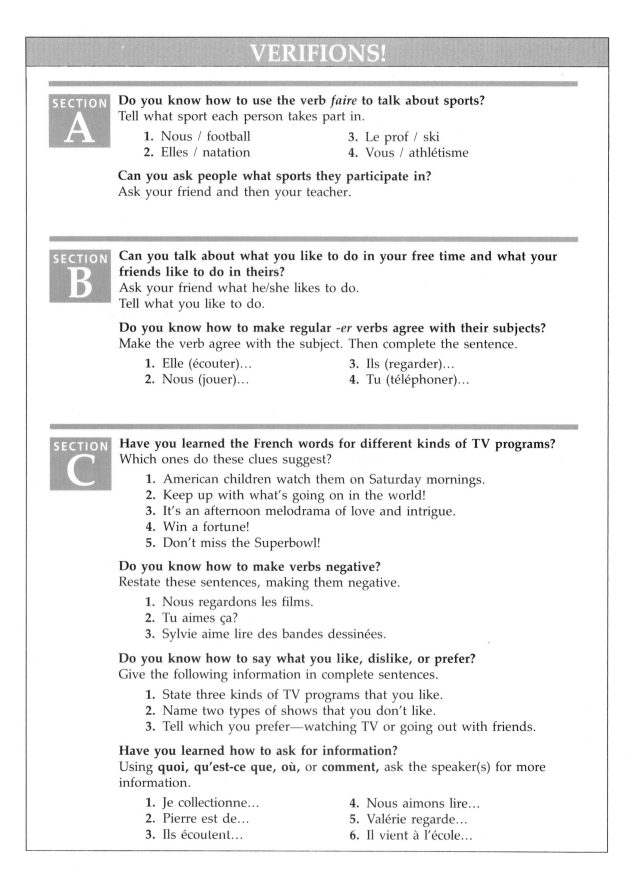

VERIFIONS!

SECTION A

Do you know how to use the verb *faire* to talk about sports?
Tell what sport each person takes part in.

1. Nous / football
2. Elles / natation
3. Le prof / ski
4. Vous / athlétisme

Can you ask people what sports they participate in?
Ask your friend and then your teacher.

SECTION B

Can you talk about what you like to do in your free time and what your friends like to do in theirs?
Ask your friend what he/she likes to do.
Tell what you like to do.

Do you know how to make regular *-er* verbs agree with their subjects?
Make the verb agree with the subject. Then complete the sentence.

1. Elle (écouter)...
2. Nous (jouer)...
3. Ils (regarder)...
4. Tu (téléphoner)...

SECTION C

Have you learned the French words for different kinds of TV programs?
Which ones do these clues suggest?

1. American children watch them on Saturday mornings.
2. Keep up with what's going on in the world!
3. It's an afternoon melodrama of love and intrigue.
4. Win a fortune!
5. Don't miss the Superbowl!

Do you know how to make verbs negative?
Restate these sentences, making them negative.

1. Nous regardons les films.
2. Tu aimes ça?
3. Sylvie aime lire des bandes dessinées.

Do you know how to say what you like, dislike, or prefer?
Give the following information in complete sentences.

1. State three kinds of TV programs that you like.
2. Name two types of shows that you don't like.
3. Tell which you prefer—watching TV or going out with friends.

Have you learned how to ask for information?
Using **quoi, qu'est-ce que, où,** or **comment,** ask the speaker(s) for more information.

1. Je collectionne...
2. Pierre est de...
3. Ils écoutent...
4. Nous aimons lire...
5. Valérie regarde...
6. Il vient à l'école...

VOCABULAIRE

SECTION A
(See A16: sports equipment.)

l' **athlétisme** (m.)   *track and field*

l' **automne** (m.)   *autumn, fall*
  en automne   *in the fall*

le **base-ball**   *baseball*

le **basket(-ball)**   *basketball*

le **bicross**   *dirtbiking*
  ça   *it, that*

le **cheval**   *horseback riding, horse*

un **copain,** une **copine**   *pal, friend*

les **couleurs** (f.)   *colors (See A18.)*
  dépend (de)   *depends (on)*

l' **été** (m.)   *summer*
  en été   *in the summer*

faire   *to do, make*
  faire de   *to take part in (sports)*

le **foot(ball)**   *soccer*

la **France**   *France*

les **gens**   *people*
  grand, -e   *big, large*

l' **hiver** (m.)   *winter*
  en hiver   *in the winter*

le ***hockey**   *hockey*

les **Jeux Olympiques**   *Olympic Games, Olympics*

le **jogging**   *jogging*
  nager   *to swim*

la **natation**   *swimming*
  on   *one, we, you, they, people in general*

le **patin à glace**   *ice-skating*

une **piscine**   *swimming pool*

la **planche à voile**   *windsurfing*

le **printemps**   *spring*
  au printemps   *in the spring*
  quel(s), quelle(s)   *which, what*

la **saison**   *season*

le **site**   *site, location*

le **ski**   *skiing*

un **sport**   *sport*

le **surf**   *surfing*
  surtout   *especially, mainly*

le **tennis**   *tennis*

le **vélo**   *cycling*

une **ville**   *city, town*

le **volley(-ball)**   *volleyball*

SECTION B
  aimer   *to like*

des **bandes dessinées** (f.)   *comics, comic strips*

une **carte postale**   *postcard*

une **cassette**   *cassette*
  collectionner   *to collect*

un **disque**   *record*
  écouter   *to listen (to)*

un **film vidéo**   *videocassette*

une **interview**   *interview*

les **jeunes**   *young people*

les **jeunes Français**   *French young people*
  jouer   *to play*
  lire   *to read*

un **ordinateur**   *computer*

un **passe-temps**   *pastime*

la **photo**   *photography*
  faire de la photo   *to take pictures*
  pied : C'est le pied!   *It's fun!*

qu'est-ce que   *what*

regarder   *to look at, watch*

sortir   *to go out*

téléphoner (à)   *to phone, call*

la **télé(vision)**   *television, TV*

vraiment   *really*

SECTION C
  alors : Et alors?   *So what?*

autre   *other*

bon   *OK*

le **championnat**   *championship*

un **dessin animé**   *cartoon*

une **émission**   *TV program, show*

un **feuilleton**   *soap opera*

un **film**   *movie, film*

la **finale**   *final game, finals*

les **informations** (f.)   *news*

un **jeu** (pl. **jeux**)   *game show, game*

un **match** (pl. **-es**)   *game*

un **match de foot**   *a soccer game*
  mieux   *better*
  aimer mieux   *to prefer, like better*
  (ne...)pas   *not*
  Qu'est-ce qu'il y a à la télé?   *What's on TV?*

un **reportage**   *news report, commentary*

une **série**   *series*
  sur   *on*

les **variétés** (f.)   *variety show*

ETUDE DE MOTS

1. In Unit 1 you learned what cognates are. Unfortunately, you can't always trust words that *look* the same in French and English to *mean* the same in both languages. In this unit the French words **le football** and **le programme** might trick you. Why is this so? Words like these are called false cognates.

2. French nouns ending in **-tion** or **-té** are usually feminine. Look at the words for sports and TV shows on the list above. Find three examples of feminine nouns with these endings.

A LIRE

Le Tour de France

The longest bicycle race in the world takes place in France each year in June and July. Begun in 1903, the annual race is just as popular as the World Series in the U.S. A spectacular event, the **Tour de France** covers about 2,500 kilometers (more than 1,500 miles) in 22 laps. The cyclists begin in a different city each year but always finish in Paris.

Here's an article from a French magazine. Who is Bernard Hinault? Why is he in the news?

Paris, France   LE VÉLO   Dimanche 21 Juillet

UN GRAND CHAMPION PARLE!

— Bernard Hinault, vous êtes un grand champion, une star du sport. Cinq fois° premier au Tour de France, victoires au Tour d'Italie, au Tour d'Espagne. Vous êtes le numéro un du sport français... Pourquoi° le vélo? Pourquoi pas le ski ou le football?

— J'aime être sur un vélo, j'aime pédaler... J'aime la compétition!

— Vous aimez d'autres sports?

— Oui. J'aime beaucoup le football, mais je ne joue pas... je regarde.

— Quelle est votre victoire préférée?

— La prochaine, la victoire à venir.

— Une dernière question : qu'est-ce que vous conseillez° aux jeunes cyclistes?

— D'abord°, aimer le vélo... ensuite° aimer le vélo... et enfin, aimer le vélo... Mais aussi, faire beaucoup de kilomètres.

— Merci, Bernard Hinault.

---

fois *times;*   **pourquoi** *why;*   **conseillez** *advise;*   **d'abord** *first of all;*   **ensuite** *then*

Activité • Vous comprenez?

Ce texte est :

a. une interview.
b. une lettre.
c. un poème.

Activité • Devinez

La prochaine means:

a. *the first one.*
b. *the last one.*
c. *the next one.*

Activité • Complétez

Complete the following sentences about the interview with Bernard Hinault.

1. Bernard Hinault est un (une)…
2. Il a cinq… en France, en Italie et en…
3. Hinault aime…
4. Il aime le… mais il aime mieux le…
5. Hinault conseille aux jeunes cyclistes d'… et de…

Activité • Répondez en anglais

1. Quel est votre champion préféré aux Etats-Unis?
2. Quel est le numéro un du tennis aux Etats-Unis?
3. On fait beaucoup de cyclisme aux Etats-Unis?

TOUR DE FRANCE

BELGIQUE ALLEMAGNE
LUXEMBOURG
Liévin
Cherbourg Villers-sur-Mer
Evreux
Paris
Saint-Hilaire-du-Harcouët
Cosne
Nantes SUISSE
Nevers
VILLE DEPART
VILLE ETAPE Jaunay Clan
PARCOURS Poitiers
DEPART PARTICULIER Clermont-Ferrand Saint-Etienne ITALIE
CONTRE LA MONTRE Briançon
Individuel Vercors Serre-Chevalier
VILLE REPOS Bordeaux Gap l'Alpe d'Huez
Nimes
Blagnac
Bayonne Pau Carcassonne
Superbagnères Luchon
ESPAGNE

Le Match prof-élèves

Does your school hold a teacher-student sports event? It's Wednesday afternoon in a school in France. The students have challenged the teachers to a soccer game. Who do you think will win?

L'entraînement des élèves

L'entraînement des profs

Le match commence!

Premier but! Un à zéro pour les élèves!

Fin du match! Les élèves gagnent par 3–0!

Et le lendemain, jeudi...

Activité • Complétez

1. Les profs et les élèves...
2. Les profs...
3. L'équipe des élèves...
4. Un élève dit : «...!»
5. Pierre est...
6. Les élèves...

On s'entraîne? *Are we going to practice?*   **les meilleurs** *the best*

Sport et école à la fois°?

Finding time for sports isn't easy. There's school from eight in the morning until five o'clock and homework to be done! How can French students do both at the same time? Some readers of a young people's magazine give their opinions.

Valérie (Belgique)

Je fais du basket-ball trois fois par semaine : le mercredi de 4 h à 6 h, le vendredi de 5 h à 7 h et le samedi matin. Le week-end, j'étudie pour toute° la semaine. Si° on aime le sport, on s'organise. Vive le sport!

Guillaume (Lyon)

Sport et école, c'est possible. Moi, je fais dix heures de sport par semaine. Mais je n'ai pas de problèmes : je fais mes devoirs le week-end et j'arrive à° tout faire.

Charlotte (Paris)

Moi je fais du ping-pong le mercredi et le vendredi. Je joue aussi le samedi et quelquefois le dimanche. Souvent, je rentre° tard. Mes parents ne sont pas contents : «L'école d'abord, le sport ensuite!» Mais pour moi, c'est le sport d'abord!

Florence (Paris)

Je suis en 4e et je fais de la natation cinq fois par semaine de 6 h à 8 h. Je travaille° pour l'école le soir et le mercredi après-midi. Et le dimanche, je dors°!

Luc (Marseille)

Moi, je suis en 5e et je fais du foot. Je m'entraîne le mardi soir de 5 h à 7 h 15. J'ai le mercredi pour faire mes devoirs. Le samedi, je joue l'après-midi. Une vie sans foot, ce n'est pas une vie!

Activité • Découvrez

After reading the young people's opinions, find three sentences that express a love of sports.

Activité • Cherchez les preuves *Look for evidence*

Now find a sentence that proves or supports each of these statements.

1. Charlotte aime mieux le ping-pong.
2. Pour Valérie, le sport et l'école à la fois, c'est possible.
3. Guillaume n'a pas de problèmes.
4. Luc aime beaucoup le foot.
5. Florence va au collège.

à la fois *at the same time;*   **toute** *all;*   **si** *if;*   **arrive à** *manage to;*   **rentre** *get home;*   **travaille** *work;*   **dors** *sleep*

CHAPITRE 4
Au Québec
Chapitre de révision

1 Rencontre° sur les pistes° ▭

Caroline est en vacances au Québec. Elle fait du ski à Mont-Sainte-Anne.

BENOÎT	Salut! Je m'appelle Benoît.
CAROLINE	Et moi, Caroline.
BENOÎT	Tu es d'où?
CAROLINE	Je suis de Paris, en France, et je suis en vacances au Québec.
BENOÎT	Ah! Tu as des vacances en février! Pas moi. Je suis de Québec. J'aime le ski et je viens souvent le week-end.
CAROLINE	C'est chouette, le Mont-Sainte-Anne. Moi aussi, j'aime le ski et le patin à glace.
BENOÎT	Tu aimes le hockey? Il y a un match ce soir. Tu viens?
CAROLINE	OK. Salut, à tout à l'heure.

---

rencontre *meeting;* **les pistes** *ski slopes*

2   Activité • Vrai ou faux?

1. Benoît est en vacances au Québec.
2. Caroline a des vacances en février.
3. C'est mardi.
4. Caroline et Benoît font du patin à glace.
5. Ce soir, il y a un match de hockey.
6. Caroline n'aime pas le Mont-Sainte-Anne.

3   Activité • Jeu des portraits

Describe Benoît and Caroline, including as much as you know about them from their conversation. Tell their name, where they're from, and what they like to do.

4   Activité • Une autre rencontre

Imaginez une conversation entre *(between)* Brigitte et Paul. Ils sont en vacances à Mont-Sainte-Anne.

Brigitte est parisienne. Elle vient au Canada pour les vacances de février. Elle aime tous les sports, surtout le tennis et le volley-ball.

Paul est de Bruxelles. Il est en vacances. Il aime les sports d'hiver. Mais son sport favori, c'est le foot.

5   Activité • Ecrivez

Imaginez.

1. Vous êtes Caroline. Vous écrivez une lettre à une amie. Vous parlez de Benoît et des vacances au Québec.
2. Vous êtes Benoît. Vous écrivez une lettre à un ami. Vous parlez de Caroline.

6   Activité • Au chalet   *At the ski lodge*

Il est maintenant quatre heures de l'après-midi. Caroline et Benoît sont au chalet.
Ils regardent les photos de Caroline. Imaginez le dialogue.

7   EN ROUTE   *On the way*

Caroline et Benoît sont en route pour le match de hockey.

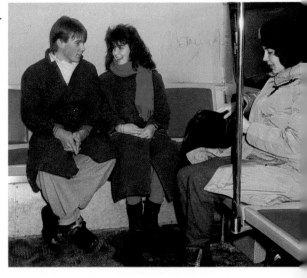

BENOÎT   Au Canada le sport national, c'est
le hockey. Et en France, vous
faites du hockey?

CAROLINE   Oui, mais on aime mieux le foot et le vélo.

BENOÎT   Et on fait du tennis?

CAROLINE   Ah oui. Moi, je fais du tennis en été.

BENOÎT   Moi, en été, je fais de la planche à voile.
C'est super!

CAROLINE   Tu aimes lire?

BENOÎT   Oui, surtout les B.D., mais j'aime mieux
jouer avec l'ordinateur.

CAROLINE   Ah! Tu as un ordinateur? C'est génial! Tu
regardes la télé?

BENOÎT   Oui, souvent. Je regarde surtout les
variétés et les reportages.

8·   Activité • Complétez

1. Benoît aime lire…
2. Benoît regarde… la télé.
3. Il aime regarder les…
4. Il aime aussi jouer avec…

5. En été, Benoît fait…
6. Le hockey est…
7. Caroline fait… en été.
8. On fait surtout du foot et du vélo…

9 Activité • Minidialogues

Take turns with a classmate reading the questions and finding appropriate replies.

1. Tu fais du tennis?
2. Tu regardes souvent la télé?
3. On fait du foot en France?
4. C'est quoi le sport national au Canada? La planche à voile?
5. Tu aimes jouer avec l'ordinateur?
6. Tu aimes mieux lire les livres de science-fiction ou les B.D.?

—Ah non! C'est le hockey!
—Oui, c'est super!
—J'aime mieux les bandes dessinées.
—Oui, surtout les films.
—Oui, c'est le sport national.
—Oui, en été.

10 Activité • Les saisons et les sports en France et au Canada

On fait quel sport en quelle saison? En France on fait du vélo au printemps.

Au Canada :

En France :

11 Activité • Les champions

Make a list of American, Canadian, and French sports champions. Give their name, the country they're from **(des Etats-Unis, du Canada, de France),** and their sport. You might even find their picture. Make a chart like this:

Nom	Pays	Sport
John McEnroe	Etats-Unis	le tennis

12 ALLEZ LES NORDIQUES!

Caroline et Benoît regardent le match de hockey.

«Mesdames, mesdemoiselles, messieurs, bonsoir. Ici Maurice Coté; je suis au Colisée de Québec. Ce soir, grand match de championnat! En bleu et blanc, l'équipe de Québec, les Nordiques. En bleu et jaune, l'équipe de Buffalo, les Sabres. Match difficile... Michel Goulet a la rondelle!... Ah! ça, c'est un but!... Troisième but pour Québec! Ah, ce Goulet... il est super! Deux équipes extra! Un match passionnant! Cinq minutes... trois... deux... Mais, attention! Un but de Foligno pour Buffalo! *(sound of final buzzer)* Victoire de Québec! Trois à un!»

13 Activité • Répondez

1. Caroline et Benoît sont où?
2. Michel Goulet est de Buffalo?
3. Et Foligno, il est d'où?

4. Quelles sont les couleurs de l'équipe de Québec? De Buffalo?
5. Qui sont les champions ce soir?

14 Activité • Devinez

Describe your favorite sports figure to your classmates. Tell where he or she is from and what sport he or she engages in. Give these clues and any others in French. The person who guesses the name presents the clues for another champion, and so on.

15 Activité • Ecrivez

Your school must certainly have its sports heroes. Write an article in French about one of them for the school newspaper.

Benoît et Caroline regardent la télé.

CAROLINE   Il y a combien de chaînes de télé au Québec?

BENOÎT   Six. Moi, je regarde souvent TVFQ. Il y a des émissions en français.

CAROLINE   Super! En France nous avons six chaînes. J'aime les feuilletons et les films.

BENOÎT   Moi, j'aime mieux regarder les variétés et les reportages.

CAROLINE   Vous avez des dessins animés?

BENOÎT   Oui. J'aime surtout *Les Transformables*!

CAROLINE   Nous, on aime les dessins animés de Tex Avery.

BENOÎT   Ah oui? J'aime mieux les sports. Et ce soir, on regarde quoi?

17   Activité • Jeu des erreurs

Find the errors in these lists of Benoît's and Caroline's favorite TV shows. You might begin like this: **Benoît n'aime pas... Il aime mieux...**

Les émissions de Benoît	Les émissions de Caroline
les feuilletons	les jeux
les variétés	les variétés
les dessins animés	les films
les sports	les feuilletons
les reportages	les dessins animés

18   Activité • Qu'est-ce qu'on regarde?

Looking at the TV guide shown here, help Caroline and Benoît decide what to watch. Don't forget what they like! Act out the conversation with a classmate. It might begin like this:

CAROLINE   Ah... il y a un jeu sur...

BENOÎT   Oui, mais il y a un reportage à... sur...

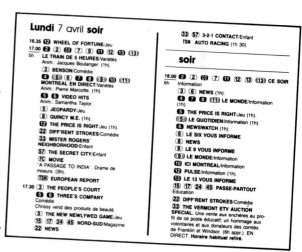

19   Activité • Emissions à enregistrer   *Programs to record*

Choose three programs from the guide shown above that you would like to record on a VCR. Make notes about each one as follows:

Titre _____

Jour _____   Heure _____   Chaîne _____

Notes _____

20 Activité • **Une semaine chargée** *A busy week*

Make a schedule of Caroline's, and then Benoît's, activities for the week in Quebec. Remember, she's on vacation and he has to go to school. Indicate the days, the times, and the activities—work and leisure.

21 Activité • **Et vous?**

Make out your own weekly schedule, including the times you will be in school and your after-school and evening activities. Be prepared to talk about it.

22 Activité • **Ecoutez bien**

Ecoutez les conversations et répondez aux questions.

1. C'est quelle saison?
  a. l'hiver
  b. l'été
  c. l'automne

2. Qu'est-ce qu'ils regardent?
  a. un film
  b. du tennis
  c. un dessin animé

3. Elle a maths quand?
  a. le matin
  b. le soir
  c. l'après-midi

4. Qu'est-ce que Gilles aime?
  a. la musique
  b. l'ordinateur
  c. le vélo

23 Activité • **Ecoutez et écrivez**

One of your classmates recorded an interview with a French boy at his school in France. As a writer for your school newspaper, you have to turn the interview into an article for the paper. Listen to the interview three times. The first time, just listen and try to understand. The second time, write down some notes. Listen a third time to complete your understanding, making any further notes. Then, using your notes, write a paragraph about the boy, giving as much information as you can.

Notes
Nom:
D'où il est:
Classe:
Cours:
Activités:
Sports:
TV:

24 Activité • **Vocabulaire**

Computer error! The following groups of words got mixed up. Can you sort them out and put them in the right category? Which ones are days of the week? School subjects? School supplies? Sports? Transportation?

une gomme	l'athlétisme	la physique	une voiture
l'histoire	l'informatique	le métro	le français
le football	samedi	une règle	mercredi
un cahier	un classeur	une moto	un bus
lundi	l'anglais	jeudi	le patin à glace
une mobylette	dimanche	une trousse	un crayon
vendredi	un vélo	la natation	les maths

APERÇU CULTUREL 1 📼

Les Français

Following the worldwide trend, the French are steadily moving to suburban areas close to the cities where they work. There are many, however, who choose the more traditional way of life on farms or in small towns and villages.

The French are an industrious people. They work longer hours than many other Europeans. When they are not working, their favorite pastimes include a conversation with friends on the terrace of a cafe, a relaxing walk through the park, or a short trip to the country.

La France a plus de 55 millions de Français. Un Français, qui est-ce? Ça dépend. Les Français sont tous différents. Ils sont riches et pauvres, jeunes et vieux, blancs et noirs. Il y a aussi des Portugais, des Algériens, des Marocains, des Italiens, des Tunisiens et des Espagnols en France; ils viennent travailler.

Les Français travaillent en général 39 heures par semaine. Ils ont cinq semaines de vacances. Qu'est-ce qu'ils font comme travail? Ils sont...

❶ fonctionnaires.

❷ vétérinaires.

❸ scientifiques.

❹ journalistes.

Ils sont aussi...

1 ouvriers.

2 couturiers.

3 architectes.

4 fermiers.

Les Français aiment la France, naturellement. Ils aiment aussi la liberté. C'est tout? Non. Ils aiment la tradition et le progrès, l'ordre et l'indépendance. Ils aiment la politique, la littérature, le théâtre, le cinéma, la musique, les livres, le sport... Enfin, ils aiment la vie! Et qu'est-ce qu'ils aiment faire? Ils aiment écouter la radio, regarder la télé et aller au restaurant. Ils aiment aussi...

❶ flâner dans les parcs.

❷ discuter dans les cafés.

❸ bricoler.

❹ jardiner.

Ils aiment aussi…

① pêcher.

② faire du lèche-vitrine.

③ bien manger.

④ jouer aux échecs.

La France

The landscape of France varies greatly. Resorts
and harbors dot its rocky western and southern
coasts. The area south of Paris is noted for its
gentle climate and terrain. Mountains form the
eastern and southwestern boundaries of the
country. The sea and the sun reflect the hospitality of the Mediterranean coast.

❶ Alsace
❷ Normandie
❸ Gascogne
❹ Provence

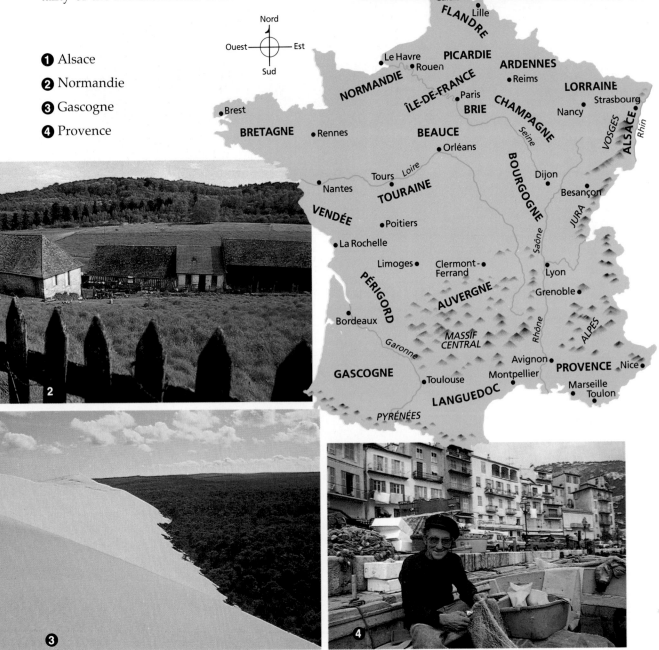

Les villes

La France a beaucoup de grandes villes industrielles et commerciales. Paris est la première grande ville de France. C'est aussi la capitale. Située sur la Seine, Paris est aussi un port important. Il y a d'autres grandes villes en France.

❶ Lyon est la deuxième ville de France.

❷ Marseille est la troisième ville. C'est un grand port.

❸ La quatrième ville est Lille, dans le nord. C'est une ville industrielle.

❹ La cinquième ville de France est Bordeaux. C'est un grand port sur la Garonne.

Les fleuves

La France a quatre grands fleuves—la Seine, la Loire, le Rhône et la Garonne. Un autre fleuve, le Rhin, n'est pas vraiment en France; c'est la frontière entre la France et l'Allemagne. Les fleuves sont très importants pour le commerce et le transport. Ils sont aussi importants pour les sports et les passe-temps.

❶ La Seine est un grand fleuve calme et navigable. Rouen est une ville importante située sur la Seine.

❷ Le Rhône est aussi un fleuve important. Arles est une ville sur le Rhône.

❸ Les sources de la Garonne sont dans les Pyrénées. La Garonne est large et profonde à Bordeaux.

❹ La Loire n'est pas navigable. Il y a des châteaux magnifiques sur la Loire.

DEUXIEME PARTIE

CHAPITRE **5**
A l'aéroport

French teenagers often travel to other countries to practice their skills in foreign languages and to become familiar with foreign cultures. Frequently, this travel is sponsored by their school. Many French schools have an official tie—*un jumelage*—to a sister school in Europe. Such ties are becoming more common between France and the United States as well. They provide the opportunity for students to stay in foreign homes. Exchanges are also arranged with pen pals and through private organizations.

In this unit you will:

SECTION A	talk about going to France
SECTION B	ask for information . . . give directions
SECTION C	say what you're going to do
TRY YOUR SKILLS	use what you've learned
A LIRE	read for practice and pleasure

In France, as well as in the United States, exchange programs are available to students. On summer flights to Europe, you'll find French students returning home after a visit to the United States and American students going to stay with French families.

A1

On va en France.

L'avion est plein d'étudiants : des Français rentrent des Etats-Unis et des Américains vont habiter dans des familles françaises.

SOPHIE Alors, Jeffrey, tu vas où?
JEFFREY A Paris. Et toi, Lynn?
LYNN Moi, je vais en Bretagne.

SOPHIE Et tes copains, ils vont aussi en Bretagne?
JEFFREY Non, Nick va en Bourgogne...
NICK Mais non, ce n'est pas moi, c'est Jason. Moi, je vais à Strasbourg. Et Julie, elle va près de Bordeaux.

JEFFREY Et vous, Sherry et Diane, vous allez où?
SHERRY ET DIANE Nous, nous allons à Aix-en-Provence.

A2 Activité • Vrai ou faux?

1. Il n'y a pas d'étudiants dans l'avion.
2. L'avion va aux Etats-Unis.
3. Des Français rentrent en France.
4. Sherry et Diane vont à Strasbourg.
5. Jeffrey et ses copains vont à Paris.
6. Les Américains rentrent de France.

A3 STRUCTURES DE BASE
The verb aller

Aller is an irregular verb; it does not follow a general pattern.

aller *to go*					
Je	**vais**	} à Paris.	Nous	**allons**	} à Paris.
Tu	**vas**		Vous	**allez**	
Il/Elle/On	**va**		Ils/Elles	**vont**	

A4 Activité • On va où?

Tell which cities these travelers are going to.

1. Les étudiants...

2. Nous...

3. Il...

A5 Activité • Ecrit dirigé

Complétez les phrases avec le verbe **aller**.

1. Ces étudiants américains _____ en France.
2. Le garçon de Los Angeles _____ à Bordeaux.
3. Jeffrey, dans quelle ville tu _____ ?

4. Je _____ à Paris.
5. Les garçons, vous _____ où?
6. Nous _____ en Bretagne.

A6 STRUCTURES DE BASE
Prepositions with names of cities and countries

The prepositions **à** *(to, in)* and **de** *(from)* are used before the names of most cities.

in	J'habite	**à**	Strasbourg.
to	Je vais	**à**	Strasbourg.
from	Je viens	**de**	Strasbourg.

Names of countries and provinces are either masculine or feminine nouns. **En** *(to, in)* and **de** *(from)* are used before feminine names and before masculine names that begin with a vowel sound. **Au, aux** *(to, in)* and **du, des** *(from)* are used before masculine names beginning with a consonant sound and before plural names.

	Feminine names / Masculine names beginning with vowel sound			Masculine names beginning with consonant sound / Plural names		
in	J'habite J'habite	**en** **en**	France. Israël.	J'habite J'habite	**au** **aux**	Canada. Etats-Unis.
to	Je vais Je vais	**en** **en**	France. Israël.	Je vais Je vais	**au** **aux**	Canada. Etats-Unis.
from	Je viens Je viens	**de** **d'**	France. Israël.	Je viens Je viens	**du** **des**	Canada. Etats-Unis.

Activité • Ils viennent d'où? Ils vont où?

These travelers have a stopover between planes. Using the verbs **venir (de)** and **aller (à),** tell where they're coming from and where they're going.

Strasbourg / Paris (je)   Je viens de Strasbourg et je vais à Paris.

1. Etats-Unis / France (nous)
2. New York / Lyon (elle)
3. Grenoble / Bretagne (ils)

4. Bordeaux / Strasbourg (vous)
5. France / Canada (tu)
6. Paris / Aix-en-Provence (je)

A8 Activité • Devinez

Get into groups of four or six. Select from a map the name of the city, province, or country you would most like to see. Write it down without showing it to anyone. Now take turns guessing where each person will go. Use this dialogue:

—Tu vas à Paris?
—Oui, je vais à Paris. (—Non, je ne vais pas à Paris.)

A9 QU'EST-CE QUE JEFFREY EMPORTE?

Jeffrey va en France. Il a tout?

des chèques de voyage

un cadeau pour la famille française

une valise

un billet

un passe-port

un journal

un dictionnaire français- anglais

des vêtements

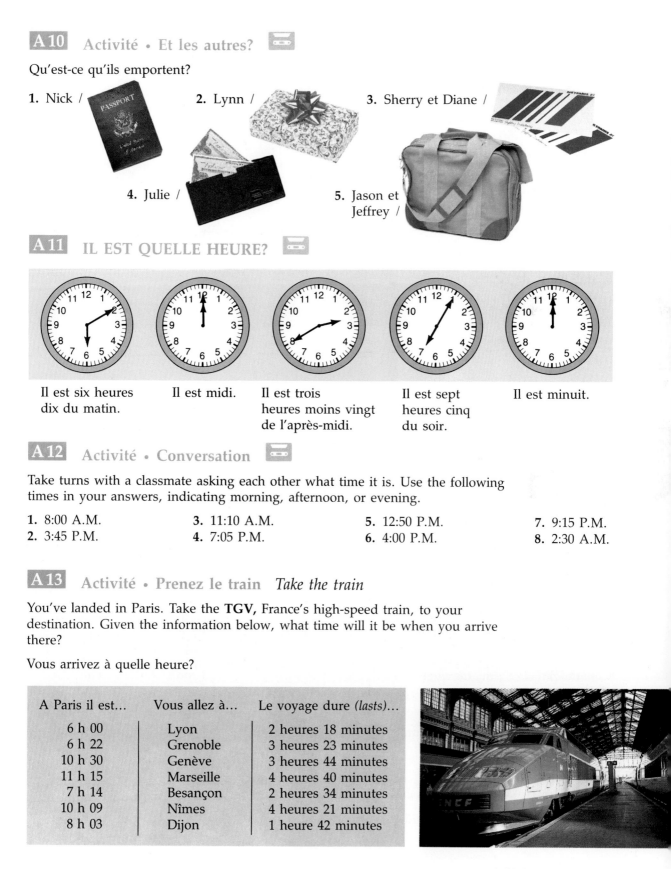

A 10 Activité • Et les autres?

Qu'est-ce qu'ils emportent?

1. Nick /

2. Lynn /

3. Sherry et Diane /

4. Julie /

5. Jason et Jeffrey /

A 11 IL EST QUELLE HEURE?

Il est six heures dix du matin.

Il est midi.

Il est trois heures moins vingt de l'après-midi.

Il est sept heures cinq du soir.

Il est minuit.

A 12 Activité • Conversation

Take turns with a classmate asking each other what time it is. Use the following times in your answers, indicating morning, afternoon, or evening.

1. 8:00 A.M.
2. 3:45 P.M.
3. 11:10 A.M.
4. 7:05 P.M.
5. 12:50 P.M.
6. 4:00 P.M.
7. 9:15 P.M.
8. 2:30 A.M.

A 13 Activité • Prenez le train *Take the train*

You've landed in Paris. Take the **TGV,** France's high-speed train, to your destination. Given the information below, what time will it be when you arrive there?

Vous arrivez à quelle heure?

A Paris il est...	Vous allez à...	Le voyage dure (*lasts*)...
6 h 00	Lyon	2 heures 18 minutes
6 h 22	Grenoble	3 heures 23 minutes
10 h 30	Genève	3 heures 44 minutes
11 h 15	Marseille	4 heures 40 minutes
7 h 14	Besançon	2 heures 34 minutes
10 h 09	Nîmes	4 heures 21 minutes
8 h 03	Dijon	1 heure 42 minutes

Activité • Il est quelle heure à Paris?

Quand il est huit heures du matin à New York, il est quelle heure à Paris? Il est deux heures de l'après-midi. Et quand il est...

1. six heures vingt du soir à Boston...

2. midi et demi à Chicago...

3. dix heures et quart du matin à Los Angeles...

4. deux heures moins le quart de l'après-midi à Houston...

5. cinq heures du soir à Denver...

6. une heure de l'après-midi à New York...

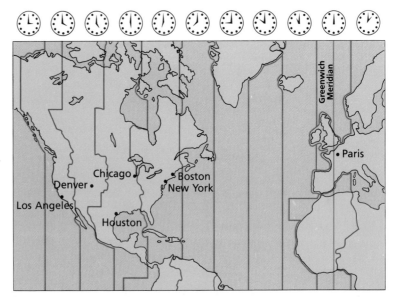

A 15   LES NOMBRES DE 20 A 1.000

20 vingt	21 vingt et un	22 vingt-deux	23 vingt-trois	24 vingt-quatre
30 trente	31 trente et un	40 quarante	50 cinquante	60 soixante
70 soixante-dix	71 soixante et onze	72 soixante-douze	80 quatre-vingts	81 quatre-vingt-un
90 quatre-vingt-dix	91 quatre-vingt-onze	100 cent	101 cent un	102 cent deux
200 deux cents	201 deux cent un	300 trois cents	500 cinq cents	1.000 mille

A 16   Activité • Lisez   *Read*

Read the following numbers aloud.

45   100   38   97   22   61   23   202   84   72   400   510   911

A 17 Savez-vous que...?

In France and in many foreign countries, the 24-hour system of telling time is used in official schedules. How does this system work? Using the following information, make up your own formula for figuring out how to change official time to conventional time.

24 h 00 = midnight   13 h 00 = 1:00 P.M.
07 h 30 = 7:30 A.M.   20 h 30 = 8:30 P.M.

Official time is often shown without the letter **h:** 20.30.

Solution: Simply subtract twelve from the hours between 13 h 00 and 24 h 00.

A 18 Activité • Ecoutez bien

A quelle heure et à quelle porte arrive le vol?

	16.05	17.30	15.30	15.00	17.00	16.45
Londres						
Dakar						
Berlin						
Bruxelles						
Tel Aviv						
New York						

A 19 Activité • A vous maintenant!

Check on your departing flight **(vol)** at the information desk. Referring to the monitor shown here, take turns acting this out with a classmate.

—L'avion pour Francfort, s'il vous plaît?
—Vol numéro sept cent quarante-quatre à quatorze heures vingt.
—Merci, monsieur (mademoiselle).

hor = horaire *scheduled time;*   **porte** *gate;*
provenance *origin;*   **prévu** *expected*

A 20 Activité • C'est à quelle heure?

Look at the monitor in A17. Using conventional time, tell at what time each flight arrived **(est arrivé)** or is arriving **(arrive).** Begin like this: **Le vol numéro sept cent quatre-vingt-treize est arrivé à deux heures moins douze.**

Of course, if you're visiting a foreign country, you'll want to fit in and do what's right—beginning at the airport. Making a good impression can be especially important at the passport check and customs!

B1

On arrive à l'aéroport. 🖾

(Au contrôle des passeports)

DOUANIER Passeport, s'il vous plaît...
SHERRY Voilà, monsieur.
DOUANIER Vous restez combien de temps en France?
SHERRY Un mois.
DOUANIER Vous allez habiter où?
SHERRY A Aix-en-Provence dans une famille française.

(Aux bagages)

SOPHIE Tu as tes bagages?
SHERRY Non, j'ai la valise, mais je ne trouve pas le sac à dos.
SOPHIE Le voilà. Tu as de l'argent français?
SHERRY Non.
SOPHIE Alors, allons à la douane et puis cherchons le bureau de change.

(A la douane)

DOUANIER Rien à déclarer?
SHERRY Non… ah si, j'ai du beurre de
cacahouètes. C'est un cadeau
pour la famille française.
DOUANIER C'est tout?
SHERRY Oui.
DOUANIER Alors, pas de problèmes. Passez.

(Aux renseignements)

SOPHIE Pardon, mademoiselle, le bureau
de change, s'il vous plaît?
L'EMPLOYÉE A droite, à côté de l'entrée.
SHERRY Et la cafeteria?
SOPHIE Quoi? Tu as faim?
SHERRY Oh oui! Très!
L'EMPLOYÉE Pour la cafeteria, vous allez tout
droit, puis tournez à gauche.
C'est juste là, près des
téléphones.

(Au bureau de change)

L'EMPLOYÉ Combien d'argent vous voulez
changer?
SHERRY Soixante dollars.
L'EMPLOYÉ Voilà, mademoiselle.
SHERRY Alors, on mange maintenant?
SOPHIE OK. Allons à la cafeteria.

A l'aéroport 143

1. Sherry va rester...
2. Elle va habiter...
3. Elle a une valise et...
4. A la douane, Sherry déclare...

5. Le bureau de change est à côté...
6. Sherry cherche la cafeteria. Elle a...
7. La cafeteria est près...
8. Au bureau de change, Sherry change...

B3 ENSEIGNES *Signs*

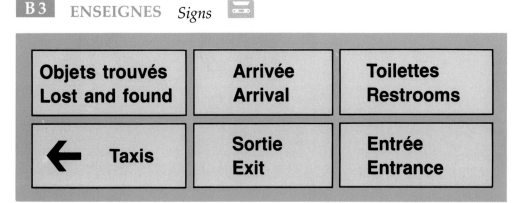

| Objets trouvés
Lost and found | Arrivée
Arrival | Toilettes
Restrooms |
| ← Taxis | Sortie
Exit | Entrée
Entrance |

B4 Savez-vous que...?

Paris has two airports for passenger service. Charles de Gaulle Airport, located in Roissy about fifteen miles north of Paris, is used for international flights. It is a large facility with various airline terminals, called **satellites,** arranged around a central core. Orly, the airport closer to Paris, is used for domestic, European, and overseas charter flights.

B5 STRUCTURES DE BASE
Contractions with the preposition à

The preposition **à** *(to, at)* does not appear in combination with the articles **le** and **les.** Instead, the contractions **au** and **aux** occur. However, contractions do not occur when **à** is used before the articles **la** and **l'.**

Contractions		
à + le = **au**	au bureau de change	*to (at) the currency exchange*
à + les = **aux**	aux bagages	*to (at) the baggage claim*
No Contractions		
à + la = **à la**	à la douane	*to (at) customs*
à + l' = **à l'**	à l'entrée	*to (at) the entrance*

Liaison is obligatory when **aux** is used before a word beginning with a vowel sound.

aux ᶻ objets trouvés

Activité • Vous allez où?

Tell in what order you go to these places to get through the airport.

bureau de change   renseignements
taxis   sortie
douane   bagages

B7 **Activité • Ils sont où?**

Tell where each person is at the airport.

1. Jennifer…   **2.** Nick…   **3.** Pat et Jill…

4. Jason et Julie…   **5.** Bill…   **6.** Diane…

B8 **Activité • A vous maintenant!**

You've lost some of your belongings! Your friend suggests where to go to look for them. Act this out with a classmate, following the example.

passeport / contrôle des passeports   —Oh là là! Je ne trouve pas le passeport!
      —Allons au contrôle des passeports.

1. passeport / douane   **4.** chèques de voyage / bureau de change
2. valise / bagages   **5.** cadeau / toilettes
3. journal / cafeteria   **6.** dictionnaire / objets trouvés

COMMENT LE DIRE
Asking for directions and giving locations

Here are two ways to find out where things are and several ways to give others the information.

QUESTION	ANSWER	
Les téléphones, s'il vous plaît?	juste là	right there
The telephones, please?	ici	here
	là-bas	over there
Où sont les téléphones, s'il vous plaît?	à droite (de)	to the right (of)
Where are the telephones, please?	à gauche (de)	to the left (of)
	tout droit	straight ahead
La douane, s'il vous plaît?	devant	in front of
Customs, please?	en face (de)	across (from)
	entre	between
Où est la douane, s'il vous plaît?	à côté (de)	next (door) (to)
Where is customs, please?	près (de)	near

B10 Activité • Pardon...

Ask each of these questions another way.

1. Les téléphones, s'il vous plaît?
2. Où est la douane, s'il vous plaît?
3. Où sont les renseignements, s'il vous plaît?

4. La cafeteria, s'il vous plaît?
5. Les taxis, s'il vous plaît?
6. Où sont les toilettes, s'il vous plaît?

B11 STRUCTURES DE BASE
Contractions with the preposition de

The preposition **de** *(from, of)* does not appear in combination with the articles **le** and **les**. Instead, the contractions **du** and **des** occur. However, contractions do not occur when **de** is used before the articles **la** and **l'**.

Contractions		
de + le = **du**	près du bureau de change	*near the currency exchange*
de + les = **des**	à gauche des téléphones	*to the left of the telephones*
No Contractions		
de + la = **de la**	à droite de la sortie	*to the right of the exit*
de + l' = **de l'**	à côté de l'entrée	*next to the entrance*

Liaison is obligatory when **des** is used before a noun beginning with a vowel sound.

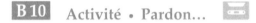

en face des͜ objets trouvés

B 12 Activité • Au secours! *Help!*

Sophie is desperately looking for the information desk. Tell her where she can find it. Use the contractions **du** and **des** when necessary.

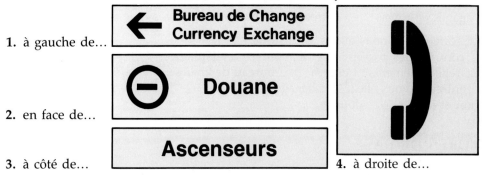

1. à gauche de...

← **Bureau de Change**
Currency Exchange

2. en face de...

⊖ **Douane**

3. à côté de...

Ascenseurs

4. à droite de...

B 13 Activité • Conversation aux renseignements

Go to the information desk at the airport and ask where various places are. Using the floor plan below and the expressions in B9, act this out with a classmate. Here's a suggested dialogue.

—Pardon, mademoiselle (monsieur). Les téléphones, s'il vous plaît?
—C'est là-bas, à droite.
—Merci, mademoiselle (monsieur).

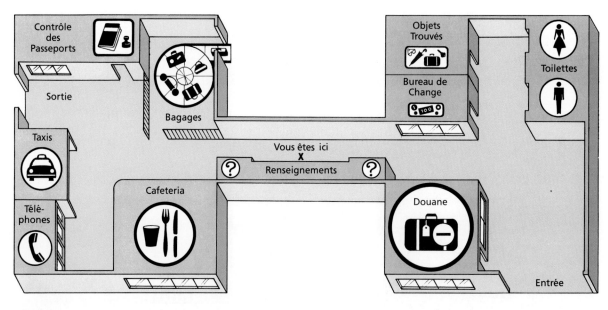

B 14 Activité • Jeu

Work with a classmate or in a small group. Referring to the plan shown here, select a secret destination in the airport. Give directions in French to that place. Your partner(s) try to guess your destination by following your directions. Always start from the information desk. You might begin your directions like this:

Vous allez... Puis, tournez... C'est juste là, près de...

Activité • Ecrit dirigé

People are coming and going in a busy airport. Complete these sentences with
du, de la, de l', or **des** and **au, à la, à l'**, or **aux**, as in the example.

Je viens _____ bagages et je vais _____ entrée.   Je viens des bagages et je vais à l'entrée.

1. Nous venons _____ cafeteria et nous allons _____ sortie.
2. Ils viennent _____ contrôle des passeports et ils vont _____ téléphones.
3. Sophie vient _____ renseignements et elle va _____ bureau de change.
4. Vous venez _____ entrée et vous allez _____ bagages.
5. Je viens _____ avion et je vais _____ douane.

B 16 STRUCTURES DE BASE
Information questions

Here's how to ask for specific information in everyday, informal conversation. You've already
used some of these question words.

Subject	Verb	Question Word	
Tu	viens	**comment?**	*how?*
C'	est	**combien?**	*how much?*
Ils	ont	**quoi?**	*what?*
Vous	allez	**où?**	*where?*
Elles	arrivent	**quand?**	*when?*
Tu	cherches	**qui?**	*whom?*
Elle	parle	**avec qui?**	*with whom?*
Il	téléphone	**à qui?**	*to whom?*
Tu	restes ici	**pourquoi?**	*why?*
Nous	arrivons	**à quelle heure?**	*at what time?*

When **qui** means *who*, it starts a question. **Qui va à Strasbourg? Qui vient avec nous?**

B 17 Activité • Trouvez la réponse

Take turns with a classmate, asking a question and finding the best reply.

quand? qui? à quelle heure? où? pourquoi? quoi? combien? comment? avec qui?

la valise   à midi   à la cafeteria   le douanier   ce matin   J'ai faim!   sept   en bus   avec l'employé

B 18 Activité • A vous maintenant!

Take turns with a classmate. Using the question word in parentheses, one of you
asks for more information about the statement. The other gives an appropriate answer.

Les étudiants arrivent ce matin.   (comment)

—Les étudiants arrivent comment?
—Ils arrivent en bus.

1. L'avion arrive ce soir.   (à quelle heure)
2. J'ai de l'argent français.   (combien)
3. Jeffrey téléphone.   (à qui)

4. Lynn cherche les objets trouvés.
   (pourquoi)
5. Il y a une cafeteria dans l'aéroport.   (où)

B 19   Activité • Questions

This American student asks and answers a lot of questions during his trip to
France. Look at each illustration and imagine what's being said.

1.
2.
3.
4.

B 20   Activité • Ecrivez

Jeffrey is talking with a fellow passenger on the plane. Judging from Jeffrey's
answers, supply the passenger's questions.

—...?
—A Paris.

—...?
—Je vais habiter dans une famille française.

—...?
—Un mois.

—...?
—Nous arrivons à l'aéroport à **neuf heures**
   du matin.

—...?
—Je vais à Paris en taxi.

B 21   Activité • Ecoutez bien

Choisissez une réponse.

A. En taxi.
B. Habiter dans une famille française.
C. Deux mois.

D. A neuf heures du matin.
E. En France.
F. D'autres étudiants américains.

Making a phone call, taking a taxi—simple acts become more complicated in a foreign country unless you know the language and the way things are done. You may one day find yourself in a situation like Jeffrey's.

C1 ## Les Lambert sont en retard. 📼

A la sortie de l'aéroport, Jeffrey attend sa famille française, les Lambert. Une demi-heure passe. «Que faire?... Bon, je vais attendre encore un quart d'heure et puis je vais téléphoner chez eux.»

(Un quart d'heure plus tard)

—Allô? Sabine?
—Oui.
—Bonjour, Sabine. C'est Jeffrey Lyons.
—Jeffrey? Mais, tu es où?
—A Roissy.
—Déjà! Je suis vraiment désolée! Papa est en retard.
—Ça ne fait rien... Dis, comment je vais chez vous?
—Le plus simple, c'est de prendre un taxi. Tu as notre adresse?
—Oui, oui. Ça va coûter combien?
—Oh, 200 F au plus. Tu as de l'argent français?
—Oui, j'ai 500 F.
—Alors, pas de problèmes. A tout à l'heure, Jeffrey.

C2 Activité • Quel désordre!

Rearrange these sentences in the proper order.

Les Lambert n'arrivent pas.
Il va prendre un taxi pour aller à Paris.
Jeffrey attend les Lambert à la sortie de l'aéroport.
Il téléphone chez les Lambert.
Il attend encore un quart d'heure.
Une demi-heure passe.

C3 Activité • Répondez

1. Jeffrey est où?
2. Il attend qui?
3. Pourquoi les Lambert ne sont pas là?
4. Qu'est-ce que Jeffrey fait plus tard?
5. Comment il va aller chez les Lambert?
6. Le taxi va coûter combien?

	Allô.	Hello.
Vous téléphonez.	Je suis bien chez les Lambert?	Is this the Lambert residence?
	C'est Claire. Isabelle est là, s'il vous plaît?	It's Claire. Is Isabelle there, please?
	Excusez-moi. C'est une erreur.	Excuse me. Wrong number.
	C'est occupé.	It's busy.
	Ça ne répond pas.	There's no answer.
Vous répondez.	Allô.	Hello.
	Qui est à l'appareil?	Who's calling?
	Ne quittez pas.	Hold on.
	Vous demandez quel numéro?	What number are you calling?

C5   Activité • Téléphonez

With a classmate, rearrange this phone conversation in logical order.

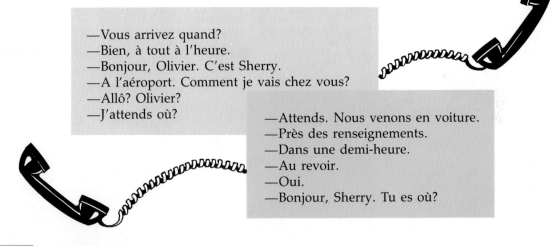

—Vous arrivez quand?
—Bien, à tout à l'heure.
—Bonjour, Olivier. C'est Sherry.
—A l'aéroport. Comment je vais chez vous?
—Allô? Olivier?
—J'attends où?

—Attends. Nous venons en voiture.
—Près des renseignements.
—Dans une demi-heure.
—Au revoir.
—Oui.
—Bonjour, Sherry. Tu es où?

C6   STRUCTURES DE BASE
Verbs ending in -re

You have learned about **-er** verbs, the largest group of French regular verbs. Other regular verbs, with infinitive forms ending in **-re,** follow a slightly different pattern.

attendre		*to wait (for)*			
J'	**attends**	} l'avion.	Nous	**attendons**	} l'avion.
Tu	**attends**		Vous	**attendez**	
Il/Elle/On	**attend**		Ils/Elles	**attendent**	

1. The plural endings **-ons, -ez,** and **-ent** are the same as those of **-er** verbs.
2. In the singular, two of the forms end in **-s.** The third has no ending added to the stem.
3. Another verb of this type is **répondre,** *to answer.* You will learn others in later units.

C7 Activité • Qui répond au téléphone?

Who's answering the phone?

1. Je...
2. Sophie...
3. Un employé...

4. Les filles...
5. Vous...
6. Tu...

C8 Activité • Qu'est-ce qu'on attend?

Tell what each person is waiting for.

1. Il...

2. Je...

3. Les étudiants...

4. Elle...

5. Nous...

6. Vous...?

C9 Activité • Ecrit dirigé

Attendre ou **répondre**?

1. Les employés _____ aux questions.
2. Jeffrey téléphone et Sabine _____ .
3. Jeffrey _____ les Lambert à la sortie.
4. Nous _____ les copains aux renseignements.
5. Les étudiants américains _____ les familles françaises.
6. Moi, j' _____ à la cafeteria. Et toi? Tu _____ où?

C10 COMMENT LE DIRE
Saying what you're going to do

Here's a way to express future time in French. Just as in English, you use the verb *to go* and the infinitive of another verb.

Je	vais	téléphoner	aux Lambert.
Tu	vas	attendre	à la cafeteria?
Il	va	arriver	dans une demi-heure.
Nous	allons	venir	avec Robert.
Vous	allez	changer	de l'argent?
Ils	vont	prendre	un taxi.

 C11 Activité • Ecrit dirigé

Use the correct form of the verb **aller** to tell what these people are going to do.

1. Nous _____ prendre le bus.
2. Jeffrey _____ téléphoner aux Lambert.
3. Sherry et Sabine _____ changer de l'argent.
4. Tu _____ attendre ici?
5. Vous _____ rester un mois.
6. Je _____ venir dans une heure.

Je vais prendre un taxi!

C12 Activité • D'abord? Et ensuite? *First? And next?*

Tell which activity you are going to do first and which one next: **D'abord je...**, et **ensuite je...**

1. manger à la cafeteria / prendre le bus pour aller à Paris
2. téléphoner chez la famille française / changer de l'argent
3. aller à la douane / chercher les bagages

C13 Activité • A vous maintenant!

Your friend asks you if you're going to do something. You answer that you're going to do something different, as in the example.

téléphoner / attendre —Tu vas téléphoner?
—Non, je vais attendre.

1. chercher les bagages / changer un chèque de voyage
2. manger maintenant / téléphoner
3. attendre / prendre un taxi
4. prendre un taxi / prendre un bus

The teacher is giving last-minute instructions to the students on the plane. Write out the following paragraph, changing the verbs to express future time. Use the verb **aller** plus an infinitive.

> «Nous arrivons à l'aéroport à neuf heures du matin. Mark et Jason cherchent les bagages. Sherry change de l'argent. Et toi, Lynn, tu téléphones chez les Boileau. Moi, j'attends aux renseignements.»

 Activité • Ecoutez bien

Choisissez les réponses aux questions.

A. Dujardin.
B. C'est occupé.
C. Non.
D. Mme Dujardin.

E. Un franc.
F. A Martine.
G. Au café.

C16 Activité • **En passant par Paris** *Going through Paris*

Kim pose des questions au chauffeur de taxi. Répondez.

la Géode

Ça, c'est...

C'est quoi, ça?

le Louvre   l'Hôtel de Ville   Notre-Dame

1 Aux renseignements 📼

«Je m'appelle Hector et je suis employé aux renseignements de l'aéroport Charles-de-Gaulle. Ce n'est pas toujours facile! Du lundi au vendredi je réponds aux questions. Beaucoup de gens viennent aux renseignements : des Italiens, des Anglais, des Américains… Moi, je parle anglais, italien, français, mais répondre aux questions ridicules, c'est impossible!»

2 Activité • A vous maintenant!

Imagine that you are the clerk at the information desk in 1. Take turns with a classmate asking and answering the following questions. Make up some of your own questions, too.

—Je change de l'argent où?

—L'avion de Boston arrive à quelle heure?

—Je ne trouve pas mes chèques de voyage!

—Il y a une cafeteria dans l'aéroport?

—Où sont les autobus pour Paris, s'il vous plaît?

—C'est combien le taxi pour aller à Paris?

3 Activité • C'est où?

A l'aéroport vous cherchez le bureau de change. Vous demandez (*ask*) aux renseignements. L'employé répond:

«Le bureau de change? C'est facile... Regardez les bagages là-bas, en face de vous... Bien... A droite des bagages, vous avez la douane... Vous passez devant et, juste après, vous tournez à gauche... Vous arrivez à la cafeteria... Là, vous tournez encore (*again*) à gauche dans la direction de la sortie. Vous allez tout droit et sur votre droite vous avez le bureau de change entre les toilettes et les objets trouvés en face des téléphones.»

4 Activité • Suivez les directions *Follow the directions*

The letters on the plan below represent the places mentioned by the clerk at the information desk in 3. Can you identify each one in French? Begin like this: **A, c'est...; B, c'est...**

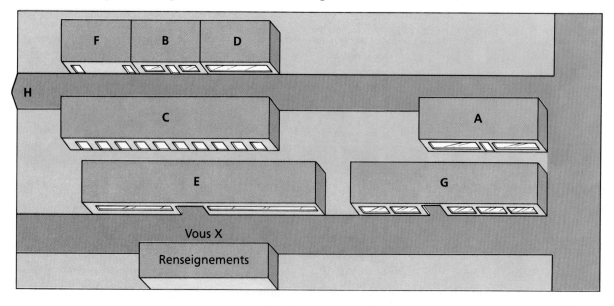

5 Activité • Donnez des directions

Imagine that you are at the currency exchange. Someone asks you how to get to the information desk. Give the directions in 3 in reverse, making the necessary changes.

6 Activité • Changez de l'argent

Imagine that you are a clerk at the currency exchange in the airport. Your classmates are tourists. Armed with your calculator and referring to the conversion table, change their money for them. Pretending to be from different countries, your classmates will have varying amounts of foreign currency. Use the sample dialogue as your guide.

> —Combien d'argent vous voulez changer?
> —Cent dollars, s'il vous plaît.
> —Voilà. Ça fait... francs.

CHANGE		COURS D'ACHAT NO SERVICE CHARGE
USA	15 US AU CASH	8 5 0
USA	15 US TRAVELLERS CHEQUE	8 5 0
ALLEMAGNE	100 DM	3 1 7 0 0
ALLEM	100 DM TRAVELLERS CHEQUE	3 1 9 0 0
ANGLETERRE	1 £	9 3 5
ANGLETERRE	1 £ TRAVELLERS CHEQUE	9 4 0
AUTRICHE	100 OES	4 5 1 0
BELGIQUE	100 FRB	1 5 1 0
CANADA	1 S	4 5 5
DANEMARK	100 DKR	8 2 0 0
ESPAGNE	100 PTS	6 7 5
ITALIE	10 000 LIT	5 6 0
JAPON	10 000 YEN	4 1 6 0 0
NORVEGE	100 NKR	8 6 0 0
PAYS BAS	100 HFL	2 7 8 0 0
PORTUGAL	100 ESC	4 0 0
SUEDE	100 SKR	9 2 0 0
SUISSE	100 SFR	3 8 9 0 0

7 Activité • Situations

Tell what you might do and say in each of these situations:

1. Vous êtes à Roissy. Il faut prendre un taxi pour aller à Paris. Mais vous n'avez pas d'argent français!
2. Vous arrivez à l'aéroport. Mais la famille française n'est pas là!
3. Vous allez aux bagages. Pas de valise!
4. Vous allez téléphoner. Mais vous ne trouvez pas les téléphones!

8 Activité • Une rencontre

With a classmate, make up a conversation between two travelers who meet on a flight to France. Write down the dialogue. Then you might act it out before the class.

9 Activité • Visitez Paris

From the list of some of the sights of Paris, choose six. List three that you're going to visit today **(aujourd'hui)** and three that you're going to visit tomorrow **(demain).** Then compare lists with a classmate by asking each other questions: **Tu vas visiter Notre-Dame demain?   Tu vas au Louvre aujourd'hui?**

Beaubourg
la tour Eiffel
la Géode
Notre-Dame
la place de la Concorde
le Louvre
l'Arc de Triomphe
Montmartre
l'île Saint-Louis

10   Activité • Téléphonez aux Renseignements

You arrive in Paris. You want to phone your French host, but you've lost the phone number. So, you dial 12 for information. Use a name from the pages of the French telephone directory shown here. A classmate might play the role of the telephone operator. Use the following dialogue as your guide.

ALBARET Louise 72 r Pajol 18ᵉ 44.12.53.52
ARAU Eric 8 bd Emile Augier 16ᵉ . . 45.04.89.73
BOYER Roger 24 r Louis Braille 12ᵉ . . 47.79.26.88
BRUN Véronique 35 av Italie 13ᵉ . . . 44.32.74.05
CAMUS Brigitte 11 r Orme 19ᵉ 46.43.02.51
CORDON Annie 2 r Pasteur 11ᵉ 42.01.11.97
DEFER Richard 32 r de Passy 16ᵉ . . 44.36.64.35
DIOT Marc 37 av Jean Moulin 14ᵉ . . 48.69.91.21
ECHAR Annick 3 av Gambetta 20ᵉ . . 45.82.23.75
ESTEVE Marie 9 r Lyonnais 5ᵉ 43.87.22.34
FAUCHER Claude 50 r St Martin 3ᵉ . . 41.00.48.42
FERLY Elise 23 bd Victor 15ᵉ 41.96.09.51
GAUTIER Albert 43 r Crimée 19ᵉ . . . 49.61.83.90
GODARD Odette 11 r St Maur 11ᵉ . . 47.63.78.04
HERY Nina 71 r Louis Lumière 20ᵉ . . 46.31.24.72
HOCH Guy 95 r Jeanne d'Arc 13ᵉ . . . 48.40.92.05
ICART Marie-José 148 bd Ney 18ᵉ . . 45.23.25.42
ISARD Yves 32 av Victor Hugo 16ᵉ . . 48.20.97.50
JOLY Monique 11 r Lagrange 5ᵉ 41.07.02.76
JOUVET Alice 38 r Bourgogne 7ᵉ . . . 44.50.82.03
KLEBER Frédéric 26 r Bergère 9ᵉ . . . 45.53.46.71
KREMER Caroline 59 r Pascal 13ᵉ . . 44.31.45.51
LARUE Emile 123 bd Voltaire 11ᵉ . . 42.56.61.74
LOUVET Viviane 7 r Daguerre 14ᵉ . . . 41.09.95.84
MARTINEAU France 2 av Foch 16ᵉ . . 44.95.12.36

MOULIN Roger 12 r Danton 6ᵉ 40.59.47.63
NIVET Robert 180 r Hauteville 10ᵉ . . 45.41.16.07
NOEL Christiane 110 r Santé 13ᵉ . . . 41.60.08.28
ODETTE Angèle 78 r Truffaut 17ᵉ. . . 47.40.35.51
ORSINI Denis 16 r François 1er 8ᵉ . . 42.24.02.50
PASCAL Lucien 41 r Léon 18ᵉ 49.17.96.33
POLI Martine 33 bd St Michel 5ᵉ . . . 41.32.24.83
QUENELLE Marc 24 r Tournelles 4ᵉ . . 45.67.52.39
QUENTIN Denise 5 r Edgar Poe 19ᵉ . . 40.79.52.23
RENAULT Gilles 37 r Banque 2ᵉ 41
ROCHE Mireille 62 bd Raspail 6ᵉ . .
SIRE Mona 7 av Iéna 16ᵉ . . . . . .
SOREL Nathalie 200 r Alésia 1
TAILLEUR Luc 34 r Pyrénées
THIBAULT Alain 94 r Moret
ULMER Eliane 103 r Abouk
UZAN Francine 90 bd Ney
VERGER Noëlle 10 r Domré
VITRY Roland 14 r Guynem
WALLON François 21 r Ampè
WATTEAU Emilie 5 r Valois
XAVIER Nicole 26 r Poulet 18
YVETOT Pierre 73 r Beaubourg
ZERBIB Claudine 67 r Glacière 13ᵉ

STANDARDISTE	Renseignements, j'écoute…	STANDARDISTE	Vous avez l'adresse?
Vous	Je voudrais (*I would like*) un numéro à Paris.	Vous	Oui. Trente-deux rue (*street*) de Passy, seizième.
STANDARDISTE	Quel nom?	STANDARDISTE	44.36.64.35.
Vous	Defer.	Vous	44.36.64.35… Merci.

11   Activité • Ecrivez

Imagine the situation pictured below. Who is this boy? Where is he? What does he have with him? What time is it? What mood is he in? Write a paragraph in French about him. You might find some of these words helpful in one form or another.

un étudiant   arriver
attendre   téléphoner
la valise   en retard
heure

12 Prononciation, lecture, dictée

1. Listen carefully and repeat what you hear. (the closed sound [e]; the open sound [ɛ])

2. Listen, then read aloud.

a. élève

b. un étudiant
les téléphones
l'entrée
à côté

c. Il va à l'entrée.
Il écoute l'employé.
Il est étudiant.

d. Vous allez où?
Vous restez ici?
Vous n'attendez pas?

e. J'aime téléphoner.
Il faut demander.
Il va arriver.
Nous allons chercher.

f. une pièce
un chèque
des problèmes
l'après-midi

g. s'il vous plaît
à Aix
monnaie
ça fait

h. elle
mademoiselle
à quelle heure
Bruxelles

i. cette
mobylette
toilettes

j. un exercice
extra
examen

k. cherche
merci
les Lambert

l. Vous êtes d'où?
les renseignements
Qu'est-ce que c'est?

3. Copy these sentences to prepare yourself to write them from dictation.

a. Il faut aller à l'entrée.
b. Vous allez habiter chez les Lambert?
c. Je vais changer un chèque de voyage.
d. Vous cherchez les téléphones?
e. Une pièce de dix francs, s'il vous plaît.

13 Activité • Récréation

Qu'est-ce qui rime?
What rhymes? Pair the French words suggested by the pictures so that the final
syllables rhyme or sound alike.

VERIFIONS!

SECTION A

Do you know how to ask people where they are going?
Ask:

    1. un(e) ami(e)   **2.** des amis

Have you learned how to say where people are going?
Using the verb **aller** and the supplied destination, tell where these people are going.

    1. les filles / Bordeaux   **3.** l'étudiant français / Washington
    2. mon copain / Etats-Unis   **4.** les étudiants américains / France

Do you know how to tell time in French?
Change the official time to conventional time and indicate whether it's morning, afternoon, or evening.

    22.45   06.25   15.40   10.05

SECTION B

Do you know how to ask where things are?
Ask in two different ways where each of the following is located.

    1. les téléphones   **2.** la douane

Have you learned when contractions occur with the preposition *à*?
Using complete sentences, tell where these people are in the airport.

    1. elle / bureau de change   **3.** il / entrée
    2. ils / cafeteria   **4.** je / renseignements

Do you know how to ask for information?
Use each of these words in a question.

    1. où   **2.** quand   **3.** pourquoi   **4.** comment   **5.** quoi

Can you give directions in French?
Using contractions when necessary, complete the following phrases.

    1. en face de / objets trouvés   **3.** à droite de / cafeteria
    2. près de / entrée   **4.** à gauche de / bureau de change

SECTION C

Do you know the forms of a regular *-re* verb?
Complete these sentences with the verb **attendre**.

    1. Jeffrey _____ un taxi.   **4.** Vous _____ qui?
    2. Nous _____ les copains.   **5.** Les taxis _____ devant la sortie.
    3. Tu vas _____ où?   **6.** Je _____ ici.

Have you learned to express future time?
Imagine and then tell what these people are going to do in the airport.

    1. je   **2.** nous   **3.** Jeffrey   **4.** les Lambert

VOCABULAIRE

SECTION A

aller *to go*
américain, -e *American*
un(e) **Américain(e)** *American*
arriver *to arrive*
un **avion** *airplane*
un **billet** *ticket*
la **Bourgogne** *Burgundy*
la **Bretagne** *Brittany*
un **cadeau** (pl. **-x**) *gift*
un **chèque de voyage**
traveler's check
dans *in, with*
un **dictionnaire** *dictionary*
emporter *to bring*
en *to*
les **Etats-Unis** *the United
States*
un(e) **étudiant(e)** *student*
une **famille** *family*
français, -e *French*
un(e) **Français(e)** *French person*
habiter *to live (in),
reside*
un **journal** (pl. **-aux**) *diary*
mais non *of course not*
les **nombres de 20 à 1.000**
*numbers from 20 to 1,000
(See A15.)*
un **numéro** *number*
un **passeport** *passport*
plein, -e **(de)** *full (of)*
près **(de)** *near*
rentrer *to return, come
(go) home*
tout *everything, all*
une **valise** *suitcase*
un **vêtement** *article of clothing*
les **vêtements** *clothes*
un **vol** *flight*

SECTION B

(See B9: giving locations.)
à côté **(de)** *next (door) (to)*
à droite **(de)** *to the right
(of)*
à gauche **(de)** *to the left
(of)*

un **aéroport** *airport*
allons *let's go*
l' **argent** (m.) *money*
l' **arrivée** (f.) *arrival*
avoir **(très) faim** *to be
(very) hungry*
les **bagages** *luggage, baggage*
aux bagages *at the
baggage claim area*
le **beurre de cacahouètes**
peanut butter
le **bureau de change**
currency (money) exchange
la **cafeteria** *cafeteria*
changer *to change,
exchange*
chercher *to look for*
le **contrôle des passeports**
passport check
déclarer *to declare*
un **dollar** *dollar*
la **douane** *customs*
un(e) **douanier (-ière)** *customs
agent*
un(e) **employé(e)** *employee*
une **enseigne** *sign*
l' **entrée** (f.) *entrance*
là *there*
juste là *right there*
manger *to eat*
un **mois** *month*
les **objets trouvés** (m.) *lost
and found*
pardon *excuse me*
passer *to go through*
pourquoi *why*
un **problème** *problem*
pas de problèmes *no
problem*
puis *then*
quand *when*
qui *who, whom*
les **renseignements**
information
aux renseignements *at
the information desk*
rester *to stay*
rien *nothing*
un **sac à dos** *backpack*

si *yes*
la **sortie** *exit*
un **taxi** *taxi*
les taxis *taxi stand*
un **téléphone** *telephone*
le **temps** *time*
combien de temps
how long
les **toilettes** (f.)
toilet, restroom
tourner *to turn*
tout droit *straight ahead*
trouver *to find*
voilà *here/there you are*
le voilà *there it is*
voulez : vous voulez? *do
you want?*

SECTION C

(See C4: making a phone call.)
une **adresse** *address*
allô *hello (on phone)*
attendre *to wait (for)*
Ça ne fait rien. *That's
all right.*
chez *(to/at) someone's
house*
chez eux *their house*
chez vous *your house*
coûter *to cost*
déjà *already*
une **demi-heure** *a half-hour*
désolé, -e *sorry*
dis *say*
encore *more*
notre *our*
passer *to go by*
plus *more, most*
au plus *at most*
le plus simple *the
simplest thing*
plus tard *later*
prendre *to take*
un **quart d'heure** *a quarter-
hour*
que *what*
répondre **(à)** *to answer*
retard : en retard *late*
sa *his*

ETUDE DE MOTS

Some nouns and verbs in French are closely related—for example: **voler,** *to
fly,* and **vol,** *flight.* What nouns in this vocabulary list are related to these
verbs: **employer, entrer, sortir, voyager, changer?**

A LIRE

Un petit malentendu

Look at the title and the first paragraph of this story. What do you think it's all about? (A clue: the word **malentendu** is composed of **mal**, *badly*, and **entendu**, *understood*.) Now read the story through quickly to get the general meaning.

Cet après-midi, Camille a rendez-vous avec une amie, Isabelle, pour aller chercher le correspondant° américain d'Isabelle. Mais, à trois heures, le téléphone sonne.
  —Camille, c'est Isabelle!
  —Salut. Ça va?
  —Pas terrible, je suis malade. Je ne peux° pas aller à l'aéroport.
  —Ah non! Je ne sais° pas comment il est°, ton correspondant!
  —Il est grand, brun, il a les yeux bleus, et il est super mignon!
  —Ah oui! Et il s'appelle comment, ce Don Juan?
  —Jonathan Baum. Il vient de Washington. Son avion arrive à quatre heures et quart. C'est d'accord?
  —OK!

Camille est maintenant à l'aéroport. Il est cinq heures moins le quart. Elle attend devant la porte numéro six. Enfin, elle voit° un grand garçon brun.
  —Jonathan Baum?
  —Oui.
  —Je suis une amie d'Isabelle. Elle est malade. Je m'appelle Camille.
  —Ah bon. Très bien.
  —Viens, nous allons prendre un taxi.

---

correspondant *pen pal;* **peux** *can;* **sais** *know;* **comment il est** *what he looks like;* **voit** *sees*

(Dans le taxi)

—Alors, c'est bien, Washington?

—Washington? Oui, c'est bien… Pourquoi?

—Tu viens de Washington, non?

—Non. De Chicago.

—Chicago! Mais ton avion vient de Washington, non?

—Mais non! De Chicago!

Camille commence à avoir d'horribles doutes…

—Tu t'appelles bien Jonathan? Jonathan Baum?

—Mais non! Je suis John Tannenbaum!

—Quoi! Mais alors, tu n'es pas le correspondant d'Isabelle Martet!

—Martet? Non! Ma correspondante s'appelle Isabelle Dumas!

—Oh non! On retourne à l'aéroport! Vite!

(What will Camille do now? What will happen to John now?)

A l'aéroport, devant la porte numéro seize, un grand brun attend tout seul, l'air inquiet°. Il a un écriteau avec son nom écrit : JONATHAN BAUM. Et au même° moment, ils entendent une annonce : «Mademoiselle Dumas attend Monsieur John Tannenbaum au comptoir Air France, porte numéro quinze.» Ouf! Tout est bien qui finit bien!

---

l'air inquiet *worried;* **même** *same*

Activité • Vous comprenez?

1. What do you suppose is the main point of the story—its main idea? Is the story meant to inform? To persuade you of something? To entertain?
2. Where does the story take place? Does it matter? Why or why not?
3. Whom was Camille supposed to meet?
4. What's the name of Camille's friend and Jonathan Baum's pen pal?
5. Why is the last line **Tout est bien qui finit bien**? Because Camille returns to the airport and finds the correct pen pal for her friend? Because John Tannenbaum's pen pal is named Isabelle Dumas?

Activité • Réfléchissez   *Think about it*

1. What do you think of the ending? Can you think of a different way that this story might end? Explain.
2. Did anything like this ever happen to you? To a friend? In a book or movie you know? Explain.

Activité • Identifiez

Who's who in this story? Identify each of these people, using a French sentence beginning with: **C'est le / la / l'...**

1. Camille
2. Isabelle Dumas
3. Isabelle Martet
4. John Tannenbaum
5. Jonathan Baum

Activité • Répondez en français

1. John Tannenbaum et Jonathan Baum viennent d'où?
2. Les correspondantes des deux garçons s'appellent comment?

Voler°, quelle aventure!

Vous aimez le risque, le danger, l'aventure? Vous voulez être pilote?

Voilà des aviateurs fameux...

Guynemer, Georges (1896–1917). Un as° de la Première Guerre mondiale (1914–1918). Il est mort° après 54 victoires.

Mermoz, Jean (1901–1936). Le premier à traverser° l'Atlantique Sud. Il disparaît° en mer.

Garros, Roland (1888–1918). Il traverse le premier la mer Méditerranée en 1913.

Et des avions célèbres...

Le Concorde, c'est l'avion de transport le plus rapide du monde. Il traverse l'océan Atlantique en trois heures et demie.

Le *Spirit of St. Louis*, c'est l'avion de Charles Lindbergh. En 1927 il traverse l'Atlantique en 33 heures.

L'Airbus est un moyen-courrier° en usage sur les lignes intérieures et sur les courtes distances.

Activité • Identifiez en français

1. Guynemer
2. l'Airbus
3. la Méditerranée
4. Mermoz
5. le Concorde
6. 1914–1918
7. Lindbergh
8. Garros
9. Le *Spirit of St. Louis*

---

voler to fly, flying;   **as** ace;   **il est mort** he died;   **traverser** to cross;   **disparaît** disappears;   **moyen-courrier** short-distance carrier

CHAPITRE 6
Chez les Lambert

Bienvenue! Welcome! Many French families invite American students to stay in their homes each year. Perhaps you'll be lucky enough to be an exchange student someday. If so, you'll want to make a special effort to be a well-mannered guest as you meet the family, tour your host's home, glance at the family album, and talk at the dinner table. Being part of family life is the best way to learn about a foreign culture.

In this unit you will:

SECTION A	welcome people . . . make requests . . . talk about your home
SECTION B	talk about family relationships, ages, and professions
SECTION C	talk about food and meals . . . accept and refuse food
TRY YOUR SKILLS	use what you've learned
A LIRE	read for practice and pleasure

167

French families tend to be very accueillant, *or open. They love to welcome guests from another country into their homes. When Jeffrey arrives at the Lamberts', he's greeted warmly and made immediately to feel at home.*

A1

Bienvenue!

Jeffrey, le correspondant de Sabine, arrive chez les Lambert. Mais Napoléon, le chien, garde la maison.

NAPOLÉON	Ouah! Ouah!
SABINE	Salut, Jeffrey!
JEFFREY	Bonjour, Sabine!... Il est méchant?
SABINE	Mais non, n'aie pas peur. Entre...
NAPOLÉON	Ouah! Ouah!
SABINE	Napoléon! Sois gentil! Laisse les bagages ici, Jeffrey. Maman! Papa! Jeffrey est là!
MME LAMBERT	Soyez le bienvenu, Jeffrey. Pas trop fatigué?
JEFFREY	Non, ça va, merci.
M. LAMBERT	Alors, vous aimez la France?
JEFFREY	Euh...
GUILLAUME	Salut! Je m'appelle Guillaume. Je suis le frère de Sabine. Tu fais du foot?

JEFFREY	Eh bien, euh...
MME LAMBERT	Guillaume et Sabine, montez les bagages et montrez sa chambre à Jeffrey. Surtout, faites comme chez vous, Jeffrey. A tout à l'heure!
MINOU	Miaou! Miaou!
JEFFREY	Vous avez aussi un chat?
SABINE	Oui, c'est Minou. Tu aimes les animaux, j'espère?

A2 Activité • Complétez

1. Jeffrey arrive... les Lambert.
2. Napoléon est un...
3. Minou est un...
4. Guillaume est...
5. Jeffrey a des...
6. Guillaume et Sabine... les bagages de Jeffrey.
7. Guillaume et Sabine... la chambre à Jeffrey.

Activité • Et vous?

1. Vous aimez les animaux?
2. Vous avez un chien / une chienne? Un chat / une chatte?
3. Il / Elle s'appelle comment?
4. Il est méchant ou gentil? / Elle est méchante ou gentille?
5. Il / Elle garde la maison?

A4

COMMENT LE DIRE
Welcoming people

Here are some expressions used to welcome guests or friends.

Formal (to one person) Anytime (to more than one)	Informal (to one person)	
Entrez.	Entre.	Come in.
Soyez le bienvenu.	Bienvenue.	Welcome.
Faites comme chez vous.	Fais comme chez toi.	Make yourself at home.

The expression **Soyez le bienvenu** changes according to whom you're welcoming.

Soyez le bienvenu.   *(to one man or boy)*
Soyez la bienvenue.   *(to one woman or girl)*
Soyez les bienvenus.   *(to a group of males or males and females)*
Soyez les bienvenues.   *(to a group of females)*

When **Bienvenue** is used alone, it is always spelled with an **e.**

A5

Activité • Bienvenue

What do you imagine these people are saying?

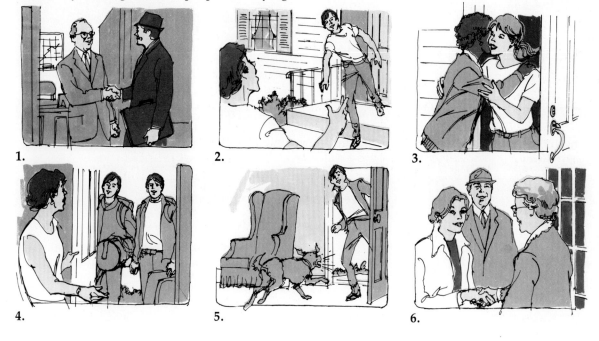

1.

2.

3.

4.

5.

6.

Requests—or commands—are often made by using the **vous** or the **tu** form of the verb without the subject. Adding **s'il vous plaît** or **s'il te plaît** to a request or command is more polite.

Formal (to one person, or anytime to more than one)	Entrez, Venez avec moi,	s'il vous plaît!
Informal (to one person)	Entre, Viens avec moi,	s'il te plaît!

1. When the infinitive of the verb ends in **-er**, the informal request—or command—is written without the characteristic **s** of the **tu** verb form.

tu entres → **Entre.**   tu vas → **Va** chez Sabine.

2. If the infinitive of the verb does not end in **-er**, keep the **s** of the **tu** form.

tu fais → **Fais** attention!   tu viens → **Viens** ici!   tu attends → **Attends!**

3. A request—or command—is made negative by using **ne... pas.**

N'entre pas!   **Ne montez pas** les bagages.

4. The verbs **avoir** and **être** have irregular forms.

avoir : **aie, ayez**   **N'ayez** pas peur!
être : **sois, soyez**   **Sois** gentil!

A 7 Activité • Que faire?

What does Mme Lambert tell Guillaume and Jeffrey to do? Make sentences, using the correct form of the verb.

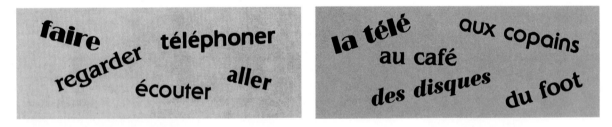

faire
regarder   téléphoner
écouter   aller

la télé   aux copains
au café
des disques   du foot

A 8 Activité • Qu'est-ce que Sabine dit à Jeffrey?

Using the correct form of the verb, make up some sentences that Sabine might say to Jeffrey.

jouer aller
venir
faire   attendre

avec l'ordinateur cet après-midi

du patin

avec Guillaume et moi

mon père; il arrive à une heure

à l'école avec Guillaume

Activité • Ne faites pas ça

Tell these people not to do what they're doing.

1. Ils jouent avec le chat.
2. Guillaume est méchant avec Sabine.
3. Elles entrent dans la maison.

4. Sabine laisse la valise dans la chambre.
5. Ils ont peur du chien.
6. Ils montent les bagages.

A10 Activité • Ecoutez bien

What will the speaker logically say next?

A. Ne sois pas méchant!
B. Monte les valises.

C. Regarde la télé.
D. Attends ici.

E. N'aie pas peur.
F. Soyez les bienvenus!

A11 VISITE DE LA MAISON

Guillaume montre le premier
étage à Jeffrey.

—A droite, c'est ma chambre.
Cette pièce-là, c'est la
chambre de papa et maman.
Les toilettes sont au fond
du couloir à gauche.
A côté, c'est la chambre de
Sabine. Et là, en face, c'est la
chambre d'amis…
—C'est ma chambre?
—Oui. Et ici, tu as une salle
de bains.
—Super!

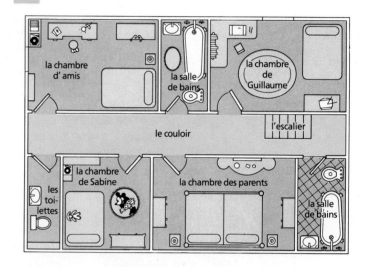

A12 Activité • Répondez

1. Où sont Guillaume et Jeffrey?
2. Le premier étage a combien de pièces?
3. Où est la chambre de Sabine?

4. Où sont les toilettes?
5. Jeffrey a quelle chambre?
6. La chambre de Sabine a une salle de bains?

A13 LA CHAMBRE DE JEFFREY

Dans la chambre de Jeffrey il y a un
lit et une table de nuit avec une
lampe. En face de la porte il y a un
bureau et une chaise. A gauche du
bureau il y a une chaîne stéréo et des
disques. L'armoire est à droite du
bureau. A côté de la fenêtre il y a une
étagère avec des livres.

A 14 Activité • A vous maintenant!

Draw and label—in French—a plan of your room. Then have a classmate draw the plan as you describe it to him or her in French. Switch roles.

A 15 VISITE DE LA MAISON (SUITE)

Imaginez. Vous êtes Guillaume. Montrez le rez-de-chaussée à Jeffrey. Vous êtes à l'entrée. Il y a combien de pièces? Elles sont où?

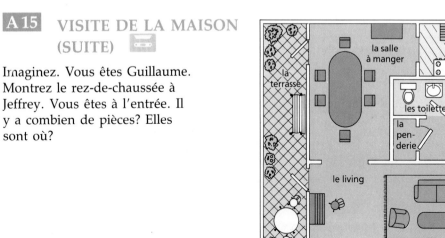

A 16 Activité • Ils sont dans quelle pièce?

A 17 Activité • Ecoutez bien

Une fille décrit (*describes*) son appartement à une amie. Identifiez les pièces.

STRUCTURES DE BASE
Pronouns referring to things

You've already learned that the pronouns **il(s)** and **elle(s)** refer to people; they may also refer to things.

Le living?	**Il**	est au rez-de-chaussée.
La cuisine?	**Elle**	est aussi au rez-de-chaussée.
Les toilettes?	**Elles**	sont au premier étage.

Elles refers to a group composed entirely of feminine nouns. **Ils** refers to more than one masculine noun or a combination of masculine and feminine nouns.

La cuisine et la salle à manger?	**Elles**	sont au rez-de-chaussée.
Le living et le débarras?	**Ils**	sont au rez-de-chaussée.
Le débarras et la cuisine?	**Ils**	sont au rez-de-chaussée.

A 19 Activité • Où sont ces pièces?

Ces pièces sont au rez-de-chaussée ou au premier étage chez les Lambert?
Répondez avec **il(s)** ou **elle(s).**

1. la chambre des parents
2. le living

3. la chambre d'amis
4. le débarras

5. les salles de bains
6. la cuisine

A 20 Savez-vous que...?

In French buildings the ground floor is called **le rez-de-chaussée.** The floors above are **le premier étage, le deuxième étage, le troisième étage, le quatrième étage,** and so on. This system of numbering may be confusing to Americans, who are used to referring to the ground floor as the first floor.

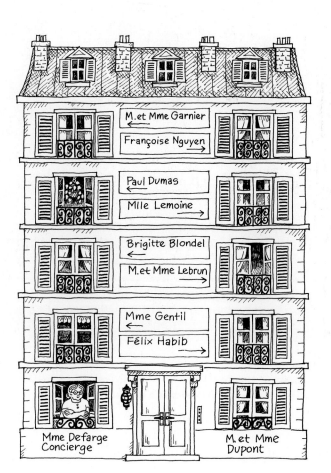

A 21 Activité • A vous!

You've been invited to dinner by friends of your host family. Ask the building superintendent, **la concierge,** where the apartment is. Take turns with a classmate; use the names shown here. Your conversation might go like this:

—Mlle Lemoine, s'il vous plaît?
—Troisième étage à droite.
—Merci, madame.
—De rien.

Looking at photos in someone's family album is one way to get to know that person better. Sabine tells about her family and also a little bit about herself.

B1   Une famille nombreuse 📼

Sabine montre à Jeffrey l'album de famille.

SABINE	Là, c'est mes grands-parents, les parents de mon père. Et voici sa sœur, tante Monique.
JEFFREY	Et l'homme à côté d'elle?
SABINE	C'est son mari, oncle Claude. Ici, c'est leurs enfants, Anne, Paul et Jérôme.
JEFFREY	C'est vos cousins, alors?
SABINE	Oui. Ils habitent en Belgique. Et nous avons aussi de la famille au Canada, des cousins de ma mère.
JEFFREY	Eh bien, quelle famille! Tiens, c'est toi, là? Tu as quel âge sur cette photo?
SABINE	Douze ans, mais ne regarde pas, je suis horrible!
JEFFREY	C'est vrai, tu n'es pas terrible.
SABINE	Comment?
JEFFREY	Mais non, je plaisante! Tu es très bien!

B2   Activité • Répondez

1. Qui est tante Monique?
2. Comment s'appelle son mari?
3. Qui sont Anne, Paul et Jérôme?
4. Ils habitent où?
5. Qui est au Canada?
6. Sabine a quel âge sur la photo?

L'ARBRE GENEALOGIQUE *The family tree*

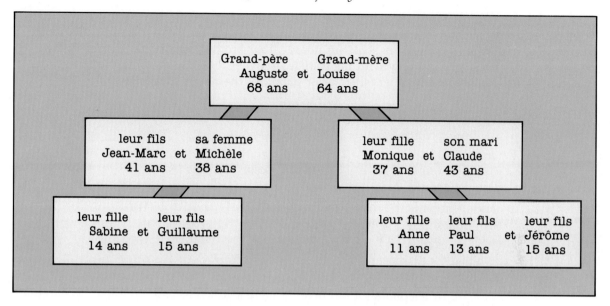

B 4 Activité • **Les liens de parenté** *Family relationships*

Regardez l'arbre généalogique dans B3 et complétez ces phrases.

1. Anne **est la cousine de** Sabine.
2. Paul et Jérôme **sont les frères d'**Anne.
3. Auguste… Guillaume.
4. Michèle… Jérôme.
5. Guillaume… Michèle.

6. Sabine… Jean-Marc.
7. Monique… Claude.
8. Jean-Marc… Michèle.
9. Guillaume et Sabine… Paul.
10. Monique… Jean-Marc.

B 5 **COMMENT LE DIRE**
Talking about age

The verb **avoir** is used to ask someone's age and to tell yours.

Tu as quel âge?	J'ai quatorze ans.

B 6 Activité • **Ils ont quel âge?**

Regardez l'arbre généalogique dans B3. Identifiez les membres de la famille de Sabine et donnez leur âge. **Paul est le cousin de Sabine; il a treize ans.**

B 7 Activité • **Et vous?**

1. Vous avez quel âge?
2. Et les membres de votre famille?

STRUCTURES DE BASE
Possessive adjectives

Possessive adjectives show relationship or ownership. In English the possessive adjectives vary according to a change in owner: *her* book, *his* pencils, *their* brother, *my* sisters. In French the possessive adjectives vary not only with the change in owner, but also according to the gender (masculine or feminine) and number (singular or plural) of the nouns that follow.

	Before a masculine singular noun	Before a feminine singular noun	Before a plural noun (masculine or feminine)
my	**mon**	**ma**	**mes**
your	**ton** } frère	**ta** } sœur	**tes**
his/her	**son**	**sa**	**ses** } frères
our	**notre**	**notre**	**nos** } sœurs
your	**votre** } frère	**votre** } sœur	**vos**
their	**leur**	**leur**	**leurs**

1. If you address a person as **tu,** use **ton, ta,** or **tes.**

Tu téléphones à **ton** père, **ta** mère et **tes** cousins?

2. If you address a person as **vous** or if you talk to more than one person, use **votre** or **vos.**

Vous téléphonez à **votre** père, **votre** mère et **vos** cousins?

3. Son, sa, and **ses** may mean either *his* or *her,* depending on the context.

			Speaking about Sabine	Speaking about Guillaume
Voilà	**son**	père.	There's *her* father.	There's *his* father.
Voilà	**sa**	mère.	There's *her* mother.	There's *his* mother.
Voilà	**ses**	parents.	There are *her* parents.	There are *his* parents.

4. Mon, ton, and **son** are used before all singular nouns—either masculine or feminine—that begin with a vowel sound.

Ça, c'est **mon amie** Sylvie.
Ça, c'est **son école.**

5. Liaison is obligatory with **mon, ton,** and **son,** and with all the plural forms.

ton‿amie   vos‿amis

Activité • A vous maintenant!

Vous regardez un album de photos. Faites ce dialogue...

avec un(e) camarade :
—C'est ta tante?
—Oui, c'est ma tante.

et avec deux camarades :
—C'est votre tante?
—Oui, c'est notre tante.

1. frère	**4.** oncle	**7.** chien	**10.** amie
2. mère	**5.** grand-père	**8.** maison	**11.** grand-mère
3. parents	**6.** grands-parents	**9.** cousins	**12.** sœur

Activité • Qu'est-ce qu'ils ont?

Employez (*Use*) l'adjectif possessif correct.

1.

2.

3.

4.

5.

6.

Activité • «Ton, ta, tes» ou «votre, vos»?

Vous demandez...
à un(e) camarade :
   —C'est tes livres?

et à votre professeur :
   —C'est vos livres?

1.

2.

3.

4.

5.

6.

B 12 Activité • Une réunion de famille

A la réunion qui parle avec qui? Employez l'adjectif possessif correct.

Paul / la sœur   Paul parle avec sa sœur.

1. Claudette / les grands-parents
2. Oncle Jules / les enfants
3. Je / le grand-père
4. Les garçons / le père
5. M. Lebrun / la sœur
6. Nous / les amis
7. Tu / le cousin
8. Ma cousine / la mère

B 13 Activité • Ecrit dirigé

Complétez ce dialogue. Choisissez l'adjectif possessif correct.

JEFFREY   C'est ____ grands-parents? (ton / ta / tes)
SABINE   Non. C'est ____ oncle et ____ tante. (mon / ma / mes)
JEFFREY   C'est ____ maison? (leur / leurs)
SABINE   Non. Ça, c'est ____ maison. (notre / nos)
JEFFREY   Et ça, c'est ____ frère Guillaume, non? (ton / ta / tes)
SABINE   Oui, avec ____ copains. (son / sa / ses)

B 14 QU'EST-CE QU'ILS FONT DANS LA FAMILLE DE SABINE?

Leur grand-père, Auguste, est à la retraite. Il ne travaille pas.

Leur grand-mère, Louise, est libraire.

Tante Monique, elle, est infirmière.

Leur père, Jean-Marc, est guide touristique.

Oncle Claude est dentiste.

Leur mère, Michèle, travaille à la maison.

AUTRES PROFESSIONS 📼

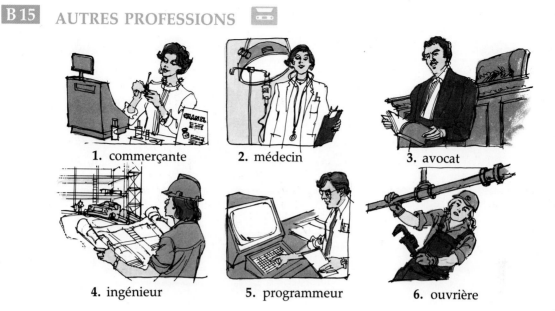

1. commerçante **2. médecin** **3. avocat**

4. ingénieur **5. programmeur** **6. ouvrière**

B16 COMMENT LE DIRE
Talking about professions

When you simply state someone's profession, you don't use an article before the noun. The names of some professions are the same for both men and women; others change their spelling.

Il est...	Elle est...	He/She is a(n) . . .
ouvrier	ouvrière	blue-collar worker
vendeur	vendeuse	salesperson
infirmier	infirmière	nurse
dentiste	dentiste	dentist
programmeur	programmeuse	computer programmer
avocat	avocate	lawyer
ingénieur	ingénieur	engineer
médecin	médecin	doctor

B17 Activité • Ecoutez bien 📼

Répondez aux questions.

1. Qui est Denise?
2. Qui est Henriette?
3. Elle a quel âge?

4. Quelle est sa profession?
5. Et la sœur de M. Poirier, qu'est-ce qu'elle fait?

B18 Activité • A vous maintenant!

Describe real or imaginary members of your family. Give their name, age, and profession; tell where they live and what they like. Show some photos as you talk.

talking about food and meals . . . accepting and refusing food

French students like to have a snack of **pain au chocolat** *(bread and chocolate) when they get home from school. Without it, they couldn't survive until dinner.*

C1   Le frigo 🔊

Guillaume et Jeffrey regardent un match de foot. Mais le sport, ça donne faim!

(Devant la télé)

G. Tu as faim, toi?
J. Oui, très faim! On dîne à quelle heure?
G. Le dîner est à huit heures. Mais on ne va pas attendre. Viens, on va regarder dans le frigo.

(Devant le frigo)

G. Bon, qu'est-ce que tu prends?
J. Il y a du beurre de cacahouètes?
G. Euh, non… Mais il y a du jambon, du pâté, du saucisson… Attends! Il y a un gâteau au chocolat! On prend une tranche?
J. Quelle question!

(Mme Lambert arrive.)

Mme L. Guillaume! Qu'est-ce que tu fais dans le réfrigérateur?
G. Euh… rien.
Mme L. Ce n'est pas l'heure du goûter. Il est déjà sept heures et demie. Allez, ferme le réfrigérateur et va mettre la table avec ta sœur!
G. Quelle vie!

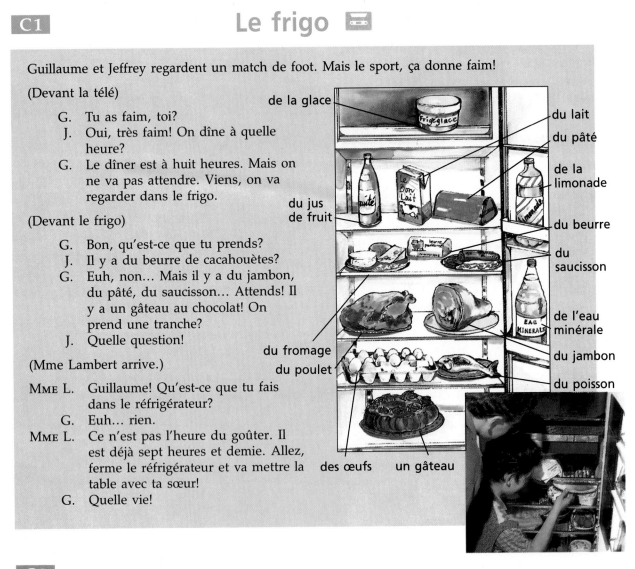

de la glace — du lait — du pâté — de la limonade — du beurre — du saucisson — de l'eau minérale — du jambon — du poisson — du jus de fruit — du fromage — du poulet — des œufs — un gâteau

C2   Activité • Répondez

1. Le dîner est à quelle heure chez les Lambert?
2. Pourquoi Guiilaume et Jeffrey vont regarder dans le frigo?
3. Il est quelle heure maintenant?
4. C'est l'heure du goûter?
5. Qu'est-ce qu'il y a dans le frigo?
6. Qu'est-ce que Guillaume va faire avec sa sœur?

Au petit déjeuner, on prend...

un bol de café au lait,
du thé ou du chocolat,

de la confiture,

du pain et du beurre,

Au déjeuner,
le repas principal, on prend...
un
hors-d'œuvre,
des frites,
de la viande,

et quelquefois un
croissant ou une
brioche.

une tasse
de café.

Au dîner, on prend...
une omelette,

des fruits,

un dessert.

une salade,

des fromages variés,

du fromage,

une salade,

In France lunch has traditionally been the main meal of the day. It consists of several courses. Salad is always served and eaten separately after the main dish. Many adults drink wine and mineral water with their meal. The other two meals of the day are lighter. Eggs are eaten at suppertime, rarely in the morning. Breakfast centers around bread and butter, which the French call **une tartine. Croissants** and **brioches** are usually reserved for a Sunday morning treat.

Chez les Lambert 181

C5 STRUCTURES DE BASE
The verb prendre

The irregular verb **prendre** is used to talk about eating meals and what you have at mealtimes—both foods and beverages.

prendre	*to take*					
Je	**prends**	} du lait.	Nous	**prenons**	} du lait.	
Tu	**prends**		Vous	**prenez**		
Il/Elle/On	**prend**		Ils/Elles	**prennent**		

The verb **prendre** is also used with means of transportation: **Je prends l'autobus.**

C6 Activité • Qu'est-ce qu'on prend?

Complétez les phrases avec le verbe **prendre.**

1. Nous _____ du fromage.
2. Jeffrey et Guillaume _____ du gâteau.
3. Tu _____ du poulet?

4. Le chat _____ du poisson.
5. Vous _____ une tartine?
6. Je _____ le déjeuner.

C7 COMMENT LE DIRE
Asking for information

Here's another way to ask *what*—by starting your question with **qu'est-ce que** (**élision** occurs before a vowel sound: **qu'est-ce qu'**). You've already used **quoi** to ask *what.*

Qu'est-ce que tu prends?

Tu prends quoi?

Du gâteau et du lait.

C8 Activité • A vous maintenant!

Vous êtes au restaurant avec un(e) ami(e). Faites ce dialogue à tour de rôle.

du jambon / du poisson
—Qu'est-ce que tu prends? Du jambon ou
   du poisson?
—Moi, je prends du poisson.

1. de la viande / du poulet
2. du poisson / de la viande
3. du lait / du café

4. un croissant / une brioche
5. du pâté / du saucisson
6. de la limonade / du jus de fruit

Répétez le dialogue. Maintenant vous êtes avec deux camarades.

Activité • Et vous?

1. Après l'école, vous prenez le goûter?
2. Vous prenez le petit déjeuner à quelle heure?
3. Vous prenez le dîner avec la famille?
4. Au restaurant vous prenez du poisson, du poulet ou de la viande?

C10 Activité • Ecrit dirigé

Complétez cette conversation avec les formes correctes du verbe **prendre.**

—Et vous, vous _____ quoi?

—Nous, nous _____ un jus de fruit.

—Et toi, Jacques, tu _____ quoi?

—Moi, je _____ un sandwich. Et les filles?

—Elles _____ une limonade. Et Pierre?

—Pierre, il _____ tout!

C11 STRUCTURES DE BASE
How to indicate quantity

In French the articles **le, la, l',** and **les** are used to refer to something in general. **Du, de la, de l',** and **des** indicate an unspecified quantity, *some.* **Un** and **une** indicate a unit or serving of something.

In general	Some	A unit, a serving
le café	**du** café	**un** café
la limonade	**de la** limonade	**une** limonade
l'eau minérale	**de l'**eau minérale	**une** eau minérale
les croissants	**des** croissants	**un** croissant

In a negative construction **de** is used instead of **du, de la, de l', des, un,** or **une,** except after the expression **c'est.** Other articles do not change. **Elision** occurs with **de.**

Affirmative	Negative
Il y a **de l'** eau minérale.	Il n'y a pas **d'** eau minérale.
Il y a **des** croissants.	Il n'y a pas **de** croissants.
Tu prends **une** limonade?	Tu ne prends pas **de** limonade?
C'est **du** jambon.	Ce n'est pas **du** jambon.
J'aime **la** confiture.	Je n'aime pas **la** confiture.

C12 Activité • Qu'est-ce que vous prenez?

Vous prenez le goûter avec un(e) camarade. Faites ce dialogue à tour de rôle.

—Tu prends un / une...? —Oui, j'aime beaucoup le / la / les...

1. 2. 3. 4. 5.

C13　Activité • Qu'est-ce qu'il y a dans le frigo?

Vous avez faim, mais...! Faites ce dialogue avec un(e) camarade à tour de rôle.

—Il y a du / de la / de l' / des...?
—Non, il n'y a pas de...

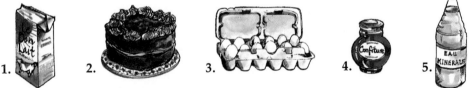

1.　　2.　　3.　　4.　　5.

C14　Activité • Ecrit dirigé

Complétez cette conversation entre une mère et son fils avec **du, de la, de l', des, de, le, la, les, un,** ou **une.**

—J'ai faim! Je vais prendre _____ glace.
—Il n'y a pas _____ glace.
—Il y a _____ gâteau?

—Non. Prends _____ brioche.
—Je n'aime pas _____ brioches.
—Alors, prends _____ fromage.

C15　BON APPETIT!

Enfin, il est huit heures, l'heure du dîner!
Tout le monde est à table.

MME LAMBERT	Alors, comment tu trouves? C'est bon?
M. LAMBERT	Délicieux! Excellent!
GUILLAUME	Super, les légumes!
SABINE	Et la viande! J'adore! Tu es un chef, maman!
M. LAMBERT	Mmmm, cette sauce!
MME LAMBERT	Ça suffit! Et vous, Jeffrey, vous aimez?
JEFFREY	Extra, madame!

C16　Activité • Répondez

1. Où sont les Lambert?
2. Qu'est-ce qu'on mange ce soir?
3. Qu'est-ce que Guillaume aime?
4. Et M. Lambert, qu'est-ce qu'il aime?
5. Sabine aime la viande?
6. Et Jeffrey, il aime le dîner?

C17　Activité • Et vous?

1. Vous dînez à quelle heure d'habitude?
2. Il y a de la viande et des légumes?
3. Vous aimez les légumes? Et la sauce?
4. Qu'est-ce que vous aimez manger?

COMMENT LE DIRE
Accepting and refusing food

Here's how to accept or refuse food.

Vous prenez de la salade? Will you have some salad?	Oui, volontiers! Yes, of course!	Merci. C'est bon, mais... No thank you. It's good, but . . .
Encore de la viande? More meat?	Oui, avec plaisir! Yes, with pleasure!	Non, merci. Je n'ai plus faim. No thanks. I'm not hungry anymore.
	Oui, s'il vous plaît! Yes, please!	

C19 Activité • Et vous?

Vous acceptez ou refusez?

1. Vous prenez du saucisson?
2. Encore du poisson?
3. Et pour vous, de la sauce?

4. Encore des légumes?
5. Du fromage?
6. Vous prenez du gâteau?

C20 Activité • A vous maintenant!

Take turns with a classmate offering and
then accepting or refusing the foods
pictured here.

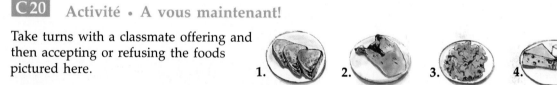

1.   2.   3.   4.

C21 Activité • Ecoutez bien

On aime...? Oui ou non?

C22 Activité • On va mettre la table

Qu'est-ce qu'il faut pour mettre la table?

le verre

la petite
cuillère

le rond de
serviette

le porte-couteau

la serviette

le couteau

la fourchette

l'assiette

1   Lettre

Salut !

Je suis chez mon amie Brigitte à côté de Paris. C'est fantastique ! La famille est très sympa. Brigitte a un frère et une sœur. Son frère a mon âge et sa sœur a treize ans. Leur père n'est pas là : il est à Bruxelles pour son travail. Il est informaticien. Leur mère est professeur. Ils ont aussi deux chiens et cinq ou six chats. La maison est super. Elle a un étage : ma chambre est au premier. À côté j'ai une salle de bains. La chambre de Brigitte est en face. Tout à l'heure, on va tous au cinéma. C'est merveilleux !

Bises +++

Christine

2   Activité • Cherchez les preuves

What evidence in the letter supports these statements?

1. La mère de Brigitte travaille dans un collège.
2. Le père de Brigitte travaille avec les ordinateurs.
3. Christine et Brigitte n'ont pas la même chambre.
4. Brigitte a des frères et des sœurs.
5. La famille de Brigitte habite près de la capitale.
6. Christine aime bien la famille de Brigitte.

Imagine you have just moved into a new house. Your friend telephones to find out how you like your new home. Act out the phone conversation with a classmate.

4 Activité • Ecrivez

Draw and then describe **la maison idéale,** the house of your dreams.

1. Make a list of the features that you are looking for in your house. Don't write full sentences. Check your spelling.
2. Organize the list in logical order.
3. Write a rough draft, using complete sentences. Then exchange papers with a classmate. Correct each other's mistakes.
4. Carefully rewrite your description.

5 Activité • La famille

Name each member of this French family. Then explain at least ten different relationships among the members: ... **est la sœur** / **femme** / **cousine de...**

6 Activité • Album de photos

Préparez un album de votre famille. Ecrivez une description des photos. Montrez l'album à un(e) camarade. Parlez des photos et répondez aux questions de votre camarade.

7 Activité • Le pique-nique

Who's going to bring what to the picnic? With two or three classmates, act out the situation. You might begin like this:

—Qu'est-ce que tu emportes?
—Moi, j'emporte des fruits.
—Qui emporte la limonade?

8 Activité • Pièce de théâtre

With three or four classmates, prepare a play about a French family greeting an American student. You might have three acts: the arrival and welcome; the tour of the house; and finally, the first meal. Act out the skit for the class.

9 Activité • Jeu

Draw a floor plan of your home or of some other person's home—real or imaginary. Then explain to a classmate where the rooms are in relation to one another and on what floor they are located. Your classmate will try to draw the plan as you described it. Then change roles.

10 Activité • Qu'est-ce qu'ils font?

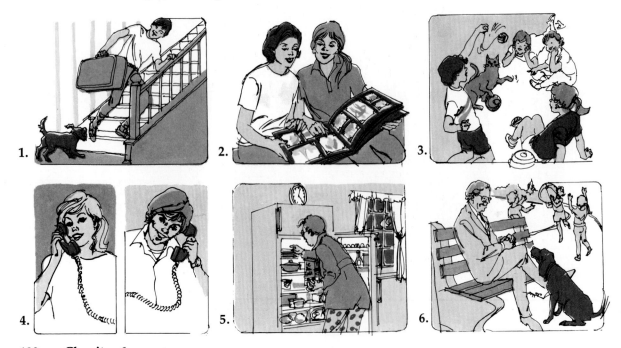

1.
2.
3.
4.
5.
6.

Prononciation, lecture, dictée

1. Ecoutez bien et répétez. *(the nasal sound [ã])*

2. Ecoutez et lisez.

a. C'est François
avec sa tante
et sa grand-mère.

b. Entrez!
Sois gentil!
Attends!

c. comment
les parents
ils téléphonent

d. chambre
emploi
membres

e. animal
venir

f. prenez
madame
ami

g. Anne-Marie
tennis
femme

h. ennuyeux
emmènent

3. Copiez les phrases suivantes *(following)* pour préparer une dictée.

a. Entrez!
b. Tu es méchant! Sois gentil!
c. C'est la chambre des Lambert.

d. Ses parents habitent un appartement.
e. La chambre est grande.
f. Mes grands-parents téléphonent souvent.

12 Activité • Récréation

1. **Devinettes** *Riddles*

a. Le grand-père de Nathalie est le père de ma mère, mais Nathalie n'est pas ma sœur. Qui suis-je?

b. Jean est le cousin du fils du frère de mon père et c'est aussi le frère de ma sœur. Qui suis-je?

2. **Jeu d'association**

étage entrée animal bagages pièce livres

living chien étagère sortie valise rez-de-chaussée

3. **L'intrus**

a. lait, fromage, poulet, beurre
b. viande, jus, eau, limonade
c. jambon, gâteau, poulet, poisson

4. **Trouvez les erreurs**

VERIFIONS!

SECTION A

Do you know how to welcome people in French?
What would you say in the following situations?

1. A guest arrives at the door.
2. The dog is barking fiercely at someone.
3. You'd like your guests to feel at home.

Have you learned how to make a request or give a command?
Tell these people what to do.

1. les copains (venir)
2. le chien (être gentil)
3. Mme Lambert (entrer)
4. Guillaume (monter les bagages)

Can you identify the parts of a house or an apartment?
Say that each person is in a different part of the house.

1. Mme Lambert
2. M. Lambert
3. Jeffrey
4. Sabine

SECTION B

Do you know how to explain family relationships in French?
Express the relationship between these people:

1. M. Lambert / Mme Lambert
2. Guillaume / Mme Lambert
3. Sabine / Guillaume
4. M. et Mme Lambert / Sabine et Guillaume

Can you express possession in French?
Replace the subject with the corresponding possessive adjective.

1. il / tante **sa tante**
2. tu / frère
3. je / chambre
4. nous / famille
5. mes amis / maison
6. Sabine / cousins

Have you learned to say someone's age?
In a complete sentence, say how old these people are.

1. Philippe (12)
2. le père de Paul (52)
3. la grand-mère de Sophie (81)
4. vous (?)

SECTION C

Have you learned the forms of the verb *prendre*?
For each subject, supply the correct form of **prendre** and then complete the sentence.

1. Nous...
2. Tu...
3. Vous...
4. Mes copains...

Do you know how to ask a question using *qu'est-ce que*?
Ask a classmate what he or she is doing . . . is eating . . . is looking at . . . has in his or her room . . . likes . . . is listening to.

Can you indicate quantity?
For each of the following items, say (a) that you like or dislike it; (b) that you are having **(prendre)** some; (c) that there isn't any.

1. pain
2. œufs
3. eau minérale
4. glace

Have you learned how to accept and refuse food?
Offer your guest more to eat or drink.
Refuse politely the same offer.

VOCABULAIRE

SECTION A

(See A4: welcoming people.)

un **animal** (pl. **-aux**) *animal*
une **armoire** *wardrobe*
au fond de *at the end of*
un **bureau** (pl. **-x**) *desk*
une **chaîne stéréo** *stereo*
une **chaise** *chair*
une **chambre** *bedroom*
une **chambre d'amis** *guest room*
un **chat**, une **chatte** *cat*
un **chien**, une **chienne** *dog*
un(e) **correspondant(e)** *pen pal*
le **couloir** *hall*
la **cuisine** *kitchen*
le **débarras** *storeroom*
entrer *to come in, enter*
un **escalier** *stairs*
espère : j'espère *I hope*
un **étage** *floor*
une **étagère** *bookcase*
fatigué, -e *tired*
une **fenêtre** *window*
un **frère** *brother*
garder *to guard*
gentil, gentille *nice*
là *here*
laisser *to leave*
une **lampe** *lamp*
un **lit** *bed*
le **living** *living room*
une **maison** *house, home*
maman *Mom*
méchant, -e *mean*
merci *thanks*
monter *to take up*
montrer *to show*
papa *Dad*
une **penderie** *closet*
peur : avoir peur de *to be afraid of*
une **pièce** *room*
une **porte** *door*
le **rez-de-chaussée** *ground floor*
la **salle à manger** *dining room*
la **salle de bains** *bathroom*
une **table de nuit** *night stand*
la **terrasse** *terrace*
trop *too*
une **visite** *visit*

SECTION B

(See B5: age. See B8: possessive adjectives. See also B16: talking about professions.)

à la retraite *retired*
un **album** *album*
la **Belgique** *Belgium*
le **Canada** *Canada*
c'est *this is, that's, these/those are*
un(e) **commerçant(e)** *merchant*
un(e) **cousin(e)** *cousin*
un **enfant** *child*
une **femme** *wife, woman*
une **fille** *daughter*
un **fils** *son*
une **grand-mère** *grandmother*
un **grand-père** *grandfather*
les **grands-parents** *grandparents*
un **guide touristique** *tour guide*
un **homme** *man*
un(e) **libraire** *bookseller*
un **mari** *husband*
une **mère** *mother*
un **oncle** *uncle*
les **parents** *parents*
parler *to speak, talk*
un **père** *father*
une **photo** *photo, picture*
plaisanter *to joke*
une **profession** *occupation*
une **sœur** *sister*
sur *in (a photo)*
une **tante** *aunt*
tiens *hey, say*
travailler *to work*
voici *here is/are*
vrai, -e *true*

SECTION C

(See C1 and C3: food. See C18: accepting and refusing food.)

adorer *to love*
Allez! *Go on!*
un **bol** *bowl*
Bon appétit! *Enjoy your meal!*
Ça suffit! *That's enough!*
un **chef** *chef*
Comment tu trouves? *How is it?*
délicieux, -euse *delicious*
le **dîner** *dinner, supper*
dîner *to eat dinner*
donner *to give*
Ça donne faim. *It makes you hungry.*
enfin *finally*
excellent, -e *excellent*
fermer *to close*
un **frigo** *fridge*
le **goûter** *afternoon snack*
l' **heure** (f.) *time*
l'heure du dîner *dinnertime*
un **légume** *vegetable*
le **petit déjeuner** *breakfast*
prendre *to take, have (to eat or drink)*
principal, -e (m. pl. **-aux**) *main*
Quelle question! *What a question!*
Quelle vie! *What a life!*
un **réfrigérateur** *refrigerator*
un **repas** *meal*
une **sauce** *sauce*
le **sport** *sports*
la **suite** *continuation*
une **table** *table*
mettre la table *to set the table*
une **tasse** *cup*
tout le monde *everybody*
une **tranche** *slice*
varié, -e *varied*
Viens! *Come on!*

ETUDE DE MOTS

The feminine forms of nouns are made from the masculine forms according to several patterns: (1) add **-e**; (2) add an **accent grave** (ˋ) before you add **-e**; (3) double the final consonant before adding **-e**; (4) change the final **r** to **se**. What are some examples of each pattern in this unit? In earlier units?

A LIRE

Le Savoir-vivre

Good manners are appreciated throughout the world. Look at the illustrations.
Do you think this boy is a welcome guest? Why? Why not?

> J'ai des fleurs dans mon sac!

Pensez aux° fleurs! La maîtresse de maison apprécie toujours un joli bouquet.

> Vous arrivez juste pour le dessert!

Arrivez à l'heure! Généralement, on prend les repas en famille.

> C'est mon correspondant, papa.

> Qui est ce jeune homme?

A table, attendez la maîtresse de maison pour commencer à manger.

---

pensez aux *think about*

Activité • Le parfait invité   *The perfect guest*

Read aloud only those sentences that describe a welcome guest.

Il arrive juste pour le dessert.
Après sa visite il écrit un mot pour dire (*to say*) merci.
Il donne un bouquet à la maîtresse de maison.
Il fait toujours plaisir.
Il ne pense pas aux fleurs.
Il fait toujours bonne impression.
Il commence à manger avant la famille.
Il donne un coup de main.
Il ne prend pas les repas avec la famille.
Il regarde la maîtresse de maison faire la vaisselle.

Activité • Pourquoi le savoir-vivre?

Why should you be well-mannered? Find two reasons in the text and write them down.

---

un coup de main *a helping hand;*   **la vaisselle** *dishes;*   **un petit mot** *a note;*   **fait... plaisir** *pleases;*   **dur** *hard*

CHAPITRE 7

Dinan : ville d'art et d'histoire

Which do you prefer—the busy pace of the city with its crowds and stores or the slower rhythm of the countryside with its fairs and farms? The glass towers of modern cities or the walled towns of the Middle Ages? France has it all! *Vive la différence!*

In this unit you will:

SECTION A	talk about France . . . describe where people live
SECTION B	make suggestions . . . talk about the weather
SECTION C	find your way around a French town
TRY YOUR SKILLS	use what you've learned
A LIRE	read for practice and pleasure

195

Long before France was united into the nation we know today, it was made up of many separate provinces. Each had its own particular character and regional specialties. The traits, products, and geographic differences of these old provinces make modern France a nation of great variety and richness.

A1   Ils habitent où? 📼

Pierre est alsacien. Il habite dans un grand appartement à Strasbourg, la capitale de l'Europe. Toute en pierre rose, la cathédrale de la ville est célèbre.

Agnès est heureuse d'être à la campagne en Bretagne. Là, la vie est différente.

Nathalie aime habiter près de la mer. A Nice, dans le sud de la France, il y a d'immenses plages.

Annecy est une petite ville située en Savoie. Tous les week-ends, en hiver, François va à la montagne faire du ski.

Thérèse n'habite pas en province. Elle habite un petit immeuble à Boissy-St-Léger, près de Paris. A côté, il y a de larges avenues et de beaux jardins.

Vence est un joli village de Provence. Mireille aime marcher dans les petites rues étroites du village. Elle adore regarder les maisons grises aux toits bruns et la célèbre église décorée par le peintre Matisse.

A2   Activité • Identifiez

Qu'est-ce que c'est? Qui est-ce?

1. Strasbourg
2. la Savoie
3. Annecy
4. Matisse
5. Nice
6. la Bretagne
7. Vence
8. Boissy-St-Léger

A3   Activité • Et vous?

1. Vous habitez une grande ville?
2. Les rues sont étroites?
3. Vous aimez votre ville?
4. Elle est célèbre?
5. Vous habitez près de la mer?
6. Vous allez souvent à la plage?

A4   Savez-vous que…?

France is a country of surprises, and the surprises are expressed in contrasts. Small seventeenth-century stone farmhouses stand in the shadows of huge nuclear cooling towers. Traditional restaurants that serve **bœuf bourguignon** compete with fast-food outlets. The sixteenth-century Louvre has a new glass pyramid in its courtyard. Such contrasts are evident in the traditions, customs, geography, cuisine, and languages of the provinces. These regions, which were once the official political divisions of the country, were replaced by **départements** under Napoleon in 1803. However, they still reflect the variety and abundance of France.

Dinan : ville d'art et d'histoire   **197**

Adjectives agree in gender and number with the nouns or pronouns they describe.

	Singular		Plural	
Masculine	Il est	**grand.**	Ils sont	**grands.**
Feminine	Elle est	**grande.**	Elles sont	**grandes.**
Masculine	Il est	**heureux.**	Ils sont	**heureux.**
Feminine	Elle est	**heureuse.**	Elles sont	**heureuses.**
Masculine	Il est	**joli.**	Ils sont	**jolis.**
Feminine	Elle est	**jolie.**	Elles sont	**jolies.**
Masculine	Il est	**immense.**	Ils sont	**immenses.**
Feminine	Elle est	**immense.**	Elles sont	**immenses.**
Masculine	Il est	**alsacien.**	Ils sont	**alsaciens.**
Feminine	Elle est	**alsacienne.**	Elles sont	**alsaciennes.**

1. Agreement (gender)
   a. Adjectives that end in a silent consonant in the masculine form add an **e** in the feminine form. The final consonant is then pronounced: **grand → grande.** The adjective **blanc → blanche** is an exception.
   b. Adjectives that end in **eux** in the masculine form change the **x** to **s** before adding the **e** in the feminine form. The pronunciation changes: **heureux → heureuse.**
   c. Adjectives that end in the masculine form with a vowel other than **e,** an accented **e (é),** or a pronounced consonant add an **e** in the feminine form: **joli → jolie, fatigué → fatiguée, génial → géniale.** The pronunciation does not change.
   d. Adjectives that end in an unaccented **e** in the masculine form have the same feminine form and the same pronunciation: **immense, jaune.**
   e. Adjectives whose masculine form ends in a nasal sound represented by the spelling **en** double the letter **n** before adding the **e** in the feminine form: **alsacien → alsacienne.** The final sound is no longer nasal; the **n**'s are pronounced.

2. Agreement (number)
   a. The plural form of an adjective, masculine or feminine, sounds exactly like its singular form.
   b. The written plural form of an adjective usually ends in an **s,** which is not pronounced. An **s** is not added to a masculine singular adjective ending in **s** or **x.**
   c. When a plural adjective refers to both a masculine and a feminine noun, the masculine plural form is used: **Le village et la maison sont jolis.**

3. Position
   a. Adjectives usually follow the noun they modify: **une rue étroite.**
   b. Of course, a predicate adjective is separated from the noun it refers to: **La mer est bleue.**
   c. Some common adjectives expressing beauty, age, goodness, and size normally precede the noun: **joli, petit, grand. C'est une grande maison. Il a une petite chambre.** Liaison occurs when the noun begins with a vowel sound: **Elle habite un petit immeuble.**

A6 Activité • Ecrit dirigé

On a piece of paper, make four columns labeled *Masculine Singular*, *Feminine Singular*, *Masculine Plural*, and *Feminine Plural*. Then find all the adjectives you can in A1 and write them in the appropriate column.

A7 Activité • Ecoutez bien

Choisissez la forme correcte.

1. petite, petites   **3.** grande, grandes   **5.** blanche, blanches
2. verte, vertes   **4.** grand, grands   **6.** jeune, jeunes

A8 Activité • Ressemblances *Similarities*

Take turns with a classmate asking and answering these questions. Describe both places mentioned with the same adjective.

> Le village est joli. Et la plage?   La plage est jolie aussi.

1. La cathédrale est célèbre. Et le jardin?   **4.** L'église est grise. Et le toit?
2. Le village est alsacien. Et la cathédrale?   **5.** Le jardin est étroit. Et la rue?
3. La maison est immense. Et le jardin?   **6.** La ville est grande. Et le village?

A9 Activité • A vous maintenant!

Vous visitez des sites touristiques avec un(e) camarade. Décrivez les sites avec la forme correcte de l'adjectif.

> église (petit)   —Regarde cette église!
>   —Elle est très petite!

1. jardin (joli)   **3.** village (petit)   **5.** plage (blanc)
2. rue (étroit)   **4.** maisons (immense)   **6.** cathédrale (célèbre)

A10 Activité • Ecrivez

Vous êtes à Vence. Complétez cette carte postale.

Cher Philippe,
Je suis à Vence en... C'est un ... village avec des rues... Voilà la... église... par Matisse, un peintre ... Elle est..., non?
A bientôt, Arnaud

Chapelle décorée par MATISSE

A 11   Activité • Décrivez le village

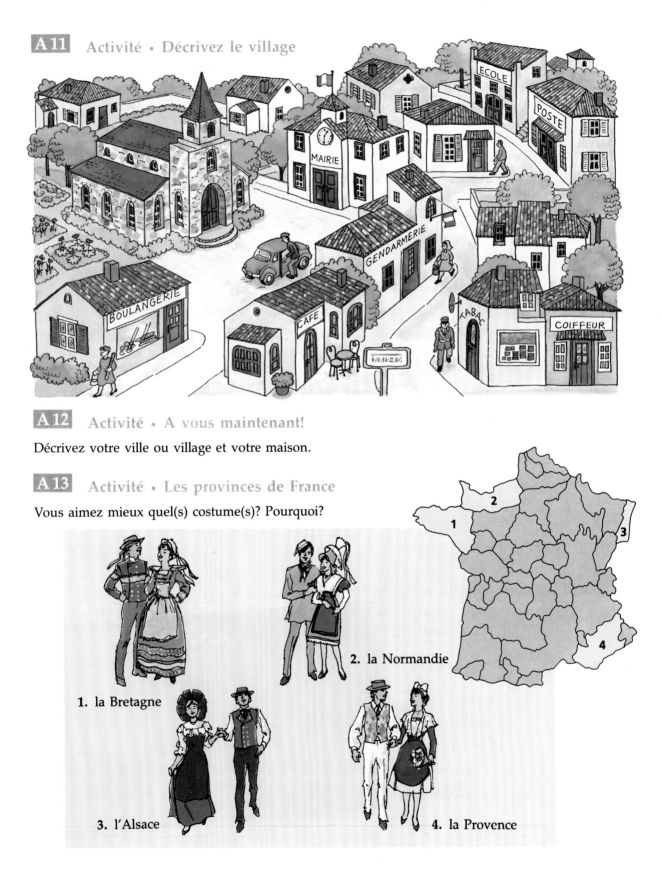

A 12   Activité • A vous maintenant!

Décrivez votre ville ou village et votre maison.

A 13   Activité • Les provinces de France

Vous aimez mieux quel(s) costume(s)? Pourquoi?

1. la Bretagne

2. la Normandie

3. l'Alsace

4. la Provence

The town of Dinan in Brittany is reached by crossing a large viaduct that spans the Rance River. Here you might visit the castle, walk along the narrow streets, admire the churches, rest in the flower gardens, dream by the medieval walls . . .

B1

On y va?

Nous sommes en juillet. Lynn passe ses vacances chez Loïc et Anne. Ils habitent dans une jolie petite ville de Bretagne, Dinan. Aujourd'hui ils vont visiter la ville.

ANNE	Alors, on y va?
Loïc	Où?
ANNE	Eh bien, visiter Dinan.
LYNN	Qu'est-ce qu'il y a à voir?
Loïc	Bof, rien.
ANNE	Rien! Et l'église St-Sauveur!
Loïc	Mouais.
ANNE	Et la Tour de l'Horloge!
Loïc	Pas terrible.
ANNE	N'écoute pas Loïc, Lynn. Dinan est une très jolie ville. Tu vas voir; tout à l'heure on va passer sur le viaduc. Là, il y a une vue superbe sur le port de plaisance et sur la Rance, notre fleuve.
Loïc	Le viaduc? Il n'est pas génial.
ANNE	Bon, si tu n'as pas envie d'y aller, reste ici. Nous, on y va. Tu viens, Lynn?
LYNN	Bien sûr!
ANNE	Alors, allons-y!
Loïc	Eh, attendez-moi! J'arrive!

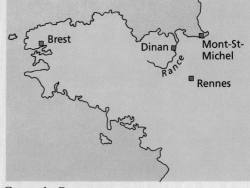

Carte de Bretagne

Activité • Répondez

1. Dinan est sur la mer?
2. Où vont aller Anne, Loïc et Lynn?
3. Qu'est-ce qu'il y a à voir à Dinan?

4. On est en quelle saison?
5. Loïc aime la Tour de l'Horloge?
6. Loïc reste à la maison?

B3 Activité • Et vous?

1. Vous avez envie de visiter la France?
2. Vous passez vos vacances où?
3. Il y a beaucoup à voir dans votre ville?

4. Il y a un fleuve près de chez vous?
5. De votre chambre, vous avez une jolie vue?

B4 STRUCTURES DE BASE
The pronoun y

1. The pronoun **y** (*there*) frequently refers to locations. It stands for phrases beginning with **à, en, sur, dans,** and **chez.**

Dinan est **en Bretagne**?	Oui, elle	**y**	est.
Lynn va **à Dinan**?	Oui, elle	**y**	va.
Lynn, Anne et Loïc sont **sur le viaduc**?	Oui, ils	**y**	sont.

2. **Y** comes immediately before the verb to which its meaning is tied. In an affirmative command, however, **y** immediately follows the verb and is separated from it, in writing, by a hyphen.

Il	**y**	va.	
Il n'	**y**	va pas.	*but,* Allez-y!
Il va	**y**	aller.	
N'	**y**	va pas.	

3. **Liaison** is obligatory when **y** immediately follows a command form.

   Allez‿y!   Vas‿y!   Restez‿y!   Restes‿y!

Notice that the familiar command form of **aller** and of verbs ending in **-er,** like **rester,** adds a final **s** when followed by **y.**

B5 Activité • Lynn pose des questions

Take turns with a classmate asking and answering these questions. Use the pronoun **y** in both an affirmative and a negative answer.

Anne, tu vas à la mer en été?   —Oui, j'y vais. (—Non, je n'y vais pas.)

1. Et toi, Loïc, tu vas souvent chez des copains?
2. Vous restez à la maison le soir, vous deux?
3. Vos parents sont à Paris maintenant?

4. Et le week-end, vous restez chez vous?
5. Vous allez quelquefois à Paris?
6. Anne, tu vas souvent sur le viaduc?
7. Nous allons à la cathédrale maintenant?

Anne and Loïc's grandmother is agreeable. She tells them to do whatever they
want or don't want to do, just as they please. Act out this situation with a
classmate, taking turns. Follow the examples.

aller au café (oui)
—Nous avons envie d'aller au café.
—Eh bien, allez-y!

aller à Paris (non)
—Nous n'avons pas envie d'aller à Paris.
—Eh bien, n'y allez pas!

1. visiter la ville (non)
2. monter sur la tour (oui)
3. rester à Dinan (non)

4. aller chez des copains (oui)
5. rester à la maison (oui)
6. monter sur le viaduc (non)

B7 COMMENT LE DIRE
Making suggestions

Here are two ways to make suggestions. You may use the **nous** form of the verb without the
subject. You may also ask a question using the subject pronoun **on** with its correct verb form.

Allons visiter Dinan!	Let's go visit Dinan!
On va visiter Dinan?	How about going to visit Dinan?

B8 Activité • Que faire?

Using the drawings as cues, take turns with a classmate making suggestions.
Your conversation might go like this:

—On regarde la télé?
—D'accord. Regardons la télé.

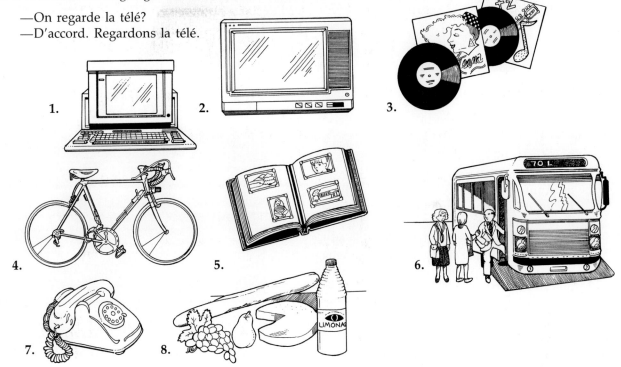

Vous et un(e) camarade regardez les posters. Vous décidez que faire.
—On va au match de rugby?
—Non, c'est pas terrible. Allons...

B10 Savez-vous que...?

Located at the far western end of the country, Brittany **(la Bretagne)** is perhaps France's most intriguing province. The people **(les Bretons)** have the reputation of being independent. They have their own history, traditions, language, and character. Even today some people speak **Breton,** a language similar to Gaelic, which other French people do not understand. Brittany's rugged coastline, moderate climate, and treasures from the past attract many tourists. At Carnac mysterious rows of stones **(les menhirs)** left by a lost culture create an eerie landscape.

Et voilà les trois amis sur le viaduc.

Le Port de
DINAN

ANNE   Impressionnante, la vue, non?
LYNN   Oui! La ville, le fleuve, le port,
      les remparts—c'est magnifique!
ANNE   On descend voir les bateaux?
LYNN   Bonne idée! Allons-y!

LOÏC   Attendez! Il va pleuvoir! Regardez
      le ciel! Ces gros nuages, là-bas, ça,
      c'est un ouragan!
LYNN   Qu'est-ce que c'est un ouragan?
LOÏC   *Hurricane!*
LYNN   *Hurricane!* Mais il faut rentrer tout
      de suite!
ANNE   Mais non, Loïc adore faire l'idiot.
      C'est un petit orage.
LOÏC   Idiot ou pas idiot, vous allez voir.
      Dans une demi-heure, il pleut! Et
      nous n'avons pas notre parapluie!

B 12   Activité • Complétez

1. La vue est…
2. Dans le ciel, il y a de gros…
3. Lynn a peur de l'…
4. Ce n'est pas un ouragan, c'est un…

5. Loïc aime faire…
6. Il va pleuvoir dans une…
7. Anne et Loïc n'ont pas leur…

B 13   Activité • Répondez

1. Pourquoi ils vont sur le viaduc?
2. Qu'est-ce qu'ils regardent?
3. Lynn aime la vue?
4. Pourquoi ils vont descendre?
5. Pourquoi Loïc n'a pas envie de descendre?

6. Loïc plaisante?
7. Un ouragan, c'est un petit orage?
8. Pourquoi il ne faut pas rentrer?
9. Loïc a envie de rentrer?

Il fait quelle température?

Il fait trente.

Il fait vingt.

Il fait zéro.

Il fait moins dix.

En hiver, il fait
froid et il neige.

Au printemps, il fait
bon et il fait frais.

En été, il fait chaud
et il y a du soleil.

En automne, il y a
du vent et il pleut.

B 15   Activité • Il fait chaud? Frais? Froid?

1. Il fait dix.
2. Il fait trente-cinq.
3. Il fait moins cinq.
4. Il fait moins vingt.
5. Il fait trente-deux.
6. Il fait treize.

B 16   Activité • La météo   *The weather report*

Voilà une carte météorologique de la France.
Il fait quel temps dans les différentes villes?

Par exemple : A Bourges il y a du soleil
           et des nuages.

Et dans ces villes? Il fait quelle
température?

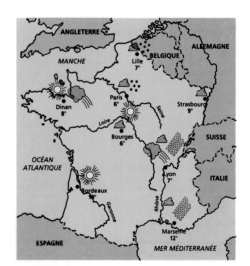

Température à 14 heures (heure de Paris) le 14 décembre			
Londres	5	Moscou	−5
Berlin	4	Alger	13
Vienne	−1	Dakar	23
Bruxelles	3	New York	−6
Madrid	10	Montréal	−6
Rome	15	Lima	21
Athènes	15	Pékin	−3
Helsinki	−12	Papeete	22

1. Qu'est-ce que vous faites quand il pleut? Quand il neige? Quand il fait beau?
2. Vous aimez mieux quelle saison? Pourquoi?
3. Il fait quel temps chez vous en hiver? En été?
4. Et aujourd'hui, il fait quel temps? Quelle température?
5. Vous allez à l'école quand il neige?

B 18 Activité • Ecoutez bien

Ecoutez la météo et répondez aux questions.

1. Il va faire quel temps aujourd'hui?
2. Il va faire quelle température ce matin? Cet après-midi?
3. Il va faire quel temps demain?
4. Il va faire quelle température demain?

B 19 Activité • Que porter?

Ça dépend du temps.

Quand il neige, il faut porter un bonnet, un manteau et des gants.

Quand il pleut, on porte des bottes et un imperméable. Il faut aussi prendre un parapluie… et quelquefois un bateau!

Quand il fait beau et chaud, on porte un maillot de bain, des lunettes de soleil et un chapeau. Et il faut prendre un parasol.

Le parapluie familial

The contrasts of France as a country are reflected in its cities. Dinan was settled in the ninth century by monks, who built their abbey beside the remains of a Roman road. This original vieille ville, *or old city, is surrounded today by a modern city.*

C1 Visite de la vieille ville 🖭

Anne et Loïc ne connaissent pas très bien Dinan. Bien sûr, ils connaissent leur quartier, la rue principale… Mais Lynn est très curieuse : Qu'est-ce que c'est, ça? Et ça? Comment s'appelle ce vieux monument? Difficile de répondre à toutes ses questions… une seule solution : l'Office de tourisme! Là, il y a des plans, des guides, beaucoup de renseignements sur la ville!

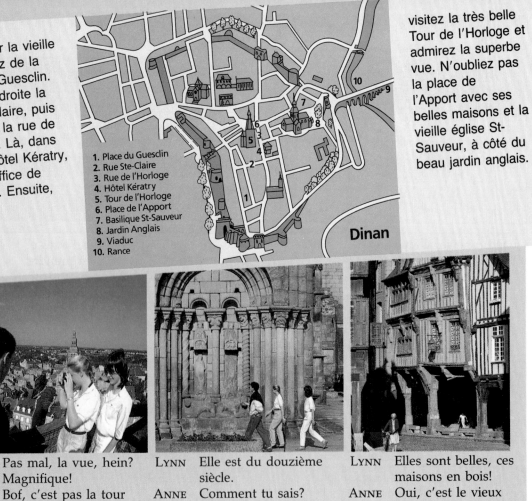

Pour visiter la vieille ville, partez de la place Du Guesclin. Prenez à droite la rue Ste-Claire, puis à gauche la rue de l'Horloge. Là, dans le vieil Hôtel Kératry, il y a l'Office de tourisme. Ensuite,

visitez la très belle Tour de l'Horloge et admirez la superbe vue. N'oubliez pas la place de l'Apport avec ses belles maisons et la vieille église St-Sauveur, à côté du beau jardin anglais.

1. Place du Guesclin
2. Rue Ste-Claire
3. Rue de l'Horloge
4. Hôtel Kératry
5. Tour de l'Horloge
6. Place de l'Apport
7. Basilique St-Sauveur
8. Jardin Anglais
9. Viaduc
10. Rance

Dinan

Anne	Pas mal, la vue, hein?
Lynn	Magnifique!
Loïc	Bof, c'est pas la tour Eiffel!

Lynn	Elle est du douzième siècle.
Anne	Comment tu sais?
Lynn	C'est dans le guide.

Lynn	Elles sont belles, ces maisons en bois!
Anne	Oui, c'est le vieux Dinan.

C2 Activité • Vous connaissez Dinan?

1. L'Office de tourisme est...
2. St-Sauveur est une...
3. Sur la Tour de l'Horloge, vous avez une...
4. Dans la place de l'Apport, il y a...
5. Le jardin anglais est...
6. A l'Office de tourisme on prend...

C3 Activité • Vous êtes curieux (curieuse)?

Vous êtes touriste à Dinan. Votre camarade répond à vos questions.

Qu'est-ce que c'est,...

1. cette église?   2. cette place?   3. cette rue?   4. cette tour?

C4 STRUCTURES DE BASE
The adjectives beau and vieux

		Before a consonant sound						Before a vowel sound				
	Singular				Plural			Singular				Plural	
un	**beau**	jardin	de	**beaux**	jardins	un	**bel**	hôtel	de	**beaux**—ᶻ—hôtels	
un	**vieux**	jardin	de	**vieux**	jardins	un	**vieil**	hôtel	de	**vieux**—ᶻ—hôtels	
une	**belle**	maison	de	**belles**	maisons	une	**belle**	église	de	**belles**—ᶻ—églises	
une	**vieille**	maison	de	**vieilles**	maisons	une	**vieille**	église	de	**vieilles**—ᶻ—églises	

1. The adjectives **beau** and **vieux** usually precede the noun to which they refer.

2. Notice the special forms **bel** and **vieil** before a masculine singular noun beginning with a vowel sound.

3. **Liaison** is obligatory when a plural adjective is followed by a noun beginning with a vowel sound.

4. Notice that **de** is used instead of **des** before an adjective preceding a plural noun.

Des monuments? Il y a **de vieux monuments** dans la ville.

5. The adjective **nouveau**, *new,* has forms similar to those of **beau: nouveau, nouvel, nouvelle, nouveaux, nouvelles.**

C5 Activité • Choisissez

Choisissez les mots qui vont ensemble dans chaque tableau.

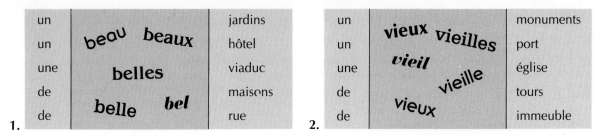

Dinan : ville d'art et d'histoire   209

C6 Activité • Admirez la ville

Vous admirez la ville avec votre camarade.

—Elle est belle, cette église!
—Ah oui, c'est une très belle église!

1.   2.   3.

4.   5.   6.

C7 Activité • Une lettre à la famille

Vous êtes dans une petite ville en France. Dans une lettre vous décrivez la ville. Complétez la lettre avec l'adjectif **vieux.**

C'est une _____ ville. Au centre il y a beaucoup de _____ monuments. Les petites maisons en bois sont _____ aussi. La _____ cathédrale est en pierre rose. Nous avons une chambre dans un _____ hôtel avec un _____ jardin à côté.

C8 Activité • Répondez

Répondez à ces questions. Employez la forme correcte de l'adjectif entre parenthèses.

Vous habitez dans une maison? (beau)   Oui, j'habite dans une belle maison.

1. Il y a une église à Dinan? (beau)
2. Elles sont comment, les maisons sur la place de l'Apport? (vieux)
3. Vos parents habitent dans un immeuble? (vieux)
4. Il y a un jardin à côté de chez vous? (beau)
5. C'est des immeubles là-bas? (vieux)
6. Vous aimez ces rues? (vieux)

C9   Activité • Ecrit dirigé

Ecrivez la phrase. Employez la forme correcte de l'adjectif entre parenthèses.

1. J'habite dans un immeuble. (vieux)
2. Dans ma ville il y a des églises. (vieux)
3. Il y a aussi des maisons en bois. (beau)

4. Ma tante habite dans une maison. (nouveau)
5. Elle a des enfants. (beau)

C10   STRUCTURES DE BASE
The verb connaître

connaître	*to know, be acquainted with*		
Je	**connais**		
Tu	**connais**	} la ville.	
Il/Elle/On	**connaît**		
Nous	**connaissons**		
Vous	**connaissez**	} la ville.	
Ils/Elles	**connaissent**		

Connaître is one of two verbs in French that mean *to know.* You will learn the other, **savoir,** in a later unit. Use **connaître** to mean to know a person or a place. Do not use it to mean to know a fact or something you have learned.

C11   Activité • Vous connaissez...?

Répondez **Oui, je connais..., c'est...** ou répondez **Non, je ne connais pas...**

cette cathédrale?

ce garçon?

cette fille?

cette fille?

cette tour?

cet hôtel?

C12   Activité • Ecrit dirigé

Complétez cette conversation avec le verbe **connaître.**

—Tu _____ la France?
—Oui, je _____ surtout la Bretagne.
—Et ton frère, il _____ cette province?

—Oui. Et vous deux, vous _____ la France?
—Non, nous ne _____ pas la France.
—Eux, ils _____ très bien la Normandie.

Dinan : ville d'art et d'histoire   **211**

Après la visite de la vieille ville, chacun va de son côté. Rendez-vous au café dans une demi-heure!

Lynn n'a pas d'argent français. Elle va changer ses dollars à la banque.

Puis elle va à la poste pour acheter des timbres et téléphoner à ses parents.

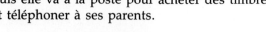

Anne va à la pharmacie acheter des médicaments pour sa mère.

Ensuite elle va à la gare pour connaître les horaires des trains. Elle a envie d'aller à la mer.

Loïc, lui, a faim. A la boulangerie, il y a de bons gâteaux. Alors, il y va.

Maintenant il est au café. Il joue au baby-foot avec son copain Marc.

C14 Activité · Où vous allez si...?

1. vous aimez jouer au baby-foot?
2. vous n'avez pas de timbres?
3. vous n'avez pas d'argent français?
4. vous avez faim et vous aimez les gâteaux?
5. il faut des médicaments?
6. vous allez prendre le train?

cinéma *movies;*   épicerie *grocery store;*   gendarmerie *police station;*   hôpital *hospital;*   mairie *town hall;*
musée *museum;*   parc *park;*   pâtisserie *pastry shop;*   stade *stadium*

C16   Activité • C'est où?

Regardez le plan de la ville. Où sont ces endroits (*places*)?

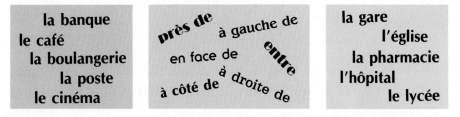

la banque		la gare
le café	près de à gauche de	l'église
la boulangerie	en face de entre	la pharmacie
la poste	à côté de à droite de	l'hôpital
le cinéma		le lycée

C17   Activité • Suivez le plan

A tour de rôle, vous et un(e) camarade demandez comment aller à un certain
endroit. Regardez le plan dans C15. Vous êtes à la gare.

   —Pardon, monsieur (mademoiselle), pour aller à la banque, s'il vous plaît?
   —Prenez la rue Clemenceau, puis tournez à gauche dans la rue Charlemagne. La banque
      est sur la droite en face du lycée.

Most French cities have a **Maison des Jeunes et de la Culture (la MJC).** Young people gather there for sports and a variety of other activities, such as music, dance, drama, computer science, photography, arts and crafts, and hobbies. Students taking part in a workshop present their work at the end of the year. Movies are also shown. Most activities take place in the evenings or when school is out. An annual membership card is required. Reasonable dues are charged, based on the number of activities for which one registers.

 Activité • Ecoutez bien 📼

Où sont ces gens?

A. A la pâtisserie
B. A l'hôtel

C. Au stade
D. A la poste

E. A la gare
F. A la banque

C20 Activité • Les uniformes 📼

Qui est-ce?

Le maire

L'agent de police

La postière

Le pompier

La contractuelle

Le chef de gare

1 La filature *Tailing*

It's Wednesday afternoon—nothing to do in a small provincial town. Marc and Alain have invented a game. They choose a passenger getting off the train from Paris and follow him to find out where he's going and who he might be. They keep in touch by using their walkie-talkies.

MARC Alors, vous êtes où?

ALAIN On est toujours à la gare... Voilà, on prend la grande avenue... On passe devant la MJC... Ah, il tourne à droite!

MARC Comment s'appelle la rue?

ALAIN La rue Balzac... Il prend à gauche, maintenant, dans une petite rue.

MARC C'est là où il y a la jolie petite église?

ALAIN Oui. On y est. C'est la vieille ville... Il tourne à gauche... Ah, je connais ce restaurant! J'y vais tous les dimanches avec papa.

MARC Il y entre?

ALAIN Non, il traverse la rue et entre dans une boulangerie.

MARC Qu'est-ce qu'il fait?

ALAIN Il sort.

MARC Et maintenant?

ALAIN Il mange un croissant... Attends! On approche de la banque!

MARC De la banque! C'est un gangster! Appelle la police!

ALAIN Non, il continue... On arrive devant une grande maison blanche...

MARC La mairie?

ALAIN C'est ça, la mairie.

MARC Mais alors, c'est M. le maire!

2 Activité • L'itinéraire

While following the man, Alain has passed in front of these places. Put them in the correct order and then draw a map of the man's route.

1. le restaurant
2. la rue Balzac
3. la MJC
4. la boulangerie
5. la mairie
6. la banque
7. la gare
8. l'église

3 Activité • Les déductions

Can you deduce from your reading which of the following statements are true?

1. Le maire est un gangster.
2. Il s'appelle M. Balzac.
3. Il est grand et vieux.
4. Il a faim.
5. Le restaurant est bon.
6. Le restaurant est dans la vieille ville.

4   Activité • Comment y aller?

Dites à un(e) camarade de classe comment aller de l'école à un autre endroit dans votre ville. Attention! La destination est un secret! Votre camarade écoute vos instructions et devine votre destination.

5   Activité • Situations

Préparez une conversation avec un(e) camarade. Décidez que faire dans les situations. Faites des suggestions.

1. Vous êtes en ville. Il pleut.
2. Aujourd'hui il y a du soleil et il fait chaud. Vous téléphonez à un(e) ami(e).
3. Il fait beau et frais cet après-midi. Vous êtes chez un(e) ami(e).
4. Vous êtes sur le viaduc à Dinan. Il y a du vent et il fait froid.

6   Activité • Rencontre dans un café

Two former classmates meet in a cafe. With a classmate, assume the identity of these people and create the conversation between them.

> Il s'appelle Paul Dupont. Il a trente-huit ans. Il travaille dans une banque dans le centre ville. Il habite dans un grand appartement dans la vieille ville, à côté de l'église Saint-Vincent. Il est marié. Il a deux enfants, une fille de huit ans et un garçon de six ans.

> Elle s'appelle Isabelle Maigret. Elle a trente-sept ans. Elle est médecin dans un hôpital parisien. Elle n'habite pas ici. Elle vient pour le week-end. Sa famille a une grande maison sur la place du Marché. Elle est mariée. Elle n'a pas d'enfants.

7   Activité • Avant et après

Voilà deux plans de la même (*same*) ville. La ville est différente aujourd'hui. Quelles sont les différences?

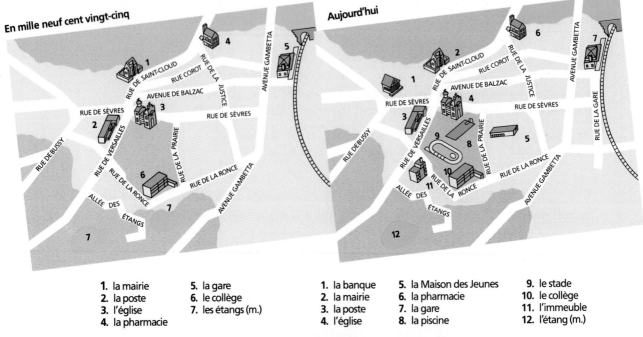

1. la mairie	**5.** la gare	**1.** la banque	**5.** la Maison des Jeunes	**9.** le stade
2. la poste	**6.** le collège	**2.** la mairie	**6.** la pharmacie	**10.** le collège
3. l'église	**7.** les étangs (m.)	**3.** la poste	**7.** la gare	**11.** l'immeuble
4. la pharmacie		**4.** l'église	**8.** la piscine	**12.** l'étang (m.)

Prononciation, lecture, dictée 🔊

1. Ecoutez bien et répétez. *(the nasal sounds [ɔ̃], [ɛ̃], [œ̃])*

2. Ecoutez et lisez.

a. bonjour ils font combien les nombres	**b.** limonade	**c.** bonne sommes	**d.** monsieur	**e.** intéressant copains viens impossible un timbre il a faim	**f.** un lundi

3. Copiez les phrases suivantes pour préparer une dictée.

a. Nous allons au cinéma lundi.
b. Il y a une maison avec un toit brun.
c. L'immeuble est immense.

d. Tu as faim?
e. C'est combien, les timbres?

9 Activité • Récréation

1. L'intrus

maison
immeuble
ville
appartement

banque
timbre
poste
boulangerie

Bretagne
Dinan
Paris
Lyon

2. Jeu d'association

Pair the items that are logically connected.

film   timbre   gâteau
argent   médicaments

Pharmacie   banque   boulangerie
poste   cinéma

3. Où est Lynn?

3. La vue est magnifique!

4. Vous avez un guide et un plan de la ville?

2. Deux timbres pour les Etats-Unis, s'il vous plaît.

5. Des billets de 100 F, s'il vous plaît.

1. Un gâteau au chocolat, s'il vous plaît.

6. Une limonade, s'il vous plaît.

SECTION A

Do you know how to make adjectives agree with nouns?
Make the adjective in parentheses agree with the noun.
1. une rue (étroit)   3. une (joli) fille
2. un (grand) hôtel   4. une (petit) plage

Rewrite these sentences, making the nouns and adjectives plural. Don't forget to use the correct verb form.
1. Il est immense, cet immeuble.
2. Ma sœur est heureuse.
3. Sa voiture est rouge.

Do you know which adjectives come before a noun and which follow?
Place the adjective in the correct position.
1. une maison   (verte)   3. un toit   (rouge)
2. un village   (joli)   4. une rue   (petite)

SECTION B

Have you learned to use the pronoun *y*?
Answer these questions using **y**.
1. Tu vas au cinéma?
2. Ton frère est chez lui?
3. Vous restez à Paris?

Using **y**, tell these people to do what they feel like doing.
1. J'ai envie d'aller en ville.
2. Je n'ai pas envie de descendre au port.
3. J'ai envie de rester à la maison.

Can you make suggestions?
Suggest that you and your friends do each of these activities.
1. aller au cinéma   3. faire du vélo
2. visiter la ville   4. regarder la télé

Can you talk about the weather?
Say as much as you can about the weather in each season.

SECTION C

Have you learned the forms of the adjectives *beau*, *vieux*, and *nouveau*?
Give the correct forms of the adjectives in parentheses.
1. un (nouveau) lit   3. un (vieux) homme
2. une (beau) église   4. de (vieux) rues

Have you learned the forms of the verb *connaître*?
Complete these sentences.
1. Je ____ Dinan.   3. Il ____ le guide.   5. Vous ____ Jules?
2. Tu ____ Paris?   4. Nous ____ la ville.   6. Elles ____ la France.

Can you get around in a French town?
Ask where the appropriate place is if you want to:
1. buy stamps.   3. see a movie.   5. see a soccer game.
2. change some money.   4. buy some pastry.   6. have a soda.

VOCABULAIRE

SECTION A

à côté   *nearby*
alsacien, -ienne   *Alsatian*
un appartement   *apartment*
une avenue   *avenue*
brun, -e   *brown*
la campagne   *country*
la capitale   *capital*
la cathédrale   *cathedral*
célèbre   *famous*
décoré, -e   *decorated*
différent, -e   *different*
une église   *church*
en province   *in the provinces*
étroit, -e   *narrow*
l' Europe (f.)   *Europe*
gris, -e   *gray*
heureux, -euse   *happy*
immense   *immense, huge*
un immeuble   *apartment house*
un jardin   *garden*
joli, -e   *pretty*
large   *wide*
marcher   *to walk*
la mer   *sea*
la montagne   *mountain*
à la montagne   *in the mountains*
un peintre   *painter*
petit, -e   *little, small*
une pierre   *stone;* en pierre *(made) of stone*
une plage   *beach*
la Provence   *Provence*
rose   *pink*
la rue   *street*
la Savoie   *Savoy*
situé, -e   *situated*
le sud   *south*
un toit   *roof*
tout, toute, tous, toutes   *all, entirely*
un village   *village*
un week-end   *weekend*

SECTION B

Allons-y!   *Let's go!*

arriver : J'arrive!   *I'm coming!*
avoir envie (de)   *to feel like*
un bateau (pl. -x)   *boat*
bien sûr   *of course*
bof   *(expression of disdain) aw*
bon, bonne   *good*
une carte   *map*
le ciel   *sky*
descendre   *to go down*
faut : il faut   *(we) must, have to*
un fleuve   *river*
gros, grosse   *big, thick*
une idée   *idea*
idiot, -e   *stupid;* faire l'idiot   *to act stupid*
impressionnant, -e   *impressive*
magnifique   *magnificent*
mouais   *(expression of disinterest) Who cares?*
neiger   *to snow*
non?   *isn't it?*
un nuage   *cloud*
On y va?   *Shall we go?*
un orage   *thunderstorm*
un ouragan   *hurricane*
un parapluie   *umbrella*
passer   *to spend (time)*
passer sur   *to go up on*
pleuvoir   *to rain;* Il pleut. *It's raining. It'll rain.*
un port de plaisance   *marina*
les remparts (m.)   *city walls*
si   *if*
superbe   *superb*
le temps   *weather (See B14.)*
une tour   *tower*
tout à l'heure   *in a minute*
tout de suite   *right away*
les vacances (f.)   *vacation*
un viaduc   *viaduct*
visiter   *to visit*
voir   *to see*
une vue   *view*
y   *there*

SECTION C

(See C15: town buildings.)
acheter   *to buy*
admirer   *to admire*
une banque   *bank*
beau, belle   *beautiful*
le bois   *wood;* en bois   *wooden*
une boulangerie   *bakery*
un café   *cafe*
Chacun va de son côté.   *Each one goes his separate way.*
connaître   *to know, be acquainted with*
curieux, -euse   *curious*
douzième   *twelfth*
ensuite   *then*
la gare   *railroad station*
un guide   *guidebook*
hein   *huh? is it? right?*
un horaire   *schedule, timetable*
un hôtel   *hotel*
un jardin anglais   *informal garden*
jouer au baby-foot   *to play table soccer*
un médicament   *medicine*
un monument   *monument*
nouveau, nouvelle   *new*
l' Office de tourisme (f.)   *Tourist Office*
oublier   *to forget*
partir   *to leave*
une pharmacie   *drugstore*
une place   *square*
un plan   *map (of a city)*
la poste   *post office*
pour   *in order to*
un quartier   *neighborhood*
un rendez-vous   *rendezvous*
sais : je/tu sais   *I/you know*
seul, -e   *only*
un siècle   *century*
une solution   *solution*
un timbre   *stamp*
un train   *train*
vieux, vieille   *old*

ETUDE DE MOTS

Find and write down the adjectives in the vocabulary list. Then write at least five sentences, using the adjectives to describe nouns from the list.

A LIRE

La ville ou

Habiter en ville ou à la campagne? Voilà les opinions de quelques jeunes Français. Quelle est votre opinion?

(Le bruit ou le silence?)
Ah, la ville! Ça, c'est chouette! Tous les jours on rencontre° de nouveaux copains. Le stress, la pollution, le bruit°, moi j'aime ça. A la campagne, j'étouffe°! L'air pur, le silence, je déteste! Je suis une enfant de la ville.

Sophie   (Paris)

(Pourquoi elle aime la ville?)
Je vis° en ville. J'aime bien; il y a toujours quelque chose à faire, mais souvent j'ai envie de changer, d'aller à la campagne, de connaître une autre vie. Ici, c'est le métro, le bruit, le mouvement, les copines à voir. Je n'ai même pas le temps de penser à moi!

Isabelle   (Lyon)

(Une petite ville ou une grande?)
J'habite dans un petit port. Je connais tout le monde; tout le monde me connaît. Dans la rue, je dis bonjour au maire, au boulanger°, à tous les commerçants. J'ai des amis partout. On va au cinéma, au café, on rencontre d'autres copains. Une petite ville, c'est comme une grande famille!

Antoine   (Saint-Malo)

---

rencontre *meets;*   **bruit** *noise;*   **étouffe** *suffocate;*   **vis** *live;*   **boulanger** *baker*

la campagne? ▤

(*Il n'aime pas la campagne. Pourquoi?*)
La campagne. C'est mortel! Il n'y
a rien à faire. Du matin au soir
on rencontre toujours les mêmes
gens. Quel ennui! Moi, j'aime la
ville, son animation, son excitation.
Plus tard, je pars° pour la ville,
et j'y reste!

Paul   (Buxy)

(*Il aime la solitude ou l'animation?*)
Moi, je suis un rêveur. J'aime
la paix de la campagne, le cri des
animaux, l'aboiement des chiens,
le beuglement des vaches°.
Et la nuit, j'aime regarder les
étoiles° briller dans le ciel.

Frédéric   (près de Saintes)

Activité • Le pour et le contre   *The pros and cons*

Trouvez les raisons d'aimer et de ne pas aimer la ville et la campagne.

La ville		La campagne	
Oui	Non	Oui	Non

Activité • Et vous?

Donnez votre opinion. Vous préférez la ville ou la campagne? Pourquoi?

---

pars *am leaving;*   **vaches** *cows;*   **étoiles** *stars*

CHAPITRE **8**
A Paris

Chapitre de révision

Le train pour Paris 🖸

Sylvie Sautet habite Dijon. Elle est à la gare avec sa mère. Elle va passer ses vacances à Paris chez son oncle et sa tante. C'est sa première visite à Paris.

MME SAUTET	Ton train arrive à quelle heure?
SYLVIE	A midi cinq.
MME SAUTET	Tu as tout?
SYLVIE	Oui.
MME SAUTET	Ton passeport?
SYLVIE	Maman! Pas pour aller à Paris!
MME SAUTET	Tu as ton imperméable?
SYLVIE	Mais, il fait beau!
MME SAUTET	A Paris il va peut-être° pleuvoir!
SYLVIE	Voilà le train. J'y vais.
MME SAUTET	Embrasse ton cousin. Et sois gentille avec ton oncle et ta tante! Ne prends pas le métro la nuit! Mange! Va voir les

musées! Prends le bateau-mouche! Et n'oublie pas de prendre des photos de la tour Eiffel!

SYLVIE	Oui, maman. Au revoir!
MME SAUTET	Et téléphone-moi surtout!

---

peut-être *maybe*

Le bateau-mouche

A l'arrivée à Paris, Sylvie achète une carte postale pour envoyer à sa mère.

**Activité •
Aidez Sylvie**

Sylvie is making a list of the eight things her mother told her to do and not to do in Paris. Help her finish the list.

A faire	A ne pas faire
Il faut... Il faut embrasser mon cousin.	Il ne faut pas...

3 Activité • Ecrivez

Vous êtes Sylvie. Vous écrivez une lettre à votre mère à Dijon. Il fait quel temps à Paris? Comment est la famille de votre oncle? Qu'est-ce que vous allez faire avec la famille?

4 Activité • Et vous?

1. Vous avez de la famille dans une autre ville?
2. Qui? Qu'est-ce qu'ils font?
3. Vous allez souvent chez eux? Quand? Comment?
4. Comment est leur maison? Ils ont des animaux?
5. Qu'est-ce qu'il y a à voir et à faire là-bas?

5 Activité • Tu as tout?

Vous allez faire un voyage. Qu'est-ce que vous allez emporter? Faites une liste des objets. Votre camarade de classe aussi fait une liste. Demandez à votre camarade s'il (si elle) a les objets sur votre liste et répondez à ses questions.

—Tu as ton passeport?
—Mon passeport? Oui.
   Et toi, tu as ton parapluie?

6 Activité • Prenez le train

Vous êtes à Dijon et vous allez dans une autre ville. Demandez les heures des trains. Un(e) camarade joue le rôle de l'employé(e) de gare.

—Pour aller à Valence, s'il vous plaît?
—Le matin, l'après-midi ou le soir?
—Le matin.
—Vous avez un train à dix heures douze.

—Il arrive à quelle heure?
—A douze heures quarante-neuf.
—Merci, monsieur (madame).
—De rien.

SNCF	Horaire								Dijon—Bayonne										
Dijon	01.35	01.55	03.07	04.06	05.40	09.17	09.28	10.12	12.10	13.00	15.47	16.57	18.13	19.17	19.20	20.45	21.55	22.09
Lyon	03.32	04.33	06.02	07.11	07.18	10.55	11.25	11.50	14.07	14.57	18.14	18.43	19.48	20.52	20.52	22.49	23.41	23.55
Valence	04.32	06.01		08.13	08.21	11.50	12.25	12.49	15.05	15.55	19.50	19.44	20.45	21.49	21.55	23.49		01.07
Avignon	05.37	07.24		09.24	09.34	12.50	13.37	13.49	16.05	16.55	21.10	20.43	21.59	23.03	23.08	01.02		2.27
Carcassonne	09.11			12.38		15.56	16.50	16.39		19.45			02.28					05.58
Toulouse	09.58			13.44		16.42	17.41	17.34		20.40			03.25					06.49
Tarbes				15.42		18.51	19.39											09.19
Lourdes				16.00		19.11	19.59											09.40
Pau				16.30		19.42	20.31											10.11
Bayonne				17.45		20.55	21.44											11.23

Avec son cousin Paul, Sylvie visite la capitale française.

PAUL   Regarde ce vieux monument, là! C'est l'Opéra de Paris.

SYLVIE   Chouette! On va y aller, j'espère!

PAUL   Pas question! Le rock, d'accord; l'opéra, surtout pas! Pour le rock il faut aller au Zénith.

PAUL   Le quatorze juillet il faut venir ici à la place de la Concorde.

SYLVIE   On y danse?

PAUL   Bien sûr! Toute la nuit!

L'Opéra de Paris (1875), décoré par le célèbre peintre Chagall (1964)

La grande et belle place de la Concorde avec son obélisque au centre

Le Forum des Halles, le nouveau centre commercial de Paris

La célèbre avenue des Champs-Elysées et l'Arc de Triomphe

SYLVIE   Ah, le Louvre! Tu viens? On va visiter le musée?

PAUL   Euh, vas-y. Moi, je préfère aller aux Halles.

SYLVIE   Pourquoi? Tu n'aimes pas les musées?

PAUL   Non, c'est la barbe!

SYLVIE   On va au cinéma aux Champs-Elysées?

PAUL   Non, c'est pour les touristes.

SYLVIE   Alors, où on va?

PAUL   Au quartier Latin; c'est pour les étudiants.

8 Activité • Devinettes

Vous connaissez Paris? Qu'est-ce que c'est? Devinez!

1. un endroit pour le rock
2. une grande et belle place
3. un nouveau centre commercial
4. un vieux monument décoré par Chagall
5. une avenue célèbre
6. un quartier pour les étudiants

9 Activité • Minidialogues

A tour de rôle avec un(e) camarade de classe, répétez la question et choisissez
une réponse à la question.

1. Ah, les Champs-Elysées! On va
   au restaurant?
2. On va au cinéma où?
3. C'est pour les jeunes?
4. Tu viens au Louvre avec moi?
5. Voici l'Opéra. Tu n'y entres pas?

—Non, j'attends à la sortie.
—Non, allons au cinéma.
—Au quartier Latin.
—Non merci, je n'aime pas les musées.
—Oui, c'est pour les étudiants.

10 Activité • Suivez le plan

Regardez le plan de Paris. Vous êtes à l'Arc de Triomphe. Expliquez (*Explain*)
comment vous allez à l'église de la Madeleine.

> —Je prends l'avenue des Champs-Elysées. A la place de la Concorde,
> je tourne à gauche et je prends la rue Royale.

Comment vous allez...?

1. du palais de Chaillot à l'Arc de Triomphe?
2. de l'Arc de Triomphe à l'Opéra?
3. de l'Opéra à l'église de la Madeleine?
4. de l'église de la Madeleine au Louvre?
5. du Louvre à l'hôtel des Invalides?
6. de l'hôtel des Invalides à Notre-Dame?

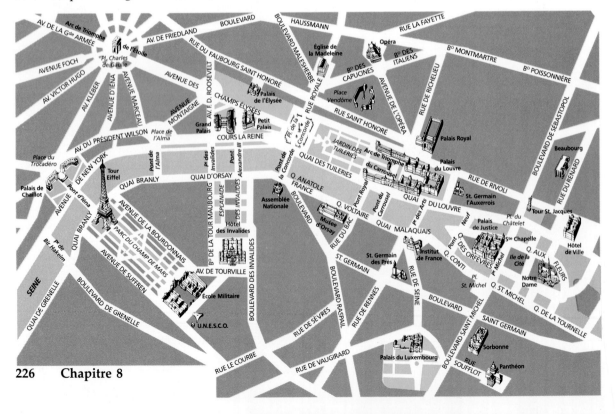

11 DANS LE METRO

Le métro parisien est bleu, silencieux et facile à prendre. Il passe souvent.

SYLVIE Il est super moderne, le métro!

PAUL Pardon, monsieur, pour aller à l'Opéra, s'il vous plaît?

L'EMPLOYÉ Eh bien, prenez la ligne un, direction Château de Vincennes. Descendez à Concorde et prenez la ligne huit, direction de Créteil. L'Opéra est à deux stations de Concorde.

PAUL Merci, monsieur.

Paul et Sylvie sortent du métro.

12 Activité • Prenez le métro

In the Paris subway a line is numbered at both ends and identified by the last stop at each end. When you go into the subway, the sign will give you the last stop on the line in the direction you're headed. Can you trace Paul and Sylvie's route on the map below?

A vous maintenant! Demandez à l'employé comment aller à votre destination. Jouez les rôles avec un(e) camarade de classe.

Vous êtes...	**Vous allez...**
1. à Concorde.	à Louvre.
2. à Gare de l'Est.	à Nation.
3. à Montparnasse.	à Bastille.
4. à Madeleine.	à Odéon.
5. à Invalides.	à Trocadéro.

Paul et Sylvie vont prendre un Coca au quartier Latin.

PAUL   Fatiguée?
SYLVIE   Oui, mais ça va.
PAUL   Alors, qu'est-ce que tu prends?
SYLVIE   Un jus d'orange.
PAUL   Tu ne manges pas?

SYLVIE   Merci, je n'ai pas faim.
PAUL   Eh bien, moi, je vais prendre un sandwich au jambon, un Coca et un gâteau. Une visite de Paris, ça donne faim!

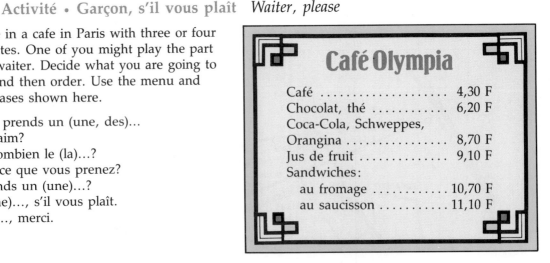

Un café au quartier Latin

14   Activité • Ecoutez bien

A. le bateau-mouche
B. le Louvre
C. la place de la Concorde

D. le Forum des Halles
E. Notre-Dame
F. le métro

15   Activité • Garçon, s'il vous plaît   *Waiter, please*

You are in a cafe in Paris with three or four classmates. One of you might play the part of the waiter. Decide what you are going to have, and then order. Use the menu and the phrases shown here.

Moi, je prends un (une, des)...
Tu as faim?
C'est combien le (la)...?
Qu'est-ce que vous prenez?
Tu prends un (une)...?
Un (Une)..., s'il vous plaît.
Pas de..., merci.

Café Olympia

Café	4,30 F
Chocolat, thé	6,20 F
Coca-Cola, Schweppes, Orangina	8,70 F
Jus de fruit	9,10 F
Sandwiches:	
au fromage	10,70 F
au saucisson	11,10 F

16   Activité • Qu'est-ce qu'on fait?

Vous êtes à Paris avec deux amis. Qu'est-ce que vous allez faire ce matin? Cet après-midi? Ce soir? Ecrivez votre conversation. Répétez votre conversation pour vos camarades de classe.

APERÇU CULTUREL 2 📼

La Francophonie

The word **francophonie** means "the speaking of French." French-speaking people outside France are scattered over six continents. They live in the four overseas **départements**—the equivalent of states in the United States—that are part of France and in the seven overseas territories that France governs. French-speaking people live in other European nations. They also live in Africa, the Middle East, and Southeast Asia in former French colonies, which are now independent nations. Even the frozen regions of the Antarctic continent echo the language spoken by French scientists at their base. French is the first, or second, language of forty nations. Outside France 100 million people use French daily.

Le français en Amérique du Nord

En 1534 Jacques Cartier prend possession du Canada pour la France. Samuel de Champlain fonde la ville de Québec en 1608. D'autres Français arrivent et en 1642 ils établissent une petite colonie à Montréal.

Québec est une ville; c'est aussi une province.

Aujourd'hui la ville de Québec a toujours un charme colonial, mais c'est aussi un centre industriel moderne.

Montréal est la deuxième ville et le quatrième grand port du Canada. C'est la seconde ville francophone dans le monde après Paris.

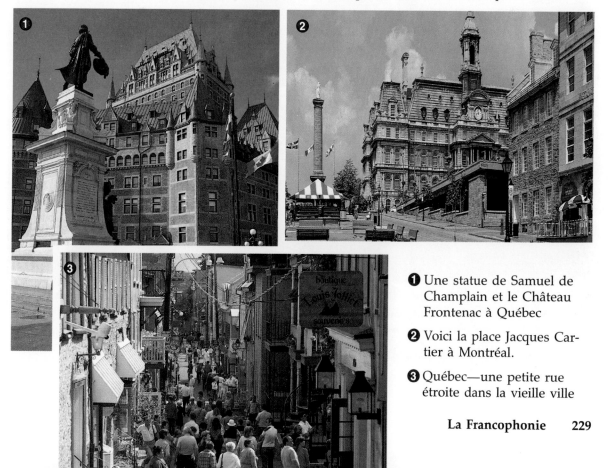

❶ Une statue de Samuel de Champlain et le Château Frontenac à Québec

❷ Voici la place Jacques Cartier à Montréal.

❸ Québec—une petite rue étroite dans la vieille ville

Le Canada français est près des Etats-Unis. Il est donc normal qu'on parle français en Nouvelle Angleterre. L'état du Vermont a un nom français—vert + mont (*green + mountain*).

En 1755 les Anglais déportent les Français de l'Acadie (*Nova Scotia*) dans l'est du Canada. Beaucoup d'Acadiens ne sont pas heureux et cherchent un nouveau pays. Certains vont en Nouvelle Angleterre, bien sûr, mais d'autres préfèrent aller en Louisiane. Ils ont aujourd'hui le nom de Cajuns, une prononciation bizarre du mot «Acadiens».

❶ Dans le New Hampshire on parle français.

❷ Il y a beaucoup de familles franco-canadiennes en Nouvelle Angleterre.

❸ Une boulangerie «cajun» en Louisiane

❹ Le quartier français à la Nouvelle-Orléans est célèbre.

Le français aux Antilles et en Amérique du Sud

Les Antilles sont des îles dans la mer des Caraïbes *(Caribbean)*. Oui, on y parle français. La Guadeloupe et la Martinique sont en effet deux îles françaises. Ce sont des départements de la France. Christophe Colomb découvre la Guadeloupe en 1493 et la Martinique en 1502. En 1635 les Français colonisent les deux îles.

❶ La Soufrière est un volcan de la Guadeloupe, haut de 1.484 mètres.

❷ Un marché aux légumes et aux fruits à Pointe-à-Pitre

❸ Voilà de beaux enfants martiniquais en costume traditionnel.

❹ Regardez ce village martiniquais avec ses rues étroites et ses maisons en bois.

Haïti est une autre île des Antilles. On y parle aussi français. Pourquoi? En 1697 les Espagnols donnent la partie ouest de l'île aux Français. Après des révoltes Haïti proclame son indépendance en 1804.

La Guyane française, en Amérique du Sud, est aujourd'hui un département français. La capitale est Cayenne. Le centre spatial français est en Guyane. Entre 1852 et 1945 la France déporte des prisonniers politiques et criminels sur l'île du Diable *(Devil's Island)*.

❶ Une forteresse construite par Henri Christophe, président et roi d'Haïti de 1807 à 1820

❷ Un bus public en Haïti

❸ La prison sur l'île du Diable en Guyane française

❹ La place des Palmistes à Cayenne, capitale de la Guyane

Le français en Europe

La Belgique a une longue et riche histoire. Dominée par les Autrichiens, les Espagnols, les Français et les Hollandais, elle gagne son indépendance en 1830. On parle français dans le sud de la Belgique. Dans le nord, on y parle flamand. Dans l'est, près de l'Allemagne, on parle allemand. Bruxelles, la capitale, est une ville bilingue. Le siège de l'OTAN (*NATO headquarters*) est situé à Bruxelles.

❶ Les canaux font le charme de la ville de Bruges.

❷ Un lion majestueux garde la Grand-Place à Bruxelles.

❸ Les drapeaux des nations de l'OTAN

❹ Le français et le flamand sont les deux langues de Bruxelles.

La Francophonie 233

Il y a d'autres régions francophones en Europe. On parle français au Luxembourg, à Monaco et en Suisse. Le Luxembourg est un petit pays à côté de la Belgique, au nord-est de la France. Monaco, un état sous la protection de la France, est sur la côte méditerranéenne. A Monaco il y a un célèbre musée océanographique. Le français est la langue officielle de la Suisse avec l'allemand, l'italien et le romanche. On parle bien sûr français à l'ouest de la Suisse, près de la France. En Suisse Henri Dunant fonde la Croix-Rouge Internationale en 1863.

❶ La ville d'Echternach, capitale de la «Petite Suisse» au Luxembourg

❷ Il y a beaucoup de yachts dans le port de Monaco.

❸ Le lac Léman et son jet d'eau à Genève

❹ Genève est une grande ville de Suisse.

Le français dans le Pacifique

La France possède des territoires où on parle français dans l'océan Pacifique. Les Français prennent possession de la Nouvelle-Calédonie en 1853. Cette île est une source importante de nickel. A l'occasion d'un référendum en 1987, la Nouvelle-Calédonie décide de rester un territoire français.

Un navigateur français, Bougainville, visite Tahiti en 1768. En 1880 l'île exotique est une colonie officielle de la France. C'est maintenant un territoire français.

❶ Une vue de Nouméa, la capitale de la Nouvelle-Calédonie

❷ Un restaurant français à Nouméa

❸ Les enfants tahitiens aiment nager dans la mer.

❹ Une rue déserte à Papeete, la capitale de Tahiti

Le français en Afrique

Au XIXᵉ siècle les Français, les Anglais, les Allemands, les Belges et les Italiens explorent et colonisent l'Afrique. Au début du XXᵉ siècle ils divisent le continent entre eux. A ce moment la France a beaucoup de colonies—l'Algérie, la Tunisie, le Maroc, le Sénégal, le Tchad, le Gabon, la Côte d'Ivoire et d'autres. Voilà pourquoi on parle français dans beaucoup de pays africains. En 1960 la France offre l'indépendance à ses possessions africaines, excepté l'Algérie. L'Algérie gagne son indépendance en 1962. Il y a toujours de la coopération entre la France et les pays francophones d'Afrique.

❶ Le français dans le désert en Algérie

❷ Un café-restaurant à Dakar au Sénégal

❸ Des enfants étudient le français à l'école au Gabon.

❹ Abidjan est une ville moderne. C'est la capitale de la Côte d'Ivoire.

TROISIEME PARTIE

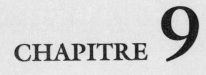

CHAPITRE 9

On sort!

Teenagers in France often go out together in a group of boys and girls. And when they go out, young French people enjoy pretty much the same activities that young Americans do: movies, rock or jazz concerts, parties, bowling, and skating.

In this unit you will:

SECTION **A**	speak about where to go and what to do
SECTION **B**	invite your friends to go out . . . accept or refuse an invitation
SECTION **C**	decide what movie to see . . . say what you think about a movie
TRY YOUR SKILLS	use what you've learned
A LIRE	read for practice and pleasure

What do French students do when they go out? Where do they go? Here are the answers of some students being interviewed by a reporter for a young people's magazine.

A1 Qu'est-ce que vous aimez faire?

Un journaliste du magazine *Nous, les Jeunes* demande aux lycéens :
«Vous aimez sortir? Qu'est-ce que vous faites quand vous sortez?»

VALÉRIE : J'aime beaucoup sortir, mais pendant la semaine je n'ai pas le temps. Alors je sors surtout le samedi soir et le dimanche. Je vais voir des amies.

THIERRY : Moi, je sors assez souvent, une ou deux fois par semaine : je vais au cinéma ou à des concerts de rock. Le cinéma, c'est ma passion!

JEAN-CLAUDE : Je sors presque tous les soirs. Je vais au café avec des copains. On discute. C'est super sympa d'être ensemble!

MARIANNE : Sortir, c'est ma vie! Je sors tous les jours; je fais des tas de choses! Mais j'aime surtout danser! Je vais à des boums ou dans des discothèques, et je danse!

A2 Activité • Complétez

1. Le..., c'est la passion de Thierry.
   Il y va...
2. Valérie sort surtout...
   Pendant la semaine, elle...

3. ... va au café avec des copains.
   Ils...
4. Marianne aime...
   Elle va...

le centre commercial

la patinoire

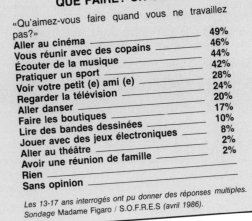

le bowling

A4 Activité • Et vous?

Vous sortez quand?

deux fois par semaine	pendant la semaine
une fois par semaine	presque tous les jours
souvent	le samedi soir

Vous allez où?

à des boums	à des concerts de rock
dans des discothèques	chez des ami(e)s
au cinéma	au café

Qu'est-ce que vous aimez (surtout) faire?

danser	aller au cinéma
sortir avec des copains	être avec des copains
aller à des boums	faire du sport

A5 Activité • Conversation

Demandez à votre camarade de classe où il (elle) aime aller.

—Tu aimes aller où?
—A la patinoire. Et toi?
—Moi, j'aime surtout aller au bowling.

QUE FAIRE? UN CINÉ!

«Qu'aimez-vous faire quand vous ne travaillez pas?»

Aller au cinéma	49%
Vous réunir avec des copains	46%
Écouter de la musique	44%
Pratiquer un sport	42%
Voir votre petit (e) ami (e)	28%
Regarder la télévision	24%
Aller danser	20%
Faire les boutiques	17%
Lire des bandes dessinées	10%
Jouer avec des jeux électroniques	8%
Aller au théâtre	2%
Avoir une réunion de famille	2%
Rien	
Sans opinion	

Les 13-17 ans interrogés ont pu donner des réponses multiples.
Sondage Madame Figaro / S.O.F.R.E.S (avril 1986).

sortir *to go out*			
je	sor	-s	Je **sors** souvent.
tu		-s	Tu **sors** souvent.
il/elle/on		-t	Elle **sort** souvent.
nous	sort	-ons	Nous **sortons** souvent.
vous		-ez	Vous **sortez** souvent.
ils/elles		-ent	Ils **sortent** souvent.

1. Notice that **sortir** has one stem for the singular forms and another for the plural forms.
2. The verbs **partir,** *to leave,* and **dormir,** *to sleep,* follow the same pattern.

A7 Activité • Phrases cachées *Hidden sentences*

Qui sort avec qui? Formez sept phrases avec les formes correctes du verbe **sortir**.

Qui... **sort...** **avec qui?**

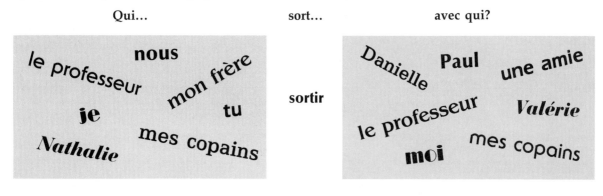

A8 Activité • Ils partent à quelle heure?

On part. A quelle heure? Répondez avec les formes correctes du verbe **partir** et l'heure exacte. Il est maintenant huit heures.

Je vais au cinéma dans cinq minutes.   Je pars à huit heures cinq.

1. Nous allons au café dans une demi-heure.
2. Les copains vont à la patinoire dans une heure.
3. Ma sœur va à la discothèque dans deux heures.
4. Tu vas à la piscine dans un quart d'heure.
5. Vous allez au concert dans quarante-cinq minutes.

A9 Activité • Vous sortez?

—Je ne sors pas samedi soir, je pars à la campagne.

1. Catherine et Valérie...
2. Tu...
3. Jean-Claude et moi...
4. On...
5. Nathalie...
6. Vous...

A 10 Activité • Ecrit dirigé

Complétez cette conversation avec les formes correctes des verbes **sortir, partir** et **dormir.**

1. Vous _____ ce soir, Paul et toi?
2. Oui. Paul _____ avec des copains et moi, je vais au cinéma.
3. Tu _____ à quelle heure?
4. Je _____ dans une heure.
5. Et toi, Sophie, tu _____?
6. Non, moi, je ne _____ pas. Je suis fatiguée. Je _____ .

A 11 Activité • Choisissez la bonne réponse *Choose the right answer*

1. Tu sors cet après-midi?
2. Vous partez à quelle heure?
3. Ton petit frère vient avec vous?
4. Samedi soir je vais danser avec Sylvie. Tu viens?
5. Tu sors quand, alors?
6. Moi, je sors tous les jours.

—Oh non, il est trop jeune. Il dort tous les après-midi.
—Non. Je ne sors pas le soir.
—Oui, je vais à la piscine avec Emilie.
—Le samedi et le dimanche après-midi; quelquefois le mercredi.
—Tu as de la chance!
—On part à une heure.

A 12 Activité • Dialogues variés

Un(e) camarade et vous parlez de sortir. Répétez deux ou trois fois ce dialogue. Chaque fois (*Each time*), variez les mots en italique.

—Tu sors *cet après-midi*?
—Eh oui, je sors. Je vais *au cinéma*. Je pars dans *cinq minutes.*

A 13 Activité • Ecoutez bien

Choisissez votre réponse.

A. Non, je n'aime pas danser.
B. Non, surtout le samedi soir.
C. Des copains.

D. Au cinéma ou à la patinoire.
E. Une ou deux fois par semaine.

A 14 Activité • Sondage

Demandez à six camarades de classe quand ils sortent et où ils vont.

Elève	Où	Quand
1. Valérie	au cinéma	le samedi soir
2. Philippe	à la patinoire	deux fois par semaine
3.		

The cafe is an ideal place to get together, talk, and contact friends you want to ask out. Asking someone to go out or accepting an invitation is simple; refusing is a more difficult—and delicate—matter.

B1   # Vous pouvez sortir?

—Christian, on va au café.
Tu veux venir avec nous?
—Non, je ne peux pas.
—Pourquoi?
—Parce que j'ai trop de travail.

—Tu veux aller au cinéma, Murielle?
—Bonne idée! Il y a un film génial à l'Odéon.

—Il y a un concert de musique classique vendredi. Tu peux venir, Arnaud?
—Oh non, je n'ai pas très envie. Tu sais, moi, la musique classique... J'aime mieux le rock.

—Anne, tu es libre samedi soir? Il y a une boum chez Valérie.
—Non, je suis occupée. Je fais du baby-sitting.

B2   Activité • Complétez

1. Christian ne peut pas aller au... parce qu'il...
2. Arnaud ne veut pas aller au... parce qu'il...
3. Murielle veut aller au... parce que...
4. Anne ne peut pas aller à la... parce qu'elle...

B3 Activité • Et vous?

1. Vous aimez mieux la musique classique ou le rock?
2. Vous allez aux concerts?
3. Vous sortez pendant la semaine ou vous avez trop de travail?
4. Vous donnez quelquefois des boums chez vous?
5. Vous faites du baby-sitting?
6. Vous avez envie d'aller voir un film? Quel film?

B4 Activité • Vous êtes logique? *Are you logical?*

Friends are talking about going out. Pick the sentence on the right that logically completes the thought of each speaker on the left.

1. On va au cinéma.
2. Allons au concert!
3. Je vais au café.
4. Il y a une boum vendredi.
5. Je ne peux pas aller à la patinoire.
6. Je vais chez des amis.

> J'ai trop de travail.   On va écouter des disques.
>
> Je vais discuter avec des copains.
>
> Il y a un bon film à l'Odéon.
>
> J'adore le rock.   Tu aimes danser?

B5 STRUCTURES DE BASE
The verbs pouvoir *and* vouloir

pouvoir	*to be able to, can*		**vouloir**	*to want*	
Je	peux		Je	veux	
Tu	peux		Tu	veux	
Il/Elle/On	peut	sortir.	Il/Elle/On	veut	sortir.
Nous	pouvons		Nous	voulons	
Vous	pouvez		Vous	voulez	
Ils/Elles	peuvent		Ils/Elles	veulent	

B6 Activité • R.S.V.P. (Répondez, s'il vous plaît.)

Vous donnez une boum chez vous. Voilà la liste des invités et leurs réponses. Qui peut venir? Qui ne peut pas venir?

Je t'invite à une boum!

Date _Samedi 4 juin_

Heure _20 h 30_

Endroit _49, rue Babylone_

R.S.V.P. _47. 05. 67. 39_

Les invités	Oui	non
les frères Sitbon		✓
Coralie	✓	
Olivier		✓
mes cousins	✓	
Odile et Nathalie	✓	
la sœur de Paul		✓

Activité • Chacun ses goûts *To each his own taste*

Ils ne sont pas d'accord. Qu'est-ce qu'ils veulent faire?

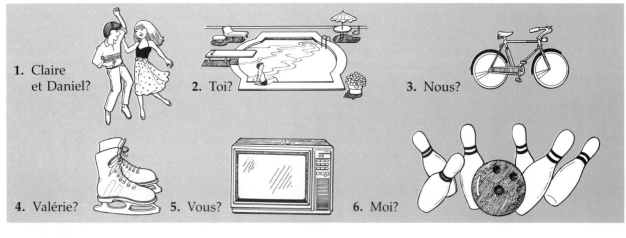

1. Claire et Daniel? 2. Toi? 3. Nous? 4. Valérie? 5. Vous? 6. Moi?

B8 **Activité • Ils ne sortent pas? Pourquoi?**

A tour de rôle avec un(e) camarade de classe, posez une question et répondez.
Voici un exemple.

Toi? (Non,... trop de travail.) —Tu sors ce soir?
—Non, je ne peux pas. J'ai trop de travail.

1. Et vous? (Non,... fatigués.)
2. Et Catherine? (Non,... baby-sitting.)
3. Et vos cousins? (Non,... occupés.)
4. Et nous? (Non,... trop de travail.)
5. Et Nicolas? (Non,... pas d'argent.)

B9 **Activité • Ecrit dirigé**

Ecrivez la phrase avec la forme correcte du verbe entre parenthèses.

Elle téléphone à ses parents. (vouloir) Elle veut téléphoner à ses parents.

1. Vous sortez samedi? (pouvoir)
2. Nous jouons au ping-pong. (vouloir)
3. Philippe ne vient pas. (pouvoir)
4. Tu fais du vélo? (vouloir)
5. Les filles ne restent pas ici. (pouvoir)
6. Ils regardent la télé. (vouloir)

B10 **COMMENT LE DIRE**
Accepting or refusing an invitation

OUI		NON	
Si tu veux.	If you want to.	Je n'ai pas envie.	I don't feel like it.
D'accord!	OK!	Je ne peux pas.	I can't.
Bonne idée!	Good idea!	Encore!	Not again!
Volontiers!	Gladly!	Je regrette, mais...	I'm sorry, but . . .
Avec plaisir!	With pleasure!	Impossible,...	Impossible, . . .

B 11 Activité • Invitations à accepter

A tour de rôle avec un(e) camarade, invitez et acceptez. Variez les réponses.

—Tu veux aller au match de hockey?
—Bonne idée! J'aime beaucoup le hockey!

1. Tu veux aller danser?
2. Tu viens au café avec nous?
3. On sort ensemble samedi soir?

4. Il y a un bon film au Rex.
5. Tu veux faire du vélo?
6. On va à la boum de Valérie?

B 12 Activité • Invitations à refuser

A tour de rôle avec votre camarade de classe, invitez et refusez. Variez les excuses.

—Tu veux aller au cinéma ce soir?
—Oh, ce soir je ne peux pas. Je suis trop fatigué(e).

1. On va dans une discothèque?
2. Il y a un bon concert de rock mardi.
3. Tu veux regarder le match chez moi?

4. Il y a une boum. Tu viens?
5. Tu es d'accord pour la patinoire ce soir?
6. Tu viens avec nous chez Valérie?

B 13 Activité • Ecoutez bien

On accepte ou on refuse?

	1	2	3	4	5	6
On accepte.						
On refuse.						

B 14 Activité • Conversation au téléphone

Préparez une conversation avec un(e) camarade de classe. Vous décidez de sortir. Vous allez où? Qu'est-ce que vous allez faire? Vous partez quand?

B 15 Activité • Proverbe

Voilà un proverbe français. Devinez le proverbe équivalent en anglais.

Vouloir, c'est pouvoir.

deciding what movie to see . . . saying what you think about a movie

In France young people love to go to the movies. The French have a large film industry, but they also enjoy American films. A glance at the weekly Paris film listings will show that almost half the movies are American, from new releases to old favorites.

C1

Quel film choisir?

Dominique et Philippe décident d'aller au cinéma, mais ils vont voir quel film?

D. On va voir *Brazil*?

P. Qu'est-ce que c'est?

D. Je ne sais pas, mais ça a l'air d'un film comique.

P. Tu crois?

D. Regarde, ce type en pyjama dans son lit. C'est drôle, non?

P. Non, à mon avis, c'est plutôt un film d'horreur.

D. Super! J'adore ça!

P. Pas moi!

D. En plus, il y a une histoire d'amour. En haut de l'affiche, il y a un visage de femme.

P. C'est peut-être l'assassin.

D. Quel assassin?

P. Il y a toujours un assassin dans les films policiers.

D. C'est peut-être un film de science-fiction. C'est génial!

P. Je déteste!

D. Qu'est-ce que tu veux voir alors?

P. Je préfère voir un western ou un dessin animé.

Et vous? Qu'est-ce que vous pensez? *Brazil*, c'est quel genre de film?

C2   Activité • Découvrez

Make a list of the kinds of films mentioned in C1. Next to each one, write what Philippe and Dominique think about it. If you don't know what they think, write **Je ne sais pas.**

Then write down what Philippe and Dominique think about each of these:
(a) **le type en pyjama;** *(b)* **le visage de femme.**

Voici quelques titres de films tirés de *France-Soir*. Devinez le genre de ces films.

un film comique—un film d'horreur—une histoire d'amour—un western
un dessin animé—un film de science-fiction—un film policier

Par exemple : *Un Homme et une femme,* c'est une histoire d'amour.

Vendredi **France-Soir** **24 avril**

Cité du crime — Un homme et une femme

Fort Laramie — 2001 : l'odyssée de l'espace

Le Flic de Beverly Hills

Le Bal des vampires

Pinocchio — L'Important c'est d'aimer

Pick four or five movies that you would like to see. Working with a classmate, pretend to call and ask if he or she would like to see one of them with you.

C4 Savez-vous que...?

So, you're in France and you want to take in a movie. Here are a few things you might want to know.

An usher, usually a girl **(une ouvreuse),** will show you to your seat. Of course, she'll expect a tip **(un pourboire).** In many cinemas there are at least fifteen minutes of commercials before the film starts. During that time the usher will bring around a selection of candy and ice cream bars **(un esquimau)** for sale—but no popcorn!

Int— 18 ans	Interdit aux moins de 18 ans	Forbidden to those under 18
V.O.	Version originale	Original version, subtitled
V.F.	Version française	Dubbed in French
T.R.	Tarif réduit	Reduced price
C.V.	Carte vermeille	Senior citizen's (red) card
Pl.	Prix des places	Price of a seat

The first thing to look for in the film listings is **v.o.,** which stands for **version originale** *(original version).* This means that the film is subtitled, not dubbed in French, so John Wayne won't sound like the French waiter in the cafe. You'll have to learn to interpret other abbreviations in movie ads.

Regardez cette publicité. Quels films Mary et Emmanuel peuvent voir?
Quels films ils ne peuvent pas voir? Pourquoi?

1. Mary est américaine et elle parle français. Elle a quatorze ans.

2. Emmanuel a sept ans. Il est français. Il ne parle pas d'autres langues (*languages*).

SCIENCE-FICTION (SF)

ALIEN Le 8ᵉ passager 1979 anglais en couleurs de Ridley Scott avec Tom Skerrit, Sigourney Weaver, Véronica Cartwright, Harry-Dean Stanton, John Hurt, Yaphet Kotto. Int — 13 ans. ◆Cluny Palace 33 v.o.

LA CONQUETE DE LA TERRE Conquest of the Earth 1980 américain en couleurs de Sidney Hayers, Sugmund Neufeld Jr, Barry Crane avec Kent McCord, Barry Van Duke, Robyn Douglas, Lorne Green. ◆U.G.C. Ermitage 107 v.o. ◆UGC Caméo 138 v.f. ◆Les Montparnos 191 v.f. ◆Clichy-Pathé 233 v.f. ◆Tourelles 256 v.f.

AVENTURES (A)

CASABLANCA 1942 américain de Michael Curtiz avec Humphrey Bogart, Ingrid Bergman, Paul Henreid, Conrad Veidt, Claude Rains. ◆Studio Jean-Cocteau 54 v.o.

DESSINS ANIMES (DA)
DOCUMENTAIRES (D)
COURTS METRAGES (CtM)

LES AVENTURES DE PINOCCHIO 1973 soviétique en couleurs de G. Krughlikov ◆Palace 205 v.f.

LA BELLE AU BOIS DORMANT 1958 américain en couleurs de Walt Disney ◆Napoléon 223 v.f.

WESTERNS (W)

EL TOPO 1971 mexicain en couleurs d'Alexandro Jodorowski avec Alexandro Jodorowski, Brontis Jodorowski, Mara Lorenzio. Int — 18 ans. ◆Saint-Ambroise 163 v.o.

HORREUR (H)

LA NUIT DES MORTS-VIVANTS Night of the living dead 1968 américain de Georges A. Romero avec Judith O'Dea, Russel Streiner, Duane Jones, Karl Hardman. Int — 18 ans. ◆Calypso 217 v.o.

C6 STRUCTURES DE BASE
Verbs ending in -ir: choisir

There are two kinds of **-ir** verbs: those like **sortir** (see A6) and those like **choisir,** shown below.

choisir			*to choose*
je		-is	Je **choisis** un film d'amour.
tu		-is	Tu **choisis** quel film?
il/elle/on	chois	-it	Elle **choisit** un film d'horreur.
nous		-issons	Nous **choisissons** un dessin animé.
vous		-issez	Qu'est-ce que vous **choisissez**?
ils/elles		-issent	Ils **choisissent** un film comique.

There are many other verbs like **choisir.** The most common is **finir,** *to finish, end.*

C7 Activité • Ils choisissent quel genre de film?

A tour de rôle avec un(e) camarade de classe, répétez la phrase. Répondez avec le
bon genre de film et le verbe **choisir.** Voilà un exemple.

—Ton ami va voir *Pinocchio.*
—Il choisit toujours un dessin animé.

1. Nous allons voir *Police.*

2. Les filles vont voir *L'Important c'est d'aimer.*

3. Je vais voir *Fort Laramie.*

4. Mon copain va voir *Le Bal des vampires.*

5. Tu vas voir *2001 : l'odyssée de l'espace?*

6. Vous allez voir *Le Flic de Beverly Hills?*

Complétez les phrases avec les formes correctes du verbe **finir**.

1. Je ____ tout à l'heure.
2. Le film ____ à cinq heures.
3. Les concerts ____ à onze heures et demie.

4. Nous ____ dans cinq minutes.
5. Tu ____ à quelle heure?
6. Vous ____ après le déjeuner?

C9 Activité • Ecrit dirigé

Choisir ou **finir**?

1. La boum ____ à minuit.
2. Tu ____ un dessin animé ou un film d'horreur?
3. D'habitude les films ____ à onze heures.
4. ____ vos devoirs et venez au cinéma avec nous!
5. Mes copains et moi ____ la patinoire.
6. Qu'est-ce que vous ____, la piscine ou le bowling?

Le classement des jeunes (en %)	
Films comiques	65
Films d'aventure	49
Films de S.-F., films fantastiques	**40**
Films policiers, d'espionnage	39
Films d'horreur	**36**
Westerns	21
Histoires d'amour	18
Films de karaté	17
Films d'histoire	14
Comédies musicales	13
Films à sujet politique	12
Dessins animés	9

(1): Sondage Louis Harris-TELERAMA, *1981. Sondage* Phosphore/Louis Harris, *"les 14-18 ans et le cinéma", 1983.*

C10 Activité • Et vous?

1. Quand vous allez au cinéma, vous choisissez quel genre de film?
2. Vos parents choisissent ce genre de film aussi?
3. D'habitude, à quelle heure finissent les films le soir? Et l'après-midi?
4. Qui choisit les émissions que (*that*) vous regardez à la télé?
5. Il y a un film d'amour et un film policier au cinéma. Qu'est-ce que vous choisissez? Et votre frère? Et votre sœur?

C11 COMMENT LE DIRE
Saying what you think about a film

Here are some ways to react favorably or unfavorably when you're talking about films, plays, TV shows, or books. You'll want to review some other expressions you've already learned. (See Unit 2, B19.)

FAVORABLE		UNFAVORABLE	
C'est drôle!	It's funny!	C'est (trop) violent!	It's (too) violent!
C'est amusant!	It's amusing!	C'est bidon!	It's trash!
C'est émouvant!	It's touching!	C'est un navet!	It's a dud!
C'est original!	It's original!	Ce n'est pas original!	It's not original!
C'est un bon film!	It's a good movie!	C'est un mauvais film!	It's a bad movie!
C'est génial!	It's fantastic!	C'est toujours la même chose!	It's always the same thing!
J'adore...!	I love . . .!	Je déteste...!	I hate . . .!

C12 Activité • A vous maintenant!

Invitations à gauche, réponses à droite. Avec un(e) camarade, choisissez les
invitations et les réponses. Répétez les dialogues.

1. Tu veux voir un film policier?
2. Il y a un film comique au Casino.
3. On va voir le film de science-fiction
   au Rex?
4. Tu veux aller voir le western au
   Gaumont?

—Non, j'aime mieux les films policiers.
—Si tu veux.
—Non, c'est toujours la même chose!
—Bonne idée! J'adore les westerns.
—Extra! J'adore ça!
—Non, c'est un navet!

C13  Activité • Ecrivez

Imaginez. Vous êtes critique de cinéma.
Ecrivez une critique sur ce film. Voici
quelques questions pour vous guider.

Le film s'appelle comment?
C'est un film de karaté ou un
   dessin animé?
Il passe (It's playing) dans quel cinéma?
Qui joue dans le film?
Vous aimez le film? Pourquoi?

C14 Activité • Conversation au café

Vous allez au café après le cinéma. Vous
discutez du film *Karate Kid*. Préparez la
conversation avec deux camarades. Choisissez
un autre film si vous préférez.

C15 Activité • Ecoutez bien

Vous téléphonez au cinéma. Ecoutez
le message téléphonique et répondez
à ces questions.

1. Le film s'appelle comment?
2. C'est quel genre de film?
3. Qui joue dans le film?
4. Il passe à quelle heure?
5. C'est combien, le prix des places?
6. Il y a un tarif réduit? Combien? Quand?
7. C'est la version originale ou française?

1 Lettre 🔲

Olivier écrit une lettre à son correspondant américain qui va passer un mois chez lui en France. Olivier parle de ses projets pour la visite.

> Cher Robert,
>
> Merci de ta lettre. Chouette! Tu viens bientôt! Tu vas voir, juillet à Paris est extraordinaire. Il fait souvent beau et tu peux choisir des activités sportives ou culturelles. D'abord le théâtre. Moi, je n'aime pas ça, mais ma sœur y va une fois par mois. Bien sûr, il y a le cinéma. J'adore! J'y vais deux ou trois fois par semaine. On peut voir tous les vieux films d'Hollywood, et les nouveaux aussi, bien sûr. C'est super! Tu aimes le rock? Je prends des places pour un concert au Zénith. Tu aimes le vélo? Le 22 juillet il y a l'arrivée du Tour de France sur les Champs-Elysées. A Paris tu as tout! J'ai aussi beaucoup de copains. Ils sont très sympa. On sort ensemble: on va au café, au bowling et le samedi soir on va à la discothèque. Ah oui! Le quatorze juillet c'est la fête nationale. On va danser!
>
> Salut!
> Olivier

2 Activité • Imaginez

Vous allez passer un mois chez Olivier. Qu'est-ce que vous allez faire?

3 Activité • Ecrivez

Un(e) ami(e) français(e) va passer un mois chez vous. Ecrivez une lettre à votre correspondant(e). Parlez de vos projets pour sa visite.

4 Activité • Acceptez ou refusez

Voilà des invitations. Qu'est-ce que vous répondez?

1. Allons au cinéma!
2. On va au café. Tu viens?
3. Tu vas à la boum samedi soir?
4. Il y a un James Bond au Rex!
5. On va au concert?
6. Tu veux aller à la piscine?

5 Activité • Conversation avec les parents

Vous voulez sortir avec vos amis mardi soir. Vos parents posent beaucoup de questions. Complétez la conversation avec vos réponses.

VOTRE PÈRE	Tu sors encore!
VOUS	…
VOTRE PÈRE	Tu vas où?
VOUS	…
VOTRE MÈRE	Tu y vas avec qui?
VOUS	…
VOTRE PÈRE	Vous allez rentrer à quelle heure?
VOUS	…
VOTRE PÈRE	Ah non! C'est trop tard! Demain tu as classe!
VOUS	…
VOTRE PÈRE	D'accord, mais sois à l'heure (*on time*)!

6 Activité • Laissez un mot *Leave a note*

Vous sortez, mais vos parents ne sont pas à la maison. Ecrivez un mot aux parents. Dites où vous allez, avec qui, à quelle heure vous partez, ce que (*what*) vous allez faire, quand vous rentrez…

7 Activité • Sondage

Les parents sont stricts? Demandez à vos camarades de classe s'ils peuvent faire ces activités. Ecrivez leurs réponses.

Tu peux…	Oui, je peux.	Oui, mais…	Non, je ne peux pas.
donner une boum chez toi?			
sortir le samedi soir?			
aller au cinéma le soir?			
regarder la télé tous les jours?			
téléphoner à tes copains?			
écouter de la musique rock?			

8 Activité • Qu'est-ce que vous aimez faire?

Make a list of six or seven activities you especially like and supply information in a chart like the one shown here. After you've finished your chart, share your thoughts with a classmate—you can correct each other's errors. Then tell the class about the activities you like.

Activité	Avec qui— ou seul(e)?	Quand (saison?) (heure?)	Fréquence (souvent?)	Combien d'argent il faut
1.				
2.				

9 Activité • Quel film choisir?

Un(e) camarade et vous choisissez un film à voir. Préparez la conversation. Voilà une conversation modèle.

—Qu'est-ce qu'il y a au Rex?
—Un film comique.
—Ah non, je déteste!
—Qu'est-ce que tu veux voir, alors?
—Moi, je préfère un film d'horreur.
—Il y a un film d'horreur au Gaumont.
—Chouette! Il s'appelle comment?
—...

10 Activité • Projet

Make a movie poster in French. In designing your poster, you might ask yourself these questions.

1. How am I going to get the public's attention?
2. Why would people want to see this film?
3. How am I going to say this in both language and pictures?

You might want to examine the design of some movie posters before you begin.

11 Activité • Une invitation

Vous allez donner une boum chez vous.
Complétez cette invitation.

Chèr (Chère)...
Il y a une boum chez moi
...! On commence à...
et où... à minuit...
viennent. Nous allons... et
... Téléphone-moi si tu ne
pas venir. Tu... inviter
ton ami(e), si tu... Ça va
être...!
Salut!

12 Activité • Décrivez les photos

Regardez les photos aux pages 238 et 239 et répondez à ces questions.

1. Où sont les jeunes?
2. Qu'est-ce qu'ils font?
3. De quoi ils parlent?

13 Activité • Ecoutez bien

Complétez.

> Ce matin Marc va faire... L'après-midi il va... avec des... Ils vont voir
> un... Madeleine, la sœur de Marc, aime mieux les... Après le cinéma,
> Marc et ses amis vont aller... prendre un... Mais, Marc n'a pas d'...
> Alors, sa sœur lui donne...

14 Prononciation, lecture, dictée

1. Ecoutez bien et répétez. *(the letters* **s** *and* **ss**)

2. Ecoutez et lisez.

a. Oui, assez.
C'est l'assassin.
C'est ma passion!

b. C'est un dessin animé.
Ils finissent à huit heures.
Elle aussi.

c. souvent
surtout
si tu veux

d. Sylvie et sa sœur
sortent souvent le
samedi soir.

e. Restez.
Ecoutez mon disque.
Je déteste!

f. Elle est journaliste...
ou dentiste... ou professeur
d'histoire ou de gymnastique.

g. Quel film choisir?
On choisit le western.
C'est toujours la même chose.

h. Mes cousins n'ont pas la télévision.
Ce n'est pas amusant.
La musique est bien mauvaise.

i. Allons-y! Il est trois heures.
Vous avez des idées?
Nous y allons avec des amies.
Vous allez aux Etats-Unis?

j. dansez
ensemble
réponse

3. Copiez les phrases suivantes pour préparer une dictée.

a. Vous choisissez quel film?
b. Nous allons voir une histoire d'amour.
c. Il y a aussi un dessin animé.

d. Ils finissent tard le samedi.
e. Ses cousins aiment mieux la télévision.

1. Dialogue embrouillé

Ce dialogue est dans le désordre. Trouvez le bon ordre.

—Alors, on peut aller au Café de la Gare.

—Non, je ne peux pas. Mes parents ne veulent pas.

—D'accord, si tu veux.

1.—Dis donc, il y a une boum chez Julien samedi soir. Tu veux venir?

—Non. On va au café tous les week-ends! J'aime mieux aller au cinéma.

—Oh encore! Pourquoi ne pas aller au bowling?

2. Devinez

Quel est le titre français de ces films?

Back to the Future	La Panthère rose
The Pink Panther	La Route des Indes
Chariots of Fire	SOS Fantômes
Ghostbusters	La Rose pourpre du Caire
A Passage to India	Les Chariots de feu
The Purple Rose of Cairo	Retour vers le futur

3. Qui est-ce?

Vous connaissez ces acteurs français? Ces actrices françaises?

Gérard Depardieu	Brigitte Bardot	Alain Delon
Isabelle Adjani	Jean-Paul Belmondo	Catherine Deneuve

1. 2. 3. 4. 5. 6.

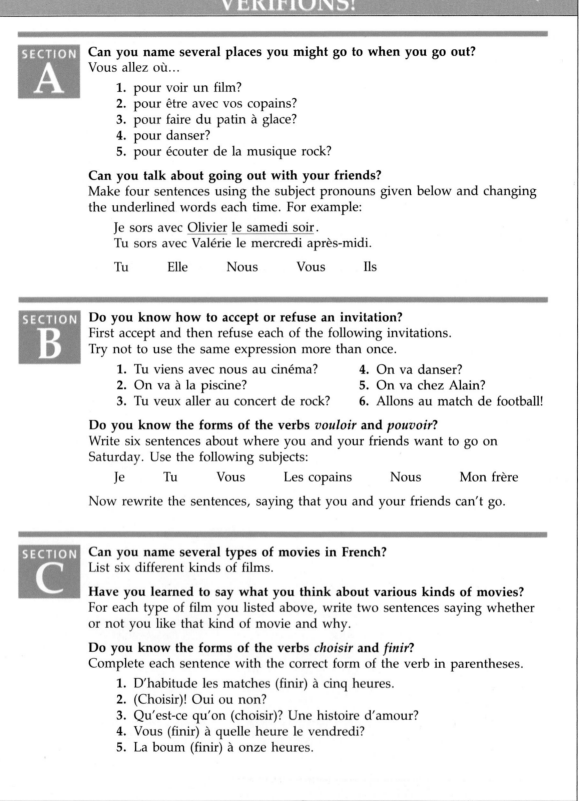

SECTION A

Can you name several places you might go to when you go out?
Vous allez où...

1. pour voir un film?
2. pour être avec vos copains?
3. pour faire du patin à glace?
4. pour danser?
5. pour écouter de la musique rock?

Can you talk about going out with your friends?
Make four sentences using the subject pronouns given below and changing the underlined words each time. For example:

Je sors avec Olivier le samedi soir.
Tu sors avec Valérie le mercredi après-midi.

Tu   Elle   Nous   Vous   Ils

SECTION B

Do you know how to accept or refuse an invitation?
First accept and then refuse each of the following invitations.
Try not to use the same expression more than once.

1. Tu viens avec nous au cinéma?
2. On va à la piscine?
3. Tu veux aller au concert de rock?
4. On va danser?
5. On va chez Alain?
6. Allons au match de football!

Do you know the forms of the verbs *vouloir* and *pouvoir*?
Write six sentences about where you and your friends want to go on Saturday. Use the following subjects:

Je   Tu   Vous   Les copains   Nous   Mon frère

Now rewrite the sentences, saying that you and your friends can't go.

SECTION C

Can you name several types of movies in French?
List six different kinds of films.

Have you learned to say what you think about various kinds of movies?
For each type of film you listed above, write two sentences saying whether or not you like that kind of movie and why.

Do you know the forms of the verbs *choisir* and *finir*?
Complete each sentence with the correct form of the verb in parentheses.

1. D'habitude les matches (finir) à cinq heures.
2. (Choisir)! Oui ou non?
3. Qu'est-ce qu'on (choisir)? Une histoire d'amour?
4. Vous (finir) à quelle heure le vendredi?
5. La boum (finir) à onze heures.

VOCABULAIRE

SECTION A

    assez *rather*
une **boum** *party*
un **bowling** *bowling alley*
un **centre commercial**
    shopping center, mall
une **chose** *thing*
le **cinéma** *movies*
    aller au cinéma *to go*
    to the movies
un **concert** *concert*
    danser *to dance*
    demander (à) *to ask*
une **discothèque** *disco*
    discuter *to talk*
    dormir *to sleep*
un **endroit** *place*
    ensemble *together*
une **fois** *one time, once*
    deux fois *twice*
les **jeunes** (m.) *the youth*
un(e) **journaliste** *reporter*
un(e) **lycéen(ne)** *high school*
    student
un **magazine** *magazine*
    par *per*
    une fois par semaine
    once a week
    partir *to leave*
une **passion** *passion*
une **patinoire** *skating rink*
    pendant *during*
    presque *almost*
le **rock** *rock (music)*
le **soir** *night*
    le samedi soir *(on)*
    Saturday nights
    sortir *to go out*
    surtout *mostly*
un **tas (de)** *a lot (of)*

tous les soirs *every evening/night*

SECTION B

avoir envie : Je n'ai pas très envie. *I don't really feel like it.*
classique *classical*
d'accord *OK*
Encore! *Not again!*
faire du baby-sitting *to baby-sit*
impossible *impossible*
parce que *because*
pouvoir *to be able to, can*
regretter : je regrette *I'm sorry*
le **travail** *work, schoolwork*
    trop (de) *too much, too many*
volontiers *gladly*
vouloir *to want*
    Si tu veux. *If you want to.*

SECTION C

à mon avis *in my opinion*
adorer : J'adore (ça)! *I love it/them!*
une **affiche** *poster*
    amusant, -e *amusing*
un **assassin** *murderer*
    avoir l'air (de) *to look like*
    bidon : C'est bidon! *It's trash!*
    choisir *to choose*
    crois : Tu crois? *Do you think so?*
    décider *to decide*

détester : Je déteste! *I hate it/them!*
drôle *funny*
émouvant, -e *touching*
en *haut de *at the top of*
en plus *too*
un **film comique** *comedy*
un **film d'horreur** *horror movie*
un **film policier** *detective film, mystery*
un **film de science-fiction** *science-fiction movie*
    finir *to finish, end*
un **genre** *kind*
une **histoire d'amour** *love story*
    mauvais, -e *bad*
    même *same*
un **navet : C'est un navet!** *It's a dud!*
    original, -e (m. pl. **-aux**) *original*
    passer *to be playing (a movie)*
    penser *to think*
    peut-être *maybe*
    plutôt *more (of), rather*
    préférer : je préfère *I prefer*
un **pyjama** *pajamas*
    Qu'est-ce que c'est? *What is it/that?*
    trop *too*
un **type** *guy*
    violent, -e *violent*
un **visage** *face*
un **western** *Western*

ETUDE DE MOTS

1. You know that **avoir** means *to have* and **faire** means *to do*. Sometimes these verbs are used in special expressions where their meaning is different. For instance, **avoir envie** means *to feel like*. In the word list above, find two other examples of special expressions, one with **avoir** and one with **faire**.

2. Words are often made up of smaller words put together. A hyphen may or may not separate them. How were these words constructed? What other words made up of smaller words do you know?

    surtout   **peut-être**   **bonjour**   **quelquefois**

Bananes Flambées
à la Grande-Motte!

Lucien Durut, présentateur de télévision à Antenne 2, est à la Grande-Motte, une petite ville sur la Méditerranée, pour transmettre un concert de rock :

Mesdames et messieurs, bonsoir. Ici Lucien Durut, en direct de la Grande-Motte. Ce soir, nous allons transmettre le concert du célèbre groupe de rock français, Bananes Flambées. Tout le monde connaît maintenant Bananes Flambées et leur chanson à succès, *C'est toujours moi qu'on montre du doigt!*°, première au hit-parade d'Antenne 2. C'est maintenant un tube dans plusieurs pays; en France, bien sûr, mais aussi en Angleterre et en Allemagne... A la Grande-Motte, il y a une foule immense. Beaucoup de jeunes sont là pour ce concert exceptionnel... Ils écoutent de la musique avec leur Walkman... Ils jouent de la guitare... Il y a beaucoup d'animation!... Ah, voilà un jeune homme avec une guitare!

---

montre du doigt *points the finger at*

—Bonsoir. Tu es guitariste?
—Oui.
—Bananes Flambées, c'est un bon groupe?
—Très mauvais.
—Ah oui?
—Ils sont complètement nuls. Vous savez comment le guitariste tient° sa guitare? Comme un violoncelle!
—Alors pourquoi tu viens, si tu n'aimes pas?
—Pour rigoler. Plus c'est nul, plus° je rigole!
—Alors, amuse-toi bien.
—Vous en faites pas!°

Eh bien, Bananes Flambées ne fait pas l'unanimité. Mais c'est normal : tous les goûts sont dans la nature.

—Bonsoir, tu es heureuse d'être…?
—C'est cool.
—Pardon?
—C'est super cool.
—Tu veux dire, je pense, que l'ambiance est sympathique?
—Cool, l'ambiance.
—Et Bananes Flambées, tu aimes?
—J'adore! J'ai tous leurs disques!
—Tu connais leur tube?
—Bien sûr!
　　Je ne sais pas pourquoi
　　C'est toujours moi
　　La la la la la…
—Merci.

La tension monte! Les techniciens préparent les instruments. Vous pouvez entendre les cris des spectateurs : ils demandent les musiciens!… Il est temps maintenant de laisser l'antenne à° Bananes Flambées… Le concert va commencer dans une minute… Les musiciens entrent en scène… et… ils commencent!

　　Je ne sais pas pourquoi
　　C'est toujours moi
　　Qu'on montre du doigt
　　Je ne sais pas ce qu'il y a
　　Mais toutes les fois
　　C'est toujours moi
　　Qu'on montre du doigt!

---

tient *holds;* **plus… plus** *the more . . . the more;* **Vous en faites pas!** *Don't worry!* **laisser l'antenne à** *turn it over to*

Activité • Choisissez l'équivalent anglais

un tube	en scène	*nothing, worthless*	*on stage*
rigoler	nul	*to laugh, make fun of*	*a crowd*
une foule	ambiance	*a hit (song)*	*atmosphere, mood*

Activité • Répondez

1. C'est un concert de musique classique?
2. Où est le concert? Quand?
3. Bananes Flambées est un groupe célèbre?
4. Pourquoi la télévision vient à la Grande-Motte?
5. Quelle est l'ambiance dans la foule?
6. Tout le monde aime Bananes Flambées? Pourquoi?
7. Le concert est un succès?
8. Quels sont les préparatifs pour le concert?
9. Le groupe commence par quelle chanson? On connaît la chanson?

Activité • Vrai ou faux?

Si la phrase est vraie, dites **C'est vrai** et répétez la phrase. Si elle n'est pas vraie, dites **C'est faux** et corrigez (*correct*) la phrase.

1. Le groupe Bananes Flambées est très célèbre.
2. Il n'y a pas beaucoup de gens au concert.
3. Le guitariste trouve le groupe super cool.
4. Un tube est un disque très populaire.
5. Le titre du tube des Bananes Flambées est *C'est toujours l'amour.*
6. L'ambiance est calme.
7. M. Durut fait un reportage pour un magazine.

Les Terriens attaquent!

You can't believe everything you see in the movies. Or can you?

—A tout à l'heure, maman!
—Bon film, les enfants!

—Deux billets, s'il vous plaît.
—Quarante francs.

—Kidnappons un extra-terrestre pour faire des expériences°!

—Pas terrible, hein?
—Bof.

—Je n'aime pas ce genre de film. C'est toujours pareil°.
—Mouais.

—Et puis cette scène où ils kidnappent l'extra-terrestre, c'est un peu gros°.
—Enorme!° Ça fait plutôt rigoler!

—Qu'est-ce que c'est?
—Une soucoupe volante!

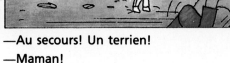

—Au secours! Un terrien!
—Maman!

Activité • Découvrez

In the comic strip *Les Terriens attaquent!* find five expressions you might use to say what you think about a movie.

---

expériences *experiments;* **pareil** *the same;* **un peu gros** *a bit far-fetched;* **Enorme!** *Extremely (far-fetched)!*

CHAPITRE 10

La boum

Une boum, an explosion, is a good word for a party. Of course, parties are popular with young people in France. They often go to parties on Wednesday or Saturday afternoons and sometimes on Saturday night. The food may consist of small, open sandwiches called *canapés,* other snacks, and pastries. Soda, punch, and fruit juice are favorite drinks. For informal parties, everyone brings something. French teenagers take great care with the way they dress for a party. Their clothes are informal, but chic— always *très à la mode.*

In this unit you will:

SECTION A	make plans for a party . . . talk about what you did . . . make excuses
SECTION B	decide what to wear to a party
SECTION C	talk with friends at a party . . . pay them compliments
TRY YOUR SKILLS	use what you've learned
A LIRE	read for practice and pleasure

265

Organizing a party isn't easy. The furniture has to be arranged, the food set out, the spotlights installed, and cassettes or records carefully chosen. An equal number of boys and girls should be invited—no one likes to faire tapisserie *(be a wallflower).*

A1   C'est pour ce soir. ▭

Philippe et Catherine organisent une boum. La semaine dernière, ils ont envoyé les invitations. Leurs amis ont répondu : tout le monde vient! Hier Catherine a préparé une mousse au chocolat. Ce matin, avant de partir, elle a laissé à son frère une liste de choses à faire. Puis elle a acheté des boissons et choisi des fleurs.

> Qui ? Philippe et Catherine
> Quoi ? donnent une boum
> Où ? chez eux / 4, rue du Temple,
> Paris XI ème
> Quand ? vendredi 23 mars à 19 heures
> Téléphone au 49.51.47.08 ou bien envoie
> un petit mot si tu ne peux pas venir.
> apporte tes cassettes !!
> Ça va swinguer !

(A cinq heures)

CATHERINE	Alors, tout est prêt?
PHILIPPE	Bien sûr!
CATHERINE	Tu as déjà passé l'aspirateur et rangé le salon?
PHILIPPE	Zut, j'ai oublié!
CATHERINE	Tu as choisi les cassettes?
PHILIPPE	Euh, non. Pas encore. Je n'ai pas eu le temps.
CATHERINE	Tu as préparé les sandwiches?
PHILIPPE	Il faut des sandwiches?
CATHERINE	Mais qu'est-ce que tu as fait tout l'après-midi?

> Philippe,
> Passe l'aspirateur.
> Range le salon.
> Choisis les cassettes.
> Prépare les sandwiches.
> Je rentre à cinq heures.
> Catherine

PHILIPPE   Eh bien, j'ai regardé le match Bordeaux-Nantes à la télé.
CATHERINE   Allez! Au travail, paresseux! On ne va pas être prêts à temps! Où est la liste?
PHILIPPE   La liste?... Aïe aïe aïe, j'ai perdu la liste!
CATHERINE   Ah, c'est malin!

A2   Activité • Mettez de l'ordre

Elle a choisi des fleurs.
Ils ont envoyé les invitations.
Elle a laissé une liste à son frère.

Elle a acheté des boissons.
Catherine a préparé une mousse au chocolat.
Tout le monde a répondu.

A3   Activité • Qu'est-ce qu'il faut faire?

Pour donner une boum il faut...

1. envoyer...
2. acheter...
3. préparer...

4. passer...
5. choisir...
6. ranger...

A4   Activité • Faites une boum

Vous allez faire une boum chez vous. Qu'est-ce que vous allez faire?

1. Les invitations : envoyer? téléphoner?
2. Les invités : combien? filles? garçons?
3. Le jour : l'après-midi? le soir? l'heure?
4. L'endroit : le salon? la salle à manger? le jardin?
5. La musique : cassettes? disques? rock?
6. La nourriture et les rafraîchissements : boissons? gâteau? sandwiches?

1. Vous organisez des boums? Quand?
2. Vous invitez combien de copains?
3. Vous invitez qui? Pourquoi?
4. Qui achète les boissons? Quelles boissons?

5. Qui range la maison? Qu'est-ce qu'on fait?
6. La boum commence à quelle heure?
7. Elle finit à quelle heure?
8. Vos parents restent à la maison?

A 6 Activité • Organisez une boum

Organisez une boum avec des amis. Qui va faire quoi?

A 7 STRUCTURES DE BASE
The passé composé *with* avoir

1. The **passé composé** is used to refer to past time. It is composed of two parts: (a) a present-tense form of the auxiliary verb **avoir** or **être**; (b) the past participle of a verb. **Avoir** is the auxiliary used most often. The past participle of most verbs consists of a stem plus a participle ending: **envoy + é, chois + i, répond + u.**

Auxiliary		Past Participle
J'	ai	
Tu	as	
Il/Elle/On	a	**envoyé** les invitations.
Nous	avons	**choisi** les cassettes.
Vous	avez	**répondu.**
Ils/Elles	ont	

2. In the negative, **ne** comes before the auxiliary and **pas** immediately follows it: Il **n'**a **pas** choisi les cassettes.

3. Some words, such as **déjà, tout, encore, souvent, beaucoup, trop,** and **assez,** usually come before the past participle: Il a **déjà** rangé le salon.

4. Here are the past participles of some irregular verbs that form the **passé composé** with **avoir.** You have seen these verbs before.

Infinitive	Past Participle	
être	**été**	Elle **a été** au cinéma.
avoir	**eu**	Il n'**a** pas **eu** le temps.
faire	**fait**	J'**ai fait** des sandwiches.
prendre	**pris**	Nous **avons pris** une limonade.
vouloir	**voulu**	Ils **ont voulu** venir.
pouvoir	**pu**	Vous n'**avez** pas **pu** venir?
lire	**lu**	Tu **as lu** cette bande dessinée?
voir	**vu**	Vous **avez vu** quel film?

A 8 Activité • Ecoutez bien

Hier soir ou dans une heure?

A9 Activité • Tout est prêt

Tout le monde a fait son travail. Faites des phrases au passé composé.

1. Marc / téléphoner aux copains
2. Philippe et Catherine / acheter les fleurs
3. Vous / choisir les cassettes
4. Je / faire la mousse au chocolat
5. Nous / envoyer les invitations
6. Tu / préparer les sandwiches

A10 Activité • Rien n'est prêt! *Nothing is ready!*

Tout le monde est paresseux! Répondez au négatif.

1. Tu as passé l'aspirateur?
2. Vous avez acheté les boissons, vous deux?
3. Catherine a envoyé les invitations?
4. Ils ont répondu?
5. On a fait les sandwiches?
6. Nous avons pris les cassettes?
7. J'ai invité Marc?
8. Philippe a voulu ranger le salon?

A11 Activité • Déjà ou pas encore?

Regardez la liste de Catherine.
Qu'est-ce qu'elle a déjà fait?
Qu'est-ce qu'elle n'a pas
encore fait?

> Choses à faire
> Ranger le salon
> Téléphoner aux copains ✓
> Choisir des fleurs
> Envoyer les invitations ✓
> Faire des sandwiches
> Faire la mousse au chocolat ✓
> Choisir les cassettes
> Acheter les boissons ✓

A12 Activité • Ecoutez bien

Sylvie a fait ça? Oui ou non?

A. Ranger le salon
B. Faire la mousse au chocolat
C. Acheter le beurre et le chocolat
D. Choisir les cassettes
E. Envoyer une invitation à Marc
F. Téléphoner à la sœur de Marc

A13 Activité • Ecrit dirigé

Ecrivez ce paragraphe. Mettez les verbes au passé composé. Attention à la position des adverbes!

Hier, mon amie Isabelle et moi, nous (organiser) une boum. Le matin je (inviter) des copains—tout le monde (accepter)—et Isabelle (faire) une mousse au chocolat. Après le déjeuner, ma mère et Isabelle (acheter) les boissons. Moi, je (préparer) des sandwiches. A quatre heures nous (ranger) la maison et Isabelle (choisir) les cassettes. Enfin, nous (attendre) l'arrivée des invités. Sylvie et Valérie (apporter) de bons disques. On (danser) beaucoup et on (manger) trop! La boum (être) un grand succès!

Activité • Qu'est-ce que vous avez fait hier soir?

Avec un(e) camarade choisissez les bonnes réponses aux questions et répétez la conversation.

—Qu'est-ce que tu as fait hier soir?
—…
—Tu as apporté quelque chose?
—…
—Tu as bien mangé?
—…
—La boum a fini à quelle heure?
—…
—Tu as rencontré des gens sympa?
—…

> —Oh oui! Des tas de sandwiches délicieux, des gâteaux...
> —Oui, Corinne et des cousins de Philippe.
> —Mes cassettes, c'est tout.
> —J'ai été à la boum de Philippe.
> —A minuit.

A 15 Activité • Invitez des ami(e)s

Invitez deux ami(e)s par téléphone à votre boum. Un(e) ami(e) accepte et l'autre refuse votre invitation. Voici un modèle.

—Allô, Anne? Tu es libre dimanche après-midi?
—Oui, pourquoi?
—Nous avons invité des copains. Tu peux venir?
—Attends... Oui, je suis libre.

—Tu viens avec ton frère?
—Non, il n'a pas fini ses devoirs.
—Alors, c'est d'accord?
—Oui.
—Bon, alors à dimanche.
—Au revoir.

A 16 COMMENT LE DIRE
Making excuses

Have you done what you should? If not, here are some ways to explain.

Non, pas encore.	No, not yet.
J'ai oublié.	I forgot.
Je n'ai pas eu le temps.	I didn't have time.
Je n'ai pas pu.	I couldn't.

A 17 Activité • A vous maintenant!

Un(e) camarade demande si vous avez déjà fait ces activités. A tour de rôle, répondez non et donnez une excuse. Variez les excuses.

envoyer les invitations —Tu as déjà envoyé les invitations?
—Zut, j'ai oublié!

1. faire tes devoirs
2. téléphoner à Sylvie
3. ranger ta chambre
4. passer l'aspirateur

5. répondre à l'invitation
6. finir les sandwiches
7. préparer la mousse
8. choisir les disques

A18 Activité • Et vous?

Vous avez fait ces choses? Oui ou non? Si non, expliquez pourquoi.

1. Vous avez rangé votre chambre ce matin?
2. Vous avez pris le petit déjeuner?

3. Vous avez écouté les informations?
4. Vous avez fini vos devoirs?

A19 UNE RECETTE *A recipe*

Voici la recette de la mousse au chocolat.

Pour douze personnes il faut :

deux tablettes de chocolat à croquer° de 500 grammes (g),

une douzaine d'œufs,

150 g de beurre,

350 g de sucre.

Séparez les jaunes° d'œufs des blancs dans deux grands bols.

Faites fondre° le chocolat à feu doux° avec un peu d'eau.

Battez ensemble les jaunes et le sucre.

Hors du feu°, ajoutez° le beurre au chocolat. Mélangez° bien.

Versez° le chocolat et le beurre dans les jaunes et le sucre. Mélangez bien.

Battez les blancs en neige°.

Versez les blancs dans le mélange chocolat-œufs. Mélangez doucement°.

La mousse est faite! Servez frais. Bon appétit!

A20 Activité • Et vous?

1. Vous connaissez une recette?
2. Pour faire quoi?
3. Pour combien de personnes?
4. Vous avez déjà fait cette recette?

5. Quand? Où?
6. Qu'est-ce qu'il faut pour faire cette recette?
7. Il faut combien de temps?
8. Comment vous faites cette recette?

---

chocolat à croquer *baking chocolate;* **jaunes** *yolks;* **fondre** *melt;* **à feu doux** *over a low flame;* **hors du feu** *off the burner;* **ajoutez** *add;* **mélangez** *mix;* **versez** *pour;* **battez... en neige** *beat . . . until stiff;* **doucement** *gently*

Here are some expressions of quantity. Notice that each of these expressions includes **de**.

une douzaine d'	œufs	**beaucoup de**	gâteau
un kilo (kg) de	viande	**un peu de**	fromage
250 grammes (g) de	beurre	**combien de**	sandwiches
une tablette de	chocolat	**trop de**	café
une tranche de	jambon	**assez de**	pâté
une bouteille d'	eau minérale		
un litre de	lait		

A 22   Activité • Ecrivez

Vous allez faire une boum ce soir. Qu'est-ce que vous avez acheté ce matin?
Ecrivez la liste.

A 23   Activité • Faites les courses   *Go grocery shopping*

Vous faites les courses. Vous achetez quelque
chose pour votre boum. Regardez votre liste
dans A22 et faites la conversation avec un(e)
camarade de classe.

—Vous désirez?
—Cinq cent grammes de
    pâté, s'il vous plaît.
—Et avec ça?
—...
—C'est tout?
—Oui, c'est tout.

French teenagers like to look their best for a party. They often wear casual clothes that are the latest fashion—no matter how outrageous it might be.

B1   Qu'est-ce qu'ils mettent?

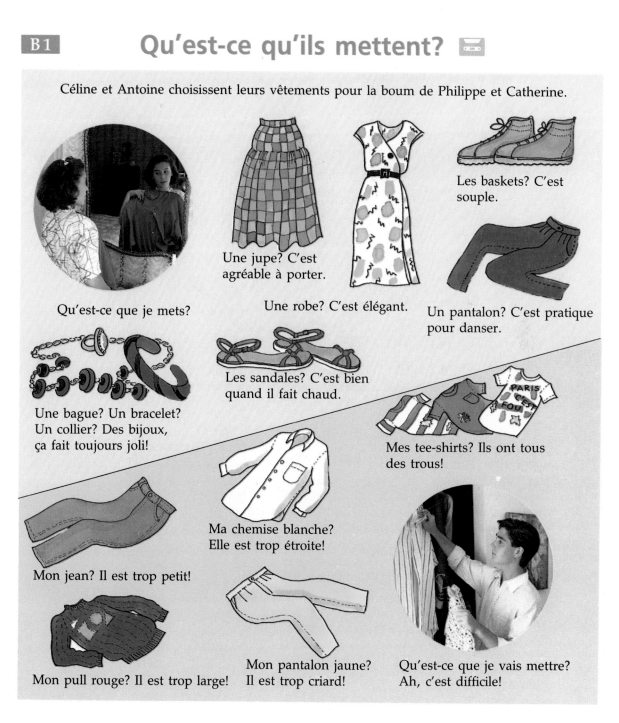

Céline et Antoine choisissent leurs vêtements pour la boum de Philippe et Catherine.

Qu'est-ce que je mets?

Une jupe? C'est agréable à porter.

Une robe? C'est élégant.

Les baskets? C'est souple.

Un pantalon? C'est pratique pour danser.

Une bague? Un bracelet? Un collier? Des bijoux, ça fait toujours joli!

Les sandales? C'est bien quand il fait chaud.

Mes tee-shirts? Ils ont tous des trous!

PARIS C'EST FOU

Mon jean? Il est trop petit!

Ma chemise blanche? Elle est trop étroite!

Mon pull rouge? Il est trop large!

Mon pantalon jaune? Il est trop criard!

Qu'est-ce que je vais mettre? Ah, c'est difficile!

La boum   273

Qu'est-ce qu'ils portent? Ils ont bien choisi leurs vêtements?

B3 Activité • A vous maintenant!

Vous parlez des vêtements avec une camarade. Faites la conversation.
Choisissez la bonne réponse.

—Tu vas mettre...

    une jupe?
    une robe?
    des sandales?
    des bijoux?
    un pantalon?

—Oui, c'est...

    pratique pour danser.
    agréable à porter.
    bien quand il fait chaud.
    élégant.
    toujours joli.

B4 Activité • Rien à porter

Faites cette conversation avec un(e) camarade à tour de rôle.

—Tu ne mets pas ton / ta / tes...

    chemise jaune?
    tee-shirt rouge?
    sandales brunes?
    pantalon bleu?
    baskets blanches?
    jean noir?

—Non, il(s) / elles(s) est / sont...

    trop étroit(e)(s).
    trop large(s).
    trop grand(e)(s).
    trop petit(e)(s).
    trop criard(e)(s).

un col roulé

un imperméable

un chemisier

un manteau

des bottes

des chaussettes

des tennis

un blouson

un polo

un maillot
de bain

des chaussures

un short

B6 Activité • Et vous?

Qu'est-ce que vous mettez...

1. pour marcher?
2. quand il pleut?
3. à la plage?
4. à la maison?

5. quand il fait chaud?
6. quand il fait froid?
7. pour aller à l'école?
8. pour faire du sport?

B7 Activité •
Quel désordre

Regardez cette chambre.
Dites quels vêtements
il y a dans la chambre.

STRUCTURES DE BASE
The verb mettre

mettre *to put (on), wear*					
Je	**mets**	} un pull.	Nous	**mettons**	} un pull.
Tu	**mets**		Vous	**mettez**	
Il/Elle/On	**met**		Ils/Elles	**mettent**	

The past participle of **mettre** is **mis: Elle a mis un pull.**

B 9   Activité • Qu'est-ce qu'on met?

Faites des phrases avec les formes correctes du verbe **mettre** au présent et des adjectifs possessifs.

   Philippe / bottes   Philippe met ses bottes.

1. Tu / chemise
2. Ils / pull
3. Catherine / jupe

4. Vous / sandales
5. Nous / maillot de bain
6. Je / blouson

B 10   Activité • Qu'est-ce qu'ils ont mis?

Répétez cette conversation avec un(e) camarade de classe. A tour de rôle, posez la question et répondez.

   Catherine   (pull/chemisier)   —Catherine a mis un pull?
                                      —Non, elle a mis un chemisier.

1. Catherine   (robe / jupe)
2. Vous   (jean / pantalon)
3. Philippe   (chemise / tee-shirt)

4. Les filles   (chaussettes / sandales)
5. Tes copains   (pull / blouson)
6. Ton amie   (bracelet / collier)

B 11   Activité • Et vous?

Qu'est-ce que vous avez mis pour aller à l'école aujourd'hui? N'oubliez pas les couleurs!

B 12   Activité • Ecrivez

Regardez cette fille. Qu'est-ce qu'elle a mis pour aller à une boum? De quelle couleur sont ses vêtements? Vous aimez quels vêtements? Quels vêtements vous n'aimez pas?

Activité • Chaîne de mots

ELÈVE 1   Elle a mis une robe.
ELÈVE 2   Elle a mis une robe et des sandales.
ELÈVE 3   Elle a mis une robe, des sandales et un bracelet.
ELÈVE 4   Elle a mis...

B 14   ### Activité • Ecoutez bien

Quels vêtements ils n'ont pas mis pour aller à la boum?

Christine : chemisier, pull, bracelet, baskets, bottes
Sylvie : collier, tee-shirt, robe, chemisier, jupe, sandales
Arnaud : blouson, chemise, chaussures, jean, pull, pantalon
Monique : bracelet, collier, pantalon, jupe, robe
Marc : chaussures, chemise, jean, col roulé, blouson, bottes

B 15   ## VOUS ETES A LA MODE?

A une boum on voit des vêtements de différents styles—il n'y a pas une mode,
mais plusieurs. Voici Jacques, Stéphanie, Jean-Claude et Emilie.

Les cheveux courts,
un pantalon étroit,
les chaussures pointues,
la couleur noire, c'est
la mode rétro!

Jean, tee-shirt
blanc, baskets,
c'est la mode
sport!

Beaucoup de trous,
des badges, une
coiffure extrava-
gante, c'est la
mode punk!

Des couleurs vives,
de jolies chaussettes,
des chaussures
souples, c'est la
mode branchée!

B 16   ### Activité • Et vous?

1. Quelle mode vous aimez mieux? Pourquoi? Vous êtes à la mode?
2. Décrivez la mode branchée chez vous. Qu'est-ce que les filles portent? Et les garçons?

Vous êtes styliste (*designer*). Inventez une mode. Qu'est-ce que vous mettez?

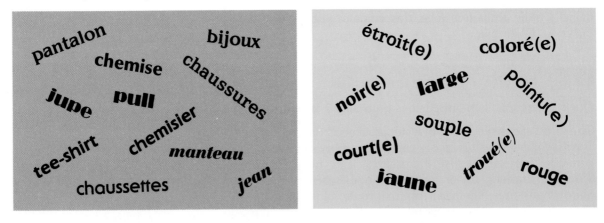

pantalon   chemise   bijoux   chaussures   jupe   pull   chemisier   tee-shirt   manteau   chaussettes   jean

étroit(e)   coloré(e)   noir(e)   large   pointu(e)   souple   court(e)   troué(e)   jaune   rouge

Nicolas et ses amis vont célébrer le Mardi Gras chez Juliette. C'est une boum spéciale : il faut mettre un déguisement. Vous choisissez quel déguisement? Pourquoi?

Nicolas est en fantôme.
Il adore faire peur à°
ses amis.

La passion de Sophie,
c'est voler°. Elle est
en sorcière.

Juliette est très jolie en
bohémienne. Elle fait
du charme aux garçons.

Jacques, lui, aime
l'aventure, le risque,
la mer. Il rêve° d'être
un jour pirate!

---

faire peur à *to frighten;*   **voler** *to fly;*   **rêve** *dreams*

The party's in full swing. The music has to be just right. Start with les rocks, *followed by* les slows. *Include* tous les grands succès—*that is, all the latest hits.*

C1 La boum bat son plein.

La boum a commencé. Presque tout le monde est là. On mange, on danse, on fait des rencontres, on joue de la guitare... Il y a de l'ambiance!

ISABELLE   Mes compliments pour ta mousse au chocolat. Elle est excellente!
CATHERINE   Oh, ce n'est rien.
ISABELLE   Si, si, elle est très bonne!

ERIC   Tu connais cette fille?
PHILIPPE   La petite brune?
ERIC   Oui.
PHILIPPE   C'est Isabelle. Elle est mignonne, hein?

ISABELLE   Géniale, cette musique!
ERIC   C'est mon disque.
ISABELLE   Tu as bon goût!
ERIC   Tu veux danser?
ISABELLE   Euh, je ne sais pas danser le rock.
ERIC   C'est parfait! Moi aussi, je danse comme une savate.

CATHERINE   Elle te va super bien, cette veste!
MARC   Tu trouves?
CATHERINE   Oui, c'est tout à fait ton style.

CATHERINE   Il joue drôlement bien! C'est le roi de la guitare!
PHILIPPE   A mon avis, il joue plutôt comme un pied!
CATHERINE   Chut! Allez, Marc, encore un morceau!
MARC   Tout à l'heure. Maintenant j'ai faim et j'ai soif!

C2 Activité • Pourquoi?

Expliquez pourquoi...

1. Marc est le roi de la guitare.
2. Marc ne joue pas un autre morceau.
3. Eric a bon goût.
4. Eric veut connaître la petite brune.

5. Isabelle fait des compliments à Catherine.
6. Isabelle ne veut pas danser.
7. Catherine trouve la veste de Marc super.

C3 Activité • Ils sont comment? *What are they like?*

1. La petite brune?
2. La mousse?
3. La musique?
4. La veste de Marc?
5. Marc?
6. La boum?

C4 COMMENT LE DIRE
Paying and acknowledging compliments

Complimenting people on . . .	COMPLIMENTS	REPLIES
clothing	Elle te va bien, cette veste! Elles te vont bien, ces baskets! C'est tout à fait ton style!	Tu trouves?
food	Mes compliments pour la mousse. Les sandwiches sont excellents!	Oh, ce n'est rien.
taste	Tu as bon goût!	C'est gentil.
skills	Tu joues drôlement bien! Tu danses drôlement bien!	

C5 Activité • A vous maintenant!

Faites des compliments à ces personnes.

1. Nathalie porte un nouveau pantalon.
2. Vous aimez le gâteau de Dominique.
3. Votre ami parle bien l'anglais.

4. Marc a de nouvelles bottes.
5. Catherine choisit de bonnes cassettes.
6. Paul et Valérie dansent bien.

C6 LES GENRES DE MUSIQUE

le rock   le folk   le jazz   le blues   le classique

C7 Activité • Quel disque mettre?

Un(e) camarade de classe et vous décidez d'écouter des disques. Répétez cette conversation. Variez les genres de musique.

—Je mets un disque?
—Oui, mets du jazz.
—Tu aimes ça?

—Ah, oui, c'est extra! Pas toi?
—Non, moi, je préfère le rock.

C8 Activité • Et vous?

1. Vous aimez mieux quel genre de musique?
2. Vous aimez d'autres genres?
3. Vous avez beaucoup de disques? De cassettes?
4. Vous écoutez souvent de la musique? Quand?
5. Vous aimez danser? Vous dansez bien ou mal?
6. Vous jouez de la guitare?

C9 Savez-vous que...?

Rock music is very popular in France. French teenagers especially like American, German, and English groups. Many teenagers even learn English lyrics by heart. There are French groups, like **Indochine** and **Carte de Séjour,** but they aren't as popular as solo singers, who reflect the French love of individualism. Also, it's been said that the flowing, romantic French language doesn't fit the quick, sharp beat of rock music as well as English does.

TOP 20

LE PREMIER CLASSEMENT MENSUEL DES VENTES RÉELLES DE 33 TOURS

CLASSEMENT JANVIER 1986		CLASSEMENT PRÉCÉDENT	MEILLEUR CLASSEMENT
1 – RENAUD	MISTRAL GAGNANT	3	1
2 – JEAN-JACQUES GOLDMAN	NON HOMOLOGUÉ	1	1
3 – JEAN FERRAT	JE NE SUIS QU'UN CRI	2	2
4 – SADE	PROMISE	4	4
5 – MICHEL SARDOU	CHANTEUR DE JAZZ	+ +	+ +
6 – DISQUE DES RECORDS	COMPILATION LEDERMAN/RCA		
7 – DIRE STRAITS	BROTHERS IN ARMS	5	1
8 – STING	THE DREAM OF THE BLUE TURTLES	6	1
9 – THE CURE	HEAD ON THE DOOR	16	4
10 – MADONNA	LIKE A VIRGIN	14	6
11 – DANIEL BALAVOINE	SAUVEZ L'AMOUR	9	5
12 – SIMPLE MINDS	ONCE UPON A TIME	10	6
13 – FRANCIS CABREL	PHOTOS DE VOYAGES	7	7
14 – JOHNNY HALLYDAY	ROCK'N'ROLL ATTITUDE	12	12
15 – « TOUTE LA MUSIQUE QUE J'AIME » N° 3	COMPILATION VIRGIN/PATHÉ-MARCONI	13	2
16 – MICHEL JONASZ	AU PALAIS DES SPORTS	+ +	+ +
17 – RONDO VENEZIANO	ODYSSÉE DE VENISE	+ +	+ +
18 – STEVIE WONDER	IN SQUARE CIRCLE	11	11
19 – MIXAGE	COMPILATION BABY-RECORDS/POLYDOR	+ +	+ +
20 – RICHARD CLAYDERMAN	LES SONATES	+ +	+ +

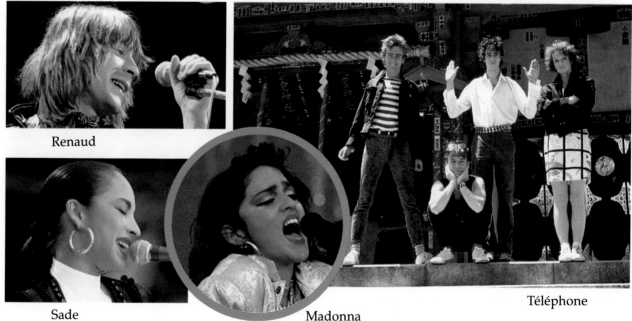

Renaud

Sade

Madonna

Téléphone

Faites le hit-parade de votre classe. Un(e) élève est animateur/animatrice *(disc jockey)* à la radio. Les autres élèves regardent le hit-parade français et ils téléphonent pour demander leur chanson préférée.

—Vous voulez quel disque?
—Mettez *(titre)* par *(chanteur ou groupe),* s'il vous plaît.

C11 STRUCTURES DE BASE
The verb savoir

savoir *to know (how)*				
Je	**sais**	} danser.	Nous	**savons**	} danser.
Tu	**sais**		Vous	**savez**	
Il/Elle/On	**sait**		Ils/Elles	**savent**	

The past participle of **savoir** is **su: J'ai su la réponse.**

C12 Activité • Faites des phrases

Je
Tu
Christine
Paul
Nous
Vous
Françoise et Marc

savoir

jouer de la guitare
combien ça coûte
faire la mousse au chocolat
danser le rock
parler anglais
où habitent Philippe et Catherine
choisir les vêtements
faire un gâteau

C13 Activité • Qu'est-ce qu'ils savent ou ne savent pas faire?

1.　　　　　2.　　　　　3.　　　　　4.

C14 Activité • Vous savez observer?

Regardez bien les dessins. Qu'est-ce que vous savez?

1. Je sais que c'est l'hiver.   **2.** Je sais que…   **3.** Je sais que…   **4.** Je sais que…

C15 STRUCTURES DE BASE
Connaître *or* savoir

Connaître and **savoir** both mean *to know,* but they have different uses:

• **connaître** shows familiarity with a person, a place, or a thing;
• **savoir** shows knowledge gained through experience or learning.

Il	**connaît**	Catherine Paris. la rue.	Il	**sait**	l'anglais. pourquoi. danser.

Note that **savoir** means *to know how* when it's followed by an infinitive:

Il sait danser.   *He knows how to dance.*

C16 Activité • A la boum

Vous êtes à une boum avec un(e) ami(e). Posez une question avec **connaître** ou **savoir**. Répondez avec les mots entre parenthèses.

> Valérie? (sœur de Paul)   —Tu connais Valérie?
> —Oui, c'est la sœur de Paul.

1. cette femme? (mère de Philippe)
2. danser le rock? (pas très bien)
3. ce garçon? (cousin de Catherine)
4. à quelle heure Arnaud arrive? (8 h)

5. la sœur de Marc? (mignonne)
6. où sont les filles? (cuisine)
7. ce monsieur? (père de Catherine)
8. qui a téléphoné? (non)

C17 Activité • Ecoutez bien

Répondez.

1. Qu'est-ce qu'ils ont mangé à la boum?
2. Ils ont pris quelles boissons?

3. Qu'est-ce qu'ils ont fait?
4. Comment ils ont trouvé l'ambiance?

C18 Activité • Ecrivez

Vous avez donné une boum chez vous la semaine dernière. Vous parlez de la boum dans une lettre à un(e) ami(e). Voilà des questions pour vous guider.

Quel jour vous avez donné la boum? A quelle heure?
Vous avez invité qui? Et comment?
Qu'est-ce que vous avez fait avant la boum?
Qu'est-ce que vous avez fait pendant?
Elle a fini à quelle heure?
Comment vous avez trouvé l'ambiance, les vêtements, la musique, la nourriture?
La boum a été un succès?

C19 Activité • Un rock

Vous savez danser le rock? Non? Regardez bien les dessins... et maintenant à vous!

Et on danse, on danse! Ah, il y a de l'ambiance!

Du soir au matin! Mains dans les mains!

On danse, on danse! Ah, le rock, le rock! *That's rock!*

C20 Activité • Vous savez danser...?

1. le rock?
2. le disco?
3. le break?

4. le slow?
5. la salsa?
6. la valse?

1   La ligne est occupée!

Samedi soir… on ne va pas rester à la maison… On sort… Il y a une boum?…
Le téléphone sonne!

1. Catherine à Pauline :
—Tu es libre ce soir?
Je fais une boum.
—A quelle heure?
—Sept heures.
—OK!

2. Frédéric à Christophe :
—Salut! J'organise une
boum tout à l'heure.
Tu peux venir?
—On danse?
—On danse et on mange!
—C'est d'accord!

3. Pauline à Christophe :
—Tu viens à la boum de
Catherine ce soir?
—Non, je vais chez
Frédéric.
—Ah, dommage, on ne
va pas pouvoir danser
ensemble!

4. Pauline à Frédéric :
—Euh, tu fais une boum
ce soir?
—Oui. Tu veux venir?
—Je peux?
—Bien sûr. A ce soir.

5. Christophe à Catherine :
—Qu'est-ce que tu fais
plus tard?
—J'invite des copains. Tu
peux venir si tu veux.
—Chouette! J'apporte
des disques.

6. Pauline à Catherine :
—En fait, je ne peux pas
venir à ta boum. Je vais
à la campagne chez
mon oncle.
—OK. Bon week-end!

7. Christophe à Frédéric :
—Frédéric, j'ai un
problème : j'ai beaucoup
de travail pour lundi.
Je ne viens pas ce
soir.
—D'accord.

8. Pauline à Christophe :
—Christophe! Moi aussi,
je vais chez Frédéric ce
soir! On va pouvoir
danser ensemble!
—Aïe aïe aïe! Moi, j'ai
téléphoné à Frédéric
et maintenant je vais
chez Catherine!

—Zut!… Attends, j'ai
une idée! J'organise
une boum chez moi!
Tu viens?
—Je viens!

2 Activité • Vous comprenez?

1. Qui aime qui?
2. Quelle excuse Pauline donne à Catherine? En réalité, pourquoi elle ne va pas à la boum de Catherine?
3. Quelle excuse Christophe donne à Frédéric? En réalité, pourquoi il ne va pas à la boum de Frédéric?
4. Pauline propose quelle solution? Il y a une autre solution possible?
5. Vous pouvez raconter (*retell*) cette situation compliquée?

3 Activité • A vous maintenant!

Au téléphone, vous invitez un(e) camarade de classe à venir à votre boum.

a. Il (elle) accepte.   **b.** Il (elle) ne peut pas venir.

4 Activité • Préparez la boum

Faites une liste de huit choses à faire pour la boum. Donnez la liste à un(e) camarade. Demandez s'il (si elle) a fait ces choses ou pas. Ensuite, regardez la liste de votre camarade et répondez à ses questions.

5 Activité • Choisissez vos vêtements

Vous voulez acheter des vêtements. Vous regardez un catalogue et vous faites votre commande.

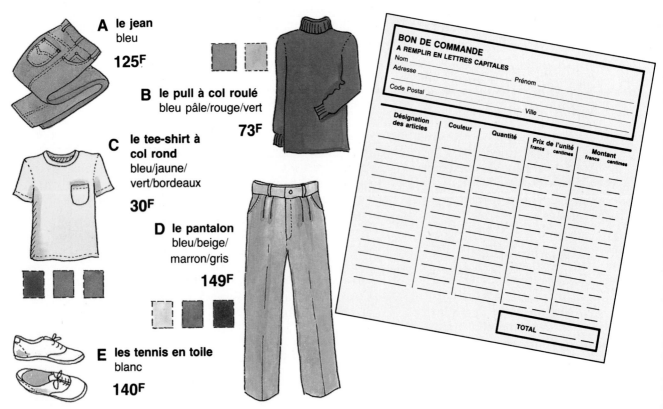

A le jean
bleu
125F

B le pull à col roulé
bleu pâle/rouge/vert
73F

C le tee-shirt à col rond
bleu/jaune/vert/bordeaux
30F

D le pantalon
bleu/beige/marron/gris
149F

E les tennis en toile
blanc
140F

BON DE COMMANDE
A REMPLIR EN LETTRES CAPITALES
Nom _____
Adresse _____ Prénom _____
Code Postal _____
_____ Ville _____

Désignation des articles	Couleur	Quantité	Prix de l'unité francs centimes	Montant francs centimes

TOTAL _____

6 Activité • Qu'est-ce que vous allez mettre?

Complétez cette conversation avec des vêtements. Puis, répétez la conversation
avec un(e) camarade.

—Regarde! Comment tu trouves mon (ma)...?
—Super! Il (elle) va très bien avec ton (ta)...
—Pourquoi tu ne mets pas ton (ta)...?
—Je préfère mettre mon (ma)... Il (elle) va mieux avec mon (ma)...
—Et tu ne mets pas tes...?
—Bien sûr! Et toi, qu'est-ce que tu mets comme chaussures?
—Mes... Pour aller avec mon (ma)...

7 Activité • Ça me va?

Imaginez! Vous allez au magasin avec un(e) ami(e) acheter des vêtements.

Vous mettez...	Vous demandez...	Votre ami(e) répond...
un pull des chaussures un jean un polo un col roulé une chemise une robe un pantalon une jupe un blouson	—Ça me va, ce pull? —Comment tu trouves ces bottes? —Tu aimes ce chemisier?	—Il (elle) te va super bien! —Le vert ne te va pas. —Il (elle) est trop étroit(e), grand(e), large, petit(e). —C'est tout à fait ton style! —Moi, je préfère le polo.

8 Activité • Qu'est-ce qu'on met?

Vous allez à une boum samedi, mais vous ne savez pas quoi mettre. Vous
téléphonez à un(e) ami(e). Répétez cette conversation avec un(e) camarade
de classe. Variez les vêtements.

Voilà quelques phrases utiles :

—Allô, Nathalie? C'est Catherine.
  Je ne sais pas quoi mettre pour la boum.
  Qu'est-ce que tu mets, toi?
—Eh bien, je mets...
—Qu'est-ce que je peux mettre, moi?
—Tu peux mettre...

—Oh non, il (elle) ne me va pas.
—Il (elle) est trop petit(e) pour moi.
—Je n'aime pas le (la) rouge.
—J'ai déjà mis cette robe pour la boum de Paul.

9 Activité • Sondage

Vous demandez aux autres élèves quel genre de musique ils aiment et quelle
chanson ils préfèrent dans ce genre. Faites un hit-parade.

10   Activité • Une rencontre

A une boum vous rencontrez un garçon (une fille). Vous parlez de la boum, des invités, de l'ambiance, de la musique—de tout. Faites la conversation avec un(e) camarade de classe.

11   Activité • Ecrivez

Ecrivez un petit mot à votre ami(e). Expliquez pourquoi vous ne pouvez pas aller à sa boum.

12   Activité • Qu'est-ce qu'ils disent?   *What are they saying?*

13   Activité • Situations

Vous êtes à une boum. Qu'est-ce que vous dites si…

1. vous aimez le gâteau?
2. vous voulez connaître cette personne là-bas?
3. vous voulez danser avec cette personne?
4. vous ne voulez pas danser?
5. vous admirez les vêtements de votre ami(e)?
6. vous aimez la musique?

14   Activité • Ecrivez

Imaginez! Vous êtes le garçon ou la fille dans ce dessin. Regardez bien et notez tous les détails : l'endroit, les personnes, les vêtements, les couleurs, les objets, l'ambiance… Ensuite, complétez les phrases. Et après, comparez vos réponses avec les réponses d'un(e) camarade de classe.

Je suis…
Je pense que…
J'aime…
Je n'aime pas… mais…
J'ai…
Je n'ai pas…
C'est…

Prononciation, lecture, dictée

1. Ecoutez bien et répétez. *(the letter* **r***)*

2. Ecoutez et lisez.

a. frère	**b.** leur	**c.** rouge	**d.** danser
prêt	aspirateur	robe	porter
trop	fleur	regardé	collier
brune	partir	répondu	chemisier
grande	soir	rangé	dernier

3. Copiez les phrases suivantes pour préparer une dictée.
- **a.** Leur frère trouve la petite brune agréable.
- **b.** Regardez les jolies fleurs rouges!
- **c.** Cette robe est pratique pour danser.
- **d.** Ce chemisier a un grand trou!
- **e.** Le collier vert est trop grand.

16 Activité • Récréation

1. Ajoutez une lettre
Ajoutez la même lettre à chaque *(each)* verbe et faites deux verbes différents :
avez—ont.

2. Trouvez les contraires *(opposites)*

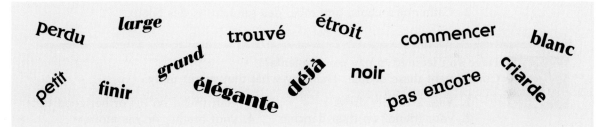

Perdu large trouvé étroit commencer blanc
petit finir grand élégante déjà noir pas encore criarde

3. L'intrus
Choisissez la forme du verbe qui n'a pas le même infinitif que *(as)* les autres.
- **a.** il a, nous avons, j'ai eu, ils vont
- **b.** tu as fait, nous faisons, ils font, il a fini
- **c.** je suis, j'ai été, ils ont, ils sont
- **d.** j'ai perdu, je prends, tu as pris, ils prennent
- **e.** ils mettent, vous mettez, ils ont mis, tu as mangé

4. Jeu d'association
Quels mots vont ensemble?

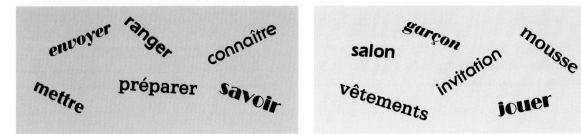

envoyer ranger connaître mettre préparer savoir

salon garçon mousse vêtements invitation jouer

VERIFIONS!

Do you know how to make excuses in French?
Give three excuses for not having done something.

Have you learned to tell what happened?
Tell what these people did. Then say they didn't do it.

1. Nous (envoyer les invitations)
2. Elle (téléphoner aux copains)
3. Je (faire les sandwiches)
4. Tu (choisir les disques)
5. Les copains (répondre)
6. Vous (avoir le temps)

Can you describe what people are wearing?
Using **mettre,** tell what clothing these people are putting on.

Je Elles Nous Il

Can you give some reasons for deciding to wear certain clothing?
Give different reasons for Philippe's and Catherine's decisions.

1. Philippe n'a pas choisi sa chemise bleue, son tee-shirt rouge, ses tennis.
2. Catherine a choisi une robe, des sandales et des bijoux.

Have you learned to pay compliments?
Compliment these people. Then say what they might reply.

1. Valérie on her dress
2. your friends on their dancing
3. your friend on his or her good taste
4. your brother on his mousse

Do you know two ways to say *know(s)* in French?
Complete these sentences with the correct form of the appropriate verb.

1. Nous ____ les montagnes.
2. Je ne ____ pas danser.
3. Vous ____ où il est?
4. Tu ____ ces gens là-bas?
5. Ils ne ____ pas ce disque.
6. Elle ____ faire du patin à glace.

VOCABULAIRE

SECTION A

Allez! *Come on!*
apporter *to bring*
assez de *enough*
Au travail! *Down to work!*
avant de *before*
une **boisson** *drink, beverage*
une **bouteille** *bottle*
choisir *to pick out*
combien (de) *how many*
dernier, -ière *last*
une **douzaine** *dozen*
envoyer *to send*
une **fleur** *flower*
un **gramme (g)** *gram*
hier *yesterday*
une **invitation** *invitation*
inviter *to invite*
un **kilo (kg)** *kilo(gram)*
une **liste** *list*
un **litre** *liter*
malin, maligne *clever, smart*
une **mousse au chocolat** *chocolate mousse*
organiser *to organize, arrange*
ou bien *or else*
paresseux, -euse *lazy*
pas encore *not yet*
passer l'aspirateur *to vacuum*
perdre *to lose*
un **petit mot** *note*
un **peu de** *a little*
préparer *to prepare, make*
prêt, -e *ready*
ranger *to straighten up*
le **salon** *living room*
un **sandwich (pl. -es)** *sandwich*
swinguer : Ça va swinguer! *It's going to swing!*
une **tablette** *bar*
Zut! *Darn it!*

SECTION B

(See B5: clothes.)

---

agréable *pleasant*
un **badge** *(slogan) button*
une **bague** *ring*
des **baskets** (f.) *(high) sneakers*
bien *nice*
des **bijoux** (m.) *jewelry*
un **bracelet** *bracelet*
une **chaussette** *sock*
une **chaussure** *shoe*
une **chemise** *man's shirt*
les **cheveux** (m.) *hair*
une **coiffure** *hairdo*
un **collier** *necklace*
court, -e *short*
criard, -e *loud, garish*
élégant, -e *elegant*
étroit, -e *tight*
extravagant, -e *extravagant, wild*
faire : Ça fait joli. *That looks pretty.*
un **jean** *jeans*
une **jupe** *skirt*
large *wide, loose*
mettre *to put (on), wear*
la **mode** *style;* **à la mode** *stylish;* **la mode branchée** *the latest style;* **la mode rétro** *the style of the Fifties;* **la mode sport** *the sporty style/look*
un **pantalon** *pants, slacks*
plusieurs *several*
pointu, -e *pointed*
porter *to wear*
pratique *practical*
un **pull** *pullover*
une **robe** *dress*
une **sandale** *sandal*
souple *flexible*
un **style** *style*
un **trou** *hole*
vif, vive *bright*

SECTION C

une **ambiance** *atmosphere*
Il y a de l'ambiance! *There's a great atmosphere!*

---

avoir soif *to be thirsty*
bat son plein *is in full swing*
le **blues** *blues*
brun, -e *brunet, brunette*
Ce n'est rien. *It's nothing.*
le **classique** *classical music*
comme *like*
commencer *to start*
drôlement bien *extremely well*
encore un(e) *another*
faire des rencontres *to meet*
le **folk** *folk music*
le **goût** *taste*
une **guitare** *guitar*
le **jazz** *jazz*
jouer (de) *to play (a musical instrument)*
Mes compliments pour... *My compliments on . . .*
mignon, -onne *cute*
un **morceau (pl. -x)** *number, piece*
parfait, -e *perfect*
un **pied** *idiot*
un **roi** *king*
une **savate** *clumsy idiot*
savoir *to know (how)*
tout à fait *totally*
trouves : Tu trouves? *Do you think so?*
va, vont : Il/Elle te va bien. *It looks nice on you. It's attractive.* **Ils/Elles te vont bien.** *They look nice on you. They're attractive.*
une **veste** *jacket, blazer*

ETUDE DE MOTS

Look at B5 and the vocabulary list for Section B. Which French words for casual clothes do you think come from English? The other words for clothing you may recognize are French words that we use in English. Do these words have the same meaning in both languages? Explain.

A LIRE

Une Passionnée
de boums

Skim the following reading selection. What is your impression of Pauline?
Is she a complicated person? Is she superficial? Is she the kind of person you
might choose as a friend?

C'est l'été! L'école est finie! Que faire?... Pauline, elle, va à des boums. C'est son passe-temps
favori. Elle n'aime pas le cinéma, elle déteste le sport, elle n'aime que° les boums. Là elle peut
danser et rire°... Ah, danser! Quel bonheur°!... Quand il n'y a pas de boum, elle s'ennuie;
elle reste dans sa chambre et téléphone à ses amies : «Tu ne connais pas quelqu'un qui
organise une boum?»

Vous voulez aller à une boum? Téléphonez à Pauline. Elle sait tout : où il y a une boum, le

jour, l'heure, le nombre d'invités... Elle a un agenda° spécial où elle
note toutes les boums. Quelques jours avant, elle téléphone et
essaie de° savoir—discrètement—s'il y a une boum de prévue°.
Si on a oublié de lui envoyer une invitation, elle propose son aide :
«Tu sais, si tu as besoin de° quelqu'un pour faire les courses ou la
vaisselle... Oh, et j'ai de très bons disques!...» Et bien sûr, elle
est invitée!

Elle va même à des boums où elle ne connaît personne. Elle
entend de la musique chez ses voisins; elle monte et frappe à leur
porte. «Bonsoir, je m'appelle Pauline; je suis votre voisine du
dessous°; j'ai entendu de la musique et...

---

ne... que *only;* **rire** *laugh;* **bonheur** *happiness;* **agenda** *appointment book;* **essaie de** *tries;* **de prévue** *planned;*
as besoin de *need;* **dessous** *downstairs*

—Mais bien sûr, entre! Plus on est de fous plus on rit!°» Et voilà! Pauline est la première sur la piste° et la dernière à partir.

Pauline met de l'ambiance: elle est amusante, vivante, pleine de joie de vivre, et elle sait très bien danser. Elle connaît tous les derniers tubes, met des vêtements à la dernière mode; elle est toujours «au courant», «dans le vent», «branchée». Quand elle n'est pas là, ses amis demandent: «Pauline est malade?... Qu'est-ce qu'elle a?» Mais non, elle n'est pas malade! Mais elle ne peut pas venir tous les soirs. D'abord, ses parents ne veulent pas et ensuite, elle fait souvent du baby-sitting le soir: l'été c'est aussi l'occasion de gagner° un peu d'argent. Quand elle ne vient pas, elle manque°. On parle d'elle, on imite sa façon de danser... Une boum réussie° doit° avoir de la bonne musique, de la nourriture abondante et... Pauline!

Activité • Quelles phrases vont ensemble?

1. Pauline est branchée.
2. Elle gagne de l'argent.
3. Elle n'est pas à la boum!
4. Il n'y a pas de boum.
5. Elle n'est pas invitée.
6. Pauline est pleine de joie de vivre.

Elle propose son aide.
Elle fait du baby-sitting.
Elle manque.
Elle est vivante.
Elle connaît tous les derniers tubes.
Elle s'ennuie.

Activité • Discutez

Pauline peut être une de vos amies? Pourquoi? Pourquoi pas?

Activité • Devinez

1. s'ennuie:
   a. *is happy*
   b. *is busy*
   c. *is bored*

2. quelqu'un:
   a. *something*
   b. *someone*
   c. *sometimes*

3. ... elle ne connaît personne.
   a. . . . *she doesn't know anyone.*
   b. . . . *she knows everyone.*
   c. . . . *she knows a lot of people.*

4. «Au courant», «dans le vent» et «branché» sont des expressions synonymes. Quelles sont des expressions équivalentes en anglais?

Plus on est de fous plus on rit! *The more the merrier!*   **piste** *dance floor;*   **gagner** *to earn;*   **manque** *is missed;*
réussie *successful;*   **doit** *must, has to*

Comment se faire inviter à une boum?

Everyone loves a party—nobody likes to be left out. Here are some clever ways to get yourself invited!

Voici quelques idées :

Naïve

«Oh, c'est sympa, tu fais une boum?»

Culottée

«Chouette! Je viens! J'amène trois amis!»

Malin

«Tu fais une fête? Super! J'ai tous les derniers tubes!»

Mielleux

«Tu veux de l'aide?»

Seule

«Je connais personne. Je peux venir?»

Calculateur

«Tiens, moi aussi, je vais faire une boum un de ces jours...»

Activité • Choisissez l'équivalent anglais

calculateur   *bold*
seule   *clever*
naïve   *calculating*
mielleux   *alone, lonely*
culottée   *naive*
malin   *smooth-talking*

Activité • Répondez

1. Pourquoi la fille est culottée?
2. Qui peut apporter des disques?
3. Pourquoi la fille est seule?

4. Le garçon calculateur va donner une boum? Qu'est-ce que vous pensez?

Activité • A vous maintenant!

Vous allez donner une boum. Vous voulez inviter ces gens? Pourquoi? Pourquoi pas?

Activité • Les adjectifs

Complétez ce tableau.

FÉMININ	MASCULIN
naïve	naïf
culottée	
maligne	
	mielleux
seule	
calculatrice	

Activité • Et vous?

Comment vous êtes? Vous êtes quelquefois seul(e)? Pourquoi? Vous êtes naïf (naïve)? Culotté(e)? Expliquez.

CHAPITRE 11
Bonne fête!

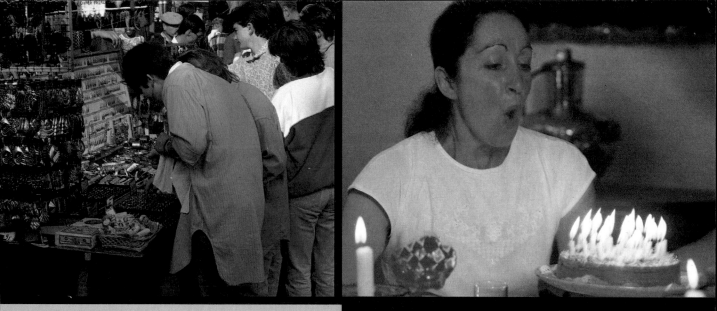

Bon anniversaire! (Happy birthday!) *Joyeux Noël!* (Merry Christmas!) *Bonne année!* (Happy New Year!) There are many occasions when the French give presents and send greetings—most are the same as those in the United States, but there are differences, too. Children receive gifts at Christmas from *Père Noël* or from family and friends. *Le muguet* (lily of the valley) is usually given to women on May 1. Flowers are presented to mothers for *la fête des Mères*.

In this unit you will:

SECTION A	decide what gifts to give family and friends . . . ask for and give advice
SECTION B	buy presents . . . ask prices . . . make choices
SECTION C	celebrate a birthday . . . express pleasure when you receive a gift . . . extend special greetings
TRY YOUR SKILLS	use what you've learned
A LIRE	read for practice and pleasure

297

deciding what gifts to give family and friends . . . asking for and giving advice

There are many large shopping centers and department stores in France. The hypermarché—*a combination supermarket/department store—is another convenient place to shop. But if you have the time, going from boutique to boutique might be more fun!*

A1   Au centre commercial 📼

Sylvie et sa sœur Marie font du lèche-vitrines au Forum des Halles, un grand centre commercial à Paris. Elles veulent offrir des cadeaux à leurs parents pour leur anniversaire de mariage, mais elles ne savent pas quoi acheter.

SYLVIE   Alors, qu'est-ce qu'on offre à papa? Tu as une idée?

MARIE   On peut lui offrir des mouchoirs. Qu'est-ce que tu en penses?

SYLVIE   Encore! Tous les ans on lui donne des mouchoirs! Et pour maman? A ton avis, qu'est-ce qu'on lui achète?

MARIE   Un collier?

SYLVIE   Trop cher!

MARIE   Des fleurs?

SYLVIE   Mais il y a déjà plein de fleurs à la maison!

MARIE   Bon, moi, j'abandonne. Je sais pas quoi leur acheter.

SYLVIE   Mais non, viens, allons dans les boutiques.

—Un rasoir électrique?
—Non, c'est pour grand-père.

—Maman a besoin d'un nouveau sac.
—Ce n'est pas son style.

—Un livre?
—C'est banal!

—Du parfum?
—Bonne idée, mais c'est cher!

—Une montre?
—On n'a pas assez d'argent.

—Peut-être un portefeuille pour papa?

—Maman a déjà une radio.

—Un magnétoscope?
—Impossible!

—Une écharpe? Papa a perdu sa belle écharpe.

—Non, plutôt une boîte de bonbons. Tout le monde aime les bonbons... Et c'est pas cher!

A2 Activité • Pourquoi pas?

Dites pourquoi les filles n'achètent pas ces objets.

1. un livre
2. des fleurs
3. du parfum

4. une radio
5. des mouchoirs
6. un rasoir

A3 Activité • Trouvez des synonymes

1. Il y a <u>plein</u> de fleurs à la maison.
2. Je vais <u>lui donner</u> un rasoir.

3. On va dans les <u>magasins</u>.
4. <u>Il me faut</u> un portefeuille.

A4 STRUCTURES DE BASE
The verbs acheter *and* offrir

The verb **acheter** follows the same pattern as other verbs ending in **-er,** but it shows a change in the vowel sound of the **je, tu, il,** and **ils** forms by means of an **accent grave** (`).

acheter	*to buy*				
J'	**achète**		Nous	**achetons**	
Tu	**achètes**	} des fleurs.	Vous	**achetez**	} des fleurs.
Il/Elle/On	**achète**		Ils/Elles	**achètent**	

The verb **offrir** follows the pattern of a verb ending in **-er,** even though the infinitive ends in **-ir.**

offrir	*to offer, give*				
J'	**offre**		Nous	**offrons**	
Tu	**offres**	} des fleurs à Marie.	Vous	**offrez**	} des fleurs à Marie.
Il/Elle/On	**offre**		Ils/Elles	**offrent**	

The past participle of **offrir** is **offert: Il a offert des fleurs à Marie.**
Another verb like **offrir** is **ouvrir,** *to open:* **Elle a ouvert le cadeau.**

A5 Activité • Qu'est-ce qu'on achète?

1. Jean-Paul?
2. Christine?
3. Sylvie et Marie?

4. Vous deux?
5. Lui?
6. Et vous?

Qu'est-ce qu'on achète dans ces magasins?

Chez le fleuriste

Chez le disquaire

A la bijouterie

A la parfumerie

A la librairie

A la maroquinerie

A7 Activité • Faites des phrases au passé composé

J'ai acheté du parfum à une amie.

je		du parfum	à papa
Christine		des disques	à mon frère
Paul		un livre	à sa sœur
elles	acheter	une écharpe	à maman
nous	offrir	une boîte de bonbons	à leur grand-père
vous	donner	un portefeuille	à sa mère
ils		un pull	aux copains
tu		un ordinateur	à une amie

STRUCTURES DE BASE
The indirect-object pronouns lui *and* leur

1. In the following chart each sentence is divided into four parts: the subject, the verb, the direct object of the verb, and the indirect object of the verb.

Subject	Verb	Direct Object	Indirect Object
Sylvie	achète	des fleurs	à sa mère.
Marie	offre	une écharpe	à son père.
Vous	donnez	un cadeau	à vos amis?

2. Indirect objects may be expressed by an **à**-phrase, a **pour**-phrase, or an indirect-object pronoun: **lui** *(to or for him/her)*; **leur** *(to or for them).*

		Ind.-obj. à-phrase		Ind.-obj. Pronoun	
Singular	Il donne une montre	à sa mère.	Il	**lui**	donne une montre.
	Il donne une écharpe	à son père.	Il	**lui**	donne une écharpe.
Plural	Il donne un cadeau	à ses amis.	Il	**leur**	donne un cadeau.
	Il donne un cadeau	à ses amies.	Il	**leur**	donne un cadeau.

3. You might expect to use an indirect-object pronoun with these verbs: **téléphoner, répondre, parler, montrer, donner,** and **offrir**.

4. In most instances indirect-object pronouns come immediately before the verb to which their meaning is tied. However, in an affirmative command or request, the indirect-object pronoun immediately follows the verb. In writing the pronoun is separated from the verb by a hyphen.

Il	**leur**	achète	un cadeau.			
Il ne	**leur**	achète	pas de cadeau.		**Achète-leur**	un cadeau!
Il va	**leur**	acheter	un cadeau.	*But,*		
Il	**lui**	a acheté	un cadeau.		**Achetez-lui**	un cadeau!
Il ne	**lui**	a pas acheté	de cadeau.			

A9   Activité • Changez les phrases

Employez **lui** ou **leur**. Voilà un exemple.

> J'achète un disque à mon père.   Je lui achète un disque.

1. J'achète du parfum à ma mère.
2. Il offre un magnétoscope à ses parents.
3. Tu as offert un cadeau à ton frère?
4. Elles achètent des bonbons à leurs amies.
5. Je montre mes cadeaux à mes copains.

6. Ne donnez pas de rasoir à votre oncle!
7. Tu offres une montre à ta grand-mère?
8. Offre des fleurs aux filles.
9. Nous donnons un cadeau à nos copains.
10. Montrez votre bracelet à Anne.

A 10   Activité • Ecoutez bien

Vous répondez avec **lui** ou avec **leur**?

A 11   Activité • A vous maintenant!

Faites cette conversation avec un(e) camarade de classe à tour de rôle.

—Qu'est-ce que j'achète à mon père? Un disque?
—Bonne idée! Achète-lui un disque!

1. frère / classeur
2. sœur / bracelet
3. parents / magnétoscope

4. cousine / parfum
5. copains / bonbons
6. grand-père / livre

A 12   Activité • Et vous?

Qu'est-ce que vous offrez aux membres de votre famille? Répondez avec **lui** ou **leur** et choisissez un cadeau.

1. A votre frère?
2. A votre sœur?
3. A votre mère?
4. A votre père?
5. A vos grands-parents?
6. Et à vos amis?

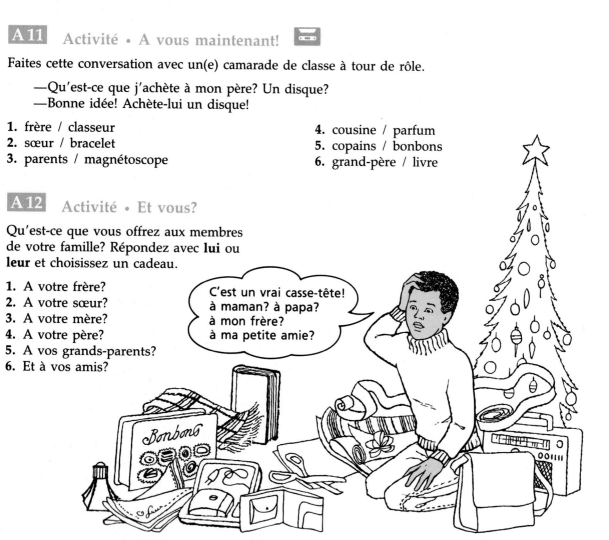

C'est un vrai casse-tête!
à maman? à papa?
à mon frère?
à ma petite amie?

A 13   COMMENT LE DIRE
Asking for and giving advice

A ton avis, qu'est-ce que je peux acheter à mon père?	Achète-lui des mouchoirs!
Qu'est-ce que je peux offrir à mon père? Tu as une idée?	Tu peux lui offrir des mouchoirs.
J'offre des mouchoirs à mon père. Qu'est-ce que tu en penses?	Bonne idée! Non, offre-lui plutôt un rasoir. Il a déjà plein de mouchoirs!

Activité • Qu'est-ce que vous en pensez?

Un(e) camarade veut acheter un cadeau. Vous n'aimez pas son choix (choice).

—Je vais acheter une montre à mon ami. Qu'est-ce que tu en penses?
—A mon avis, c'est trop cher.

1. livre / frère
2. collier / mère
3. film vidéo / copain
4. jupe / sœur
5. écharpe / grand-père
6. sac / tante

—C'est trop cher.
—Il (Elle) a déjà plein de…
—C'est banal.
—Ce n'est pas son style.
—Tu lui donnes… tous les ans!
—Tu n'as pas assez d'argent.

A 15 Activité • A vous maintenant!

Vous ne savez pas quoi acheter. Demandez des conseils à un(e) camarade de classe. Echangez les rôles.

—Qu'est-ce que je peux offrir à ma mère? Tu as une idée?
—Tu peux lui offrir des fleurs.
—Des fleurs? Bonne idée!

A 16 Activité • Et vous?

1. Qu'est-ce que vous offrez aux membres de votre famille? Et à vos amis?
   Vous leur offrez le même cadeau tous les ans?
2. A votre avis, choisir un cadeau, c'est facile ou difficile?
3. Il y a un centre commercial près de chez vous? Il y a beaucoup de magasins?
   Vous y allez souvent? Qu'est-ce que vous y faites? Du lèche-vitrines?
4. Vous avez besoin d'acheter un cadeau à un(e) ami(e)?
5. Vous avez un magnétoscope chez vous? Vous achetez des films vidéo?
   Ils sont chers?

A 17 UN MOT DE REMERCIEMENTS

Grand-père,
    Je te remercie pour le livre de photos sur les animaux. Il est très joli. C'est une bonne idée; j'adore les animaux et je veux être photographe plus tard. Je regarde ce livre et je rêve... merci encore!
                    Bises, +++
                    Stéphanie

A 18 Activité • Ecrivez

Ecrivez un mot de remerciements pour un cadeau à un(e) ami(e) ou à un membre de votre famille.

A size 38 shirt? Size 42 shoes? A size 38 dress? When buying clothes in France, you need to know how to use the metric system. And in a large department store, such as Aux Galeries Lafayette *or* Au Printemps, *you'll have to learn your way around.*

B1 ## Suite de la balade 📼

Sylvie et Marie continuent leur recherche dans un grand magasin. Elles regardent l'emplacement des rayons.

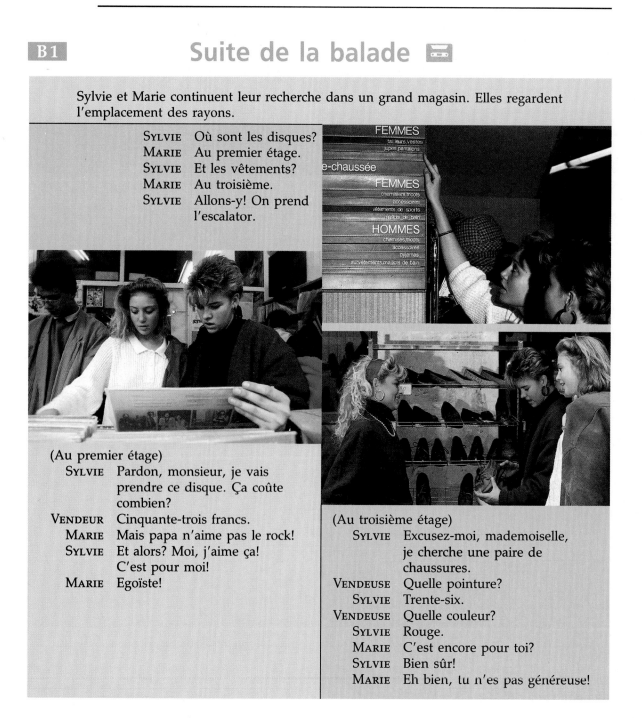

SYLVIE	Où sont les disques?
MARIE	Au premier étage.
SYLVIE	Et les vêtements?
MARIE	Au troisième.
SYLVIE	Allons-y! On prend l'escalator.

(Au premier étage)

SYLVIE	Pardon, monsieur, je vais prendre ce disque. Ça coûte combien?
VENDEUR	Cinquante-trois francs.
MARIE	Mais papa n'aime pas le rock!
SYLVIE	Et alors? Moi, j'aime ça! C'est pour moi!
MARIE	Egoïste!

(Au troisième étage)

SYLVIE	Excusez-moi, mademoiselle, je cherche une paire de chaussures.
VENDEUSE	Quelle pointure?
SYLVIE	Trente-six.
VENDEUSE	Quelle couleur?
SYLVIE	Rouge.
MARIE	C'est encore pour toi?
SYLVIE	Bien sûr!
MARIE	Eh bien, tu n'es pas généreuse!

B2　Activité • Corrigez les phrases

1. Les filles vont dans une boutique.
2. L'emplacement des rayons est au premier étage.
3. Elles vont au premier étage à pied.
4. Au premier étage elles parlent à une vendeuse.
5. Les chaussures coûtent trente-six francs.
6. Le disque et les chaussures sont pour leurs parents.

B3　Activité • Complétez

Mettez les verbes au passé composé et finissez les phrases.

1. Marie et Sylvie (continuer)…
2. Elles (regarder)…
3. Pour monter elles (prendre)…
4. Au premier étage Sylvie (acheter)…
5. Au troisième elle (chercher)…
6. Et elle (choisir)…

B4　Activité • Et vous?

Vous êtes égoïste ou généreux (généreuse)?

1. Vous aimez donner des cadeaux?
2. Vous oubliez les anniversaires de vos amis?
3. Vous offrez des cadeaux à vos amis?
4. Vous donnez quelquefois un cadeau à un professeur?
5. Vous avez vingt dollars. Vous achetez un cadeau de vingt dollars?

B5　Activité • Le jeu du grand magasin

Vous êtes, à tour de rôle, le (la) client(e)° qui demande des renseignements et l'employé(e) chargé(e) des° renseignements dans un grand magasin. Regardez la liste des rayons avec les étages. Par exemple, vous dites : «Les sacs, s'il vous plaît?» L'employé(e) répond : «Au rez-de-chaussée.» Autre exemple, vous dites : «Les vêtements, s'il vous plaît?» L'employé(e) répond : «Pour hommes ou pour femmes?» Vous dites : «Pour hommes.» L'employé(e) répond : «C'est au troisième.» Vous voulez acheter des chaussures, un pantalon, une guitare, des disques, un collier, un portefeuille, un rasoir électrique, un appareil-photo°, des skis, des tasses et une table.

EMPLACEMENT DES RAYONS

RAYONS	ETAGE	RAYONS	ETAGE
Agence de voyages	6e	Maillots	6e
articles de sports		manteaux	5e
(ski, tennis)	ss-sol	Pantalons (dames et	
Bagages	3e	jeunes filles)	2e
bijoux	2e	pantalons	
Cadeaux	ss-sol	(hommes)	3e
chaussettes	1er	parapluies	RC
chaussures	5e	parfumerie	RC
Dames (vêtements)	2-3-4	photo (appareils et	
décoration d'apparte-		accessoires)	1er
ments	5e	Radio-télévision	7e
disques	1er	rasoir	RC
Echarpes	RC	restaurant	6e
électro-ménager	ss-sol	robes	2e
Foulards	RC	Sacs à main	RC
fourrures	1er	souvenirs de Paris	RC
Hommes (vêtements et		sports (articles de)	ss-sol
accessoires)	3e	Tables	4e
horlogerie	RC	télévision-radio	7e
Imperméables	3e	tennis	ss-sol
information	RC	Vestes et pantalons	
instruments de musique	1er	(hommes)	3e
Jardin (accessoires)	8e	vêtements et	
jouets, jeux de		articles de sport	ss-sol
société	3e	vêtements de sport	
jupes	2e	(dames)	2e
		voyage (valises, malles)	3e

---

client(e) *customer;*　**chargé(e) de** *in charge of;*　**appareil-photo** *camera;*　**RC = rez-de-chaussée;**　**électro-ménager** *household appliances;*　**foulards** *scarves;*　**fourrures** *furs;*　**horlogerie** *watches and clocks;*　**jouets** *toys;*　**jeux de société** *board games;*　**malles** *trunks;*　**ss-sol = sous-sol** *basement*

Bonne fête!　305

COMMENT LE DIRE
Getting someone's attention and asking prices

You already know **C'est combien?** Here are other ways to ask prices, using **coûter,** *to cost.*

Excusez-moi, monsieur (mademoiselle). Pardon, monsieur (mademoiselle).	Il coûte combien, ce disque? Combien coûte ce disque? Elles coûtent combien, ces robes? Combien coûtent ces robes?	

B7 Activité • A vous maintenant!

Vous demandez combien ça coûte au vendeur (à la vendeuse). Faites la conversation à tour de rôle avec un(e) camarade de classe.

—Pardon (Excusez-moi), monsieur (mademoiselle). Combien coûtent ces pantalons?
—Cent cinquante et un francs.
—Alors, je vais prendre ce pantalon. (Oh, c'est trop cher!)

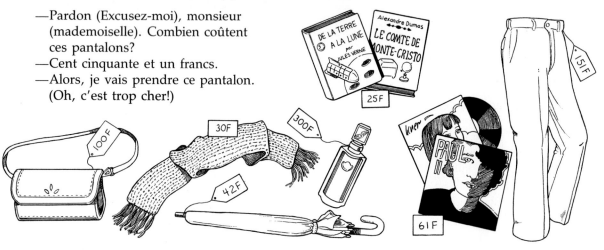

B8 Activité • Ecrit dirigé

Demandez combien coûtent ces vêtements. Ecrivez les questions.

ce pantalon (Il...?)   Il coûte combien, ce pantalon?
cette jupe   (Combien...?) Combien coûte cette jupe?

1. chaussures (Combien...?)
2. imperméable (Il...?)
3. montre (Elle...?)

4. bonbons (Combien...?)
5. radio (Elle...?)
6. mouchoirs (Ils...?)

B9 STRUCTURES DE BASE
The interrogative adjectives: quel, quelle, quels, quelles

1. The interrogative adjectives agree in gender and number with the nouns they refer to.

	Singular		Plural	
Masculine	**Quel**	pull?	**Quels**	pulls?
Feminine	**Quelle**	jupe?	**Quelles**	jupes?

2. When the interrogative adjectives are used to ask for a choice, they come before the nouns they refer to.

3. The interrogative adjectives may also be used to introduce an information question with the verb **être**. In this instance the word order is usually **quel** + a form of **être** + a noun. The interrogative adjective still must agree with the noun it refers to even though it does not come immediately before the noun.

Quelle est votre taille?   *What is your size?*

4. **Liaison** occurs when an interrogative adjective comes before a plural noun that begins with a vowel sound.

Quels͟ᶻhommes?   **Quelles͟ᶻélèves?**

B 10   Activité • Ecoutez bien

Choisissez la bonne orthographe *(spelling)*.

1. quel, quelle
2. quelle, quelles

3. quel, quels
4. quelle, quelles

B 11   Activité • Un peu de lèche-vitrines

Vous regardez les vitrines *(store windows)* avec un(e) ami(e).

—Tu aimes ce pull?
—Quel pull?

1. Tu aimes cette jupe?
2. J'adore ce pantalon!
3. Regarde ces chaussures!
4. Tu ne préfères pas ce portefeuille?

5. Elles sont bien, ces sandales!
6. Comment tu trouves cette radio?
7. Elles sont belles, ces écharpes!
8. Tu connais ces disques?

B 12   Activité • Comment aller au centre commercial

Vous n'avez pas bien entendu. Posez une question avec **quel(s)** ou **quelle(s)**.

1. Tu prends le bus...
2. Tu descends à la station...
3. Tu prends la rue...

4. Puis l'avenue...
5. Tourne à droite au café...
6. Quand tu arrives à la pharmacie...

B 13   Activité • Devant la vitrine

Avec un(e) camarade vous regardez la vitrine d'un grand magasin et vous parlez des vêtements. Faites des dialogues.

Tu aimes...?		pull	jean	
J'adore...	ce	pantalon	chemise	Quel...?
Regarde...!	cet	tennis	baskets	Quelle...?
Elle (il) est bien,...!	cette	sandales	blouson	Quels...?
Tu ne préfères pas...?	ces	jupe	col roulé	Quelles...?
Comment tu trouves...?		montre	tee-shirts	
		robe	bijoux	

Before the French Revolution in 1789, each
province had its own system of measurement.
The revolutionary government asked two
scientists to create a standard measure for
the entire country. The result was the meter
(**le mètre**). The metric system (**le système
métrique**) was established by law in France.
In 1848 the original meter—made of platinum—
was placed on the front of the present-day
Ministry of Justice building on the **place
Vendôme** in Paris.

How tall are you in meters and centimeters?

B 15 MESURONS EN MÈTRES ET CENTIMÈTRES

> **1 pied (1 foot) = 30,5 cm
> 1 pouce (1 inch) = 2,54 cm
> 100 cm = 1 m**

B 16 Activité • Ils mesurent combien?

Marie (4′ 9″)   Marie mesure un mètre quarante-quatre.

1. Marc (5′ 9″)   **3.** M. Chabrol (6′ 2″)
2. Isabelle (4′ 10″)   **4.** Et vous, vous mesurez combien?

m / cm	1,27	1,29	1,32	1,34	1,37	1,39	1,42	1,44	1,47	1,49
ft. / in.	4′2″	4′3″	4′4″	4′5″	4′6″	4′7″	4′8″	4′9″	4′10″	4′11″
m / cm	1,52	1,54	1,57	1,59	1,62	1,64	1,68	1,70	1,73	1,75
ft. / in.	5′	5′1″	5′2″	5′3″	5′4″	5′5″	5′6″	5′7″	5′8″	5′9″
m / cm	1,78	1,80	1,83	1,85	1,88	1,90	1,93	1,95	1,98	2,00
ft. / in.	5′10″	5′11″	6′	6′1″	6′2″	6′3″	6′4″	6′5″	6′6″	6′7″

B 17 STRUCTURES DE BASE
Adjectives used as nouns

French adjectives may also be used as nouns. The English equivalents of these types of French
nouns often include the word *one* (the red one) or *ones* (the big ones).

Je mets la robe jaune?	Non, mets **la rouge**.
Tu aimes les petits sacs?	Non, je préfère **les grands**.
Qui est cette fille là-bas?	Quelle fille? **La brune**?

B 18 Activité • Qu'est-ce que vous préférez?

Répondez avec la forme correcte de l'adjectif entre parenthèses.

La jupe bleue? (gris) —Non, la grise.

1. Les vieilles chaussures? (nouveau)
2. Le petit garçon? (grand)
3. La chemise jaune? (blanc)
4. L'écharpe anglaise? (français)
5. Les bijoux rouges? (bleu)
6. Les baskets noires? (vert)

B 19 Activité • Choisissez des vêtements

Vous achetez des vêtements dans un magasin. Un(e) camarade de classe joue le rôle du vendeur (de la vendeuse). Faites la conversation à tour de rôle.

—Vous voulez quel pull (quelles chaussures)?
—Le rouge (les rouges), s'il vous plaît.
—Quelle est votre taille[1] (pointure)?
—Trente-quatre. (Trente-six.)

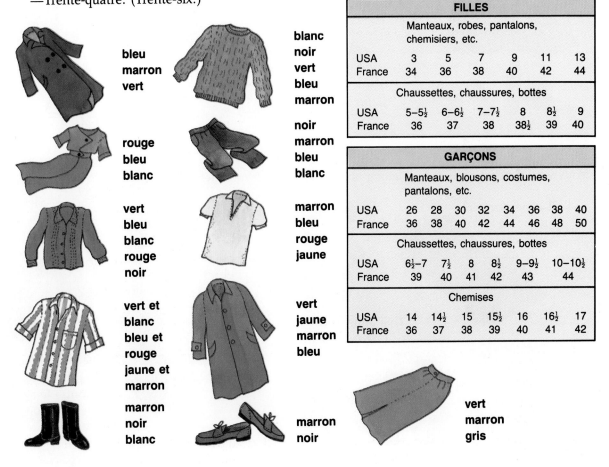

bleu
marron
vert

blanc
noir
vert
bleu
marron

rouge
bleu
blanc

noir
marron
bleu
blanc

vert
bleu
blanc
rouge
noir

marron
bleu
rouge
jaune

vert et
blanc
bleu et
rouge
jaune et
marron

vert
jaune
marron
bleu

marron
noir
blanc

marron
noir

vert
marron
gris

FILLES					
Manteaux, robes, pantalons, chemisiers, etc.					
USA	3	5	7	9	11	13
France	34	36	38	40	42	44
Chaussettes, chaussures, bottes					
USA	5–5½	6–6½	7–7½	8	8½	9
France	36	37	38	38½	39	40

GARÇONS							
Manteaux, blousons, costumes, pantalons, etc.							
USA	26	28	30	32	34	36	38	40
France	36	38	40	42	44	46	48	50
Chaussettes, chaussures, bottes							
USA	6½–7	7½	8	8½	9–9½	10–10½
France	39	40	41	42	43	44
Chemises							
USA	14	14½	15	15½	16	16½	17
France	36	37	38	39	40	41	42

---

[1] The word **pointure** refers to the size of shoes; the word **taille** is used for all other clothing.

Activité • Ecoutez bien

Vrai ou faux?

1. C'est le soir.
2. Les filles jouent au tennis.
3. Viviane a besoin de vêtements pour la boum.

4. «Mary-Jo» est un grand magasin.
5. Isabelle veut acheter un manteau noir.
6. Isabelle a besoin d'argent.

B 21 Activité • Ecrit dirigé

Pour chaque dessin écrivez ce dialogue.

—Quel pull?
—Le rouge.

B 22 Activité • Le catalogue

Vous voulez acheter un cadeau aux grandes personnes? Voilà des idées.

1. Il aime camper? un sac de couchage
2. Il aime bricoler? une perçeuse
3. Elle aime garder la forme? un jeu d'haltères
4. Il aime pêcher? une canne à pêche
5. Elle aime faire de la photo? un appareil-photo
6. Elle aime jardiner? un déplantoir

Et pour les jeunes?

1. Ils aiment la musique? une radio portable
2. Ils aiment les jeux? une montre jeu électronique
3. Ils aiment l'informatique? un micro-ordinateur

SECTION **C** celebrating a birthday . . . expressing pleasure when you receive a gift . . . extending greetings on special occasions

Bon anniversaire, maman! *Don't forget the birthday card for Mom! The* papeterie *(stationery store) has a good selection . . . That one? . . . This one? Oh là là! Decisions, decisions! Wait until Mom sees what we bought for her!*

C1 Trou de mémoire

Patrick et Christine ont très mauvaise mémoire—ils oublient tout!

CHRISTINE	Quelle est la date d'aujourd'hui?
PATRICK	Le seize mars. Pourquoi?
CHRISTINE	Oh là là! Catastrophe! C'est l'anniversaire de maman!
PATRICK	Vite! La papeterie ferme dans une heure! Allons choisir une carte!

(A la papeterie)

PATRICK	On prend celle-là?
CHRISTINE	Elle est triste, tu ne trouves pas?
PATRICK	Alors, celle-là?
CHRISTINE	Non, moi, je préfère celle avec les ballons.
PATRICK	OK. Et comme cadeau?
CHRISTINE	On a le temps de lui acheter quelque chose?
PATRICK	Bien sûr! Viens! J'ai une idée.

MARS

1	2	3	4	5	6	7
8	9	10	11	12		14
15	(16)	17	18			
22	23	24	25			
29	30	31				

L'anniversaire de maman

Bon Anniversaire!

C2 Activité • Complétez

1. Aujourd'hui, c'est le…
2. Patrick et Christine ont oublié…
3. Ils vont à…
4. Ils vont choisir…
5. Christine trouve la première carte…
6. Elle préfère la carte…
7. Christine et Patrick ont le temps de…

C3 Activité • Et vous?

1. Quelle est la date d'aujourd'hui?
2. Quelle est la date de l'anniversaire de votre mère?
3. Vous oubliez quelquefois son anniversaire?
4. Vous lui offrez un cadeau d'habitude?
5. Vous lui envoyez ou donnez une carte?
6. Qui choisit la carte? Et le cadeau?

In some French families people observe both their birthday (**l'anniversaire**) and their saint's day (**la fête**), the feast day of the saint after whom they were named. Church calendars show saints' days. For example, a boy who was born on July 1 and who was named Joseph might celebrate both July 1, his birthday, and March 19, the feast day of St. Joseph. People often receive cards and gifts on their saint's day as well as on their birthday. If your first or middle name is that of a saint, you can find the date of your **fête** on the calendar below.

SEPTEMBRE	OCTOBRE	NOVEMBRE	DÉCEMBRE	JANVIER	FÉVRIER
4 J S^eRosalie	3 V S. Gérard	1 S TOUSSAINT	1 L S^eFlorence	1 J JOUR de l'AN	4 M S^eVéronique
9 M S. Alain	5 D S^eFleur	2 D Défunts	4 J S^eBarbara	3 S S^eGeneviève	8 D S^eJacqueline
15 L S. Roland	9 J S. Denis	4 M S. Charles	6 S S. Nicolas	5 L S. Edouard	12 J S. Félix
16 M S^eEdith	11 S S. Firmin	8 S S. Geoffroy	11 J S. Daniel	7 M S. Raymond	13 V S^eBéatrice
19 V S^eEmilie	18 S S. Luc	11 M ARMISTICE 1918	16 M S^eAlice	13 M S^eYvette	15 D S. Claude
21 D S.Matthieu	21 M S^eCéline	16 D S^eMarguerite	22 L HIVER	21 M S^eAgnès	18 M S^eBernadette
23 M AUTOMNE	27 L S^eEmeline	17 L S^eElisabeth	25 J NOEL	27 M S^eAngèle	22 D S^eIsabelle
29 L S. Michel	30 J S. Bienvenue	25 M S^eCatherine	30 M S. Roger	30 V S^eMartine	23 L S. Lazare

MARS	AVRIL	MAI	JUIN	JUILLET	AOUT
3 M MARDI-GRAS	3 V S. Richard	1 V FETE du TRAVAIL	1 L S. Justin	3 V S. Thomas	3 L S^eLydie
6 V. S^eColette	5 D S^eIrène	5 M S^eJudith	3 M S. Kévin	5 D S. Antoine	8 S S. Dominique
9 L S^eFrançoise	8 M S^eJulie	8 V ARMISTICE 1945	7 D PENTECOTE	14 M F. NATIONALE	11 M S^eClaire
15 D S^eLouise	13 L S^eIda	10 D Fête J. d'Arc	9 M S^eDiane	17 V S^eCharlotte	15 S ASSOMPTION
17 M S. Patrice	19 D PAQUES	15 V S^eDenise	15 L S^eGermaine	22 M S^eMarie-Mad.	18 M S^eHélène
19 J S. Joseph	23 J S. Georges	18 L S. Eric	21 D ETE	24 V S^eChristine	20 J S. Bernard
21 S PRINTEMPS	25 S S. Marc	28 J ASCENSION	23 M S^eAudrey	27 L S^eNathalie	25 M S. Louis
31 M S. Benjamin	28 M S^eValérie	31 D Fête des Mères	29 L SS.Pierre,Paul	30 J S^eJuliette	27 J S^eMonique

FÊTE
DES MÈRES
Pensez-y!
Le 31 mai

Bientôt la
FÊTE
DES PÈRES!
Le 17 juin

Le 16 mai c'est ma fête

C5   COMMENT LE DIRE
Expressing good wishes

Bonne fête!	Happy holiday! (Happy saint's day!)
Joyeux Noël!	Merry Christmas!
Bonne année!	Happy New Year!
Joyeuses Pâques! (Joyeuse Pâque!)	Happy Easter! (Happy Passover!)
Joyeux (Bon) anniversaire!	Happy birthday!
Bonnes vacances!	Have a nice vacation!
Bon voyage!	Have a good trip! (by plane, ship)
Bonne route!	Have a good trip! (by car)
Bonne santé!	Get well soon!
Meilleurs vœux (souhaits)!	Best wishes!

Activité • Qu'est-ce que vous leur souhaitez *(wish)*?

1. C'est le vingt-cinq décembre.
2. C'est le premier janvier.
3. C'est l'anniversaire de votre ami(e).
4. C'est la fête des Mères.
5. Les vacances commencent aujourd'hui.
6. Votre ami(e) part pour l'Espagne.

C7 Activité • Quelle est la date de...?

1. votre anniversaire?
2. l'anniversaire de votre ami(e)?
3. l'anniversaire des membres de votre famille?
4. la fête nationale en France?
5. la fête nationale aux Etats-Unis?
6. aujourd'hui?

C8 Activité • Et vous?

Qu'est-ce que vous faites dans ces situations?

1. C'est l'anniversaire de votre ami(e).
2. Pour votre anniversaire vous pouvez choisir un voyage en France ou mille dollars.

C9 **STRUCTURES DE BASE**
The demonstrative pronouns: celui, celle, ceux, celles

The demonstrative pronouns, which mean *this/that one, the one(s), these, those,* agree in gender and number with the nouns they stand for. When they appear alone, the suffix **-là** is added.

	Singular		*Plural*	
Masculine	Quel pull?	**Celui-là.**	Quels mouchoirs?	**Ceux-là.**
Feminine	Quelle robe?	**Celle-là.**	Quelles écharpes?	**Celles-là.**

C10 Activité • Répondez

Employez **celui, celle, ceux** ou **celles** dans votre réponse.

1. On achète quelle carte?
2. Quel portefeuille on lui offre?
3. Tu as mis quelles chaussures pour aller danser?
4. Quels sont vos disques?
5. Quelle chemise tu mets ce soir?
6. Vous avez acheté ce pull dans quel magasin?

C11 Activité • A vous!

Faites un dialogue avec un(e) camarade de classe.

—Tu achètes quelle carte?
—Celle-là.

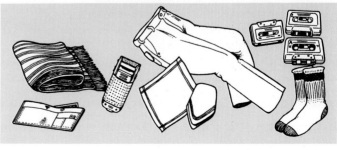

Un gâteau, des bougies et on chante :
«Jo-yeux an-ni-ver-saire!
Jo-yeux an-ni-ver-saire!
Jo-yeux an-ni-ver-saire, ma-man!
Jo-yeux an-ni-ver-saire!»

—Allez, maman, souffle les bougies!
—Fais un vœu, d'abord!
—Bravo!
—Et maintenant, ouvre les cadeaux!

Qu'est-ce qu'elle reçoit?

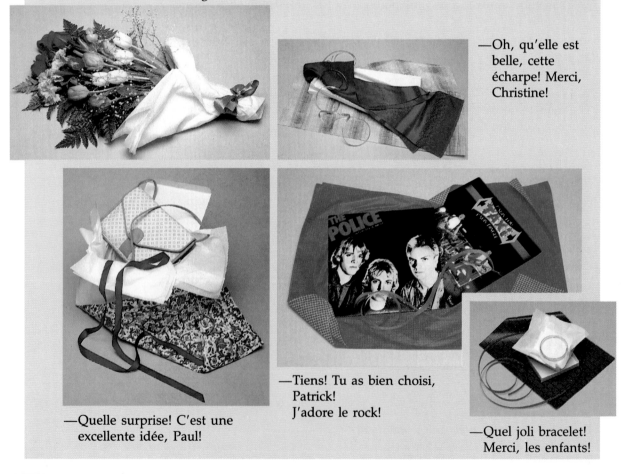

—Oh, des fleurs! C'est très gentil!

—Oh, qu'elle est belle, cette écharpe! Merci, Christine!

—Quelle surprise! C'est une excellente idée, Paul!

—Tiens! Tu as bien choisi, Patrick! J'adore le rock!

—Quel joli bracelet! Merci, les enfants!

C13   Activité • Qu'est-ce qu'ils ont offert à maman?

1. Christine?   **2.** Patrick?   **3.** Paul?   **4.** Les enfants?   **5.** Tous?

C14 Activité • Mettez au passé composé

1. On achète les cadeaux.
2. On prépare le gâteau.
3. Nous chantons.
4. Maman souffle les bougies.
5. Elle fait un vœu.
6. Elle ouvre les cadeaux.

C15 STRUCTURES DE BASE
The verb recevoir

recevoir *to receive*					
Je	**reçois**	} des cadeaux.	Nous	**recevons**	} des cadeaux.
Tu	**reçois**		Vous	**recevez**	
Il/Elle/On	**reçoit**		Ils/Elles	**reçoivent**	

The past participle of **recevoir** is **reçu: Elle a reçu beaucoup de cadeaux.**

C16 Activité • Qu'est-ce que les Lambert reçoivent?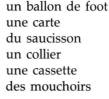

1. Mme Lambert
2. M. Lambert
3. Sabine
4. Guillaume
5. les grands-parents
6. Napoléon

un ballon de foot
une carte
du saucisson
un collier
une cassette
des mouchoirs

C17 Activité • Et vous?

1. Vous aimez mieux donner ou recevoir des cadeaux?
2. Quel cadeau vous aimez mieux recevoir?
3. Qu'est-ce que vous avez reçu pour votre anniversaire?

C18 COMMENT LE DIRE
Expressing pleasure

Here are some ways to express pleasure when you receive a gift.

Qu'elle est belle, cette écharpe!	C'est très gentil!
Quel joli bracelet!	C'est une excellente idée!
Quelle surprise!	Tu as bien choisi!

C19 Activité • Ecoutez bien

Ils ouvrent quels cadeaux?

A. Un disque de rock
B. Un pull
C. Des bonbons
D. Un ballon de foot
E. Des fleurs
F. Un parapluie

Bonne fête! 315

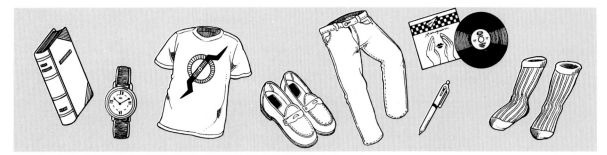

C20 Activité • Ouvrez vos cadeaux

Voilà des cadeaux pour vous. Qu'est-ce que vous dites?

C21 Activité • Ecrivez

Vous avez reçu un cadeau d'anniversaire de vos grands-parents. Ecrivez-leur une lettre. Remerciez (*Thank*) vos grands-parents pour le cadeau. Ensuite, parlez-leur de votre fête (*party*) d'anniversaire.

C22 Activité • Cartes de vœux

Vous achetez ces cartes de vœux à qui? Pourquoi?

1 Un échange

Emmanuel retourne au grand magasin.

—Excusez-moi, monsieur, c'est pour un échange. J'ai acheté cette chemise hier et elle est trop petite.
—Quelle est votre taille?
—Trente-huit.
—Trente-huit! Eh bien, ça va. Quel est le problème?
—Ce n'est pas pour moi, c'est pour mon frère. C'est son anniversaire. Sa taille est quarante.
—Nous n'avons pas cette couleur en quarante.
—Qu'est-ce que vous avez comme couleurs?
—Jaune, vert, rouge…
—Euh, merci, je préfère le bleu. Et qu'est-ce que vous avez comme autres chemises?
—Eh bien, nous avons celles-là. Elles sont très à la mode et…
—Ah, elles sont jolies! Vous avez la taille quarante?

—Attendez, je regarde… Non, malheureusement : nous avons trente-neuf, quarante et un, mais pas quarante.
—Bon, ce n'est pas grave. Je vais garder celle-là pour moi… Et pour mon frère, eh bien, je vais trouver autre chose!

2 Activité · Complétez

1. Emmanuel va au magasin pour…
2. Le problème, c'est que…
3. Ils ont la taille quarante, mais…
4. Emmanuel aime les autres chemises, mais…
5. Enfin, il va…

3 Activité · A vous maintenant!

Vous êtes dans un grand magasin. Vous voulez échanger un pantalon trop petit. Un(e) camarade joue le rôle du vendeur (de la vendeuse). Faites le dialogue.

4 Activité · Encore à vous!

Faites encore un dialogue avec un(e) camarade de classe. Vous allez dans un grand magasin pour acheter un vêtement. Vous demandez à quel étage sont les vêtements. Vous dites ce que vous voulez, vous donnez votre taille, vous demandez s'il n'y a pas une autre couleur, vous demandez le prix. Vous hésitez. Enfin, vous choisissez. Vous remerciez et vous dites au revoir.

Faites votre budget. Vous avez 1 000 F. Vous voulez offrir des cadeaux aux membres de votre famille. Qu'est-ce que vous achetez et à qui? Ecrivez la liste.

6 Activité • Cartes humoristiques

Faites une carte de vœux—humoristique ou sérieuse—pour un anniversaire ou une fête.

Pour votre mère

1. Pour votre père
2. Pour votre frère ou sœur
3. Pour votre ami(e)
4. Pour votre professeur de français

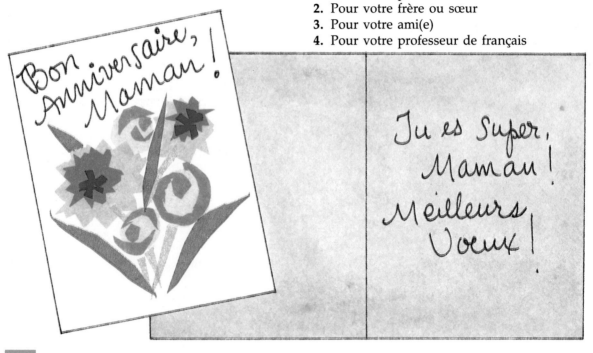

7 Activité • Ecrivez

Imaginez. Vous êtes à Paris. Vous avez reçu $200 de votre père pour acheter des cadeaux à votre famille et à vos amis. Changez les dollars en francs. Ecrivez une liste : les personnes, les cadeaux et leurs prix approximatifs, les tailles et les couleurs, les magasins… Ensuite, écrivez une lettre à votre père. Remerciez votre père pour l'argent. Décrivez les cadeaux que vous avez déjà achetés et parlez des cadeaux que vous allez acheter plus tard. Il est difficile de trouver un cadeau pour votre grand-mère et votre ami(e)—demandez à votre père s'il a des idées.

Prononciation, lecture, dictée 📼

1. Ecoutez bien et répétez. *(the letter* **g** *+ vowel)*

2. Ecoutez et lisez.

a. les gâteaux
les légumes
les gommes

b. rouge
Gilles
gymnastique

c. guitare
fatigué
bague

guerre
dialogue
catalogue

d. musique
quarante
boutique

e. Gilles
Brigitte
la Belgique

f. ranger
changer
un ingénieur

g. âge
le village
étage
du fromage

h. de l'argent
le genre
des gens
gentil

i. un guide
une bague
une guitare
Guy

3. Copiez les phrases suivantes pour préparer une dictée.

a. Gilles lui a acheté une bague.
b. Le vendeur a rangé les gants.
c. Nous avons mangé dans un grand magasin.

d. Vous avez assez d'argent pour le gâteau?
e. Ces gens ont quel âge?
f. Vous cherchez quel genre de livres?

Activité · Récréation

1. Trouvez le mot

Complétez les deux phrases pour trouver un mot.

1. Elle _____ des bijoux.
   Il n'y a pas de _____ dans le classeur!

2. Je _____ mes vacances à Marseille.
   Marseille est un _____ .

2. Devinettes

Devinez quel cadeau je suis.

1. Je vais bien avec une chemise.
2. Cherchez-moi dans une maroquinerie.
3. Je suis pratique quand il fait froid.

4. Vous voulez voir un film à la maison?
   Achetez-moi.
5. Portez-moi aux pieds quand il fait chaud.

3. L'intrus

bracelet	écharpe	bijouterie
bague	reçu	parfumerie
collier	chaussures	portefeuille
veste	mouchoir	maroquinerie

4. Jeu d'association

montre	argent
anniversaire	souffler
magnétoscope	l'heure
portefeuille	film vidéo
bougie	carte

SECTION A

Have you learned to ask for advice?
What did you say to get this advice from your friends?

1. ...? Bonne idée!
2. ...? Une écharpe? C'est pas pratique.
3. ...? Offre-lui un bracelet.

Do you know how to use the pronouns *lui* and *leur*?
Using **lui** or **leur,** say that you're giving a gift to the following people.

1. à votre mère
2. à vos amis
3. à Valérie
4. aux garçons

Tell your friend to give a gift to the same people; use **lui** or **leur.**
Now say that you gave them a gift, using **lui** or **leur.**

Can you pronounce and spell the forms of the verb *acheter*?
Replace the verb **donner** with **acheter** in these sentences.

1. J'ai donné un cadeau à Patrick.
2. Donnez des fleurs à votre mère.
3. Elle donne un bracelet à Anne.
4. Ils donnent un livre à Paul.

SECTION B

Have you learned how to ask the price of something?
Ask how much these articles cost, using the verb **coûter.**

disque   sandales   portefeuille   mouchoirs

Do you know the interrogative adjective *quel*?
Put the correct form of **quel** before each of these items.

mouchoirs   chaussettes   écharpes   collier   veste

Do you know how to use an adjective as a noun?
Identify each of the items above by color. Vary the colors.

SECTION C

Can you indicate your choice, using *celui*?
Answer each question with the correct form of **celui.**

1. Quelle boutique?
2. Quel cadeau?
3. Quels bonbons?
4. Quelles chemises?

Have you learned some greetings for special occasions?
Give five different greetings.

Can you express pleasure when you receive a gift?
Make a different remark for each of these gifts you've received.

un col roulé   un portefeuille   un polo

VOCABULAIRE

SECTION A

abandonner *to give up*
acheter (à) *to buy (for someone)*
l' **anniversaire** (m.) **de mariage** *wedding anniversary*
avoir besoin de *to need*
banal, -e *banal, ordinary*
une **bijouterie** *jewelry store*
Bises *Love and kisses*
une **boîte** *box*
un **bonbon** *piece of candy*
une **boutique** *boutique, shop*
cher, chère *expensive*
  pas cher *inexpensive*
chez le disquaire *record shop*
chez le (la) fleuriste *the florist's*
une **écharpe** *scarf*
encore *again*
faire du lèche-vitrines *to go window-shopping*
joli, -e *attractive*
leur *(to or for) them*
lui *(to or for) him/her*
un **magnétoscope** *VCR, videocassette recorder*
une **maroquinerie** *leather-goods shop*
une **montre** *watch*
un **mot de remerciements** *thank-you note*
un **mouchoir** *handkerchief*
offrir *to offer, give*
ouvrir *to open*

le **parfum** *perfume*
une **parfumerie** *perfume shop*
penser : Qu'est-ce que tu en penses? *What do you think of that?*
un(e) **photographe** *photographer*
plein de *a lot of*
plus tard *later (on)*
plutôt *rather, instead*
un **portefeuille** *wallet*
une **radio** *radio*
un **rasoir électrique** *electric razor*
remercie : Je te remercie. *Thank you.*
rêver *to dream*
un **sac** *handbag, purse*
tous les ans *every year*

SECTION B

une **balade** *walk, stroll*
un **centimètre (cm)** *centimeter*
continuer *to continue*
égoïste *selfish*
l' **emplacement** (m.) *location*
un **escalator** *escalator*
généreux, -euse *generous*
un **grand magasin** *department store*
mesurer *to measure*
un **mètre (m)** *meter*
une **paire** *pair*
pardon *excuse me*
la **pointure** *size (shoes)*
un **pouce** *inch*
un **rayon** *department (in a store)*

une **recherche** *search*
la **taille** *size*

SECTION C

(See C5: expressing good wishes.)
un **anniversaire** *birthday*
une **bougie** *candle*
une **carte (de vœux)** *greeting card*
une **catastrophe** *catastrophe*
celui(-là), celle(-là), ceux(-là), celles(-là) *this/that one, the one(s), these, those*
chanter *to sing*
comme *as (a)*
d'abord *first (of all)*
la **date** *date*
Joyeux (Bon) anniversaire! *Happy birthday!*
une **mémoire** *memory*
une **papeterie** *stationery store*
Quel (Quelle)...! *What a . . . !*
quelque chose *something*
Qu'il/elle est (+adj.)! *It's so (+adj.)!*
recevoir *to receive*
souffler *to blow (out)*
une **surprise** *surprise*
triste *sad*
un **trou de mémoire** *memory lapse*
vite *quickly, fast*
un **vœu** (pl. **-x**) *wish*

ETUDE DE MOTS

1. In this unit you learned two words to express clothing size. You also learned two ways to wish someone a nice trip. Write four sentences showing the meanings of these terms.

2. On the list above find four kinds of stores whose names are clues to the items they sell. What are the names of those items? Each store and item belongs to the same word family— a group of words with related spellings and meanings.

A LIRE

Un Homme d'habitudes

Have you ever bought something you really didn't want because a salesperson thought you looked nice in it or because you were too timid to say no? Quickly skim the title and the first paragraph of this story. What kind of person is M. Pendraud?

M. Pendraud est un homme très bien. Il s'habille° toujours avec beaucoup de soin°. Il achète ses habits dans les meilleures boutiques. Il n'est pas sensible aux modes : «La mode, dit-il, c'est pour les jeunes!» Il n'aime que le style «classique» : ses costumes sont anglais, ses cravates° françaises, et ses chaussures italiennes. Tous les matins, avant de partir au bureau, il brosse sa veste et cire ses chaussures... M. Pendraud est un homme très chic. Un jour, il doit changer ses vieilles chaussures. Il va donc chez son chausseur habituel. Il y connaît tout le monde.

—Bonjour, monsieur. Vous désirez?
—Mlle Lette n'est pas là?
—Non, monsieur, elle a pris sa retraite la semaine dernière.
—Aïe aïe aïe... Bon, ça ne fait rien. Je veux simplement une paire de chaussures.
—Bien, monsieur. Quel genre?
—Celles-là. (Et il montre ses chaussures.)
—Quelle pointure?
—Quarante-trois.
—Ah, désolée, monsieur, mais nous ne les avons pas en noir!
—Pas en noir!
—Non, seulement en marron.

---

s'habille *dresses;*   **soin** *care;*   **cravates** *ties*

—Je déteste le marron.
—C'est la dernière paire que nous avons. Ce modèle n'existe plus.
—Mais pourquoi? C'est un excellent modèle!
—Oui, mais la mode a changé.
—Ah, la mode! Toujours la mode!
—Vous voulez essayer un autre modèle?
—Jamais!
—Nous avons de très jolies chaussures. Vous allez voir.
—Non, attendez!

Mais c'est trop tard. La vendeuse a déjà été chercher les chaussures. M. Pendraud attend, furieux: «Ah, cette nouvelle vendeuse! Pourquoi est-ce que Mlle Lette a pris sa retraite?... Bon, j'y vais, je n'ai rien à faire ici...» Mais à l'instant où il va sortir, la vendeuse revient.

—Monsieur! Voici notre nouveau modèle!
—Excusez-moi, mademoiselle, mais je n'ai pas le temps.
—Ça va prendre une seconde. Tenez°, essayez°.
—J'ai un rendez-vous.
—Allez-y, essayez, c'est tout à fait votre style.
—Bon.

Et M. Pendraud, pour faire plaisir à la vendeuse, essaie les chaussures: rouges, souples, le tout dernier modèle!

—Marchez un peu... Elles vous vont très bien.
—Je suis ridicule.
—Mais non, croyez-moi. Ça fait jeune.
—Je suis grotesque.
—Vous êtes parfait.
—N'exagérez pas, mademoiselle.
—Nous avons aussi ce modèle en vert, en jaune, en...
—Pas en noir?

---

tenez *here;*   **essayez** *try (them) on*

—Non, monsieur. La mode, aujourd'hui,
   c'est la couleur!
—Bon, je vous remercie mais je vais être
   en retard à mon rendez-vous.
—Ça fait 252 F.
—Mais je ne veux pas ces chaussures!
—Je fais un paquet° ou vous...?
—Non! Je...!
—Vous payez par chèque ou avec carte
   de crédit?

Et voilà M. Pendraud dans la rue, avec ses
nouvelles chaussures. Dans une vitrine il
regarde son image : «Ridicule!... Ridicule!...
Ah, elle est maligne, cette vendeuse! Qu'est-
ce que je vais faire avec ces chaussures
maintenant?... Ah, je sais! C'est bientôt
l'anniversaire d'Hector! Lui aussi chausse du
quarante-trois!»

Mais, voici M. Pendraud deux mois plus
tard. Il n'a toujours° pas offert ses
chaussures à son frère Hector. Il a jeté° les
anciennes. Tous les jours il met les
nouvelles. Il va au travail avec. Il a pris
l'habitude. Maintenant M. Pendraud est un
homme nouveau, un homme à la mode, un
homme «branché»!

fais un paquet *wrap;*   **toujours** *still;*   **a jeté** *threw away*

Activité • Trouvez les mots

1. Words that look alike in French and English can fool you—they don't always have the same meaning in each language. For example, **attend** does not mean *attend*. What does it mean? You should be able to find two more outstanding examples in this story.
2. Grouping words into families is a good way to learn vocabulary. Look for another word in this story in the same family as **habitude.** Find one for **chaussures.**

Activité • Réfléchissez

1. La vendeuse flatte (*flatters*) M. Pendraud. Qu'est-ce qu'elle lui dit? Elle est sincère?
2. Pourquoi M. Pendraud achète les chaussures?
3. Après deux mois, M. Pendraud aime vraiment les nouvelles chaussures?

Activité • Imaginez

1. Quand M. Pendraud sort du magasin, il dit : «Ah, elle est maligne, cette vendeuse!» Imaginez. Qu'est-ce que la vendeuse dit quand M. Pendraud sort du magasin?
2. Une semaine plus tard, M. Pendraud rencontre Mlle Lette dans la rue. Il lui explique pourquoi il a acheté ce modèle de chaussures. Avec un(e) camarade, imaginez le dialogue.

Activité • Et vous?

Vous êtes un garçon ou une fille d'habitudes ou vous êtes «branché(e)», «dans le vent»? Expliquez.

Activité • Discutez

In a famous fable by La Fontaine about a crow and a fox, the fox uses flattery to trick the crow into dropping its piece of cheese. La Fontaine concludes that people who allow themselves to be flattered are often fooled. Isn't that what might have happened to M. Pendraud? In French, tell a classmate what someone might say to you that would make you feel flattered. What is the difference between a compliment and flattery?

CHAPITRE 12

En Martinique

Chapitre de révision

Vous aimez le soleil, le ciel bleu,
les mers chaudes et calmes?

Vous voulez danser dans les rues? Vous
voulez connaître de nouveaux amis?

Vous voulez nager, plonger, faire
de la planche à voile?

Sortez de vos villes grises et tristes!
Choisissez le rêve, la couleur!

Découvrez de nouvelles aventures!
Venez en Martinique!

2 Activité • Répondez

1. Décrivez les mers, les plages, le climat de la Martinique.
2. Quelles activités on peut y faire?
3. Qu'est-ce qu'on peut faire dans les villes martiniquaises?
4. Il y a quels avantages à passer les vacances en Martinique?

Vous allez passer vos vacances dans une famille martiniquaise. Qu'est-ce que vous prenez pour sortir, pour faire du sport, pour aller à la plage? Qu'est-ce que vous achetez pour faire des cadeaux à la famille?

4 Activité • **Ecrivez**

Vous êtes agent de publicité. Avec les éléments suivants, composez deux dépliants touristiques *(travel brochures)*—l'un sur Paris, l'autre sur la Martinique.

(Paris) Montez à la tour Eiffel!
(la Martinique) Dormez au soleil sur une plage blanche.

dormez au soleil nagez dans l'eau bleue admirez les vitrines les Champs-Elysées dans la mer des Caraïbes goûtez tous les plaisirs le paradis des Caraïbes visitez l'île aux fleurs	prenez un jus de fruit de village à la tour Eiffel dans les marchés exotiques de Paris achetez vos cadeaux participez à une fête descendez	regardez passer les gens aux Tropiques des magasins visitez l'Opéra et les musées à la terrasse des cafés sur une plage blanche montez

5 Activité • **Projets de vacances**

Vous voulez passer vos vacances dans un autre pays. Vous parlez avec un(e) employé(e) dans une agence de voyages. Dites-lui dans quel pays vous voulez aller, d'où vous partez, où vous voulez habiter—dans un hôtel ou dans une famille—quelles langues vous parlez, quels moyens *(means)* de transport et quels climats vous préférez, quelles activités vous voulez faire dans ce pays. Faites la conversation avec un(e) camarade de classe.

Quel circuit (*route*) choisir pour explorer la Martinique?

Circuit rouge
Fort-de-France—la capitale—très jolie ville au bord de la mer
La Trinité—belles plages
Grand'Rivière—région sauvage
Le Morne Rouge—De là vous pouvez aller à la Montagne Pelée, le célèbre volcan de la Martinique.
Le Carbet—Christophe Colomb a découvert cet endroit en 1502.

Circuit vert
Fort-de-France—la capitale—point de départ
Les Trois-Ilets—village de Joséphine de Beauharnais, femme de Napoléon Bonaparte
Le Rocher du Diamant—superbe plage de 4 km
Le Marin—belle vue sur la baie
Ste-Anne—joli village
Le Vauclin—belle plage blanche

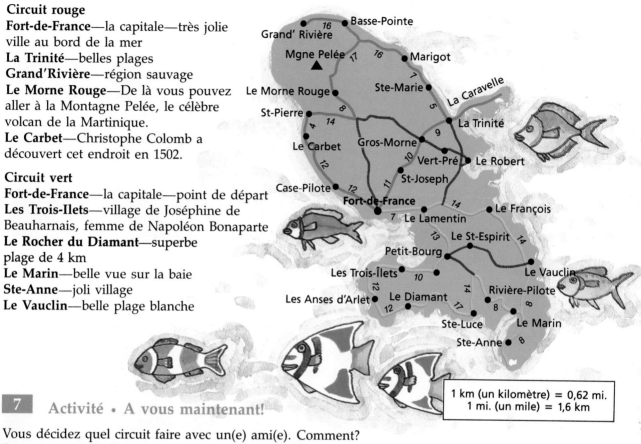

1 km (un kilomètre) = 0,62 mi.
1 mi. (un mile) = 1,6 km

7 Activité • A vous maintenant!

Vous décidez quel circuit faire avec un(e) ami(e). Comment? En voiture? Quand? Qu'est-ce que vous voulez voir? Qu'est-ce que vous n'allez pas visiter? Vous allez déjeuner où?

8 Activité • Ecrit dirigé

Sylvie a fait le tour de l'île avec Danou, un jeune antillais de quatorze ans. Elle écrit à ses parents pour leur raconter (*tell about*) leur visite. Mettez les verbes au passé composé.

Hier, nous (prendre) l'autobus à Fort-de-France à neuf heures du matin. Nous (faire) le tour de la ville, puis nous (être) à la Trinité où nous (nager) avant le déjeuner. Nous (voir) la Montagne Pelée, mais nous ne (pouvoir) pas y aller; on ne (avoir) pas le temps. Je (acheter) des sandwiches et des boissons et nous (manger) sur la plage du Carbet. Nous y (attendre) le père de Danou et nous (continuer) notre visite en voiture.

9 Activité • Finissez la lettre

Vous êtes Sylvie. Finissez votre lettre. Dites ce que vous allez faire demain.
Demain...

10 Activité • Envoyez une carte postale

Vous êtes en Martinique. Envoyez une carte postale à un(e) ami(e). Dites-lui où vous avez été, ce que vous avez fait et ce que vous avez vu. Dessinez *(draw)* la Martinique sur la carte.

La montagne Pelée   Fort-de-France   Joséphine de Beauharnais

11 Activité • Et vous?

1. Vous avez déjà visité une île? Un autre pays?
2. Quand? Avec qui?
3. Qu'est-ce que vous avez fait là-bas? Qu'est-ce que vous avez vu et acheté?
4. Vous rêvez d'aller dans un autre état? Un autre pays?
5. Pourquoi?

12 LA FETE AU VILLAGE

Aujourd'hui il y a une fête à Case Pilote, un petit village à quelques kilomètres de Fort-de-France. Les gens de Case Pilote sont dans les rues; on danse au rythme de la musique antillaise. Les femmes ont mis leurs beaux vêtements de couleur : une jupe et un chemisier, quelquefois une robe et un madras. Elles ont de jolis bijoux : colliers, bracelets, bagues. Les hommes portent un pantalon blanc et une chemise blanche ou à fleurs. Ils ont aussi des sandales. Il y a des fleurs, des fruits; les gens mangent et prennent des boissons tropicales; ils chantent! Qu'ils sont heureux!

13 Activité • Répondez

1. Où sont les gens de Case Pilote?
2. Qu'est-ce qu'ils font?
3. Pourquoi?
4. Qu'est-ce que les femmes ont mis?
5. Et les hommes?

14 Activité • Et vous?

1. Vous dansez souvent?
2. Où? Quand?
3. Vous aimez quel genre de musique?
4. Qu'est-ce que vous mettez quand vous sortez?
5. Il y a une fête dans votre ville?
6. Qu'est-ce que les gens font pendant la fête?

15 EN VILLE

Sylvie va rentrer à Paris. Elle a encore beaucoup de choses à voir, à faire, à acheter. Elle visite Fort-de-France avec Danou. Il lui montre le marché, les magasins, les cafés…

DANOU   Tu veux aller au marché?
SYLVIE Oui, allons-y. Et après, qu'est-ce qu'on fait?
DANOU   On peut aller au musée.
SYLVIE Ce n'est pas très drôle. J'ai envie de faire les boutiques. J'ai des cadeaux à acheter à mon père et ma mère.
DANOU   Alors, on va rue Victor Hugo. Qu'est-ce que tu veux leur offrir?

SYLVIE Je ne sais pas. Qu'est-ce qu'il y a d'original?
DANOU   Des vêtements, des sacs, des bijoux…
SYLVIE Super! Ma mère adore être à la mode. Je veux lui rapporter un collier. Mon père, lui, est plutôt classique. Les chemises à fleurs, ce n'est pas son style!
DANOU   Offre-lui des sandales.

SYLVIE Bonne idée! Mais je ne connais pas sa pointure… Ah, je sais, un livre sur la Martinique. Tiens! On joue *Les Ripoux*. Il y a des films modernes à Fort-de-France!
DANOU   Bien sûr! Mais n'y va pas! C'est un navet!
SYLVIE Moi, j'ai aimé, c'est génial! Il y a des discothèques ici?
DANOU   Discothèques, cinémas, cafés, tennis… On peut tout faire à Fort-de-France. C'est un petit Paris!

Philippe NOIRET   Thierry LHERMITTE

LES RIPOUX

un film de CLAUDE ZIDI

5 CESARS 85 DONT MEILLEUR FILM

16 Activité • Répondez

1. Qu'est-ce que Danou montre à Sylvie?
2. Qu'est-ce que Sylvie a envie de faire? Pourquoi?
3. Comment est sa mère? Et son père?
4. Qu'est-ce qu'elle leur achète?
5. Danou a aimé *Les Ripoux*? Et Sylvie? Pourquoi?
6. Il y a beaucoup à faire à Fort-de-France?

17 Activité • A vous maintenant!

Sylvie a apporté des cadeaux de Martinique pour vous. Qu'est-ce que vous dites quand vous ouvrez les cadeaux?

18 Activité • Jeu de rôle

Vous travaillez dans une agence de voyages. Un(e) client(e) demande des renseignements sur la Martinique. Répondez à ses questions. Dites-lui quel temps il fait là-bas, quels vêtements emporter, où aller, quels souvenirs acheter, quoi faire et quoi voir…

19 Activité • Projet

Imagine that you've just been to Martinique. On your trip you collected a number of things and now you want to make a scrapbook to share with your friends.

1. Make a list of items that you'll include in your scrapbook.
2. Think of ways to group them.
3. On one of the pages, give an account of what you bought, for whom you bought it, and how much each item cost.
4. In an introductory page, write about your vacation in Martinique. Here are some sentence starters that may help you.

Cet été j'ai visité la Martinique…
J'ai fait beaucoup de choses : …
J'ai surtout aimé…
J'ai rencontré… Il/Elle…
Je recommande la Martinique parce que…

If you haven't visited Martinique, you might want to write to a tourist bureau for brochures and maps. To illustrate your experiences in Martinique, you might find some postcards from other places that would fit this setting. You might also make drawings or cut pictures from magazines.

APERÇU CULTUREL 3 📼

Les Fêtes françaises

Like people all over the world, the French love a festival—the crowds, the music, the colors, the food. Above all they love to share with others their **joie de vivre** and their pride in their country or region, its history, and its culture. As in other countries, the year in France is marked by a series of holidays and festivals. These events are celebrated throughout the land. Other events are regional, having local significance but universal appeal.

Les fêtes nationales

La nuit du 31 décembre les Français célèbrent l'arrivée du nouvel an. Dans les restaurants ou en famille on fête le réveillon par un grand dîner. Le 1er janvier (le Jour de l'An) on rend visite à ses amis. On souhaite la bonne année à tout le monde. Et bien sûr, on prend des résolutions.

Avant le carême *(Lent)* on fête le Mardi Gras *(Shrove Tuesday)* dans toutes les régions de France, surtout à Nice. Il y a de beaux défilés *(parades).* On met un costume et on danse dans la rue.

Aux Etats-Unis c'est le lapin *(rabbit)* qui donne des bonbons aux enfants à Pâques. En France c'est les cloches *(bells)* qui retournent de Rome avec des œufs et des bonbons pour les enfants.

❶ Au Carnaval de Nice on fête le Mardi Gras.

❷ Voilà des cloches et des œufs en chocolat. C'est Pâques.

❸ Ces filles ont mis un costume folklorique pour le Carnaval.

Le 1er mai les travailleurs célèbrent la fête du travail en France. Il y a des défilés dans les rues. C'est aussi la fête du muguet *(lily of the valley)*. On offre cette fleur à ses amis et à ses parents. C'est un porte-bonheur *(good luck symbol)*.

Le 8 mai c'est l'anniversaire de la victoire des Alliés en 1945, la fin de la Seconde Guerre mondiale. Dans toutes les villes de France, il y a des cérémonies militaires et des défilés.

Beaucoup de Français sont catholiques. Quarante jours après Pâques on célèbre l'Ascension. C'est une fête religieuse. On va à l'église. Le septième dimanche après Pâques est une autre fête religieuse, la Pentecôte. D'habitude, les gens de la ville partent à la campagne. Il y a beaucoup de voitures sur les routes.

❶ Le 1er mai on défile dans les rues de Paris.

❷ Le 8 mai il y a une cérémonie sur la place du village.

❸ Une procession religieuse commémore l'Ascension.

❹ A la Pentecôte tout le monde quitte la ville.

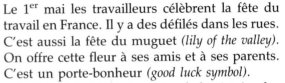

Le 14 juillet 1789 la révolution descend dans les rues. Des Parisiens vont à la Bastille, une forteresse-prison. Ils demandent des armes. Le commandant refuse. Les gens massacrent le commandant et ses gardes. Des ouvriers démolissent la Bastille. En 1880 on déclare le 14 Juillet fête nationale.

Dans toutes les villes de France on célèbre le 14 Juillet. Il y a toujours un défilé. A Paris tout le monde regarde passer le grand défilé militaire sur l'avenue des Champs-Elysées. Il y a un grand bal, et on danse dans les rues. Le soir on regarde un magnifique feu d'artifice. Quel beau spectacle!

❶ Un feu d'artifice illumine la tour Eiffel.

❷ La Revue passe sur les Champs-Elysées.

❸ Les Français fêtent le 14 Juillet.

❹ Des enfants en costume révolutionnaire

Les Fêtes françaises 335

Le 1er novembre, la Toussaint, c'est la fête de tous les saints. Le 2 novembre, c'est le jour des Morts. Dans les cimetières on met des fleurs sur les tombes. Le chrysanthème est la fleur traditionnelle de cette fête solennelle.

Le 11 novembre 1918 l'armistice est signé—la Première Guerre mondiale est finie. On célèbre toujours le jour de l'Armistice.

Noël, le 25 décembre, est une fête joyeuse. Dans la nuit du 24 au 25, beaucoup de Français vont à la messe de minuit et ensuite on fait un grand dîner, le réveillon. Le dessert traditionnel est un gâteau en forme de bûche (log) de Noël. Les enfants attendent l'arrivée du Père Noël avec impatience.

❶ A la Toussaint les tombes sont couvertes de fleurs.

❷ A Menton une cérémonie commémore l'Armistice.

❸ A Noël les boulevards parisiens sont illuminés.

❹ Une petite fille et sa mère ouvrent un cadeau de Noël.

Les fêtes régionales

La fête de Jeanne d'Arc à Orléans honore l'héroïne française. Pendant la guerre de Cent Ans les Anglais ont occupé la France. Jeanne d'Arc a aidé le roi français Charles VII à délivrer Orléans le 8 mai 1429. Avec l'armée du roi, elle a gagné beaucoup de batailles, mais les Bourguignons, alliés français des Anglais, ont capturé la jeune femme. Les Anglais ont acheté Jeanne aux Bourguignons. Un tribunal religieux a jugé Jeanne d'Arc comme sorcière. Elle a été brûlée vive à Rouen le 29 mai 1431.

L'église catholique a canonisé Jeanne d'Arc en 1920. La fête de la sainte est célébrée le deuxième dimanche de mai. Le matin, après la cérémonie religieuse, il y a un grand défilé. Le soir un beau feu d'artifice illumine le ciel.

❶ Une jeune Orléanaise à cheval dans un défilé

❷ La statue de Jeanne d'Arc à Orléans

❸ La cathédrale Sainte-Croix à Orléans

❹ Des Orléanais portent le costume traditionnel.

La fête du quinze août dans le Pays Basque

Le Pays Basque est situé en France et en Espagne où les Pyrénées rencontrent l'océan Atlantique. En réalité il y a deux pays basques, le Pays Basque français et le Pays Basque espagnol. Les Basques français et les Basques espagnols ont les mêmes traditions et la même langue. Le basque est très différent du français et de l'espagnol. L'origine des Basques est très mystérieuse. Ils viennent d'où? On ne sait pas.

La fête du quinze août dans le Pays Basque est spectaculaire. Le matin on va à l'église. Après la messe on fait un grand repas en famille. L'après-midi il y a des matches de pelote. La pelote est le sport favori des Basques. Le soir tout le monde attend avec impatience le taureau *(bull)* de feu. C'est un feu d'artifice en forme de taureau. Après le taureau de feu, l'orchestre commence le premier fandango, une danse folklorique. On danse toute la nuit au bal du quinze août.

❶ Une procession religieuse dans le Pays Basque

❷ Des Basques jouent à la pelote.

❸ On danse le fandango.

❹ Le taureau de feu est un beau spectacle.

Le festival d'Avignon

Avignon est une ville située sur le Rhône. C'est une ville riche en histoire. Les Papes (*Popes*) y ont habité de 1309 à 1377. Le Palais des Papes est célèbre.

Avignon est aussi une ville d'art. Tous les étés, pendant presque cinq semaines, on joue la comédie, on donne des concerts, on danse et on projette des films… C'est le Festival d'Avignon, une grande fête culturelle. Les spectateurs viennent de tous les pays. Les spectacles principaux sont dans le Palais des Papes. Les autres sont dans des endroits différents de la ville.

Cette vieille chanson folklorique est toujours vraie :

«Sur le pont d'Avignon, L'on y danse,
L'on y danse…»

❶ BIS, RUE DE MONS 84000 AVIGNON. TÉL (16) 9(
LE FESTIVAL D'AVIGNON EST PARRAINÉ PAR LA CAISSE

❶ Les affiches annoncent le Festival.

❷ Le célèbre pont d'Avignon sur le Rhône

❸ Des musiciennes hollandaises viennent au Festival d'Avignon.

❹ L'opéra, *La Flûte enchantée* de Mozart, au Palais des Papes

Autres fêtes

En France il y a une remarquable variété de fêtes. Il y a des fêtes tous les mois, en toute saison, dans toutes les régions et pour toutes sortes de raisons.

A Menton—une petite ville sur la côte de Provence—pendant la semaine de Mardi Gras, les oranges et les citrons *(lemons)* sont à l'honneur. Au nord, en Alsace, on célèbre le vin.

Savez-vous qu'il y a des courses de taureaux *(bullfights)* en France? C'est surtout vrai en Provence. Pendant le Festival d'Arles, on aime aller aux arènes.

Les fêtes religieuses sont nombreuses. Au mois de mai, dans le petit port méditerranéen de Saintes-Maries-de-la-Mer, on honore les héroïnes d'une légende—sainte Marie-Jacobé, sainte Marie Salomé, sainte Marie-Madeleine et leur servante noire, Sara. Les Maries sont aujourd'hui les patronnes de la région. Les gitans *(gypsies)* viennent en grand nombre à la fête pour honorer leur protectrice, Sara.

❶ La fête du citron à Menton en Provence

❷ Une fanfare annonce la course de taureaux à Arles.

❸ Une fête du vin à Barr en Alsace

❹ De petits gitans admirent la statue de Sara.

FOR REFERENCE

SUMMARY OF FUNCTIONS

The term *functions* can be defined as what you do with language—what your purpose is in speaking. You can do a lot with your French. Here is a list of functions accompanied by the expressions you've learned to accomplish them. The unit in which the expression is introduced is followed by the section letter and number in parentheses.

SOCIALIZING

Saying hello
1 (A4) Bonjour!
        Bonsoir!
        Salut!

Saying goodbye
1 (A4) Au revoir!
        Salut!
        A tout à l'heure!

Saying how you are
1 (A4) Ça va?
        Ça va.
        (Très) bien.
        Pas mal.

Addressing people
1 (A5) madame
        mademoiselle
        monsieur

Getting someone's attention
11 (B6) Excusez-moi,…
        Pardon,…

Welcoming people
6 (A4) Entrez. / Entre.
        Soyez le bienvenu. / Bienvenue.
        Faites comme chez vous.
        Fais comme chez toi.

Expressing good wishes
11 (C5) Bonne fête!
        Joyeux Noël!
        Bonne année!
        Joyeuses Pâques! (Joyeuse Pâque!)
        Joyeux (Bon) anniversaire!
        Bonnes vacances!
        Bon voyage!
        Bonne route!
        Bonne santé!
        Meilleurs vœux (souhaits)!

Paying compliments
6 (C15) Tu es un chef!

10 (C4) Il / Elle te va bien.
        Ils / Elles te vont bien.

C'est tout à fait ton style!
Mes compliments pour la mousse.
Les sandwiches sont excellents!
Tu as bon goût!
Tu joues / danses drôlement bien!

Acknowledging compliments
10 (C4) Tu trouves?
        Oh, ce n'est rien.
        C'est gentil.

Extending an invitation
9 (B1) Tu veux…?
        Tu peux…?

9 (B6) Je t'invite à…

Accepting an invitation
9 (B10) Si tu veux.
        D'accord!
        Bonne idée!
        Volontiers!
        Avec plaisir!

Refusing an invitation
9 (B10) Je n'ai pas envie.
        Je ne peux pas.
        Encore!
        Je regrette, mais…
        Impossible,…

Expressing thanks
2 (C13) Merci.

Responding to thanks
6 (A21) De rien.

Making a phone call
5 (C4) Allô.
        Je suis bien chez…?
        C'est une erreur.
        C'est occupé.
        Ça ne répond pas.
        Qui est à l'appareil?
        Ne quittez pas.
        Vous demandez quel numéro?

Offering food / drink
6 (C18) Encore du / de la…?
        Vous prenez du / de la…?

Accepting food / drink
6 (C18) Oui, volontiers!
Oui, avec plaisir!
Oui, s'il vous plaît!
10 (C1) J'ai soif!

Refusing food / drink
6 (C18) Non, merci. Je n'ai plus faim.
Merci. C'est bon, mais...

Making excuses
10 (A16) Non, pas encore.
J'ai oublié.
Je n'ai pas eu le temps.
Je n'ai pas pu.

EXCHANGING INFORMATION

Asking for information
5 (B16) Comment?   Qui?
Combien?   Avec qui?
Quoi?   A qui?
Où?   Pourquoi?
Quand?   A quelle heure?
6 (C7) Qu'est-ce que...?
11 (B9) Quel(s) / Quelle(s)...?
Quel / Quelle est...?
Quels / Quelles sont...?

Asking and giving names
1 (B4) Tu t'appelles comment?
Je m'appelle...
Il / Elle s'appelle comment?
Il / Elle s'appelle...

Asking and saying where someone is from
1 (C1) Tu es d'où?
Je suis de...
Il / Elle est de...
1 (C4) Vous êtes d'où?
Nous sommes de...
Ils / Elles sont de...

Asking someone's age and telling yours
6 (B5) Tu as quel âge?
J'ai... ans.

Saying how often you do something
2 (A8) d'habitude
toujours
souvent
quelquefois

Saying what you're going to do
5 (C10) Je vais (+ infinitive)

Saying what you need and asking others
2 (C7) Il me faut...
Il te faut...?

Asking for directions
5 (B9) Les téléphones / la douane, s'il vous plaît?
Où sont les téléphones, s'il vous plaît?
Où est la douane, s'il vous plaît?

Giving locations
5 (B9) juste là   devant
ici   en face (de)
là-bas   entre
à droite (de)   à côté (de)
à gauche (de)   près (de)
tout droit

Asking prices
2 (C17) C'est combien?
11 (B6) Il / Elle coûte combien?
Ils / Elles coûtent combien?
Combien coûte / coûtent...?

EXPRESSING FEELINGS AND EMOTIONS

Expressing likes and preferences
3 (C12) J'aime...
J'aime mieux...

. . . *about school subjects*
2 (B19) C'est facile / chouette / génial / extra / super!

. . . *about films, plays, TV shows, books*
9 (C11) C'est drôle / amusant / émouvant / original / génial / un bon film!
J'adore...!

. . . *about food*
6 (C15) C'est bon.
C'est délicieux / excellent / super / extra!
J'adore!

. . . *about gifts*
11 (C18) Qu'il / Qu'elle est...!
Quel(le) joli(e)...!
Quelle surprise!
C'est très gentil!
C'est une excellente idée!
Tu as bien choisi!

Expressing dislikes
3 (C12) Je n'aime pas...

. . . *about school subjects*
2 (B19) C'est difficile / la barbe / pas terrible / pas le pied!

. . . *about films, plays, TV shows, books*
9 (C11) C'est (trop) violent!
C'est bidon / un navet / pas original / un mauvais film / toujours la même chose!
Je déteste...!

Expressing agreement
    3 (C1) Bon.
    5 (B1) OK.
    9 (B10) D'accord.

Expressing indifference
    7 (B1) Bof!
            Mouais!

Expressing annoyance
    6 (C1) Quelle vie!
    10 (A1) Zut!

Expressing surprise or astonishment
    6 (C1) Quelle question!
    11 (C12) Quelle surprise!

Expressing sorrow
    9 (B10)   Je regrette!
    10 (Skills 1) Dommage!

PERSUADING

Making requests or giving commands
    6 (A6) Entrez, s'il vous plaît.
            Entre, s'il te plaît.
            Venez / Viens avec moi.

Making suggestions
    7 (B7) Allons visiter Dinan!
            On va visiter Dinan?

Asking for advice
    11 (A13) A ton avis, qu'est-ce que je peux
            acheter / offrir à... Tu as une idée?
            J'offre... à... Qu'est-ce que tu en
            penses?

Giving advice
    11 (A13) Achète-lui / leur...
            Tu peux lui / leur offrir...
            Bonne idée!
            Non, offre-lui / leur plutôt...
            Il / Elle a déjà plein de...

GRAMMAR SUMMARY

ARTICLES

SINGULAR		PLURAL
Masculine	Feminine	
un frère **un** ͮ ami	**une** sœur	**des** frères / sœurs **des** ᶻ amis / amies
le frère **l'**ami	**la** sœur **l'**amie	**les** frères / sœurs **les** ᶻ amis / amies
ce frère **cet** ᵗ ami	**cette** sœur	**ces** frères / sœurs **ces** ᶻ amis / amies

ADJECTIVES: FORMATION OF FEMININE

	Masculine	Feminine
Most adjectives (*add* **-e**)	**Il est brun.**	**Elle est brune.**
Most adjectives ending in **-é** (*add* **-e**)	**Il est fatigué.**	**Elle est fatiguée.**
All adjectives ending in an unaccented **-e** (*no change*)	**Il est jeune.**	**Elle est jeune.**
Most adjectives ending in **-eux** (**-eux** → **-euse**)	**Il est généreux.**	**Elle est généreuse.**
All adjectives ending in **-ien** (**-ien** → **-ienne**)	**Il est italien.**	**Elle est italienne.**

ADJECTIVES AND NOUNS: FORMATION OF PLURAL

		Masculine	Feminine
Most noun and adjective forms (*add* **-s**)	SING. PL.	**un pantalon vert** **des pantalons verts**	**une jupe verte** **des jupes vertes**
Most noun and <u>masculine</u> adjective forms ending in **-al** (**-al** → **-aux**)	SING. PL.	**le sport principal** **les sports principaux**	**la rue principale** **les rues principales**
All noun and <u>masculine</u> adjective forms ending in **-eau** (*add* **-x**)	SING. PL.	**le nouveau bateau** **les nouveaux bateaux**	**la nouvelle voiture** **les nouvelles voitures**
All noun and <u>masculine</u> adjective forms ending in **-s** (*no change*)	SING. PL.	**un autobus gris** **des autobus gris**	**une mobylette grise** **des mobylettes grises**
All <u>masculine</u> adjective forms ending in **-x** (*no change*)	SING. PL.	**un garçon paresseux** **des garçons paresseux**	**une fille paresseuse** **des filles paresseuses**

POSSESSIVE ADJECTIVES

SINGULAR		PLURAL		SINGULAR		PLURAL	
MASCULINE	FEMININE			MASCULINE	FEMININE		
mon frère	**ma** sœur	**mes** frères / sœurs		**notre** frère	**notre** sœur	**nos** frères / sœurs	
mon ami	**mon** amie	**mes** amis / amies				**nos** amis / amies	
ton frère	**ta** sœur	**tes** frères / sœurs		**votre** frère	**votre** sœur	**vos** frères / sœurs	
ton ami	**ton** amie	**tes** amis / amies				**vos** amis / amies	
son frère	**sa** sœur	**ses** frères / sœurs		**leur** frère	**leur** sœur	**leurs** frères / sœurs	
son ami	**son** amie	**ses** amis / amies				**leurs** amis / amies	

INTERROGATIVE ADJECTIVES: QUEL

	SINGULAR	PLURAL
MASCULINE	**quel**	**quels**
FEMININE	**quelle**	**quelles**

REGULAR VERBS

	STEM	ENDING	STEM	ENDING	STEM	ENDING	STEM	ENDING
INFINITIVE	aim	**-er**	sort	**-ir**	chois	**-ir**	attend	**-re**
PRESENT	aim	-e -es -e -ons -ez -ent	sor sort	-s -s -t -ons -ez -ent	chois	-is -is -it -issons -issez -issent	attend	-s -s — -ons -ez -ent
REQUESTS, COMMANDS, SUGGESTIONS	aim	-e -ons -ez	sor sort	-s -ons -ez	chois	-is -issons -issez	attend	-s -ons -ez

			AUXILIARY	PAST PARTICIPLE
PASSE COMPOSE	with **avoir**		ai as a avons avez ont	aim **-é** sort **-i** chois **-i** attend **-u**

PRONOUNS

Independent Pronouns	Subject Pronouns	Indirect-Object Pronouns	Pronoun replacing à, dans, sur... + NOUN PHRASE
moi	je (j')		y
toi	tu		
lui	il	lui	
elle	elle	lui	
nous	nous (nous‿z)		
vous	vous (vous‿z)		
eux	ils (ils‿z)	leur	
elles	elles (elles‿z)	leur	

VERB INDEX

Following is an alphabetical list of verbs with stem changes, spelling changes, or irregular forms. An infinitive appearing after the verb means that the verb follows one of the patterns shown on pages 346–350. Verbs like **sortir** have been included in the list. All verbs ending in **-ir** that have not been included are like **choisir**.

Verbs with Stem and Spelling Changes

Verbs listed in this section are not irregular, but they do show some stem and spelling changes. The forms in which the changes occur are printed in **boldface** type.

ACHETER

Present	**achète, achètes, achète,** achetons, achetez, **achètent**
Commands	**achète,** achetons, achetez

APPELER

Present	**appelle, appelles, appelle,** appelons, appelez, **appellent**
Commands	**appelle,** appelons, appelez

COMMENCER

Present	commence, commences, commence, **commençons,** commencez, commencent
Commands	commence, **commençons,** commencez

ESSAYER

Present	**essaie, essaies, essaie,** essayons, essayez, **essaient**
Commands	**essaie,** essayons, essayez

MANGER

Present	mange, manges, mange, **mangeons,** mangez, mangent
Commands	mange, **mangeons,** mangez

PREFERER

Present	**préfère, préfères, préfère,** préférons, préférez, **préfèrent**
Commands	**préfère,** préférons, préférez

Verbs with Irregular Forms

Verbs listed in this section are those that do not follow the pattern of verbs like **aimer,** verbs like **choisir,** verbs like **sortir,** or verbs like **attendre.**

ALLER

Present	vais, vas, va, allons, allez, vont
Commands	va, allons, allez

AVOIR

Present	ai, as, a, avons, avez, ont
Commands	aie, ayons, ayez
Passé Composé	*Auxiliary:* avoir *Past Participle:* eu

CONNAITRE

Present	connais, connais, connaît, connaissons, connaissez, connaissent
Commands	connais, connaissons, connaissez
Passé Composé	*Auxiliary:* avoir *Past Participle:* connu

DIRE

Present	dis, dis, dit, disons, dites, disent
Commands	dis, disons, dites
Passé Composé	*Auxiliary:* avoir *Past Participle:* dit

ECRIRE

Present	écris, écris, écrit, écrivons, écrivez, écrivent
Commands	écris, écrivons, écrivez
Passé Composé	*Auxiliary:* avoir *Past Participle:* écrit

ENVOYER

Present	envoie, envoies, envoie, envoyons, envoyez, envoient
Commands	envoie, envoyons, envoyez
Passé Composé	*Auxiliary:* avoir *Past Participle:* envoyé

ETRE

Present	suis, es, est, sommes, êtes, sont
Commands	sois, soyons, soyez
Passé Composé	*Auxiliary:* avoir *Past Participle:* été

FAIRE

Present	fais, fais, fait, faisons, faites, font
Commands	fais, faisons, faites
Passé Composé	*Auxiliary:* avoir *Past Participle:* fait

LIRE

Present	lis, lis, lit, lisons, lisez, lisent
Commands	lis, lisons, lisez
Passé Composé	*Auxiliary:* avoir *Past Participle:* lu

METTRE

Present	mets, mets, met, mettons, mettez, mettent
Commands	mets, mettons, mettez
Passé Composé	*Auxiliary:* avoir *Past Participle:* mis

OFFRIR

Present	offre, offres, offre, offrons, offrez, offrent
Commands	offre, offrons, offrez
Passé Composé	*Auxiliary:* avoir *Past Participle:* offert

PLEUVOIR

Present	il pleut
Passé Composé	il a plu

POUVOIR

Present	peux, peux, peut, pouvons, pouvez, peuvent
Passé Composé	*Auxiliary:* avoir *Past Participle:* pu

PRENDRE

Present	prends, prends, prend, prenons, prenez, prennent
Commands	prends, prenons, prenez
Passé Composé	*Auxiliary:* avoir *Past Participle:* pris

RECEVOIR

Present	reçois, reçois, reçoit, recevons, recevez, reçoivent
Commands	reçois, recevons, recevez
Passé Composé	*Auxiliary:* avoir *Past Participle:* reçu

SAVOIR

Present	sais, sais, sait, savons, savez, savent
Passé Composé	*Auxiliary:* avoir *Past Participle:* su

VENIR

Present	viens, viens, vient, venons, venez, viennent
Commands	viens, venons, venez

VOIR

Present	vois, vois, voit, voyons, voyez, voient
Commands	vois, voyons, voyez
Passé Composé	*Auxiliary:* avoir *Past Participle:* vu

VOULOIR

Present	veux, veux, veut, voulons, voulez, veulent
Passé Composé	*Auxiliary:* avoir *Past Participle:* voulu

PRONUNCIATION

Pronunciation and reading exercises are found in the Try Your Skills section of each unit, except the review units.

NUMBERS

CARDINAL

0	zéro		21	vingt et un/une
1	un/une		22	vingt-deux
2	deux		30	trente
3	trois		40	quarante
4	quatre		50	cinquante
5	cinq		60	soixante
6	six		70	soixante-dix
7	sept		71	soixante et onze
8	huit		72	soixante-douze
9	neuf		80	quatre-vingts
10	dix		81	quatre-vingt-un/une
11	onze		90	quatre-vingt-dix
12	douze		91	quatre-vingt-onze
13	treize		100	cent
14	quatorze		101	cent un/une
15	quinze		200	deux cents
16	seize		201	deux cent un/une
17	dix-sept		1 000	mille
18	dix-huit		1 001	mille un/une
19	dix-neuf		1 920	mille neuf cent vingt
20	vingt		2 000	deux mille

ORDINAL

1st	premier, première	1er, 1ère		6th	sixième	6^e
2nd	deuxième	2^e		7th	septième	7^e
3rd	troisième	3^e		8th	huitième	8^e
4th	quatrième	4^e		9th	neuvième	9^e
5th	cinquième	5^e		10th	dixième	10^e

ENGLISH EQUIVALENTS

The following are the English equivalents of the basic material in each section of every unit, with the exception of review units. They are not literal translations but represent what a speaker of English would say in the same situations.

1 NOUVEAUX COPAINS

NEW FRIENDS

A1 Salut!
C'est la rentrée au collège Jules Romains à Paris.

—Salut!
—Salut!

—Ça va?
—Pas mal.

—Bon, au revoir, à tout à l'heure!
—Au revoir.

—Bonjour!
—Bonjour! Ça va?

—Oui, très bien.
—Bon, à tout à l'heure.

—Salut!
—Salut!

Hello!
It's back to school at Jules Romains Junior High School in Paris.

Hello!
Hi!

How are things?
Not bad.

Well, goodbye, see you later!
Goodbye.

Hello!
Hello! Are things going OK?

Yes, very well.
Good, see you later.

Bye!
See you!

A5 Madame, mademoiselle, monsieur
—Bonjour, madame!
—Bonjour, mademoiselle!
—Au revoir, monsieur!

Mrs., Miss, Mr.
Hello, ma'am!
Hello, miss!
Goodbye, sir!

B1 Tu t'appelles comment?
Le premier jour de classe!

—Salut! Je m'appelle Olivier.
  Et toi, tu t'appelles comment?
—Moi, je m'appelle Jean-Claude.

—Tu t'appelles Marie?
—Non, je m'appelle Marie-France.

—Salut, Véronique, ça va?
—Oui, ça va.

What's your name?
The first day of school!

Hello! My name is Olivier.
And what's your name?
My name is Jean-Claude.

Is your name Marie?
No, my name is Marie-France.

Hi, Véronique, are things going OK?
Yes, fine.

B3 Il s'appelle comment? Et elle?
—Il s'appelle comment, le garçon là-bas?
—Il s'appelle Jean Dufont.
—C'est un copain?
—Oui, c'est un ami.

What's his name? And hers?
What's the name of the boy over there?
His name is Jean Dufont.
Is he a friend?
Yes, he's a friend.

—Et la fille là-bas? Elle s'appelle Emilie?
—Non, elle s'appelle Nathalie Latour.
  C'est une amie aussi.

And the girl over there? Is her name Emilie?
No, her name is Nathalie Latour.
She's a friend, too.

C1 Tu es d'où?
Elle s'appelle Lise Savard.
Elle est de Montréal.

Elle s'appelle Sophie Bertin.
Elle est de Bruxelles.

Ce garçon s'appelle Lucien Estimé. Il est de Port-au-Prince.

Ce garçon s'appelle Jean Cartier. Il est de Paris.

Elle s'appelle Angèle Diop.
Elle est de Dakar.

Ce garçon s'appelle Gilles Amiel. Il est de Genève.

—Et toi? Tu es d'où? De Dallas? De San Francisco?
—Je suis de…

Where are you from?
Her name is Lise Savard.
She's from Montreal.

Her name is Sophie Bertin.
She's from Brussels.

This boy's name is Lucien Estimé. He's from Port-au-Prince.

This boy's name is Jean Cartier. He's from Paris.

Her name is Angèle Diop.
She's from Dakar.

This boy's name is Gilles Amiel. He's from Geneva.

And you? Where are you from? From Dallas? From San Francisco?
I'm from . . .

2 A L'ECOLE

AT SCHOOL

A1 Ils viennent comment à l'école?
Nathalie est élève au collège Marcel Pagnol à Montsoult à trente kilomètres de Paris. Elle vient comment à l'école? Et les autres… ils viennent comment?

Voilà Nathalie.
Elle vient souvent en vélo.

Et Valérie?
Elle vient d'habitude en bus.

François est un ami de Nathalie.
Il vient toujours en mobylette.

Et Antoine, il vient en métro?
Non, il vient en voiture.

Christine, tu viens avec Jean? Vous venez comment?
Je viens avec Jean. Nous venons quelquefois en moto.

Et toi, Annette? Tu viens comment?
Oh, moi, je viens toujours à pied!

How do they come to school?
Nathalie is a student at Marcel Pagnol Junior High in Montsoult, thirty kilometers from Paris. How does she come to school? And the others . . . how do they come?

There's Nathalie.
She often comes by bicycle.

And Valérie?
She usually comes by bus.

François is a friend of Nathalie.
He always comes by moped.

And Antoine, does he come by subway?
No, he comes by car.

Christine, do you come with Jean? How do you come (to school)?
I come with Jean. Sometimes we come by motorcycle.

And you, Annette, how do you come (to school)?
Oh, I always come on foot!

B1 Nathalie à l'école
Au collège Marcel Pagnol, Nathalie a beaucoup de cours : maths, français, anglais, gymnastique, histoire, géographie, informatique… Elle vient à l'école tous les jours de la semaine, sauf le samedi et le dimanche. Elle a

Nathalie at school
At Marcel Pagnol Junior High, Nathalie has many courses: math, French, English, gym, history, geography, computer science . . . She comes to school every day of the week except Saturdays and Sundays. She has a lot of homework in the evening. But, fortunately, there

beaucoup de devoirs le soir. Mais, heureuse-ment, il y a les récréations et le mercredi après-midi elle est libre.

(photo captions)
Voilà Nathalie. Elle est au cours de gym-nastique.
Nathalie a physique le mardi et le vendredi.
Nathalie est membre du club d'informatique.

B10 Ils ont beaucoup de devoirs.

DIDIER	Tu as des cours le mercredi?
MARC	Oui, j'ai trois cours le matin. Et toi?
DIDIER	Moi aussi, j'ai trois cours.
MARC	Tu as beaucoup de devoirs?
DIDIER	Oui, j'ai beaucoup de devoirs et un examen jeudi matin.

B16 Tu as quoi maintenant?
(Lundi, avant l'école)

NATHALIE	Tu as quoi maintenant?
MICHÈLE	Anglais.
NATHALIE	Moi aussi. C'est super!

(A la récréation)

M.	Oh là là! J'ai maths après la récré! C'est difficile!
N.	Moi, j'ai gym.

(Au déjeuner)

M.	Tu as une interro de géo cet aprèm?
N.	Oui, c'est la barbe! Mais le prof est sympa.

C1 Pour l'école il me faut...

C13 Au magasin
Delphine, Laurent et Marc sont dans une librairie.

DELPHINE	Les classeurs, s'il vous plaît?
VENDEUSE	C'est là-bas, avec les feuilles.
DELPHINE	Merci.
MARC	Eh, regarde le poster!
DELPHINE	Super! C'est combien?
MARC	Dix-huit francs.
DELPHINE	Génial! Alors, un poster!
MARC	Deux posters!
LAURENT	Eh, regarde aussi ces tee-shirts!
DELPHINE	Super! Un tee-shirt pour moi!
LAURENT	Deux tee-shirts!
DELPHINE	Trois tee-shirts! Un pour toi, un pour moi et un pour Nathalie!
MARC	Delphine?
DELPHINE	Oui?
MARC	Et pour l'école?

are breaks (there's recess) and Wednesday afternoons she is free.

There's Nathalie. She's in gym class.

Nathalie has physics on Tuesdays and Fridays.
Nathalie is a member of the computer club.

They have a lot of homework.
Do you have classes on Wednesdays?
Yes, I have three courses in the morning. And you?
Me too, I have three courses.
Do you have a lot of homework?
Yes, I have a lot of homework and an exam Thursday morning.

What do you have now?
(Monday, before school)
What do you have now?
English.
Me too. It's super!

(At recess)
Oh! I have math after recess! It's hard!

I have gym.

(At lunch)
Do you have a geography quiz this afternoon?
Yes, what a bore! But the teacher's nice.

For school I need . . .

At the store
Delphine, Laurent, and Marc are in a bookstore.

Loose-leaf notebooks, please?
Over there, with the paper.
Thank you.
Hey, look at the poster!
Super! How much is it?
Eighteen francs.
Fantastic! So, one poster!
Two posters!

Hey, look at these T-shirts, too!
Super! One T-shirt for me!
Two T-shirts!
Three T-shirts! One for you, one for me, and one for Nathalie!

Delphine?
Yes?
And for school?

DELPHINE	Pour l'école?	*For school?*
MARC	Eh bien oui, il te faut un classeur, des feuilles, des crayons, une cal...	*Well yes, you need a loose-leaf binder, some paper, some pencils, a cal . . .*
DELPHINE	Demain! Aujourd'hui les tee-shirts! Demain les classeurs!	*Tomorrow! Today T-shirts! Tomorrow the loose-leaf binders!*

3 SPORTS ET PASSE-TEMPS

SPORTS AND PASTIMES

A1 Vous faites quels sports?

What sports do you take part in?

Salut! Je m'appelle Guillaume Vallée. Je suis de Grenoble, en France. C'est une grande ville, le site des Jeux Olympiques en février 1968. A Grenoble les gens font beaucoup de sports. Quels sports? Ça dépend des saisons.

Hi! My name is Guillaume Vallée. I'm from Grenoble, in France. It's a big city, the site of the Olympic Games in February, 1968. In Grenoble people take part in many sports. Which sports? That depends on the season.

En hiver, je fais du ski. Les copains, surtout les filles, font aussi du patin à glace.

In the winter, I ski. My friends, especially the girls, ice-skate, too.

Au printemps, nous faisons du jogging et de l'athlétisme. L'athlétisme, c'est extra!

In the spring, we do some jogging and track. Track is great!

En été, je fais surtout du tennis. Mais les copains et moi, nous faisons aussi de la natation. Nous aimons nager dans la piscine.

In the summer, I mainly play tennis. But my friends and I also swim. We like to swim in the pool.

En automne, on fait du football, du volley-ball et du basket-ball. Le basket, j'aime beaucoup!

In the fall, we play soccer, volleyball, and basketball. I like basketball a lot!

B1 Qu'est-ce qu'ils aiment faire, les jeunes Français?

What do young French people like to do?

Michel aime jouer avec l'ordinateur.

Michel likes to play with the computer.

Marc aime sortir avec des copains.

Marc likes to go out with friends.

Anne aime collectionner les cartes postales.

Anne likes to collect postcards.

Agnès et Charlotte aiment regarder la télé.

Agnès and Charlotte like to watch TV.

Virginie aime écouter des cassettes.

Virginie likes to listen to cassettes.

Renaud aime lire des bandes dessinées.

Renaud likes to read comics.

B4 Interviews

Interviews

—Bonjour! Tu t'appelles comment?
—Philippe.
—Qu'est-ce que tu aimes faire le samedi?
—Moi, j'aime écouter des disques. C'est le pied!

Hello. What's your name?
Philippe.
What do you like to do on Saturdays?
I like to listen to records. It's fun!

—Et vous, Catherine et Joëlle, vous aimez jouer avec l'ordinateur?
—Oh non. Nous, nous aimons regarder des films vidéo. C'est super!

And you, Catherine and Joëlle, do you like to play with the computer?
Oh no. We like to watch videocassettes. It's super!

—Et nous aimons aussi téléphoner à des copains...

And we also like to phone friends . . .

—Et vous, Frédéric et Jérôme, qu'est-ce que vous aimez faire?

And you, Frédéric and Jérôme, what do you like to do?

—Nous aimons faire de la photo. C'est vraiment un passe-temps génial!

We like to take pictures. It's really a fantastic pastime!

C1 Qu'est-ce qu'il y a à la télé?

ALAIN Chouette, il y a un match de foot sur la Une! On regarde?

VALÉRIE Ah non! Pas moi! Je regarde le film sur la Deux! Il y a Belmondo.

ALAIN Moi, j'aime le foot, je n'aime pas Belmondo!

VALÉRIE Eh bien moi, j'aime mieux les films!

ALAIN Mais c'est la finale du championnat de France!

VALÉRIE Et alors?

ALAIN Il y a quoi sur la Trois?

VALÉRIE Un reportage, mais je n'aime pas ça.

ALAIN Bon, eh bien moi, je regarde le match!

VALÉRIE Et moi, je regarde le film!

What's on TV?

Great, there's a soccer game on Channel 1! Shall we watch?

Oh no! Not me! I'm watching the movie on Channel 2! Belmondo's on.

I like soccer, I don't like Belmondo!

Well, I like movies better!

But it's the final game of the Championship of France!

So what?

What's on 3?

A news report, but I don't like that.

OK, well, I'm watching the game!

And I'm watching the movie!

5 A L'AEROPORT

AT THE AIRPORT

A1 On va en France.
L'avion est plein d'étudiants : des Français rentrent des Etats-Unis et des Américains vont habiter dans des familles françaises.

SOPHIE Alors, Jeffrey, tu vas où?

JEFFREY A Paris. Et toi, Lynn?

LYNN Moi, je vais en Bretagne.

SOPHIE Et tes copains, ils vont aussi en Bretagne?

JEFFREY Non, Nick va en Bourgogne...

NICK Mais non, ce n'est pas moi, c'est Jason. Moi, je vais à Strasbourg. Et Julie, elle, va près de Bordeaux.

JEFFREY Et vous, Sherry et Diane, vous allez où?

SHERRY ET DIANE Nous, nous allons à Aix-en-Provence.

We're going to France.
The plane is full of students: some French (students) are coming home from the United States and some Americans are going to live with French families.

So, Jeffrey, where are you going?

To Paris. And you, Lynn?

I'm going to Brittany.

And your friends, are they going to Brittany, too?

No, Nick is going to Burgundy . . .

No, it's not me, it's Jason. I'm going to Strasbourg. And Julie's going near Bordeaux.

And you, Sherry and Diane, where are you going?

We're going to Aix-en-Provence.

A9 Qu'est-ce que Jeffrey emporte?
Jeffrey va en France. Il a tout?

J'ai...
une valise
des vêtements
un billet
un passeport
des chèques de voyage
un cadeau pour la famille française
un journal
un dictionnaire français-anglais

What's Jeffrey bringing?
Jeffrey's going to France. Does he have everything?

I have . . .
a suitcase
some clothes
a ticket
a passport
some traveler's checks
a gift for the French family
a diary
a French-English dictionary

B1 On arrive à l'aéroport.
(Au contrôle des passeports)
DOUANIER Passeport, s'il vous plaît...
SHERRY Voilà, monsieur.

We arrive at the airport.
(At the passport check)
Passport, please . . .
Here you are, sir.

Douanier	Vous restez combien de temps en France?		How long are you staying in France?
Sherry	Un mois.		A month.
Douanier	Vous allez habiter où?		Where are you going to live?
Sherry	A Aix-en-Provence dans une famille française.		In Aix-en-Provence with a French family.

(Aux bagages)

(At the baggage claim area)

Sophie	Tu as tes bagages?	Do you have your baggage?
Sherry	Non, j'ai la valise, mais je ne trouve pas le sac à dos.	No, I have my suitcase, but I can't find my backpack.
Sophie	Le voilà. Tu as de l'argent français?	There it is. Do you have any French money?
Sherry	Non.	No.
Sophie	Alors, allons à la douane et puis cherchons le bureau de change.	Well, let's go to customs and then look for the currency exchange.

(A la douane)

(At customs)

Douanier	Rien à déclarer?	Nothing to declare?
Sherry	Non... ah si, j'ai du beurre de cacahouètes. C'est un cadeau pour la famille française.	No . . . ah yes, I have some peanut butter. It's a gift for the French family.
Douanier	C'est tout?	Is that all?
Sherry	Oui.	Yes.
Douanier	Alors, pas de problèmes. Passez.	Then, no problem. Go through.

(Aux renseignements)

(At the information desk)

Sophie	Pardon, mademoiselle, le bureau de change, s'il vous plaît?	Excuse me, miss, the money exchange, please?
L'employée	A droite, à côté de l'entrée.	To the right, next to the entrance.
Sherry	Et la cafeteria?	And the cafeteria?
Sophie	Quoi? Tu as faim?	What? You're hungry?
Sherry	Oh oui! Très!	Yes! Very!
L'employée	Pour la cafeteria, vous allez tout droit, puis tournez à gauche. C'est juste là, près des téléphones.	For the cafeteria, you go straight ahead, then turn left. It's right there, near the phones.

(Au bureau de change)

(At the currency exchange)

L'employé	Combien d'argent vous voulez changer?	How much money do you want to change?
Sherry	Soixante dollars.	Sixty dollars.
L'employé	Voilà, mademoiselle.	Here you are, miss.
Sherry	Alors, on mange maintenant?	So, do we eat now?
Sophie	OK. Allons à la cafeteria.	OK. Let's go to the cafeteria.

C1 **Les Lambert sont en retard.**

The Lamberts are late.

A la sortie de l'aéroport, Jeffrey attend sa famille française, les Lambert. Une demi-heure passe. «Que faire?... Bon, je vais attendre encore un quart d'heure et puis je vais téléphoner chez eux.»

At the airport exit, Jeffrey waits for his French family, the Lamberts. A half-hour goes by. "What to do? . . . Well, I'm going to wait another quarter-hour and then I'm going to phone their house."

(Un quart d'heure plus tard)
—Allô? Sabine?
—Oui.
—Bonjour, Sabine. C'est Jeffrey Lyons.
—Jeffrey? Mais, tu es où?
—A Roissy.

(A quarter-hour later)
Hello? Sabine?
Yes.
Hello, Sabine. It's Jeffrey Lyons.
Jeffrey? But, where are you?
At Roissy.

	—Déjà! Je suis vraiment désolée! Papa est en retard.	*Already! I'm really sorry! Dad is late.*
	—Ça ne fait rien... Dis, comment je vais chez vous?	*That's all right . . . Say, how do I get to your house?*
	—Le plus simple, c'est de prendre un taxi. Tu as notre adresse?	*The simplest thing is to take a taxi. Do you have our address?*
	—Oui, oui. Ça va coûter combien?	*Yes, yes. How much is it going to cost?*
	—Oh, 200 F au plus. Tu as de l'argent français?	*Oh, 200 francs at the most. Do you have any French money?*
	—Oui, j'ai 500 F.	*Yes, I have 500 francs.*
	—Alors, pas de problèmes. A tout à l'heure, Jeffrey.	*Then, no problem. See you soon, Jeffrey.*

6 CHEZ LES LAMBERT

AT THE LAMBERTS'

A1 Bienvenue!

Jeffrey, le correspondant de Sabine, arrive chez les Lambert. Mais Napoléon, le chien, garde la maison.

Welcome!

Jeffrey, Sabine's pen pal, arrives at the Lamberts'. But Napoléon, the dog, is guarding the house.

Napoléon	Ouah! Ouah!	*Bowwow! Bowwow!*
Sabine	Salut, Jeffrey!	*Hi, Jeffrey!*
Jeffrey	Bonjour, Sabine!... Il est méchant?	*Hello, Sabine! . . . Is he mean?*
Sabine	Mais non, n'aie pas peur. Entre...	*Of course not, don't be afraid. Come on in . . .*
Napoléon	Ouah! Ouah!	*Bowwow! Bowwow!*
Sabine	Napoléon! Sois gentil! Laisse les bagages ici, Jeffrey. Maman! Papa! Jeffrey est là!	*Napoléon! Be nice! Leave your luggage here, Jeffrey. Mom! Dad! Jeffrey's here!*
Mme Lambert	Soyez le bienvenu, Jeffrey. Pas trop fatigué?	*Welcome, Jeffrey! Not too tired?*
Jeffrey	Non, ça va, merci.	*No, I'm fine, thanks.*
M. Lambert	Alors, vous aimez la France?	*So, do you like France?*
Jeffrey	Euh...	*Uh . . .*
Guillaume	Salut! Je m'appelle Guillaume. Je suis le frère de Sabine. Tu fais du foot?	*Hi! My name's Guillaume. I'm Sabine's brother. Do you play soccer?*
Jeffrey	Eh bien, euh...	*Well, uh . . .*
Mme Lambert	Guillaume et Sabine, montez les bagages et montrez sa chambre à Jeffrey. Surtout, faites comme chez vous, Jeffrey. A tout à l'heure!	*Guillaume and Sabine, take the luggage upstairs and show Jeffrey his room. Above all, make yourself at home, Jeffrey. See you later!*
Minou	Miaou! Miaou!	*Meow! Meow!*
Jeffrey	Vous avez aussi un chat?	*You have a cat, too?*
Sabine	Oui, c'est Minou. Tu aimes les animaux, j'espère?	*Yes, it's Minou. You like animals, I hope?*

A11 Visite de la maison

Guillaume montre le premier étage à Jeffrey.

House tour

Guillaume shows Jeffrey the second floor.

—A droite, c'est ma chambre. Cette pièce-là, c'est la chambre de papa et maman. Les toilettes sont au fond du couloir à gauche. A côté, c'est la chambre de Sabine. Et là, en face, c'est la chambre d'amis...

To the right is my room. That room is Mom and Dad's bedroom. The toilet is at the end of the hall to the left. Next door is Sabine's room. And there, opposite, is the guest room . . .

—C'est ma chambre?
—Oui. Et ici, tu as une salle de bains.
—Super!

This is my room?
Yes. And here you have a bathroom.
Super!

A13 La chambre de Jeffrey

Dans la chambre de Jeffrey il y a un lit et une table de nuit avec une lampe. En face de la porte il y a un bureau et une chaise. A gauche du bureau il y a une chaîne stéréo et des disques. L'armoire est à droite du bureau. A côté de la fenêtre il y a une étagère avec des livres.

Jeffrey's room

In Jeffrey's room there's a bed and a night stand with a lamp. Across from the door there's a desk and chair. To the left of the desk there's a stereo and some records. The wardrobe is to the right of the desk. Next to the window there's a bookcase with books.

B1 Une famille nombreuse

Sabine montre à Jeffrey l'album de famille.

SABINE	Là, c'est mes grands-parents, les parents de mon père. Et voici sa sœur, tante Monique.
JEFFREY	Et l'homme à côté d'elle?
SABINE	C'est son mari, oncle Claude. Ici, c'est leurs enfants, Anne, Paul et Jérôme.
JEFFREY	C'est vos cousins, alors?
SABINE	Oui. Ils habitent en Belgique. Et nous avons aussi de la famille au Canada, des cousins de ma mère.
JEFFREY	Eh bien, quelle famille! Tiens, c'est toi, là? Tu as quel âge sur cette photo?
SABINE	Douze ans, mais ne regarde pas, je suis horrible!
JEFFREY	C'est vrai, tu n'es pas terrible.
SABINE	Comment?
JEFFREY	Mais non, je plaisante! Tu es très bien!

A large family

Sabine is showing Jeffrey the family album.

There, those are my grandparents, my father's parents. And here's his sister, Aunt Monique.

And the man next to her?
That's her husband, Uncle Claude. Here, there are their children, Anne, Paul, and Jerôme.

Then those are your cousins?
Yes. They live in Belgium. And we also have family in Canada, some of my mother's cousins.

Well, what a family! Hey, is this you here? How old are you in this picture?

Twelve, but don't look, I'm horrible!

It's true, you're not so great.
What?
<u>No</u>, I'm joking! You're fine!

B14 Qu'est-ce qu'ils font dans la famille de Sabine?

Leur grand-père, Auguste, est à la retraite. Il ne travaille pas.

Leur grand-mère, Louise, est libraire.

Tante Monique, elle, est infirmière.

Leur père, Jean-Marc, est guide touristique.

Oncle Claude est dentiste.

Leur mère, Michèle, travaille à la maison.

What do they do in Sabine's family?

Their grandfather, Auguste, is retired. He doesn't work.

Their grandmother, Louise, is a salesperson in a bookstore.

<u>Aunt Monique</u> is a nurse.

Their father, Jean-Marc, is a tour guide.

Uncle Claude is a dentist.

Their mother, Michèle, works at home.

C1 Le frigo

Guillaume et Jeffrey regardent un match de foot. Mais le sport, ça donne faim!

(Devant la télé)

The fridge

Guillaume and Jeffrey are watching a soccer game. But sports make you hungry!

(In front of the TV)

G.	Tu as faim, toi?	*Are you hungry?*
J.	Oui, très faim! On dîne à quelle heure?	*Yes, very hungry! What time do we eat dinner?*
G.	Le dîner est à huit heures. Mais on ne va pas attendre. Viens, on va regarder dans le frigo.	*Dinner's at eight o'clock. But we're not going to wait. Come on, we'll look in the fridge.*

(Devant le frigo)

(In front of the fridge)

G.	Bon, qu'est-ce que tu prends?	*Well, what are you having?*
J.	Il y a du beurre de cacahouètes?	*Is there any peanut butter?*
G.	Euh, non... Mais il y a du jambon, du pâté, du saucisson... Attends! Il y a un gâteau au chocolat! On prend une tranche?	*Uh, no . . . But there's some ham, some pâté, some salami . . . Wait! There's a chocolate cake! How about having a slice?*
J.	Quelle question!	*What a question!*

(Mme Lambert arrive.)

(Mrs. Lambert arrives.)

MME L.	Guillaume! Qu'est-ce que tu fais dans le réfrigérateur?	*Guillaume! What are you doing in the refrigerator?*
G.	Euh... rien.	*Uh . . . nothing.*
MME L.	Ce n'est pas l'heure du goûter. Il est déjà sept heures et demie. Allez, ferme le réfrigérateur et va mettre la table avec ta sœur!	*It's not time for an afternoon snack. It's already seven-thirty. Go on, close the refrigerator and go set the table with your sister!*
G.	Quelle vie!	*What a life!*

C15 Bon appétit!

Enjoy your meal!

Enfin, il est huit heures, l'heure du dîner! Tout le monde est à table.

Finally it's eight o'clock, dinnertime! Everyone is at the table.

MME LAMBERT	Alors, comment tu trouves? C'est bon?	*So, how is it? Is it good?*
M. LAMBERT	Délicieux! Excellent!	*Delicious! Excellent!*
GUILLAUME	Super, les légumes!	*The vegetables are super!*
SABINE	Et la viande! J'adore! Tu es un chef, maman!	*And the meat! I love it! You're a chef, Mom!*
M. LAMBERT	Mmmm, cette sauce!	*Mmmm, this sauce!*
MME LAMBERT	Ça suffit! Et vous, Jeffrey, vous aimez?	*That's enough! And you, Jeffrey, do you like it?*
JEFFREY	Extra, madame!	*Great, ma'am!*

7   DINAN : VILLE D'ART ET D'HISTOIRE

DINAN: TOWN OF ART AND HISTORY

A1   Ils habitent où?

Where do they live?

Pierre est alsacien. Il habite dans un grand appartement à Strasbourg, la capitale de l'Europe. Toute en pierre rose, la cathédrale de la ville est célèbre.

Pierre is Alsatian. He lives in a large apartment in Strasbourg, the capital of Europe. The city's cathedral, made entirely of pink stone, is famous.

Agnès est heureuse d'être à la campagne en Bretagne. Là, la vie est différente.

Agnès is happy to be in the country in Brittany. Life is different there.

Nathalie aime habiter près de la mer. A Nice, dans le sud de la France, il y a d'immenses plages.

Nathalie likes living near the sea. At Nice, in the south of France, there are huge beaches.

Annecy est une petite ville située en Savoie. Tous les weekends, en hiver, François va à la montagne faire du ski.

Thérèse n'habite pas en province. Elle habite un petit immeuble à Boissy-St-Léger, près de Paris. A côté, il y a de larges avenues et de beaux jardins.

Vence est un joli village de Provence. Mireille aime marcher dans les petites rues étroites du village. Elle adore regarder les maisons grises aux toits bruns et la célèbre église décorée par le peintre Matisse.

Annecy is a little town in Savoy. Every weekend in the winter, François goes skiing in the mountains.

Thérèse doesn't live in the provinces. She lives in a small apartment house in Boissy-St-Léger near Paris. Nearby, there are wide avenues and beautiful gardens.

Vence is a pretty village in Provence. Mireille likes to walk through the little narrow streets of the village. She loves to look at the gray houses with brown roofs and the famous church decorated by the painter Matisse.

B1 On y va?

Nous sommes en juillet. Lynn passe ses vacances chez Loïc et Anne. Ils habitent dans une jolie petite ville de Bretagne, Dinan. Aujourd'hui ils vont visiter la ville.

Shall we go?

It's July. Lynn is spending her vacation at Loïc and Anne's house. They live in Dinan, a pretty little town in Brittany. Today they're going to visit the town.

ANNE	Alors, on y va?	*So, shall we go?*
Loïc	Où?	*Where?*
ANNE	Eh bien, visiter Dinan.	*Well, to tour Dinan.*
LYNN	Qu'est-ce qu'il y a à voir?	*What's there to see?*
Loïc	Bof, rien.	*Aw, nothing.*
ANNE	Rien! Et l'église St-Sauveur!	*Nothing! And (what about) the church, St-Sauveur!*
Loïc	Mouais.	*Who cares?*
ANNE	Et la Tour de l'Horloge!	*And the Clock Tower!*
Loïc	Pas terrible.	*Big deal!*
ANNE	N'écoute pas Loïc, Lynn. Dinan est une très jolie ville. Tu vas voir; tout à l'heure on va passer sur le viaduc. Là, il y a une vue superbe sur le port de plaisance et sur la Rance, notre fleuve.	*Don't listen to Loïc, Lynn. Dinan is a very pretty town. You'll see; in a minute we're going to go up on the viaduct. From there, there's a magnificent view of the marina and our river, the Rance.*
Loïc	Le viaduc? Il n'est pas génial.	*The viaduct? It's not so great.*
ANNE	Bon, si tu n'as pas envie d'y aller, reste ici. Nous, on y va. Tu viens, Lynn?	*Well, if you don't feel like going, stay here. <u>We're</u> going. Are you coming, Lynn?*
LYNN	Bien sûr!	*Of course!*
ANNE	Alors, allons-y!	*Then, let's go!*
Loïc	Eh, attendez-moi! J'arrive!	*Hey, wait for me! I'm coming!*

B11 Sur le viaduc

Et voilà les trois amis sur le viaduc.

On the viaduct

And there are the three friends on the viaduct.

ANNE	Impressionnante, la vue, non?	*The view's impressive, isn't it?*
LYNN	Oui! La ville, le fleuve, le port, les remparts—c'est magnifique!	*Yes! The town, the river, the port, the ramparts—it's magnificent!*
ANNE	On descend voir les bateaux?	*How about going down to see the boats?*
LYNN	Bonne idée! Allons-y!	*Good idea! Let's go!*
Loïc	Attendez! Il va pleuvoir! Regardez le ciel! Ces gros nuages, là-bas, ça, c'est un ouragan!	*Wait! It's going to rain! Look at the sky! Those thick clouds over there, that's an "ouragan"!*
LYNN	Qu'est-ce que c'est un ouragan?	*What's an "ouragan"?*

Loïc	*Hurricane!*	*Hurricane!*	
Lynn	*Hurricane!* Mais il faut rentrer tout de suite!	*Hurricane! We've got to go home right away!*	
Anne	Mais non, Loïc adore faire l'idiot. C'est un petit orage.	*Of course not, Loïc loves to act stupid. It's a little thunderstorm.*	
Loïc	Idiot ou pas idiot, vous allez voir. Dans une demi-heure, il pleut! Et nous n'avons pas notre parapluie!	*You'll see whether I'm stupid or not. In a half-hour, it'll be raining! And we don't have our umbrella!*	

B14 Il fait quel temps?

Il fait quelle température?

Il fait trente.

Il fait vingt.

Il fait zéro.

Il fait moins dix.

En hiver, il fait froid et il neige.

Au printemps, il fait bon et il fait frais.

En été, il fait chaud et il y a du soleil.

En automne, il y a du vent et il pleut.

What's the weather like?

What's the temperature?

It's thirty (degrees).

It's twenty (degrees).

It's zero.

It's ten below (zero).

In the winter, it's cold and it snows.

In the spring, it's nice weather and it's cool.

In the summer, it's warm and sunny.

In the fall, it's windy and it rains.

C1 Visite de la vieille ville
Anne et Loïc ne connaissent pas très bien Dinan. Bien sûr, ils connaissent leur quartier, la rue principale... Mais Lynn est très curieuse : Qu'est-ce que c'est, ça? Et ça? Comment s'appelle ce vieux monument? Difficile de répondre à toutes ses questions... une seule solution : l'Office de tourisme! Là, il y a des plans, des guides, beaucoup de renseignements sur la ville!

Pour visiter la vieille ville, partez de la place Du Guesclin. Prenez à droite la rue Ste-Claire, puis à gauche la rue de l'Horloge. Là, dans le vieil Hôtel Kératry, il y a l'Office de tourisme. Ensuite, visitez la très belle Tour de l'Horloge et admirez la superbe vue. N'oubliez pas la place de l'Apport avec ses belles maisons et la vieille église St-Sauveur, à côté du beau jardin anglais.

A visit to the old town
Anne and Loïc don't know Dinan very well. Of course, they know their neighborhood, the main street . . . But Lynn is very curious: What's that? And that? What's the name of this old monument? Difficult to answer all her questions . . . only one solution: the Tourist Office! There are some maps there, some guidebooks, a lot of information on the town!

To visit the old town, leave from Du Guesclin *Square. Turn right at Ste-Claire Street, then left at Horloge Street. There, in the old Hotel Kératry, is the Tourist Office. Then visit the very beautiful Clock Tower and admire the magnificent view. Don't forget Apport Square with its beautiful houses and the old church, St-Sauveur, next to the lovely informal garden.*

Anne	Pas mal, la vue, hein?	*The view's not bad, huh?*	
Lynn	Magnifique!	*Magnificent!*	
Loïc	Bof, c'est pas la tour Eiffel!	*Hey, it's not the Eiffel Tower!*	
Lynn	Elle est du douzième siècle.	*It's from the twelfth century.*	
Anne	Comment tu sais?	*How do you know?*	
Lynn	C'est dans le guide.	*It's in the guidebook.*	
Lynn	Elles sont belles, ces maisons en bois!	*These wooden houses are beautiful!*	
Anne	Oui, c'est le vieux Dinan.	*Yes, this is old Dinan.*	

C13 Et maintenant, ils vont où?

Après la visite de la vieille ville, chacun va de son côté. Rendez-vous au café dans une demi-heure!

Lynn n'a pas d'argent français. Elle va changer ses dollars à la banque.

Puis elle va à la poste pour acheter des timbres et téléphoner à ses parents.

Anne va à la pharmacie acheter des médicaments pour sa mère.

Ensuite elle va à la gare pour connaître les horaires des trains. Elle a envie d'aller à la mer.

Loïc, lui, a faim. A la boulangerie, il y a de bons gâteaux. Alors, il y va.

Maintenant il est au café. Il joue au baby-foot avec son copain Marc.

And now where are they going?
After the visit to the old town, each one goes his separate way. Rendezvous at the cafe in a half-hour!

Lynn doesn't have any French money. She's going to the bank to exchange her dollars.

Then she's going to the post office in order to buy some stamps and call her parents.

Anne is going to the drugstore for her mother to buy some medicine.

Then she's going to the station to find out about the train schedules. She feels like going to the seashore.

As for Loïc, he's hungry. At the bakery, there are some good cakes. So he's going there.

Now he's at the cafe. He's playing table soccer with his pal Marc.

9 ON SORT!

WE'RE GOING OUT!

A1 Qu'est-ce que vous aimez faire?

Un journaliste du magazine *Nous, les Jeunes* demande aux lycéens : «Vous aimez sortir? Qu'est-ce que vous faites quand vous sortez?»

VALÉRIE : J'aime beaucoup sortir, mais pendant la semaine je n'ai pas le temps. Alors je sors surtout le samedi soir et le dimanche. Je vais voir des amies.

THIERRY : Moi, je sors assez souvent, une ou deux fois par semaine : je vais au cinéma ou à des concerts de rock. Le cinéma, c'est ma passion!

JEAN-CLAUDE : Je sors presque tous les soirs. Je vais au café avec des copains. On discute. C'est super sympa d'être ensemble!

MARIANNE : Sortir, c'est ma vie! Je sors tous les jours; je fais des tas de choses! Mais j'aime surtout danser! Je vais à des boums ou dans des discothèques, et je danse!

What do you like to do?
A reporter for the magazine We, the Youth *asks high school students: "Do you like to go out? What do you do when you go out?"*

I like going out very much, but during the week I don't have time. So I go out mainly on Saturday nights and Sundays. I go to see friends.

I *go out rather often, once or twice a week: I go to the movies or to rock concerts. Movies are my passion!*

I go out almost every evening. I go to the cafe with friends. We talk. It's super nice to be together!

Going out is my life! I go out every day; I do lots of things! But mostly I like to dance! I go to parties or to discos, and I dance!

B1 Vous pouvez sortir?
—Christian, on va au café. Tu veux venir avec nous?
—Non, je ne peux pas.
—Pourquoi?
—Parce que j'ai trop de travail.

—Tu veux aller au cinéma, Murielle?
—Bonne idée! Il y a un film génial à l'Odéon.

Can you go out?
Christian, we're going to the cafe.
Do you want to come with us?
No, I can't.
Why?
Because I've got too much schoolwork.

Do you want to go to the movies, Murielle?
Good idea! There's a great film at the Odéon.

—Il y a un concert de musique classique vendredi. Tu peux venir, Arnaud?
—Oh non, je n'ai pas très envie. Tu sais, moi, la musique classique... J'aime mieux le rock.

—Anne, tu es libre samedi soir? Il y a une boum chez Valérie.
—Non, je suis occupée. Je fais du baby-sitting.

There's a classical music concert Friday. Can you come, Arnaud?
Oh no, I don't really feel like it. You know, classical music . . . I prefer rock.

Anne, are you free Saturday night? There's a party at Valérie's.
No, I'm busy. I'm baby-sitting.

C1 Quel film choisir?
Dominique et Philippe décident d'aller au cinéma, mais ils vont voir quel film?

What film to choose?
Dominique and Philippe decide to go to the movies, but which movie are they going to see?

D. On va voir *Brazil*?
P. Qu'est-ce que c'est?
D. Je ne sais pas, mais ça a l'air d'un film comique.
P. Tu crois?
D. Regarde, ce type en pyjama dans son lit. C'est drôle, non?
P. Non, à mon avis, c'est plutôt un film d'horreur.
D. Super! J'adore ça!
P. Pas moi!
D. En plus, il y a une histoire d'amour. En haut de l'affiche, il y a un visage de femme.
P. C'est peut-être l'assassin.
D. Quel assassin?
P. Il y a toujours un assassin dans les films policiers.
D. C'est peut-être un film de science-fiction. C'est génial!
P. Je déteste!
D. Qu'est-ce que tu veux voir, alors?
P. Je préfère voir un western ou un dessin animé.

Et vous? Qu'est-ce que vous pensez? *Brazil*, c'est quel genre de film?

Shall we go see Brazil?
What's that?
I don't know, but it looks like a comedy.

Do you think so?
Look, that guy in pajamas in his bed. That's funny, isn't it?
No, in my opinion, it's more of a horror movie.

Super! I love them!
Not me!
It's a love story, too. At the top of the poster, there's a woman's face.

Maybe that's the murderer.
What murderer?
There's always a murderer in detective films.

Maybe it's a science-fiction movie. They're great.

I hate them!
So what do you want to see?
I prefer to see a Western or a cartoon.

And you? What do you think? What kind of film is Brazil?

10 LA BOUM

THE PARTY

A1 C'est pour ce soir.
Philippe et Catherine organisent une boum. La semaine dernière, ils ont envoyé les invitations. Leurs amis ont répondu : tout le monde vient! Hier Catherine a préparé une mousse au chocolat. Ce matin, avant de partir, elle a laissé à son frère une liste de choses à faire. Puis elle a acheté des boissons et choisi des fleurs.

It's for this evening.
Philippe and Catherine are organizing a party. Last week they sent the invitations. Their friends answered: everyone is coming! Yesterday Catherine made chocolate mousse. This morning, before leaving, she left her brother a list of things to do. Then she bought beverages and picked out some flowers.

Qui?	Philippe et Catherine	Who?	Philippe and Catherine
Quoi?	donnent une boum	What?	are giving a party
Où?	chez eux! 4, rue du Temple, Paris XIème	Where?	at their house! 4 Temple Street, Paris 11th
Quand?	vendredi 23 mars à 19 heures	When?	Friday, March 23 at 7 P.M.

Qui? Philippe et Catherine
Quoi? donnent une boum
Où? chez eux! 4, rue du Temple, Paris XIème
Quand? vendredi 23 mars à 19 heures
Téléphone au 49.51.47.08 ou bien envoie un petit mot si tu ne peux pas venir.
Apporte tes cassettes!
Ça va swinguer!

Who? Philippe and Catherine
What? are giving a party
Where? at their house! 4 Temple Street, Paris 11th
When? Friday, March 23 at 7 P.M.
Call 49.51.47.08 or else send a note if you can't come.

Bring your cassettes!
It's going to swing!

Philippe,
  Passe l'aspirateur.
  Range le salon.
  Choisis les cassettes.
  Prépare les sandwiches.
  Je rentre à cinq heures.
          Catherine

Philippe,
  Vacuum.
  Straighten up the living room.
  Pick out the cassettes.
  Make the sandwiches.
  I'll be home at five.
          Catherine

(A cinq heures)
CATHERINE   Alors, tout est prêt?
PHILIPPE   Bien sûr!
CATHERINE   Tu as déjà passé l'aspirateur et rangé le salon?
PHILIPPE   Zut, j'ai oublié!
CATHERINE   Tu as choisi les cassettes?
PHILIPPE   Euh, non. Pas encore. Je n'ai pas eu le temps.
CATHERINE   Tu as préparé les sandwiches?
PHILIPPE   Il faut des sandwiches?
CATHERINE   Mais qu'est-ce que tu as fait tout l'après-midi?
PHILIPPE   Eh bien, j'ai regardé le match Bordeaux-Nantes à la télé.
CATHERINE   Allez! Au travail, paresseux! On ne va pas être prêts à temps! Où est la liste?
PHILIPPE   La liste?... Aïe aïe aïe, j'ai perdu la liste!
CATHERINE   Ah, c'est malin!

(At five o'clock)
Well, is everything ready?
Of course!
You've already vacuumed and straightened up the living room?
Darn it, I forgot!
Have you picked out the cassettes?
Uh, no. Not yet. I didn't have time.
Did you make the sandwiches?
We need sandwiches?
But what have you done all afternoon?
Well, I watched the Bordeaux-Nantes game on TV.
Come on! Down to work, lazybones! We're not going to be ready on time! Where's the list?
The list? . . . Ay ay ay, I've lost the list!
Ah, that's smart!

B1   Qu'est-ce qu'ils mettent?
Céline et Antoine choisissent leurs vêtements pour la boum de Philippe et Catherine.

Qu'est-ce que je mets?
Une jupe? C'est agréable à porter.
Une robe? C'est élégant.
Les baskets? C'est souple.
Une bague? Un bracelet? Un collier? Des bijoux, ça fait toujours joli!
Les sandales? C'est bien quand il fait chaud.
Un pantalon? C'est pratique pour danser.

Mon jean? Il est trop petit!
Ma chemise blanche? Elle est trop étroite!
Mes tee-shirts? Ils ont tous des trous!
Mon pull rouge? Il est trop large!

What are they wearing?
Céline and Antoine are choosing their clothes for Philippe and Catherine's party.

What'll I wear?
A skirt? It's pleasant to wear.
A dress? It's elegant.
Sneakers? They're flexible.
A ring? A bracelet? A necklace? Jewelry always looks pretty!
Sandals? They're nice when it's warm out.
Slacks? They're practical for dancing.

My jeans? They're too small!
My white shirt? It's too tight!
My T-shirts? They all have holes in them!
My red pullover? It's too loose!

Qu'est-ce que je vais mettre?	*What am I going to put on?*
Ah, c'est difficile!	*Ah, it's hard (to decide)!*
Mon pantalon jaune? Il est trop criard!	*My yellow pants? They're too loud!*

B15 Vous êtes à la mode?

Are you stylish?

A une boum on voit des vêtements de différents styles; il n'y a pas une mode, mais plusieurs. Voici Jacques, Stéphanie, Jean-Claude et Emilie.

At a party you see clothes of different styles; there isn't one style, but several. Here are Jacques, Stéphanie, Jean-Claude, and Emilie.

Les cheveux courts, un pantalon étroit, les chaussures pointues, la couleur noire, c'est la mode rétro!

Short hair, tight pants, pointed shoes, the color black, that's the style of the Fifties!

Jean, tee-shirt blanc, baskets, c'est la mode sport!

Jeans, white T-shirt, sneakers, that's the sporty look!

Beaucoup de trous, des badges, une coiffure extravagante, c'est la mode punk!

A lot of holes, some slogan buttons, a wild hairdo, that's the punk style!

Des couleurs vives, de jolies chaussettes, des chaussures souples, c'est la mode branchée.

Bright colors, pretty socks, flexible shoes, that's the latest style!

C1 La boum bat son plein.

The party's in full swing.

La boum a commencé. Presque tout le monde est là. On mange, on danse, on fait des rencontres, on joue de la guitare... Il y a de l'ambiance!

The party has begun. Almost everyone is there. They're eating, dancing, meeting one another, playing the guitar . . . There's a great atmosphere!

ISABELLE	Mes compliments pour ta mousse au chocolat. Elle est excellente!	*My compliments on your chocolate mousse. It's excellent!*
CATHERINE	Oh, ce n'est rien.	*Oh, it's nothing.*
ISABELLE	Si, si, elle est très bonne!	*Oh yes, it's very good!*
ERIC	Tu connais cette fille?	*Do you know that girl?*
PHILIPPE	La petite brune?	*The little brunette?*
ERIC	Oui.	*Yes.*
PHILIPPE	C'est Isabelle. Elle est mignonne, hein?	*That's Isabelle. She's cute, huh?*
ISABELLE	Géniale, cette musique!	*This music's fantastic!*
ERIC	C'est mon disque.	*It's my record.*
ISABELLE	Tu as bon goût!	*You have good taste!*
ERIC	Tu veux danser?	*Do you want to dance?*
ISABELLE	Euh, je ne sais pas danser le rock.	*Uh, I don't know how to dance rock.*
ERIC	C'est parfait! Moi aussi, je danse comme une savate.	*Perfect! I dance like a clumsy idiot, too.*
CATHERINE	Elle te va super bien, cette veste!	*That jacket is very attractive!*
MARC	Tu trouves?	*Do you think so?*
CATHERINE	Oui, c'est tout à fait ton style.	*Yes, it's totally your style.*
CATHERINE	Il joue drôlement bien! C'est le roi de la guitare!	*He plays extremely well! He's the king of the guitar!*
PHILIPPE	A mon avis, il joue plutôt comme un pied!	*In my opinion, he plays more like an idiot!*
CATHERINE	Chut! Allez, Marc, encore un morceau!	*Shh! Come on, Marc, another number!*
MARC	Tout à l'heure. Maintenant j'ai faim et j'ai soif!	*In a minute. Right now I'm hungry and thirsty!*

11 BONNE FETE!

HAPPY HOLIDAY!

A1 Au centre commercial

Sylvie et sa sœur Marie font du lèche-vitrines au Forum des Halles, un grand centre commercial à Paris. Elles veulent offrir des cadeaux à leurs parents pour leur anniversaire de mariage, mais elles ne savent pas quoi acheter.

SYLVIE	Alors, qu'est-ce qu'on offre à papa? Tu as une idée?
MARIE	On peut lui offrir des mouchoirs. Qu'est-ce que tu en penses?
SYLVIE	Encore! Tous les ans on lui donne des mouchoirs! Et pour maman? A ton avis, qu'est-ce qu'on lui achète?
MARIE	Un collier?
SYLVIE	Trop cher!
MARIE	Des fleurs?
SYLVIE	Mais il y a déjà plein de fleurs à la maison!
MARIE	Bon, moi, j'abandonne. Je sais pas quoi leur acheter.
SYLVIE	Mais non, viens, allons dans les boutiques.

—Un rasoir électrique?
—Non, c'est pour grand-père.

—Maman a besoin d'un nouveau sac.
—Ce n'est pas son style.

—Un livre?
—C'est banal!

—Du parfum?
—Bonne idée, mais c'est cher!
—Une montre?
—On n'a pas assez d'argent.

—Peut-être un portefeuille pour papa?

—Maman a déjà une radio.

—Un magnétoscope?
—Impossible!

—Une écharpe? Papa a perdu sa belle écharpe.

—Non, plutôt une boîte de bonbons. Tout le monde aime les bonbons… Et c'est pas cher!

A17 Un mot de remerciements

Grand-père,
Je te remercie pour le livre de photos sur les animaux. Il est très joli. C'est une bonne idée; j'adore les animaux et je veux être

At the shopping center

Sylvie and her sister Marie are window-shopping at the Forum des Halles, a large shopping center in Paris. They want to give their parents some presents for their wedding anniversary, but they don't know what to buy.

Well, what are we giving Dad? Do you have an idea?

We can give him some handkerchiefs. What do you think of that?
Not again! Every year we give him handkerchiefs! And for Mom? In your opinion, what shall we buy her?

A necklace?
Too expensive!
Some flowers?
But there are already a lot of flowers at home!

Well, I give up. I don't know what to buy them.

No, come on, let's go in the shops.

An electric razor?
No, that's for Grandfather.

Mom needs a new purse.
It's not her style.

A book?
It's ordinary!

Some perfume?
Good idea, but it's expensive!
A watch?
We don't have enough money.

Maybe a wallet for Dad?

Mom already has a radio.

A VCR?
Impossible!

A scarf? Dad lost his beautiful scarf.

No, a box of candy instead. Everyone likes candy . . . And it's inexpensive!

A thank-you note
Grandfather,
Thank you for the picture book about animals. It's very attractive. It's a good idea; I love animals and I want to be a photographer later on. I look at this book and I

photographe plus tard. Je regarde ce livre
et je rêve... Merci encore!
>   Bises,
>   Stéphanie

dream . . . Thank you again!
>   *Love and kisses,*
>   *Stéphanie*

B1 Suite de la balade
Sylvie et Marie continuent leur recherche
dans un grand magasin. Elles regardent
l'emplacement des rayons.

Continuation of the stroll
*Sylvie and Marie continue their search in a department
store. They're looking at the location of the departments.*

SYLVIE	Où sont les disques?	*Where are the records?*
MARIE	Au premier étage.	*On the second floor.*
SYLVIE	Et les vêtements?	*And clothes?*
MARIE	Au troisième.	*On the fourth.*
SYLVIE	Allons-y! On prend l'escalator.	*Let's go! We'll take the escalator.*

(Au premier étage)

(On the second floor)

SYLVIE	Pardon, monsieur, je vais prendre ce disque. Ça coûte combien?	*Excuse me, sir, I'm going to take this record. How much does it cost?*
VENDEUR	Cinquante-trois francs.	*Fifty-three francs.*
MARIE	Mais papa n'aime pas le rock!	*But Dad doesn't like rock!*
SYLVIE	Et alors? Moi, j'aime ça! C'est pour moi!	*So what? I like it! It's for me!*
MARIE	Egoïste!	*Selfish!*

(Au troisième étage)

(On the fourth floor)

SYLVIE	Excusez-moi, mademoiselle, je cherche une paire de chaussures.	*Excuse me, miss, I'm looking for a pair of shoes.*
VENDEUSE	Quelle pointure?	*What size?*
SYLVIE	Trente-six.	*Thirty-six.*
VENDEUSE	Quelle couleur?	*What color?*
SYLVIE	Rouge.	*Red.*
MARIE	C'est encore pour toi?	*For you again?*
SYLVIE	Bien sûr!	*Of course!*
MARIE	Eh bien, tu n'es pas généreuse!	*Well, you're not generous!*

B15 Mesurons en mètres et centimètres

Let's measure in meters and centimeters

C1 Trou de mémoire
Patrick et Christine ont très mauvaise
mémoire—ils oublient tout!

Memory lapse
*Patrick and Christine have a bad memory—they forget
everything!*

CHRISTINE	Quelle est la date d'aujourd'hui?	*What's today's date?*
PATRICK	Le seize mars. Pourquoi?	*March 16th. Why?*
CHRISTINE	Oh là là! Catastrophe! C'est l'anniversaire de maman!	*Oh! Catastrophe! It's Mom's birthday!*
PATRICK	Vite! La papeterie ferme dans une heure! Allons choisir une carte!	*Quick! The stationery store closes in an hour! Let's go pick out a card!*

(A la papeterie)

(At the stationery store)

PATRICK	On prend celle-là?	*Shall we take that one?*
CHRISTINE	Elle est triste, tu ne trouves pas?	*It's sad, don't you think?*
PATRICK	Alors, celle-là?	*Then that one?*
CHRISTINE	Non, moi, je préfère celle avec les ballons.	*No, I prefer the one with the balloons.*
PATRICK	OK. Et comme cadeau?	*OK. And as a gift?*
CHRISTINE	On a le temps de lui acheter quelque chose?	*Do we have time to buy her something?*

PATRICK　Bien sûr! Viens! J'ai une idée.

Sure! Come on! I have an idea.

C12 Bon anniversaire, maman!

Un gâteau, des bougies et on chante :
«Jo-yeux an-ni-ver-saire! Jo-yeux an-ni-ver-
saire! Jo-yeux an-ni-ver-saire, ma-man! Jo-yeux
an-ni-ver-saire!»

—Allez, maman, souffle les bougies!
—Fais un vœu, d'abord!
—Bravo!
—Et maintenant, ouvre les cadeaux!

Qu'est-ce qu'elle reçoit?
—Oh, des fleurs! C'est très gentil!
—Oh, qu'elle est belle, cette écharpe! Merci,
Christine!
—Quelle surprise! C'est une excellente idée,
Paul!
—Tiens! Tu as bien choisi, Patrick! J'adore le
rock!
—Quel joli bracelet! Merci, les enfants!

Happy birthday, Mom!

*A cake, some candles, and we sing: "Happy birthday
to you! Happy birthday to you! Happy birthday, dear
Mom! Happy birthday to you!"*

Go on, Mom, blow out the candles!
Make a wish first!
Bravo!
And now open the presents!

What does she receive?
Oh, flowers! That's very nice!
Oh, this scarf is so beautiful! Thank you, Christine!

What a surprise! It's an excellent idea, Paul!

Say! You chose well, Patrick! I love rock!

What a pretty bracelet! Thank you, children!

FRENCH-ENGLISH VOCABULARY

This vocabulary includes all the active words (new words appearing in basic material, listed in the **Vocabulaire** section of each unit) presented in the book. Also included are words for recognition only (new words, which may be understood from context, appearing in exercises, in optional material, in the Try Your Skills and **A lire** sections, or in review units). Omitted are a few close cognates, glossed words, and words explained in the **Savez-vous que...?** sections.

The number after each definition refers to the unit in which the word or phrase is introduced. When in light type, it indicates vocabulary for recognition only.

Verbs are given in the infinitive. Nouns are always given with a gender marker. If gender is not apparent, however, it is indicated by *m.* (masculine) or *f.* (feminine) following the noun. Irregular plurals are also given, abbreviated *pl.* An asterisk (*) before a word beginning with *h* indicates an aspirate *h*.

A

à *at, to, in, on,* **2**; *till,* **10**; à bientôt *see you soon,* **1**; à tout à l'heure *see you later,* **1**; A vous maintenant! *It's your turn now!* **1**

abandonner *to give up,* **11**

l' **aboiement** (m.) *barking,* **7**

accepter *to accept,* **10**

acheter *to buy,* **7**; acheter à *to buy (for someone),* **11**

un(e) **acteur (-trice)** *actor, actress,* **9**

admirer *to admire,* **7**

adorer *to love,* **6**; J'adore! *I love it!* **6**; J'adore (ça)! *I love it/them!* **9**

une **adresse** *address,* **5**

un **aéroport** *airport,* **5**

une **affiche** *poster,* **9**

l' **Afrique** (f.) *Africa,* **1**

âge: Tu as quel âge? *How old are you?* **6**

une **agence de voyage** *travel agency,* **12**

un **agent de police** *police officer,* **7**

un **agent de publicité** *public relations agent, advertising agent,* **12**

agréable *pleasant,* **10**

l' **aide** (f.) *help,* **10**

aider *to help,* **8**

aimer *to like,* **3**; *to love,* **9**; aimer mieux *to prefer, like better,* **3**

l' **air**: l'air inquiet *worried,* **5**; avoir l'air (de) *to look like,* **9**

ajouter *to add,* **10**

un **album** *album,* **6**

l' **Allemagne** (f.) *Germany,* **9**

l' **allemand** *German (language),* AC2

aller *to go,* **5**; Allez! *Go on!* **6**; Come on! **10**; Allons-y! *Let's go!* **7**; Ça va? *How are things? (Are things going OK?)* **1**; Ça va. Fine. **1**; Il (Elle) te va bien. Ils (Elles) te vont bien. *It/They look(s) nice on you. It's/They're attractive.* **10**; On y va? *Shall we go?* **7**

allô *hello (on phone),* **5**

alors *so, well, then,* **2**; Et alors? *So what?* **3**

l' **alpinisme** *mountain climbing,* **2**

alsacien, -ienne *Alsatian,* **7**

une **ambiance** *atmosphere,* **10**; Il y a de l'ambiance! *There's a great atmosphere!* **10**

amener *to bring,* **10**

américain, -e *American,* **5**

un(e) **Américain(e)** *American,* **5**

un(e) **ami(e)** *friend,* **1**

Amitiés *Yours,* **1**

amour: une histoire d'amour *love story,* **9**

amusant, -e *amusing,* **9**

un **an** *year,* **6**; avoir...ans *to be . . . years old,* **6**; tous les ans *every year,* **11**

l' **anglais** (m.) *English (language),* **2**

l' **Angleterre** (f.) *England,* **2**; la Nouvelle Angleterre *New England,* **1**

un **animal** (pl. **-aux**) *animal,* **6**

un(e) **animateur (-trice)** *disc jockey,* **10**

l' **animation** (f.) *hustle and bustle, excitement,* **7**

année: Bonne année! *Happy New Year!* **11**

un **anniversaire** *anniversary, birthday,* **11**; l'anniversaire de mariage *wedding anniversary,* **11**; Joyeux (Bon) anniversaire! *Happy birthday!* **11**

une **annonce** *announcement,* **5**

antillais, -e *of/from the West Indies,* **12**

les **Antilles** (f.) *the West Indies,* **1**

août (m.) *August,* **2**

un **appareil** *telephone,* **5**; Qui est à l'appareil? *Who's calling?* **5**

un **appareil-photo** *camera,* **11**

un **appartement** *apartment,* **7**

appelle: Je m'appelle... *My name is . . .* **1**; Il/Elle s'appelle... *His/Her name is . . .* **1**

appellent: Ils s'appellent comment? *What are their names?* **1**

appelles: Tu t'appelles comment? *What's your name?* **1**

appétit: Bon appétit! *Enjoy your meal!* **6**

apporter *to bring,* **10**

apprécier *to appreciate,* **6**

approximatif, -ive *approximate,* **11**

l' **aprèm** = l'après-midi, **2**

après *after,* **2**

l' **après-midi** (m.) *afternoon, in the afternoon,* **2**; de l'après-midi *in the afternoon,* **2**

un **arbre généalogique** *family tree,* **6**

l' **argent** (m.) *money,* **5**

les **armes** (f.) *weapons,* AC3

une **armoire** *wardrobe,* **6**

l' **arrivée** (f.) *arrival,* **5**

arriver *to arrive*, **5**; J'arrive! *I'm coming!* **7**

l' **art** (m.) *art*, **7**; les arts plastiques *art (class)*, **2**

l' **aspirateur** : passer l'aspirateur *to vacuum*, **10**

un **assassin** *murderer*, **9**

assez *rather*, **9**; assez (de) *enough*, **10**

une **assiette** *plate*, **6**

l' **athlétisme** (m.) *track and field*, **3**

attendre *to wait (for)*, **5**

attention : Attention! *Notice!* **4**

attraper : Attrape mes mains! *Grab my hands!* **10**

au = à + le, **5**

aujourd'hui *today*, **2**

au revoir *goodbye*, **1**

aussi *also, too*, **1**

un **autobus** *bus*, **5**

l' **automne** (m.) *autumn, fall*, **3**; en automne *in the fall*, **3**

autre *other*, **2**; *another*, **11**; un(e) autre *another*, **4**; d'autres *other*, **5**; autre chose *something else*, **11**

un(e) **Autrichien(ne)** *Austrian*, **AC2**

aux = à + les, **5**

avant *before*, **2**; avant de *before*, **10**

avec *with*, **2**

une **avenue** *avenue*, **7**

un **avion** *airplane*, **5**

avis : à mon avis *in my opinion*, **9**

un(e) **avocat(e)** *lawyer*, **6**

avoir *to have*, **2**; avoir l'air (de) *to look like*, **9**; avoir...ans *to be . . . years old*, **6**; avoir besoin de *to need*, **11**; avoir envie (de) *to feel like*, **7**; avoir très envie *to really feel like it*, **9**; avoir (très) faim *to be (very) hungry*, **5**; avoir peur de *to be afraid of*, **6**; avoir soif *to be thirsty*, **10**

avril (m.) *April*, **2**

B

un **badge** *(slogan) button*, **10**

les **bagages** (m.) *luggage, baggage*, **5**; aux bagages *at the baggage claim area*, **5**

une **bague** *ring*, **10**

une **balade** *walk, stroll*, **11**

une **balle** *baseball, tennis ball*, **3**

un **ballon** *volleyball*, **3**; un ballon (ovale) *football*, **3**; un ballon (rond) *soccer ball*, **3**; un ballon de foot *soccer ball*, **11**

banal, -e *banal, ordinary*, **11**

une **banane** *banana*, **9**

des **bandes dessinées** (f.) *comic strips, comics*, **3**

une **banque** *bank*, **7**

la **barbe** : C'est la barbe! *It's boring!* **2**

le **base-ball** *baseball*, **3**

le **basket(-ball)** *basketball*, **3**

des **baskets** (f.) *(high) sneakers*, **10**

bat : La boum bat son plein. *The party's in full swing.* **10**

un **bateau** (pl. -x) *boat*, **7**

des **bâtons** (m.) *ski poles*, **3**

une **batte** *bat*, **3**

les **B.D.** = les bandes dessinées, **4**

beau, bel, belle, beaux, belles *beautiful*, **7**

beaucoup (de) *many, much, a lot (of)*, **2**

un(e) **Belge** *Belgian*, **AC2**

la **Belgique** *Belgium*, **6**

besoin : avoir besoin de *to need*, **11**

le **beuglement** *mooing*, **7**

le **beurre** *butter*, **6**; le beurre de cacahouètes *peanut butter*, **5**

le **bicross** *dirtbiking*, **3**

bidon : C'est bidon! *It's trash!* **9**

bien *fine, well*, **1**; *really*, **5**; *nice*, **10**; bien sûr *of course*, **7**; drôlement bien *extremely well*, **10**; eh bien *well*, **2**; ou bien *or else*, **10**

bientôt *soon*, **11**; à bientôt *see you soon*, **1**

bienvenu, -e : Bienvenue! *Welcome!* **6**; Soyez le/la bienvenu(e)! *Welcome!* **6**

un **bijou** *jewel*, **10**; des bijoux *jewelry*, **10**

une **bijouterie** *jewelry store*, **11**

bilingue *bilingual*, **AC2**

un **billet** *bill (money)*, **2**; *ticket*, **5**

la **biolo(gie)** *biology*, **2**

Bises *Love and kisses*, **11**; Grosses bises *Lots of love*, **1**

le **blanc** *white*, **3**

blanc, blanche *white*, **7**

le **bleu** *blue*, **3**

bleu, -e *blue*, **7**

un **blouson** *waist-length jacket*, **10**

le **blues** *blues*, **10**

bof *(expression of disdain) aw*, **7**

un(e) **bohémien (-ienne)** *gypsy*, **10**

le **bois** *wood*, **7**; en bois *wooden*, **7**

une **boisson** *drink, beverage*, **10**

une **boîte** *box*, **11**

un **bol** *bowl*, **6**

bon, bonne *good*, **7**; *right*, **9**; bon *good, well*, **1**; *OK*, **3**; Il fait bon. *It's nice weather.* **7**

un **bon de commande** *order form*, **10**

un **bonbon** *piece of candy*, **11**

bonjour *hello*, **1**

un **bonnet** *hat, cap*, **7**

bonsoir *good evening, good night*, **1**

une **botte** *boot*, **10**

une **bougie** *candle*, **11**

une **boulangerie** *bakery*, **7**

une **boum** *party*, **9**; La boum bat son plein. *The party's in full swing.* **10**; une boum masquée *costume party*, **10**

la **Bourgogne** *Burgundy*, **5**

une **bouteille** *bottle*, **10**

une **boutique** *boutique, shop*, **11**

un **bowling** *bowling alley*, **9**

un **bracelet** *bracelet*, **10**

branché,-e : la mode branchée *the latest style*, **10**

la **Bretagne** *Brittany*, **5**

bricoler *to tinker*, **AC1**

briller *to shine*, **7**

une **brioche** *brioche*, **6**

brosser *to brush*, **11**

le **bruit** *noise*, **7**

brûlé, -e *burned*, **AC3**

brun, -e *brown*, **7**; brunet, brunette, **10**

Bruxelles *Brussels*, **1**

un **bureau** (pl. -x) *desk*, **6**; *office*, **11**; le bureau de change *currency (money) exchange*, **5**

un **bus** *(public) bus*, **2**; en bus *by bus*, **2**

un **but** *goal*, **3**

C

ça *it, that*, **3**; Ça ne fait rien. *That's all right.* **5**; Ça va? *How are things? (Are things going OK?)* **1**; Ça va. *Fine.* **1**

cacahouètes : le beurre de cacahouètes *peanut butter*, **5**

caché, -e *hidden*, **9**

un **cadeau** (pl. -x) *gift*, **5**

le **café** *coffee*, **6**; le café au lait *coffee with milk*, **6**; un café *cafe*, **7**

une **cafeteria** *cafeteria*, **5**

un **cahier** *notebook*, **2**

calculateur, -trice *calculating*, **10**

une **calculette** *pocket calculator*, **2**

un(e) **camarade (de classe)** *classmate*, **6**

la **campagne** *country*, **7**

le **Canada** *Canada*, **6**

une **canne à pêche** *fishing pole*, **11**

la **capitale** *capital*, **7**

un **car (de ramassage)** *schoolbus*, **2**

une **carte** *map*, **7**; une carte météorologique *weather map*, **7**; une carte de crédit *credit card*, **11**; une carte postale *postcard*, **3**; une carte (de vœux) *greeting card*, **11**

un **casque** *(hockey) helmet*, **3**

une **cassette** *cassette*, **3**

une **catastrophe** *catastrophe*, **11**

une **cathédrale** *cathedral*, **7**

ce *this, that*, **1**; ce que *what*, **9**

célèbre *famous*, **7**

celle(-là) *this/that one, the one*, **11**

celles(-là) *the ones, these, those*, **11**

celui(-là) *this/that one, the one*, **11**

un **centime** *centime*, **2**

un **centimètre (cm)** *centimeter*, **11**

un **centre commercial** *shopping center, mall*, **9**

un **centre spatial** *space center*, **AC2**

ces *these, those*, **2**

c'est *he's, she's*, **1**; *it's*, **2**; this is, that's, these/those are, **6**

cet *this, that*, **1**

cette *this, that*, **1**

ceux(-là) *the ones, these, those,* **11**
chacun : Chacun va de son côté. *Each one goes his separate way.* **7**; Chacun ses goûts. *To each his own taste.* **9**
une **chaîne** *(TV) channel,* **4**; *chain,* **11**; Chaîne de mots *Word chain,* **1**; une chaîne stéréo *stereo,* **6**
une **chaise** *chair,* **6**
une **chambre** *bedroom,* **6**; une chambre d'amis *guest room,* **6**
le **championnat** *championship,* **3**
changer *to change, exchange,* **5**
une **chanson** *song,* **9**
chanter *to sing,* **11**
un(e) **chanteur (-euse)** *singer,* **10**
une **chapelle** *chapel,* **7**
un **chapitre** *chapter, unit,* **1**; Chapitre de révision *Review Unit,* **4**
un **chat,** une **chatte** *cat,* **6**
chaud, -e *warm,* **7**; Il fait chaud. *It's warm.* **7**
un **chauffeur de taxi** *taxi driver,* **5**
chausser : chausser du 43 *to take size 43 in shoes,* **11**
une **chaussette** *sock,* **10**
une **chaussure** *shoe,* **10**; des chaussures de ski *ski boots,* **3**
un **chef** *chef,* **6**; le chef de gare *station master,* **7**
une **chemise** *man's shirt,* **10**
un **chemisier** *woman's tailored shirt,* **10**
un **chèque** *check,* **5**; un chèque de voyage *traveler's check,* **5**
cher, chère *dear,* **1**; *expensive,* **11**; pas cher *inexpensive,* **11**
chercher *to look for,* **5**
le **cheval** *horse, horseback riding,* **3**
les **cheveux** (m.) *hair,* **10**
chez *(to/at) someone's house,* **5**; chez lui *at his house,* **9**; chez vous *your house,* **5**; chez eux *their house,* **5**; chez le disquaire *record shop,* **11**; chez le/la fleuriste *the florist's,* **11**
un **chien,** une **chienne** *dog,* **6**
le **chocolat** *chocolate (flavor), hot chocolate,* **6**; un gâteau au chocolat *chocolate cake,* **6**; une mousse au chocolat *chocolate mousse,* **10**
choisir *to choose,* **9**; *to pick out,* **10**
un **choix** *choice,* **11**
une **chose** *thing,* **9**; autre chose *something else,* **11**; quelque chose *something,* **11**
chouette *great,* **2**
le **ciel** *sky,* **7**
une **cimetière** *cemetery,* **AC3**
le **cinéma** *movie theater,* **7**; *movies,* **9**; aller au cinéma *to go to the movies,* **9**
un **circuit** *route,* **12**
cirer *to polish,* **11**
une **classe** *grade,* **2**; un livre de classe *textbook,* **2**; le premier jour de classe *the first day of school,* **1**

un **classeur** *loose-leaf notebook,* **2**
le **classique** *classical music,* **10**
classique *classical,* **9**
un **clavier** *keyboard,* **2**
un **club** *club,* **2**
une **coiffure** *hairdo,* **10**
col : un col roulé *turtleneck shirt,* **10**
le **Colisée** *Coliseum,* **4**
collectionner *to collect,* **3**
un **collège** *middle or junior high school,* **2**
un **collier** *necklace,* **10**
coloré, -e *colored,* **10**
combien (de) *how much,* **2**; *how many,* **10**; C'est combien...? *How much is/are . . . ?* **2**
comique : un film comique *comedy,* **9**
une **commande** *order,* **10**; un bon de commande *order form,* **10**
comme *like,* **10**; *as (a),* **11**
commémore *commemorate,* **AC3**
commencer *to start,* **10**
comment *how,* **2**; Comment le dire *How to say it,* **1**; Ils sont comment? *What are they like?* **10**
un(e) **commerçant(e)** *merchant,* **6**
un **compliment** : Mes compliments pour... *My compliments on . . .* **10**
compliqué, -e *complicated,* **10**
comprenez : Vous comprenez? *Do you understand?* **3**
un **comptoir** *counter,* **5**
un **concert** *concert,* **9**
la **concierge** *(apartment building) superintendent,* **6**
la **confiture** *jam,* **6**
connaître *to know, be acquainted with,* **7**
les **conseils** (m.) *advice,* **7**
construit, -e *built,* **AC2**
content, -e *happy,* **3**
continuer *to continue,* **11**
une **contractuelle** *meter maid,* **7**
le **contrôle des passeports** *passport check,* **5**
un **copain,** une **copine** *pal, friend,* **1**
un(e) **correspondant(e)** *pen pal,* **6**
corriger *to correct,* **9**
un **costume** *costume,* **7**; *man's suit,* **11**
la **côte** *coast,* **AC2**; la Côte d'Ivoire *Ivory Coast,* **AC2**
côté : à côté (de) *next to, next door to,* **5**; à côté *nearby,* **7**; Chacun va de son côté. *Each one goes his separate way.* **7**
une **couleur** *color,* **3**
le **couloir** *hall,* **6**
courant : au courant *up-to-date,* **10**
un **cours** *course, class,* **2**
les **courses** (f.) *shopping,* **10**
court, -e *short,* **10**
un(e) **cousin(e)** *cousin,* **6**
un **couteau** (pl. **-x**) *knife,* **6**
coûter *to cost,* **5**; Il(s) coûte(nt)

combien...? (Combien coûte/coûtent...?) *How much do/does . . . cost?* **11**
un(e) **couturier (-ière)** *clothes designer,* **AC1**
couvert, -e *covered,* **AC3**
un **crayon** *pencil,* **2**
criard, -e *loud, garish,* **10**
une **critique** *review,* **9**
un(e) **critique de cinéma** *film critic,* **9**
crois : Tu crois? *Do you think so?* **9**
un **croissant** *croissant,* **6**
la **Croix-Rouge** *Red Cross,* **AC2**
une **crosse** *hockey stick,* **3**
croyez : croyez-moi *believe me,* **11**
une **cuillère** *spoon,* **6**; une petite cuillère *teaspoon,* **6**
la **cuisine** *kitchen,* **6**
culotté, -e *bold,* **10**
curieux, -euse *curious,* **7**

D

d'abord *first (of all),* **11**
d'accord *OK,* **9**; Ils ne sont pas d'accord. *They don't agree.* **9**
dans *in,* **2**; *with,* **5**
danser *to dance,* **9**
la **date** *date,* **11**
de *from,* **1**; *of,* **2**; de la, de l' *some, any,* **6**
le **débarras** *storeroom,* **6**
décembre (m.) *December,* **2**
décider *to decide,* **9**
déclarer *to declare,* **5**
décoré, -e *decorated,* **7**
découvert (past part. of **découvrir**) *discovered,* **12**
découvre : il/elle découvre *he/she discovers,* **AC2**
découvrir *to find out,* **2**; *to discover,* **12**
décrit : il/elle décrit *he/she describes,* **6**
décrivez *describe,* **7**
un **déguisement** *disguise, costume,* **10**
déjà *already,* **5**
le **déjeuner** *lunch,* **2**; le petit déjeuner *breakfast,* **6**
déjeuner *to have lunch,* **12**
délicieux, -euse *delicious,* **6**
demain *tomorrow,* **2**
demander (à) *to ask,* **9**; *to call for,* **9**; Vous demandez quel numéro? *What number are you calling?* **5**
demie : et demie *half past (the hour),* **2**
une **demi-heure** *a half-hour,* **5**
démolissent *demolish,* **AC3**
un(e) **dentiste** *dentist,* **6**
un **départ** *departure,* **5**
dépendre (de) *to depend (on),* **3**
un **déplantoir** *gardening trowel,* **11**
dernier, -ière *last,* **10**
des = de + les, **5**
des *some,* **2**; *any,* **6**

descendre *to go down*, 7

désirer: Vous désirez? *May I help you?* 10

désolé, -e *sorry*, 5

le **désordre** *disorder*, 3; Quel désordre! *What disorder!* 3

le **dessert** *dessert*, 6

un **dessin** *drawing*, 10; un dessin animé *cartoon*, 3

détester *to hate*, 9; Je déteste! *I hate it/them!* 9

deuxième *second*, 6; au deuxième étage *on the third floor*, 6

devant *in front of*, 5

deviner *to guess*, 1

une **devinette** *riddle*, 6

les **devoirs** (m.) *homework*, 2

d'habitude *usually*, 2

un **diamant** *diamond*, 12

une **dictée** *dictation*, 1

un **dictionnaire** *dictionary*, 5

différent, -e *different*, 7

difficile *difficult, hard*, 2

dimanche (m.) *Sunday*, 2; le dimanche *on Sunday(s)*, 2

le **dîner** *dinner, supper*, 6; l'heure du dîner *dinnertime*, 6

dîner *to eat dinner*, 6

dire *to say*, 6

dis *say*, 5; je dis *I say*, 7; dis donc *so listen*, 9

une **discothèque** *disco*, 9

discuter *to talk*, 9

disent: ils/elles disent *they say*, 10

disquaire: chez le disquaire *record shop*, 11

un **disque** *record*, 3

dit: il/elle dit *he/she says*, 3

dites *tell*, 7; vous dites *you say*, 11

doit: il/elle doit *he/she/it has to, must*, 10

un **dollar** *dollar*, 5

dommage *too bad*, 10

donc *so, then*, 11; dis donc *so listen*, 9

donner *to give*, 6; Ça donne faim. *It makes you hungry.* 6

dormir *to sleep*, 9

la **douane** *customs*, 5

un(e) **douanier (-ière)** *customs agent*, 5

un **doute** *doubt*, 5

une **douzaine (de)** *dozen*, 10

douzième *twelfth*, 7

droit: tout droit *straight ahead*, 5

droite: à droite (de) *to the right (of)*, 5

drôle *funny*, 9; *amusing*, 12

drôlement: drôlement bien *extremely well*, 10

du = de + le, 5

du *some, any*, 6

durer *to last*, 5

E

l' **eau** (f.) *water*, 6; l'eau minérale *mineral water*, 6

un **échange** *exchange*, 11

échanger *to exchange*, 11

une **écharpe** *scarf*, 11

une **école** *school*, 2

écouter *to listen (to)*, 3; Ecoutez bien. *Listen carefully.* 1

écrit: il/elle écrit *he/she writes*, 9

écrit, -e *written*, 5

écrit dirigé *guided writing*, 1

un **écriteau** (pl. **-x**) *sign*, 5

écrivez *write*, 1

égaler *to equal*, 1

une **église** *church*, 7

égoïste *selfish*, 11

élégant, -e *elegant*, 10

un(e) **élève** *pupil, student*, 2

elle *she*, 1; *it*, 6

elles *they*, 1

embrasser *to kiss*, 8

embrouillé, -e *scrambled*, 2

une **émission** *TV program, show*, 3

émouvant, -e *touching*, 9

l' **emplacement** (m.) *location*, 11

un **emploi du temps** *schedule*, 2

un(e) **employé(e)** *employee*, 5

employer *to use*, 6

emporter *to bring*, 5

en *in, by, on*, 2; *to*, 5; en effet *indeed*, AC2

encore *more*, 5; *again*, 11; Encore! *Not again!* 9; encore un(e) *another*, 10; encore un peu *a little more*, 6; pas encore *not yet*, 10

un **endroit** *place*, 9

un **enfant** *child*, 6

enfin *in short*, AC1; *finally*, 6

l' **ennui** (m.) *boredom*, 7

s' **ennuyer** *to be bored*, 10

une **enseigne** *sign*, 5

ensemble *together*, 9

ensuite *then*, 7; *next*, 5

entendre *to hear*, 5

l' **entraînement** (m.) *practice*, 3

entre *between*, 5; entre parenthèses *in parentheses*, 7

l' **entrée** (f.) *entrance*, 5

entrer *to come in, enter*, 6

envie: avoir envie (de) *to feel like*, 7; avoir très envie *to really feel like it*, 9

envoyer *to send*, 10; envoie *send*, 10

une **épicerie** *grocery store*, 7

une **équipe** *team*, 3

une **erreur** *error, mistake*, 2; *wrong number*, 5

un **escalator** *escalator*, 11

un **escalier** *stairs*, 6

un **escargot** *snail*, 7

l' **Espagne** (f.) *Spain*, 11

l' **espagnol** (m.) *Spanish (language)*, 2

espérer *to hope*, 6; j'espère *I hope*, 6

essayer *to try on*, 11; essayer (de) *to try (to)*, 10

et *and*, 1

établissent *establish*, AC2

un **étage** *floor*, 6; au premier/ deuxième/troisième étage *on the second/third/fourth floor*, 6

une **étagère** *bookcase*, 6

un **état** *state*, 12

les **Etats-Unis** (m.) *the United States*, 5

l' **été** (m.) *summer*, 3; en été *in the summer*, 3

être *to be*, 1

étroit, -e *narrow*, 7; *tight*, 10

une **étude** : Etude de Mots *Word Study*, 1

un(e) **étudiant(e)** *student*, 5

étudier *to study*, 3

l' **Europe** (f.) *Europe*, 7

eux *them*, 5; *they*, 5; chez eux *(at/to) their house*, 5

exagérer *to exaggerate*, 11

un **examen** *exam*, 2

excellent, -e *excellent*, 6

l' **excitation** (f.) *excitement*, 7

excusez-moi *excuse me*, 5

un **exemple** *example*, 7; par exemple *for example*, 7

un **exercice** *exercise*, 5

expliquer *to explain*, 8

extra(ordinaire) *terrific, great*, 2

extravagant, -e *extravagant, wild*, 10

F

face: en face (de) *across (from)*, 5

facile *easy*, 2

une **façon** *way*, 10

faim: avoir (très) faim *to be (very) hungry*, 5; Ça donne faim. *It makes you hungry.* 6

faire *to do, make*, 3; Fais comme chez toi. Faites comme chez vous. *Make yourself at home.* 6; faire (de) *to take part in sports*, 3; faire du baby-sitting *to baby-sit*, 9; faire du lèche-vitrines *to go window-shopping*, 11; faire de la photo *to take pictures*, 3; faire des rencontres *to meet*, 10; faire l'idiot *to act stupid*, 7; faire un voyage *to take a trip*, 8; Ça fait joli. *That looks pretty.* 10; Ça ne fait rien. *That's all right.* 5; Il fait bon. *It's nice weather.* 7; Il fait chaud/frais/froid. *It's warm/cool/cold.* 7; Il fait dix. *It's ten (degrees).* 7; Il fait moins dix. *It's ten below (zero).* 7; Il fait quel temps? *What's the weather like?* 7; Il fait quelle température? *What's the temperature?* 7

fait, -e *done*, 10

fait: en fait *in fact*, 10

fameux, -euse *famous*, 5

familial, -e *family*, 7

une **famille** *family*, 5; une famille nombreuse *a large family*, 6; en famille *with one's family*, 3

un **fantôme** *ghost*, 10

fatigué, -e *tired,* **6**

faut : il faut *is/are needed,* **2**; *one must,* **5**; *(we) must, have to,* **7**; il me/te faut *I/you need,* **2**

faux, fausse *false,* **1**

favori, -ite *favorite,* **2**

une **femme** *wife, woman,* **6**

une **fenêtre** *window,* **6**

fermer *to close,* **6**

une **fête** *party,* **10**; *holiday, saint's day,* **11**; *festival,* **12**; Bonne fête! *Happy holiday! (Happy saint's day!)* **11**

un **feu d'artifice** *fireworks,* **AC3**

une **feuille** *sheet of paper,* **2**

un **feuilleton** *soap opera,* **3**

février (m.) *February,* **2**

un **filet** *net,* **2**

une **fille** *girl,* **1**; *daughter,* **6**

un **film** *movie, film,* **3**; un film comique *comedy,* **9**; un film d'horreur *horror movie,* **9**; un film policier *detective film, mystery,* **9**; un film de science-fiction *science-fiction movie,* **9**; un film vidéo *videocassette,* **3**

un **fils** *son,* **6**

la **fin** *end,* **3**

la **finale** *final game, finals,* **3**

finir *to finish, end,* **9**

flamand(e) *Flemish,* **AC2**

une **fleur** *flower,* **10**; à fleurs *flowered,* **12**; l'île aux fleurs *island of flowers,* **12**

fleuriste : chez le/la fleuriste *the florist's,* **11**

un **fleuve** *river,* **7**

une **fois** *one time, once,* **9**; deux fois *twice,* **9**; à la fois *at the same time,* **3**

le **folk** *folk music,* **10**

folklorique *folk,* **7**

un **fonctionnaire** *civil servant,* **AC1**

fond : au fond de *at the end of,* **6**

fonder *to found,* **AC2**

le **foot(ball)** *soccer,* **3**; le football américain *football,* **3**

la **forme** : garder la forme *to keep in shape,* **11**

une **foule** *crowd,* **9**

une **fourchette** *fork,* **6**

frais, fraîche *cool,* **7**; Il fait frais. *It's cool.* **7**

un **franc (F)** *franc,* **2**

le **français** *French (language),* **2**

français, -e *French,* **5**

un(e) **Français(e)** *French person,* **5**

la **France** *France,* **3**

frapper *to knock,* **10**

un **frère** *brother,* **6**

un **frigo** *fridge,* **6**

des **frites** (f.) *French fries,* **6**

froid, -e *cold,* **7**; Il fait froid. *It's cold.* **7**

le **fromage** *cheese,* **6**

la **frontière** *border,* **AC1**

le **fruit** *fruit,* **6**; le jus de fruit *fruit juice,* **6**

furieux, -euse *furious,* **11**

G

gagner *to win,* **3**; *to earn,* **10**

un **gant** *baseball glove, catcher's mitt,* **3**

un **garçon** *boy,* **1**

garder *to guard,* **6**; *to keep,* **11**; garder la forme *to keep in shape,* **11**

la **gare** *railroad station,* **7**; le chef de gare *station master,* **7**

un **gâteau** (pl. **-x**) *cake,* **6**; un gâteau au chocolat *chocolate cake,* **6**

gauche : à gauche (de) *to the left (of),* **5**

la **gendarmerie** *police station,* **7**

généreux, -euse *generous,* **11**

Genève *Geneva,* **1**

génial, -e *fantastic, great,* **2**

un **genre** *kind,* **9**

les **gens** *people,* **3**

gentil, gentille *nice,* **6**

la **géo(graphie)** *geography,* **2**

la **glace** *ice cream,* **6**

une **gomme** *eraser,* **2**

le **goût** *taste,* **10**; Chacun ses goûts. *To each his own taste.* **9**

le **goûter** *afternoon snack,* **6**

goûter *to taste,* **12**

un **gramme (g)** *gram,* **10**

grand, -e *big, large,* **3**

une **grand-mère** *grandmother,* **6**

un **grand-père** *grandfather,* **6**

les **grands-parents** (m.) *grandparents,* **6**

gris, -e *gray,* **7**

gros, grosse *big, thick,* **7**

une **guerre** : la Première Guerre mondiale *World War I,* **5**

un **guide** *guide,* **6**; *guidebook,* **7**; un guide touristique *tour guide,* **6**

une **guitare** *guitar,* **10**

la **gym(nastique)** *gym, P.E.,* **2**

H

habiter *to live (in), reside,* **5**

les **habits** (m.) *clothes,* **11**

une **habitude** *habit,* **11**; d'habitude *usually,* **2**; un homme d'habitudes *a man of habit,* **11**; prendre l'habitude *to get used to,* **11**

***haut** : en *haut de *at the top of,* **9**

hein *huh? is it? right?* **7**; *isn't it?* **8**

hésiter *to hesitate,* **11**

une **heure (h)** *hour,* **2**; *time,* **6**; à l'heure *on time,* **9**; à quelle heure *what time* **2**; Il est quelle heure? *What time is it?* **2**; Il est...heure(s). *It's . . . o'clock.* **2**; l'heure du dîner *dinnertime,* **6**; tout à l'heure *in a minute,* **7**

heureusement *luckily, fortunately,* **2**

heureux, -euse *happy,* **7**

hier *yesterday,* **10**

l' **histoire** (f.) *history,* **2**; une histoire d'amour *love story,* **9**

l' **hiver** (m.) *winter,* **3**; en hiver *in the winter,* **3**

le ***hockey** *hockey,* **3**

un **homme** *man,* **6**

un **hôpital** (pl. **-aux**) *hospital,* **7**

un **horaire** *schedule, timetable,* **7**

horreur : un film d'horreur *horror movie,* **9**

un ***hors-d'œuvre** (pl. ***hors-d'œuvre**) *hors d'oeuvre,* **6**

un **hôtel** *hotel,* **7**

humoristique *humorous, funny,* **11**

I

ici *here,* **5**

une **idée** *idea,* **7**

idiot, -e *stupid,* **7**; faire l'idiot *to act stupid,* **7**

il *he,* **1**; *it,* **6**

une **île** *island,* **1**

ils *they,* **1**

il y a *there is, there are,* **2**; Il y a du soleil/vent. *It's sunny/windy.* **7**; Qu'est-ce qu'il y a à la télé? *What's on TV?* **3**

une **image** *reflection,* **11**

imiter *to imitate,* **10**

immense *immense, huge,* **7**

un **immeuble** *apartment house,* **7**

un **imperméable** *raincoat,* **10**

impossible *impossible,* **9**

impressionnant, -e *impressive,* **7**

une **imprimante** *printer,* **2**

un(e) **infirmier (-ière)** *nurse,* **6**

les **informations** (f.) *news,* **3**

l' **informatique** (f.) *computer science,* **2**

un **ingénieur** *engineer,* **6**

l' **inscription** (f.) *registration,* **2**

une **interro(gation)** *quiz,* **2**

une **interview** *interview,* **3**

l' **intrus** (m.) *intruder,* **1**

une **invitation** *invitation,* **10**

un(e) **invité(e)** *guest,* **6**

inviter *to invite,* **10**

italien, -ienne *Italian,* **2**

J

jamais *never,* **11**

le **jambon** *ham,* **6**

janvier (m.) *January,* **2**

un **jardin** *garden,* **7**; un jardin anglais *informal garden,* **7**

jardiner *to garden,* **11**

le **jaune** *yellow,* **3**; le jaune d'œuf *yolk,* **10**

jaune *yellow,* **7**

le **jazz** *jazz,* **10**

je *I,* **1**

un **jean** *jeans,* **10**

un **jeu** (pl. **-x**) *game, game show,* **3**; un jeu d'haltères *set of weights,* **11**; les Jeux Olympiques *Olympic Games, Olympics,* **3**

jeudi (m.) *Thursday,* **2**; le jeudi *on Thursday(s),* **2**

jeune *young*, **3**

les **jeunes** (m.) *young people*, **3;** *the youth*, **9;** la Maison des Jeunes *Youth Recreation Center*, **7**

la **jeunesse** *the youth*, **2**

des **joggers** (m.) *running shoes*, **3**

le **jogging** *jogging*, **3**

la **joie de vivre** *joy of living, enjoyment of life*, **10**

joli, -e *pretty*, **7;** *attractive*, **11**

jouer *to play*, **3;** jouer à *to play (a game)*, **7;** jouer au baby-foot *to play table soccer*, **7;** jouer de *to play (a musical instrument)*, **10**

un(e) **joueur (-euse)** *player*, **3**

un **jour** *day*, **2;** tous les jours *every day*, **2;** le jour des Morts *Day of the Dead*, AC3

un **journal** (pl. **-aux**) *diary*, **5**

un(e) **journaliste** *reporter*, **9**

joyeux, -euse : Joyeux anniversaire! *Happy birthday!* **11;** Joyeux Noël! *Merry Christmas!* **11;** Joyeuse Pâque! *Happy Passover!* **11;** Joyeuses Pâques! *Happy Easter!* **11**

juillet (m.) *July*, **2**

juin (m.) *June*, **2**

une **jupe** *skirt*, **10**

le **jus** *juice*, **6;** le jus de fruit *fruit juice*, **6**

juste *right*, **5;** juste là *right there*, **5**

K

un **kilo (kg)** *kilo(gram)*, **10**

un **kilomètre** *kilometer*, **2**

L

la **the**, **1**

là *there*, **5;** *here*, **6;** juste là *right there*, **5**

là-bas *over there*, **1**

laisser *to leave*, **6**

le **lait** *milk*, **6**

une **lampe** *lamp*, **6**

une **langue** *language*, **9**

large *wide*, **7;** *loose*, **10**

le *the*, **1**

lèche-vitrines : faire du lèche-vitrines *to go window-shopping*, **11**

un **lecteur de disquette** *disk drive*, **2**

la **lecture** *reading*, **1**

un **légume** *vegetable*, **6**

le **lendemain** *the next day*, **3**

les *the*, **1**

les *them*, **11**

une **lettre** *letter*, *1*

leur *(to or for) them*, **11**

leur, leurs *their*, **6**

un(e) **libraire** *bookseller*, **6**

une **librairie** *bookstore*, **2**

libre *free, unoccupied*, **2**

les **liens de parenté** (m.) *family relationships*, **6**

une **ligne** *line*, 8; les lignes intérieures *domestic airlines*, 5

la **limonade** *lemon soda*, 6

lire *to read*, **3;** A lire *Reading*, 1

lisez *read*, 5

une **liste** *list*, **10**

un **lit** *bed*, **6**

un **litre** *liter*, **10**

le **living** *living room*, 6

un **livre** *book*, **2;** un livre de classe *textbook*, **2**

la **logique** *logic*, 1

logique *logical*, 9

Londres *London*, 5

lui *he*, 7; *(to or for) him/her*, **11;** chez lui *at his house*, 9

lundi (m.) *Monday*, **2;** le lundi *on Monday(s)*, 2

les **lunettes de soleil** (f.) *sunglasses*, 7

un **lycée** *high school*, 7

un(e) **lycéen(ne)** *high school student*, 9

M

ma *my*, 6

madame (Mme) *Mrs., madam, ma'am*, 1

mademoiselle (Mlle) *miss*, 1

un **madras** *madras kerchief or scarf*, 12

un **magasin** *store*, **2;** un grand magasin *department store*, **11**

un **magazine** *magazine*, 9

un **magnétoscope** *videocassette recorder, VCR*, **11**

magnifique *magnificent*, 7

mai (m.) *May*, **2**

un **maillot de bain** *bathing suit*, **10**

une **main** *hand*, 10

maintenant *now*, **2**

le **maire** *mayor*, 7

la **mairie** *town hall*, 7

mais *but*, **2;** mais non *of course not*, 5

une **maison** *house, home*, **6;** la Maison des Jeunes *Youth Recreation Center*, **7;** la Maison des Jeunes et de la Culture (la MJC) *Youth Recreation Center*, 7

la **maîtresse** *mistress*, 6

mal : pas mal *not bad*, **1**

malade *sick*, 5

un **malentendu** *misunderstanding*, 5

malheureusement *unfortunately*, **11**

malin, maligne *clever, smart*, 10

maman *Mom*, 6

manger *to eat*, 5

manquer : il manque... *...is missing*, **2;** il/elle manque *he/she is missed*, 10

un **manteau** (pl. **-x**) *coat*, 10

une **marche à pied** *hike*, 2

un **marché** *market*, 12

marcher *to hike*, **2;** *to walk*, 7

mardi (m.) *Tuesday*, **2;** le mardi *on Tuesday(s)*, **2**

un **mari** *husband*, 6

le **mariage** : l'anniversaire (m.) de mariage *wedding anniversary*, **11**

le **Maroc** *Morocco*, 1

une **maroquinerie** *leather-goods shop*, **11**

le **marron** *brown*, 3

marron *brown*, 7

mars (m.) *March*, 2

martiniquais, -e *of/from Martinique*, 12

un **match** (pl. **-es**) *game*, **3;** un match de foot *soccer game*, 3

les **maths (mathématiques)** (f.) *math*, 2

le **matin** *morning, in the morning*, **2;** du matin *in the morning*, 2

mauvais, -e *bad*, 9

méchant, -e *mean*, 6

un **médecin** *doctor*, 6

un **médicament** *medicine*, 7

la **Méditerranée** *Mediterranean (Sea)*, 9

meilleur, -e *best*, **11;** Meilleurs vœux (souhaits)! *Best wishes!* **11**

un **mélange** *mixture*, 10

un **membre** *member*, 2

même *even*, **7;** *same*, 9

une **mémoire** *memory*, **11;** un trou de mémoire *memory lapse*, **11**

la **mer** *sea*, 7

merci *thank you*, **2;** *thanks*, 6

mercredi (m.) *Wednesday*, **2;** le mercredi *on Wednesday(s)*, 2

une **mère** *mother*, 6

merveilleux, -euse *marvelous*, 6

mes *my*, 6

la **messe** *mass*, AC3

mesurer *to measure*, **11**

la **météo** *weather report*, 7

un **mètre (m)** *meter*, **11**

le **métro** *subway*, **2;** en métro *by subway*, 2

mettre *to put (on), wear*, 10

un **micro-ordinateur** *pocket computer*, **11**

midi (m.) *noon*, 2

mielleux, -euse *smooth-talking*, 10

mieux *better*, **3;** aimer mieux *to prefer, like better*, 3

mignon, -onne *cute*, **10**

minuit (m.) *midnight*, 2

une **minute** *minute*, 2

la **MJC** = Maison des Jeunes et de la Culture 7

une **mob(ylette)** *moped*, **2;** en mobylette *by moped*, 2

la **mode** *style*, **10;** à la mode *stylish*, **10;** la mode branchée *the latest style*, **10;** la mode rétro *the style of the Fifties*, **10;** la mode sport *the sporty style/look*, **10;** Faites la mode. *Set the style.* 10

un **modèle** *design, style*, **11**

moi *me*, 1

moins *minus*, 1; Il fait moins dix. *It's ten degrees below (zero).* 7

un **mois** *month*, 5 (For months, see separate entries in this Vocabulary.)

mon *my*, 6

le **monde** *world*, 5; tout le monde *everybody*, 10

un **moniteur** *monitor*, 2

la **monnaie**:la monnaie étrangère *foreign currency*, 5

monsieur (M.) *Mr., sir*, 1

la **montagne** *mountain*, 7; à la montagne *in the mountains*, 7

monter *to take up*, 6; *to mount*, 9; *to go up*, 10

une **montre** *watch*, 11; une montre jeu électronique *electronic wristwatch game*, 11

Montréal *Montreal*, 1

montrer *to show*, 6

un **monument** *monument*, 7

un **morceau** (pl. **-x**) *number, piece*, 10

mortel, -elle *deadly boring, dull*, 7

un **mot** *word*, 1; *note*, 9; un petit mot *note*, 10; un mot de remerciements *thank-you note*, 11

une **moto** *motorcycle*, 2; en moto *by motorcycle*, 2

mouais *(expression of disinterest)* *Who cares?* 7

un **mouchoir** *handkerchief*, 11

une **moule** *mussel*, 7

une **mousse** *mousse*, 10; une mousse au chocolat *chocolate mousse*, 10

un **musée** *museum*, 7

la **musique** *music*, 2

N

nager *to swim*, 3

naïf, naïve *naive*, 10

la **natation** *swimming*, 3

un **navet**:C'est un navet! *It's a dud!* 9

ne:(ne...)pas *not*, 3; ne...que *only*, 10

neiger *to snow*, 7; Il neige. *It's snowing.* 7

Noël:Joyeux Noël! *Merry Christmas!* 11

le **noir** *black*, 3

noir, -e *black*, 7

un **nom** *name*, 2

un **nombre** *number*, 1; les nombres de 0 à 20 *(See Unit 1, p. 43.)*; les nombres de 20 à 1.000 *(See Unit 5, p. 140.)*

nombreux, -euse : une famille nombreuse *a large family*, 6

non *no*, 1; non? *isn't it?* 7; mais non *of course not*, 5

nos *our*, 6

notre *our*, 6

la **nourriture** *food*, 10

nous *we*, 1

nouveau, nouvel, nouvelle, nouveaux, nouvelles *new*, 7

novembre (m.) *November*, 2

un **nuage** *cloud*, 7

la **nuit** *night, at night*, 7

nul, nulle *nothing, worthless*, 9

un **numéro** *number*, 5

O

un **objet** *object*, 10; les objets trouvés *lost and found*, 5

occupé, -e *busy*, 5

octobre (m.) *October*, 2

un **œuf** *egg*, 6; le jaune d'œuf *yolk*, 10

l' **Office de tourisme** (f.) *Tourist Office*, 7

offrir *to offer, give*, 11

une **omelette** *omelette*, 6

on *one, we, you, they, people in general*, 3

un **oncle** *uncle*, 6

un **orage** *thunderstorm*, 7

l' **orange** (m.) *orange (color)*, 3

une **orange** *orange (fruit)*, 8

orange *orange*, 7

un **ordinateur** *computer*, 3

ordre:de l'ordre *in order*, 10

organiser *to organize, arrange*, 10; s'organiser *to get organized*, 3

original, -e (m. pl. **-aux**) *original*, 9; *unique*, 12

ou *or*, 1; ou bien *or else*, 10

où *where*, 1

oublier *to forget*, 7

oui *yes*, 1

un **ouragan** *hurricane*, 7

un(e) **ouvrier (-ière)** *factory worker, blue-collar worker*, 6

ouvrir *to open*, 11

P

le **pain** *bread*, 6

une **paire** *pair*, 11

la **paix** *peace*, 7

un **pantalon** *pants, slacks*, 10

papa *Dad*, 6

une **papeterie** *stationery store*, 11

Pâque:Joyeuse Pâque! *Happy Passover!* 11

Pâques:Joyeuses Pâques! *Happy Easter!* 11

par *by, per*, 9; par exemple *for example*, 7; une fois par semaine *once a week*, 9

un **parapluie** *umbrella*, 7

un **parasol** *beach umbrella*, 7

parce que *because*, 9

pardon *excuse me*, 11

parenthèses : entre parenthèses *in parentheses*, 7

les **parents** (m.) *parents*, 6

paresseux, -euse *lazy*, 10

parfait, -e *perfect*, 10

le **parfum** *perfume*, 11

une **parfumerie** *perfume shop*, 11

parisien, -ienne *Parisian*, 4

parler *to speak, talk*, 6

participer *to participate*, 12

une **partie** *part*, 1

partir *to leave*, 7, 9 (pres. tense)

partout *everywhere*, 7

un **pas** *step*, 10

pas *not*, 3; pas cher *inexpensive*, 11; pas mal *not bad*, 1; pas le pied, pas terrible *not so great*, 2; pas de problèmes *no problem*, 5; Pas question! *No way!* 8; pas encore *not yet*, 10

un **passeport** *passport*, 5

passer *to go by/through*, 5; *to spend (time)*, 7; *to be playing (a movie)*, 9; en passant par Paris *going through Paris*, 5; passer sur *to go up on*, 7; passer l'aspirateur *to vacuum*, 10

un **passe-temps** *pastime*, 3

une **passion** *passion*, 9

passionnant, -e *exciting*, 4

un(e) **passionné(e)** *person with a passion (for something)*, 10

le **pâté** *pâté*, 6

le **patin** *skating*, 3; le patin à glace *ice-skating*, 3; des patins *skates*, 3

une **patinoire** *skating rink*, 9

une **pâtisserie** *pastry shop*, 7

pauvre *poor*, AC1

un **pays** *country*, 1

pêcher *to fish*, 11

un **peintre** *painter*, 7

pêle-mêle *helter-skelter, pell-mell*, 1

pendant *during*, 9

une **penderie** *closet*, 6

penser *to think*, 9; Qu'est-ce que tu en penses? *What do you think of that?* 11

une **perçeuse** *drill*, 11

perdre *to lose*, 10

un **père** *father*, 6

une **personne** *person*, 10; les grandes personnes *grown-ups*, 11; ne... personne *not . . . anyone*, 10

petit, -e *little, small*, 7

un **peu (de)** *a little*, 10; encore un peu *a little more*, 6

peur:avoir peur de *to be afraid of*, 6

peut-être *maybe*, 9

une **pharmacie** *drugstore*, 7

la **photo** *photography*, 3; faire de la photo *to take pictures*, 3; une photo *photo, picture*, 6

un(e) **photographe** *photographer*, 11

une **phrase** *sentence*, 2

la **physique** *physics*, 2

une **pièce** *coin*, 2; *room*, 6; une pièce de théâtre *a play*, 6

un **pied** *foot*, 2; *idiot*, 10; à pied *on foot*, 2; C'est le pied! *It's fun!* 3; pas le pied *not so great*, 2

une **pierre** *stone*, 7; en pierre *(made) of stone*, 7

un **pique-nique** *picnic*, 2

une **piscine** *swimming pool*, 3

une **place** *square*, 7
une **plage** *beach*, 7
plaire : Ça me plaît. *That pleases me.* 2; s'il vous plaît *please*, 2
plaisanter *to joke*, 6
plaisir : avec plaisir *with pleasure*, 6; faire plaisir (à) *to please*, 6
un **plan** *map (of a city)*, 7
la **planche à voile** *windsurfing*, 3
plein, -e (de) *full (of)*, 5
plein (de) *a lot (of)*, 11
pleuvoir *to rain*, 7; Il pleut. *It's raining. It'll rain.* 7
plonger *to dive*, 12
plus *plus*, 1; *more, most*, 5; plus de *more than*, AC1; au plus *at most*, 5; en plus *too*, 9; ne...plus *not . . . anymore*, 6; le plus simple *the simplest thing*, 5; plus tard *later*, 5; *later (on)*, 11
plusieurs *several*, 10
plutôt *more (of), rather*, 9; *instead*, 11
pointu, -e *pointed*, 10
la **pointure** *size (shoes)*, 11
le **poisson** *fish*, 6
un **polar** *detective novel, mystery*, 2
policier, -ière *detective*, 9
un **polo** *polo shirt*, 10
un **pompier** *firefighter*, 7
un **port de plaisance** *marina*, 7
une **porte** *gate*, 5; *door*, 6
un **porte-couteau** (pl. **porte-couteaux**) *knife-rest*, 6
un **portefeuille** *wallet*, 11
porter *to wear*, 10
poser *to ask*, 5
la **poste** *post office*, 7
un **poster** *poster*, 2
un(e) **postier (-ière)** *postal worker*, 7
un **pouce** *inch*, 11
le **poulet** *chicken*, 6
pour *for*, 2; *in order to*, 7
pourquoi *why*, 5
pouvoir *to be able to, can*, 9; Vouloir, c'est pouvoir. *Where there's a will, there's a way.* 9
pratique *practical*, 10
préféré, -e *favorite*, 3
préférer *to prefer*, 9; je préfère *I prefer*, 9
premier, -ière *first*, 1; le premier jour de classe *the first day of school*, 1; au premier étage *on the second floor*, 6
prendre *to take*, 5, 6 (pres. tense); *to have (to eat or drink)*, 6
les **préparatifs** (m.) *preparations*, 9
préparer *to prepare, make*, 10
près (de) *near*, 5
un(e) **présentateur (-trice)** *(TV) announcer*, 9
presque *almost*, 9
prêt, -e *ready*, 10
les **preuves** (f.) *proof, evidence*, 3
principal, -e (m. pl. **-aux**) *main*, 6
le **printemps** *spring*, 3; au prin-

temps *in the spring*, 3
le **prix** *price*, 10
un **problème** *problem*, 5; pas de problèmes *no problem*, 5
prochain, -e *next*, 3
un **prof(esseur)** *teacher*, 2
une **profession** *occupation*, 6
profond(e) *deep*, AC1
le **programme TV** *TV schedule*, 3
un(e) **programmeur (-euse)** *computer programmer*, 6
une **promenade** *walk*, 2
la **provenance** *origin*, 5
la **Provence** *Provence*, 7
une **province** *province*, 7; en province *in the provinces*, 7
une **publicité** *commercial*, 3; *ad(vertisement)*, 9; un agent de publicité *public relations agent, advertising agent*, 12
puis *then*, 5
un **pull** *pullover*, 10
un **pyjama** *pajamas*, 9

Q

quand *when*, 5
un **quart** *quarter*, 2; et quart *quarter past (the hour)*, 2; moins le quart *quarter of/to (the hour)*, 2; un quart d'heure *a quarter-hour*, 5
un **quartier** *neighborhood*, 7
que *what*, 5; *that*, 9; Qu'il/elle est (+ adj.)! *It's so (+ adj.)!* 11; ce que *what*, 9; ne...que *only*, 10
quel(s), quelle(s) *which, what*, 3; Quel (Quelle)...! *What a . . . !* 6; Quelle question/vie! *What a question/life!* 6
quelque : quelque chose *something*, 11; quelqu'un(e) *someone*, 10; quelques *some, a few*, 7
quelquefois *sometimes*, 2
qu'est-ce que *what*, 3; Qu'est-ce que c'est? *What is it/that?* 9
qu'est-ce qui *what*, 5
une **question** *question*, 6; Pas question! *No way!* 8; Quelle question! *What a question!* 6
qui *who, whom*, 5; Qui est-ce? *Who is it?* 2; qu'est-ce qui *what*, 5
quitter : Ne quittez pas. *Hold on.* 5
quoi *what*, 2

R

raconter *to retell*, 10; *to tell about*, 12
une **radio** *radio*, 11
les **rafraîchissements** (m.) *refreshments*, 10
ranger *to straighten up*, 10
rapporter *to bring back*, 12
une **raquette** *(tennis) racket*, 3
un **rasoir électrique** *electric razor*, 11

un **rayon** *department (in a store)*, 11
une **recette** *recipe*, 10
recevoir *to receive*, 11
une **recherche** *search*, 11
recommander *to recommend*, 12
la **récré(ation)** *recreation*, 1; *recess, break*, 2
réfléchir : Réfléchissez. *Think about it.* 5
un **réfrigérateur** *refrigerator*, 6
regarder *to look at, watch*, 3; regarde *look (at)*, 2
une **règle** *ruler*, 2
regretter *to be sorry*, 9
remerciements : un mot de remerciements *thank-you note*, 11
remercier : Je te remercie. *Thank you.* 11
les **remparts** (m.) *city walls*, 7
une **rencontre** *meeting*, 4; faire des rencontres *to meet*, 10
rencontrer *to meet*, 7
un **rendez-vous** *rendezvous*, 7
les **renseignements** (m.) *information*, 5; aux renseignements *at the information desk*, 5
la **rentrée** : C'est la rentrée. *It's back to school.* 1
rentrer *to return, come (go) home*, 5
un **repas** *meal*, 6
répéter *to repeat*, 6
répondre (à) *to answer*, 5; Ça ne répond pas. *There's no answer.* 5
une **réponse** *answer*, 3
un **reportage** *news report, commentary*, 3
une **ressemblance** *similarity*, 7
un **restaurant** *restaurant*, 7
rester *to stay*, 5
retard : en retard *late*, 5
le **retour** *return*, 6
retourner *to return*, 5
la **retraite** *retirement*, 11; à la retraite *retired*, 6
rétro : la mode rétro *the style of the Fifties*, 10
un **rêve** *dream*, 2
revenir *to come back, return*, 11
rêver *to dream*, 11
un(e) **rêveur (-euse)** *dreamer*, 7
une **révision** *review*, 4; Chapitre de révision *Review Unit*, 4
le **rez-de-chaussée** *ground floor*, 6; au rez-de-chaussée *on the ground floor*, 6
ridicule *ridiculous*, 5
rien *nothing*, 5; Rien n'est prêt! *Nothing is ready!* 10; Ça ne fait rien. *That's all right.* 5; Ce n'est rien. *It's nothing.* 10; de rien *you're welcome*, 5
rigoler *to laugh, make fun of*, 9
un **risque** *risk*, 5
une **robe** *dress*, 10
un **rocher** *rock*, 12
le **rock** *rock (music)*, 9
un **roi** *king*, 10

un **rond de serviette** *napkin ring*, 6
une **rondelle** *(hockey) puck*, 3
rose *pink*, 7
le **rouge** *red*, 3
rouge *red*, 7
route:Bonne route! *Have a good trip! (by car)* 11
R.S.V.P. = Répondez, s'il vous plaît. *Please reply.* 9
une **rue** *street*, 7

S

sa *his, her*, 6
un **sac** *bookbag*, 2; *handbag, purse*, 11; un sac à dos *backpack*, 5; un sac de couchage *sleeping bag*, 11
sais:je/tu sais *I/you know*, 7
une **saison** *season*, 3
une **salade** *salad*, 6
une **salle** *room*, 2; la salle de bains *bathroom*, 6; la salle à manger *dining room*, 6
le **salon** *living room*, 10
salut *hello, hi, bye, see you*, 1
samedi (m.) *Saturday*, 2; le samedi *on Saturday(s)*, 2
une **sandale** *sandal*, 10
un **sandwich** (pl. **-es**) *sandwich*, 10
santé:Bonne santé! *Get well soon!* 11
une **sauce** *sauce*, 6
le **saucisson** *salami*, 6
sauf *except*, 2
sauvage *wild*, 12
une **savate** *clumsy idiot*, 10
la **Savoie** *Savoy*, 7
savoir *to know (how)*, 10; Savez-vous que...? *Do you know that . . . ?* 1
le **savoir-vivre** *good manners*, 6
scène:en scène *on stage*, 9
la **science-fiction** *science fiction*, 9
les **sciences** (f.) *science*, 2
scientifique *scientific*, 3
secours:Au secours! *Help!* 5
seizième *sixteenth*, 5
un **séjour** *stay*, 12
une **semaine** *week*, 2; une fois par semaine *once a week*, 9
sensible *sensitive*, 11
septembre (m.) *September*, 2
une **série** *series*, 3
une **serviette** *napkin*, 6; un rond de serviette *napkin ring*, 6
ses *his, her*, 6
seul, -e *alone*, 3; *only*, 7; *lonely*, 10
seulement *only*, 11
un **short** *shorts*, 10
si *yes*, 5
si *if*, 7; s'il vous plaît *please*, 2
un **siècle** *century*, 7
silencieux, -euse *silent, quiet*, 8
simplement *simply*, 11
un **site** *site, location*, 3
situé, -e *situated*, 7
le **ski** *skiing*, 3; des skis *skis*, 3; des chaussures (f.) de ski *ski boots*, 3

une **sœur** *sister*, 6
soif:avoir soif *to be thirsty*, 10
un **soir** *evening*, 2; *night*, 9; du soir *in the evening*, 2; le samedi soir *(on) Saturday nights*, 9; tous les soirs *every evening/night*, 9
le **soleil** *sun*, 7; Il y a du soleil. *It's sunny.* 7
solennelle *solemn*, AC3
une **solution** *solution*, 7
son *his, her*, 6
un **sondage** *poll*, 2
sonner *to ring*, 5
une **sorcière** *witch*, 10
la **sortie** *exit*, 5
sortir *to go out*, 3, 9 (pres. tense)
une **soucoupe volante** *flying saucer*, 9
souffler *to blow (out)*, 11
un **souhait**:Meilleurs souhaits! *Best wishes!* 11
souhaiter *to wish*, 11
souple *flexible*, 10
souvent *often*, 2
un **sport** *sport*, 3; le sport *sports*, 6
sport:la mode sport *the sporty style/look*, 10
sportif, -ive *athletic*, 12
un **stade** *stadium*, 7
un(e) **standardiste** *telephone operator*, 5
stéréo:une chaîne stéréo *stereo*, 6
des **structures** (f.) **de base** *basic grammar*, 1
un **style** *style*, 10
un(e) **styliste** *designer*, 10
un **stylo** *pen*, 2
un **succès** *success*, 9; à succès *successful*, 9
le **sucre** *sugar*, 10
le **sud** *south*, 7
suffit:Ça suffit! *That's enough!* 6
la **Suisse** *Switzerland*, 1
la **suite** *continuation*, 6
suivant, -e *following*, 6
suivre *to follow*, 5
super *super*, 2
superbe *superb*, 7
sur *on*, 3; *in (a photo)*, 6
sûr:bien sûr *surely, of course*, 7
le **surf** *surfing*, 3
une **surprise** *surprise*, 11
surtout *especially, mainly*, 3; *mostly*, 3
un **survêt** *jogging suit, sweatsuit*, 3
swinguer:Ça va swinguer! *It's going to swing!* 10
sympa(thique) *nice*, 2

T

ta *your*, 6
une **table** *table*, 6; mettre la table *to set the table*, 6; une table de nuit *night stand*, 6
un **tableau** *table, chart*, 7; un tableau d'affichage *bulletin board*, 2
une **tablette** *bar*, 10
la **taille** *size*, 11
une **tante** *aunt*, 6

tard *late*, 3; plus tard *later*, 5; later (on), 11
une **tartine** *slice of bread and butter*, 6
un **tas (de)** *a lot (of)*, 9
une **tasse** *cup*, 6
un **taxi** *taxi*, 5; les taxis *taxi stand*, 5; un chauffeur de taxi *taxi driver*, 5
la **technologie** *shop (class)*, 2
un **tee-shirt** *T-shirt*, 2
un **téléphone** *telephone*, 5
téléphoner (à) *to phone, call*, 3
la **télé(vision)** *television, TV*, 3; la télévision en couleurs *color TV*, 3; Qu'est-ce qu'il y a à la télé? *What's on TV?* 3
la **température** *temperature*, 7; Il fait quelle température? *What's the temperature?* 7
le **temps** *time*, 5; *weather*, 7; combien de temps *how long*, 5; Il fait quel temps? *What's the weather like?* 7
le **tennis** *tennis*, 3
des **tennis** (f.) *(low) sneakers*, 10
la **terrasse** *terrace*, 6
la **terre** *earth*, 9
terrible:pas terrible *not so great*, 2
un **terrien** *earthling*, 9
tes *your*, 6
le **thé** *tea*, 6
théâtre:une pièce de théâtre *a play*, 6
tiens *hey, say*, 6
un **timbre** *stamp*, 7
tiré, -e (de) *taken from*, 9
un **titre** *title*, 4
toi *you*, 1
les **toilettes** (f.) *toilet, restroom*, 5
un **toit** *roof*, 7
tomber *to fall*, 11
ton *your*, 6
une **tortue** *turtle*, 2
toujours *always*, 2
tour:à tour de rôle *taking turns*, 6; in turn, 11
une **tour** *tower*, 7; la Tour de l'Horloge *Clock Tower*, 7
touristique *tourist*, 7; un guide touristique *tour guide*, 6
tourner *to turn*, 5
tout *everything, all*, 5
tout, toute, tous, toutes *all, entirely*, 7; tout le monde *everybody*, 6; tous les ans *every year*, 11; tous les jours *every day*, 2; tous les soirs *every evening/night*, 9
tout:tout à fait *totally*, 10; tout à l'heure *in a minute*, 7; à tout à l'heure *see you later*, 1; tout de suite *right away*, 7
un **train** *train*, 7
une **tranche** *slice*, 6
transmettre *to broadcast*, 9
le **transport** *transportation*, 12
le **travail** *work, schoolwork*, 9; Au

travail! *Down to work!* **10**

travailler *to work*, **6**

un **travailleur** *worker*, AC3

très *very*, **1**

un **tribunal** *court*, AC3

triste *sad*, **11**

troisième *third*, **6**; au troisième étage *on the fourth floor*, **6**

trop *too*, **6**; trop (de) *too much, too many*, **9**

un **trou** *hole*, **10**; un trou de mémoire *memory lapse*, **11**

troué, -e *full of holes*, 10

une **trousse** *pencil case*, **2**

trouver *to find*, **5**; Comment tu trouves? *How is it?* **6**; Tu trouves? *Do you think so?* **10**

tu *you*, **1**

un **tube** *hit (song)*, 9

un **type** *guy*, 9

U

un, une *a (an), one*, **1**

un **uniforme** *uniform*, 7

V

les **vacances** (f.) *vacation*, **7**; Bonnes vacances! *Have a nice vacation!* **11**

la **vaisselle** *dishes*, 6

une **valise** *suitcase*, 5

varié, -e *varied*, **6**

les **variétés** (f.) *variety show*, **3**

un **vélo** *bicycle*, **2**; en vélo *by bicycle*, **2**; le vélo *cycling*, **3**

un(e) **vendeur (-euse)** *salesman, saleswoman*, 2

vendredi (m.) *Friday*, **2**; le vendredi *on Friday(s)*, **2**

venir *to come*, **2**; Viens! *Come on!* **6**

le **vent** *wind*, **7**; Il y a du vent. *It's windy.* **7**; dans le vent *trendy*, 10

vérifier: Vérifions! *Let's check!* 1

un **verre** *glass*, 6

le **vert** *green*, **3**

vert, -e *green*, **7**

une **veste** *jacket, blazer*, **10**

un **veston** *jacket*, 11

un **vêtement** *article of clothing*, **5**; les vêtements *clothes*, **5**

un **viaduc** *viaduct*, **7**

la **viande** *meat*, **6**

la **victoire** *victory*, 3

une **vie** *life*, **6**; Quelle vie! *What a life!* **6**

vieux, vieil, vieille, vieux, vieilles *old*, **7**

vif, vive *bright*, **10**

un **village** *village*, **7**

une **ville** *city, town*, **3**

violent, -e *violent*, **9**

un **violoncelle** *cello*, 9

un **visage** *face*, **9**

une **visite** *visit*, **6**

visiter *to visit*, **7**

vite *quickly, fast*, **11**

une **vitrine** *store window*, **11**

vivant, -e *lively*, **10**

Vive...! *Hurray for . . . !* 3

vivre *to live*, **12**; la joie de vivre *joy of living, enjoyment of life*, **10**; le savoir-vivre *good manners*, **6**

un **vocabulaire** *vocabulary*, **1**

un **vœu** (pl. **-x**) *wish*, **11**; une carte (de vœux) *greeting card*, **11**; Meilleurs vœux! *Best wishes!* **11**

voici *here is/are*, **6**

voilà *there is/are, here is/are*, **2**; here/there you are, **5**; le voilà *there it is*, **5**

voir *to see*, **7**

un(e) **voisin(e)** *neighbor*, 10

une **voiture** *car*, **2**; en voiture *by car*, **2**

un **vol** *flight*, **5**

un **volcan** *volcano*, 12

le **volley(-ball)** *volleyball*, **3**

volontiers *of course*, **6**; *gladly*, **9**

vos *your*, **6**

votre *your*, **6**

vouloir *to want*, **9**; Si tu veux. *If you want to.* **9**; Vouloir, c'est pouvoir. *Where there's a will, there's a way.* 9

vous *you*, **1**; chez vous *your house*, **5**

un **voyage** : une agence de voyage *travel agency*, **12**; Bon voyage! *Have a good trip! (by plane, ship)* **11**; faire un voyage *to take a trip*, **8**

voyager *to travel*, 5

vrai, -e *true*, **6**

vraiment *really*, **3**

une **vue** *view*, **7**

W

un **week-end** *weekend*, **7**

un **western** *Western*, **9**

Y

y *there*, **7**; Allons-y! *Let's go!* **7**

les **yeux** (m.) *eyes*, **5**

Z

un **zéro** *zero*, **7**; Il fait zéro. *It's zero (degrees).* **7**

Zut! *Darn it!* **10**

ENGLISH-FRENCH VOCABULARY

In this vocabulary, the English definitions of all active French words in the book have been listed, followed by the French. The number after each entry refers to the unit in which it is introduced. It is important to use a French word in its correct context. The use of a word can be checked easily by referring to the unit where it appears.

French words and phrases are presented in the same way as in the French-English Vocabulary.

A

a, an *un(e),* **1**
able: to be able to *pouvoir,* **9**
across (from) *en face (de),* **5**
to **act:** to act stupid *faire l'idiot,* **7**
address *une adresse,* **5**
to **admire** *admirer,* **7**
afraid: to be afraid of *avoir peur de,* **6**
after *après,* **2**
afternoon *l'après-midi (l'aprèm)* (m.), **2**; in the afternoon *(de) l'après-midi,* **2**
again *encore,* **11**; Not again! *Encore!* **9**
airplane *un avion,* **5**
airport *un aéroport,* **5**
album *un album,* **6**
all (pron.) *tout,* **5**; (adj.) *tout, toute, tous, toutes,* **7**
all right: That's all right. *Ça ne fait rien.* **5**
almost *presque,* **9**
already *déjà,* **5**
Alsatian *alsacien, -ienne,* **7**
also *aussi,* **1**
always *toujours,* **2**
American *américain, -e,* **5**; *un(e) Américain(e),* **5**
amusing *amusant, -e,* **9**
and *et,* **1**
animal *un animal* (pl. *-aux*), **6**
anniversary: wedding anniversary *l'anniversaire* (m.) *de mariage,* **11**
another *un(e) autre,* **4**; *encore un(e),* **10**
answer: There's no answer. *Ça ne répond pas.* **5**
to **answer** *répondre,* **5**
any *du, de la, de l', des,* **6**
anymore: not . . . anymore *ne... plus,* **6**
apartment *un appartement,* **7**; apartment house *un immeuble,* **7**
April *avril* (m.), **2**
to **arrange** *organiser,* **10**
arrival *l'arrivée* (f.), **5**
to **arrive** *arriver,* **5**
art *l'art* (m.), **7**; art (class) *les arts plastiques,* **2**

as (a) *comme,* **11**
to **ask** *demander (à),* **9**
at *à,* **2**
atmosphere *une ambiance,* **10**; There's a great atmosphere! *Il y a de l'ambiance!* **10**
attractive *joli, -e,* **11**; It's/They're attractive. *Il (Elle) te va bien. Ils (Elles) te vont bien.* **10**
August *août* (m.), **2**
aunt *une tante,* **6**
autumn *l'automne* (m.), **3**
avenue *une avenue,* **7**

B

to **baby-sit** *faire du baby-sitting,* **9**
backpack *un sac à dos,* **5**
bad *mauvais, -e,* **9**; not bad *pas mal,* **1**
baggage *les bagages* (m.), **5**; at the baggage claim area *aux bagages,* **5**
bakery *une boulangerie,* **7**
banal *banal, -e,* **11**
bank *une banque,* **7**
bar *une tablette,* **10**
baseball *le base-ball,* **3**; *une balle,* **3**; baseball glove, catcher's mitt *un gant,* **3**
basketball *le basket(-ball),* **3**
bat *une batte,* **3**
bathing suit *un maillot de bain,* **10**
bathroom *la salle de bains,* **6**
to **be** *être,* **1**
beach *une plage,* **7**
beautiful *beau, bel, belle, beaux, belles,* **7**
because *parce que,* **9**
bed *un lit,* **6**
bedroom *une chambre,* **6**
before *avant,* **2**; *avant de,* **10**
Belgium *la Belgique,* **6**
below: It's ten below (zero). *Il fait moins dix.* **7**
better *mieux,* **3**; to like better *aimer mieux,* **3**
between *entre,* **5**
beverage *une boisson,* **10**

bicycle *un vélo,* **2**; by bicycle *en vélo,* **2**
big *grand, -e,* **3**; *gros, grosse,* **7**
biology *la biolo(gie),* **2**
birthday *un anniversaire,* **11**; Happy birthday! *Joyeux (Bon) anniversaire!* **11**
black *le noir,* **3**; *noir, -e,* **7**
to **blow (out)** *souffler,* **11**
blue *le bleu,* **3**; *bleu, -e,* **7**
blues *le blues,* **10**
boat *un bateau* (pl. *-x*), **7**
book *un livre,* **2**
bookbag *un sac,* **2**
bookcase *une étagère,* **6**
bookseller *un(e) libraire,* **6**
bookstore *une librairie,* **2**
boot *une botte,* **10**
boring: It's boring! *C'est la barbe!* **2**
bottle *une bouteille,* **10**
boutique *une boutique,* **11**
bowl *un bol,* **6**
bowling alley *un bowling,* **9**
box *une boîte,* **11**
boy *un garçon,* **1**
bracelet *un bracelet,* **10**
bread *le pain,* **6**
break *la récré(ation),* **2**
breakfast *le petit déjeuner,* **6**
bright *vif, vive,* **10**
to **bring** *emporter,* **5**; *apporter,* **10**
brioche *une brioche,* **6**
Brittany *la Bretagne,* **5**
brother *un frère,* **6**
brown *le marron,* **3**; *marron,* **7**; *brun, -e,* **7**
brunet, brunette *brun, -e,* **10**
Brussels *Bruxelles,* **1**
Burgundy *la Bourgogne,* **5**
bus *un bus,* **2**; by bus *en bus,* **2**
busy *occupé, -e,* **5**
but *mais,* **2**
butter *le beurre,* **6**
button: (slogan) button *un badge,* **10**
to **buy** *acheter,* **7**; to buy (for someone) *acheter à,* **11**
by *en,* **2**
bye *salut,* **1**

C

cafe *un café,* **7**
cafeteria *une cafeteria,* **5**
cake *un gâteau* (pl. *-x*), **6**; chocolate cake *un gâteau au chocolat,* **6**
calculator: pocket calculator *une calculette,* **2**
to **call** *téléphoner (à),* **3**; What number are you calling? *Vous demandez quel numéro?* **5**; Who's calling? *Qui est à l'appareil?* **5**
can *pouvoir,* **9**
Canada *le Canada,* **6**
candle *une bougie,* **11**
candy: piece of candy *un bonbon,* **11**
capital *la capitale,* **7**
car *une voiture,* **2**; by car *en voiture,* **2**
card: greeting card *une carte (de vœux),* **11**
cartoon *un dessin animé,* **3**
cassette *une cassette,* **3**
cat *un chat, une chatte,* **6**
catastrophe *une catastrophe,* **11**
cathedral *une cathédrale,* **7**
centimeter *un centimètre (cm),* **11**
century *un siècle,* **7**
chair *une chaise,* **6**
championship *le championnat,* **3**
to **change** *changer,* **5**
check *un chèque,* **5**; traveler's check *un chèque de voyage,* **5**
cheese *le fromage,* **6**
chef *un chef,* **6**
chicken *le poulet,* **6**
child *un enfant,* **6**
chocolate: chocolate (flavor) *le chocolat,* **6**; hot chocolate *le chocolat,* **6**; chocolate cake *un gâteau au chocolat,* **6**; chocolate mousse *une mousse au chocolat,* **10**
to **choose** *choisir,* **9**
Christmas: Merry Christmas! *Joyeux Noël!* **11**
church *une église,* **7**
city *une ville,* **3**; city walls *les remparts* (m.), **7**
class *un cours,* **2**
classical *classique,* **9**; classical music *la musique classique,* **9**; *le classique,* **10**
clever *malin, maligne,* **10**
to **close** *fermer,* **6**
closet *une penderie,* **6**
clothes *les vêtements* (m.), **5**
clothing: article of clothing *un vêtement,* **5**
cloud *un nuage,* **7**
club *un club,* **2**
coat *un manteau* (pl. *-x*), **10**
coffee *le café,* **6**; coffee with milk *le café au lait,* **6**
cold *froid, -e,* **7**; It's cold. *Il fait froid.* **7**
to **collect** *collectionner,* **3**
color *une couleur,* **3**
to **come** *venir,* **2**; to come in *entrer,* **6**; Come on! *Viens!* **6**; *Allez!* **10**; I'm coming! *J'arrive!* **7**

comedy *un film comique,* **9**
comic strips (comics) *des bandes dessinées,* (f.), **3**
commentary *un reportage,* **3**
compliment: My compliments on . . . *Mes compliments pour...* **10**
computer *un ordinateur,* **3**; computer programmer *un(e) programmeur (-euse),* **6**; computer science *l'informatique* (f.), **2**
concert *un concert,* **9**
continuation *la suite,* **6**
to **continue** *continuer,* **11**
cool *frais, fraîche,* **7**; It's cool. *Il fait frais.* **7**
to **cost** *coûter,* **5**; How much does it (do they) cost? *Il(s) coûte(nt) combien...? (Combien coûte/coûtent...?)* **11**
country *la campagne,* **7**
course *un cours,* **2**
course: of course *volontiers,* **6**; *bien sûr,* **7**; of course not *mais non,* **5**
cousin *un(e) cousin(e),* **6**
croissant *un croissant,* **6**
cup *une tasse,* **6**
curious *curieux, -euse,* **7**
currency (money) exchange *le bureau de change,* **5**
customs *la douane,* **5**; customs agent *un(e) douanier (-ière),* **5**
cute *mignon, -onne,* **10**
cycling *le vélo,* **3**

D

Dad *papa,* **6**
to **dance** *danser,* **9**
darn: Darn it! *Zut!* **10**
date *la date,* **11**
daughter *une fille,* **6**
day *un jour,* **2**; every day *tous les jours,* **2**
December *décembre* (m.), **2**
to **decide** *décider,* **9**
to **declare** *déclarer,* **5**
decorated *décoré, -e,* **7**
degrees: It's ten (degrees). *Il fait dix.* **7**; It's ten (degrees) below (zero). *Il fait moins dix.* **7**
delicious *délicieux, -euse,* **6**
dentist *un(e) dentiste,* **6**
department (in a store) *un rayon,* **11**
department store *un grand magasin,* **11**
to **depend (on)** *dépendre (de),* **3**
desk *un bureau* (pl. *-x*), **6**
dessert *le dessert,* **6**
detective film *un film policier,* **9**
diary *un journal* (pl. *-aux*), **5**
dictionary *un dictionnaire,* **5**
different *différent, -e,* **7**
difficult *difficile,* **2**
dining room *la salle à manger,* **6**
dinner *le dîner,* **6**; to eat dinner *dîner,* **6**
dinnertime *l'heure du dîner,* **6**
dirtbiking *le bicross,* **3**

disco *une discothèque,* **9**
to **do** *faire,* **3**
doctor *un médecin,* **6**
dog *un chien, une chienne,* **6**
dollar *un dollar,* **5**
door *une porte,* **6**
down: Down to work! *Au travail!* **10**
dozen *une douzaine (de),* **10**
to **dream** *rêver,* **11**
dress *une robe,* **10**
drink *une boisson,* **10**
drugstore *une pharmacie,* **7**
dud: It's a dud! *C'est un navet!* **9**
during *pendant,* **7**

E

each: Each one goes his separate way. *Chacun va de son côté.* **7**
Easter: Happy Easter! *Joyeuses Pâques!* **11**
easy *facile,* **2**
to **eat** *manger,* **5**
egg *un œuf,* **6**
elegant *élégant, -e,* **10**
else: or else *ou bien,* **10**
employee *un(e) employé(e),* **5**
end: at the end of *au fond de,* **6**
to **end** *finir,* **9**
engineer *un ingénieur,* **6**
English (language) *l'anglais* (m.), **2**
enjoy: Enjoy your meal! *Bon appétit!* **6**
enough *assez (de),* **10**; That's enough! *Ça suffit!* **6**
entirely *tout, toute, tous, toutes,* **7**
entrance *l'entrée* (f.), **5**
to **equal** *égaler,* **1**
eraser *une gomme,* **2**
escalator *un escalator,* **11**
especially *surtout,* **3**
Europe *l'Europe* (f.), **7**
evening *soir,* **2**; every evening *tous les soirs,* **9**; in the evening *du soir,* **2**
everybody *tout le monde,* **6**
everything *tout,* **5**
exam *un examen,* **2**
excellent *excellent, -e,* **6**
except *sauf,* **2**
to **exchange** *changer,* **5**
excuse me *excusez-moi,* **5**; *pardon,* **11**
exit *la sortie,* **5**
expensive *cher, chère,* **11**
extravagant *extravagant, -e,* **10**
extremely: extremely well *drôlement bien,* **10**

F

face *un visage,* **9**
fall *l'automne* (m.), **3**; in the fall *en automne,* **3**
family *une famille,* **5**; *une famille nombreuse* a large family, **6**
famous *célèbre,* **7**
fantastic *génial, -e,* **2**
fast *vite,* **11**
father *un père,* **6**
February *février* (m.), **2**

to **feel:** to feel like *avoir envie (de)*, **7**; to really feel like it *avoir très envie*, **9**

film *un film*, **3**

finally *enfin*, **6**

finals (final game) *la finale*, **3**

to **find** *trouver*, **5**

fine *bien*, **1**; Fine. *Ça va.* **1**

to **finish** *finir*, **9**

first *premier, -ière*, **1**; first (of all) *d'abord*, **11**

fish *le poisson*, **6**

flexible *souple*, **10**

flight *un vol*, **5**

floor *un étage*, **6**; ground floor *le rez-de-chaussée*, **6**; on the second/third/fourth floor *au premier/deuxième/troisième étage*, **6**

florist: the florist's *chez le/la fleuriste*, **11**

flower *une fleur*, **10**

folk music *le folk*, **10**

foot *un pied*, **2**; on foot *à pied*, **2**

football *le football américain*, **3**; *un ballon (ovale)*, **3**

for *pour*, **2**

to **forget** *oublier*, **7**

fortunately *heureusement*, **2**

franc *un franc (F)*, **2**

France *la France*, **3**

free *libre*, **2**

French *français, -e*, **5**; (language) *le français*, **2**; (person) *un(e) Français(e)*, **5**

French fries *les frites* (f.), **6**

Friday *vendredi* (m.), **2**; on Friday(s) *le vendredi*, **2**

fridge *un frigo*, **6**

friend *un(e) ami(e)*, **1**; *un copain, une copine*, **3**

from *de*, **1**

front: in front of *devant*, **5**

fruit *un fruit*, **6**; fruit juice *le jus de fruit*, **6**

full (of) *plein, -e (de)*, **5**

fun: It's fun! *C'est le pied!* **3**

funny *drôle*, **9**

G

game *un jeu* (pl. *-x*), **3**; *un match* (pl. *-es*), **3**; game show *un jeu*, **3**; final game, finals *la finale*, **3**; Olympic Games, Olympics *les Jeux Olympiques*, **3**; soccer game *un match de foot*, **3**

garden *un jardin*, **7**; informal garden *un jardin anglais*, **7**

garish *criard, -e*, **10**

generous *généreux, -euse*, **11**

Geneva *Genève*, **1**

geography *la géo(graphie)*, **2**

get: Get well soon! *Bonne santé!* **11**

gift *un cadeau* (pl. *-x*), **5**

girl *une fille*, **1**

to **give** *donner*, **6**; *offrir*, **11**; to give up *abandonner*, **11**

gladly *volontiers*, **9**

to **go** *aller*, **5**; Go on! *Allez!* **6**; Let's go! *Allons-y!* **7**; to go by/through

passer, **5**; to go down *descendre*, **7**; to go out *sortir*, **3**, **9** (pres. tense); to go up on *passer sur*, **7**; Shall we go? *On y va?* **7**

good *bon, bonne*, **7**

goodbye *au revoir*, **1**

good evening *bonsoir*, **1**

good night *bonsoir*, **1**

grade *une classe*, **1**

gram *un gramme (g)*, **10**

grandfather *un grand-père*, **6**

grandmother *une grand-mère*, **6**

grandparents *les grands-parents* (m.), **6**

gray *gris, -e*, **7**

great *chouette*, **2**; *extra(ordinaire)*, **2**; *génial, -e*, **2**; not so great *pas le pied*, **2**; *pas terrible*, **2**

green *le vert*, **3**; *vert, -e*, **7**

grocery store *une épicerie*, **7**

ground: ground floor *le rez-de-chaussée*, **6**; on the ground floor *au rez-de-chaussée*, **6**

to **guard** *garder*, **6**

guest room *une chambre d'amis*, **6**

guide *un guide*, **6**; tour guide *un guide touristique*, **6**

guidebook *un guide*, **7**

guitar *une guitare*, **10**

guy *un type*, **3**

gym *la gym(nastique)*, **2**

H

hair *les cheveux* (m.), **10**

hairdo *une coiffure*, **10**

half: half past (the hour) *et demie*, **2**

half-hour *une demi-heure*, **5**

hall *le couloir*, **6**

ham *le jambon*, **6**

handbag *un sac*, **11**

handkerchief *un mouchoir*, **11**

happy *heureux, -euse*, **7**

hard *difficile*, **2**

to **hate** *détester*, **9**; I hate it/them! *Je déteste!* **9**

to **have** *avoir*, **2**; to have (to eat or drink) *prendre*, **6**; to have to: (we) have to, must *il faut*, **7**

he *il*, **1**; he's *c'est*, **1**

hello *bonjour*, **1**; *salut*, **1**; (on phone) *allô*, **5**

helmet *un casque*, **3**

her *son, sa, ses*, **6**; (to or for) her *lui*, **11**

here *ici*, **5**; *là*, **6**; here is (are) *voilà*, **2**; *voici*, **6**; here you are *voilà*, **5**

hey *tiens*, **6**

hi *salut*, **1**

high school *un lycée*, **7**; high school student *un(e) lycéen(ne)*, **9**

him: (to or for) him *lui*, **11**

his *son, sa, ses*, **6**

history *l'histoire* (f.), **2**

hockey *le *hockey*, **3**; (hockey) puck *une rondelle*, **3**; hockey stick *une crosse*, **3**

hold: Hold on. *Ne quittez pas.* **5**

hole *un trou*, **10**

holiday: Happy holiday! (Happy saint's day!) *Bonne fête!* **11**

home *une maison*, **6**

homework *les devoirs* (m.), **2**

to **hope** *espérer*, **6**; I hope *j'espère*, **6**

horror: horror movie *un film d'horreur*, **9**

hors d'oeuvre *un *hors-d'œuvre* (pl. **hors-d'œuvre*), **6**

horse *un cheval* (pl. *-aux*), **3**

horseback riding *le cheval*, **3**

hospital *un hôpital* (pl. *-aux*), **7**

hotel *un hôtel*, **7**

hour *une heure (h)*, **2**

house *une maison*, **6**; (at/to) someone's house *chez*, **5**; their house *chez eux*, **5**; your house *chez vous*, **5**

how *comment*, **2**; How are things? *Ça va?* **1**; How is it? *Comment tu trouves?* **6**; how long *combien de temps*, **5**; how many *combien (de)*, **10**; how much *combien (de)*, **2**; How much do/does . . . cost? *Il(s) coûte(nt) combien...? (Combien coûte/coûtent...?)* **11**; How much is/are . . . ? *C'est combien...?* **2**; How old are you? *Tu as quel âge?* **6**

huge *immense*, **7**

hungry: to be (very) hungry *avoir (très) faim*, **5**; It makes you hungry. *Ça donne faim.* **6**

hurricane *un ouragan*, **7**

husband *un mari*, **6**

I

I *je*, **1**

ice cream *la glace*, **6**

ice-skating *le patin à glace*, **3**

idea *une idée*, **7**

idiot *un pied*, **10**; clumsy idiot *une savate*, **10**

if *si*, **7**

immense *immense*, **7**

impossible *impossible*, **9**

impressive *impressionnant, -e*, **7**

in *à*, **2**; *dans*, **2**; *en*, **2**; in (a photo) *sur*, **6**

inch *un pouce*, **11**

inexpensive *pas cher*, **11**

information *les renseignements* (m.), **5**; at the information desk *aux renseignements*, **5**

instead *plutôt*, **11**

interview *une interview*, **3**

invitation *une invitation*, **10**

to **invite** *inviter*, **10**

it *ça*, **3**; *il, elle*, **6**; it's *c'est*, **2**; It's so (+ adj.)! *Qu'il/elle est (+ adj.)!* **11**

J

jacket: blazer *une veste*, **10**; waist-length jacket *un blouson*, **10**

jam *la confiture*, **6**

January *janvier* (m.), **2**

jazz *le jazz*, **10**

jeans *un jean*, **10**

jewel *un bijou*, **10**

jewelry *des bijoux,* **10;** jewelry store *une bijouterie,* **11**
jogging *le jogging,* **3;** jogging suit *un survêt,* **3**
to **joke** *plaisanter,* **6**
juice *le jus,* **6;** fruit juice *le jus de fruit,* **6**
July *juillet* (m.), **2**
June *juin* (m.), **2**

K

kilo(gram) *un kilo (kg),* **10**
kilometer *un kilomètre,* **2**
kind *un genre,* **9**
king *un roi,* **10**
kitchen *la cuisine,* **6**
to **know:** to know, be acquainted with *connaître,* **7;** to know (how) *savoir,* **10;** I/you know *je/tu sais,* **7**

L

lamp *une lampe,* **6**
large *grand, -e,* **3;** a large family *une famille nombreuse,* **6**
last *dernier, -ière,* **10**
late *en retard,* **5**
later *plus tard,* **5;** later (on) *plus tard,* **11**
latest: the latest style *la mode branchée,* **10**
lawyer *un(e) avocat(e),* **6**
lazy *paresseux, -euse,* **10**
leather-goods shop *une maroquinerie,* **11**
to **leave** *laisser,* **6;** *partir,* **7, 9** (pres. tense)
left: to the left (of) *à gauche (de),* **5**
lemon soda *la limonade,* **6**
life *une vie,* **6;** What a life! *Quelle vie!* **6**
like *comme,* **10**
to **like** *aimer,* **3;** to like better *aimer mieux,* **3**
list *une liste,* **10**
to **listen (to)** *écouter,* **3**
liter *un litre,* **10**
little *petit, -e,* **7;** a little *un peu (de),* **10;** a little more *encore un peu,* **6**
to **live (in)** *habiter,* **5**
living room *le living,* **6;** *le salon,* **10**
location *un site,* **3;** *l'emplacement* (m.), **11**
long: how long *combien de temps,* **5**
to **look:** to look (at) *regarder,* **3;** look (at) *regarde,* **2;** to look for *chercher,* **5;** to look like *avoir l'air (de),* **9;** It/They look(s) nice on you. *Il (Elle) te va bien. Ils (Elles) te vont bien.* **10**
loose *large,* **10**
to **lose** *perdre,* **10**
lost and found *les objets trouvés* (m.), **5**
lot: a lot (of) *beaucoup (de),* **2;** *un tas (de),* **9;** *plein (de),* **11**
loud *criard, -e,* **10**
love: Love and kisses *Bises,* **11;** love story *une histoire d'amour,* **9**

to **love** *adorer,* **6;** I love it! *J'adore!* **6;** I love it/them! *J'adore (ça)!* **9**
luckily *heureusement,* **2**
luggage *les bagages* (m.), **5**
lunch *le déjeuner,* **2**

M

ma'am *madame (Mme),* **1**
madam *madame (Mme),* **1**
magazine *un magazine,* **9**
magnificent *magnifique,* **7**
main *principal, -e* (m. pl. *-aux*), **6**
mainly *surtout,* **3**
to **make** *faire,* **3;** *préparer,* **10;** Make yourself at home. *Fais comme chez toi. Faites comme chez vous.* **6**
mall *un centre commercial,* **9**
man *un homme,* **6**
many *beaucoup (de),* **2;** how many *combien (de),* **10;** too many *trop (de),* **9**
map *une carte,* **7;** map (of a city) *un plan,* **7**
March *mars* (m.), **2**
marina *un port de plaisance,* **7**
math *les maths (mathématiques)* (f.), **2**
May *mai* (m.), **2**
maybe *peut-être,* **9**
me *moi,* **1**
meal *un repas,* **6;** Enjoy your meal! *Bon appétit!* **6**
mean *méchant, -e,* **6**
to **measure** *mesurer,* **11**
meat *la viande,* **6**
medicine *un médicament,* **7**
to **meet** *faire des rencontres,* **10**
member *un membre,* **2**
memory *une mémoire,* **11;** memory lapse *un trou de mémoire,* **11**
merchant *un(e) commerçant(e),* **6**
meter *un mètre (m),* **11**
midnight *minuit* (m.), **2**
milk *le lait,* **6**
mineral water *l'eau minérale* (f.), **6**
minus *moins,* **1**
minute: in a minute *tout à l'heure,* **7**
miss *mademoiselle (Mlle),* **1**
Mom *maman,* **6**
Monday *lundi* (m.), **2;** on Monday(s) *le lundi,* **2**
money *l'argent* (m.), **5**
month *un mois,* **5** (For months, see separate entries in this Vocabulary.)
Montreal *Montréal,* **1**
monument *un monument,* **7**
moped *une mob(ylette),* **2;** by moped *en mobylette,* **2**
more *encore,* **5;** *plus,* **5;** more (of) *plutôt,* **9;** a little more *encore un peu,* **6**
morning *le matin,* **2;** in the morning *le/du matin,* **2**
most *plus,* **5;** at most *au plus,* **5**
mostly *surtout,* **9**
mother *une mère,* **7**
motorcycle *une moto,* **2;** by motorcycle *en moto,* **2**

mountain *la montagne,* **7;** in the mountains *à la montagne,* **7**
mousse *une mousse,* **10;** chocolate mousse *une mousse au chocolat,* **10**
movie *un film,* **3;** movie theater *le cinéma,* **7;** movies *le cinéma,* **9;** to go to the movies *aller au cinéma,* **9**
Mr. *monsieur (M.),* **1**
Mrs. *madame (Mme),* **1**
much *beaucoup (de),* **2;** how much *combien (de),* **2;** too much *trop (de),* **9**
murderer *un assassin,* **9**
museum *un musée,* **7**
music *la musique,* **2**
must: (we) must, have to *il faut,* **7**
my *mon, ma, mes,* **5**
mystery (movie) *un film policier,* **9;** (novel) *un polar,* **2**

N

name *un nom,* **2;** What's your name? *Tu t'appelles comment?* **1;** My name is . . . *Je m'appelle...* **1;** His/her name is . . . *Il/Elle s'appelle...* **1**
narrow *étroit, -e,* **7**
near *près (de),* **5**
nearby *à côté,* **7**
necklace *un collier,* **10**
to **need** *avoir besoin de,* **11;** I/you need *il me/te faut,* **2;** is/are needed *il faut,* **2**
neighborhood *un quartier,* **7**
net *un filet,* **3**
new *nouveau, nouvel, nouvelle, nouveaux, nouvelles,* **7**
news *les informations* (f.), **3;** news report *un reportage,* **3**
next: next to, next door to *à côté (de),* **5**
nice *sympa(thique),* **2;** *gentil, gentille,* **6;** *bien,* **10;** It's nice weather. *Il fait bon.* **7**
night *un soir,* **9;** every night *tous les soirs,* **9;** (on) Saturday nights *le samedi soir,* **9**
night stand *une table de nuit,* **6**
no *non,* **1;** no problem *pas de problèmes,* **5**
noon *midi* (m.), **2**
not *(ne...)pas,* **3;** not . . . anymore *ne...plus,* **6;** not bad *pas mal,* **1;** not so great *pas le pied, pas terrible,* **2;** of course not *mais non,* **5**
note *un petit mot,* **10;** thank-you note *un mot de remerciements,* **11**
notebook *un cahier,* **2;** loose-leaf notebook *un classeur,* **2**
nothing *rien,* **5;** It's nothing. *Ce n'est rien.* **10**
November *novembre* (m.), **2**
now *maintenant,* **2**
number *un nombre,* **1;** *un numéro,* **5;** *un morceau* (pl. *-x*), **10;** wrong number *une erreur,* **5** (For numbers 0–20, see Unit 1, p. 43; for numbers 20–1,000, see Unit 5, p. 140.)
nurse *un(e) infirmier (-ière),* **6**

O

occupation *une profession*, 6
o'clock: It's . . . o'clock. *Il est... heure(s).* 2
October *octobre* (m.), 2
of *de*, 2
to **offer** *offrir*, 11
often *souvent*, 2
OK *bon*, 3; OK, 5; *d'accord*, 9
old *vieux, vieil, vieille, vieux, vieilles*, 7; How old are you? *Tu as quel âge?* 6; I am . . . years old. *J'ai...ans.* 6
Olympics (Olympic Games) *les Jeux Olympiques* (m.), 3
omelette *une omelette*, 6
on *à*, 2; *en*, 2; *sur*, 3
once *une fois*, 9; once a week *une fois par semaine*, 9
one *un(e)*, 1; *on*, 3; the one *celui(-là), celle(-là)*, 11; the ones *ceux(-là), celles(-là)*, 11
only *seul, -e*, 7
to **open** *ouvrir*, 11
opinion: in my opinion *à mon avis*, 9
or *ou*, 1; or else *ou bien*, 10
orange *l'orange* (m.), 3; *orange*, 7
order: in order to *pour*, 7
ordinary *banal, -e*, 11
to **organize** *organiser*, 10
original *original, -e* (m. pl. *-aux*), 9
other *autre*, 2
our *notre, nos*, 6

P

painter *un peintre*, 7
pair *une paire*, 11
pajamas *un pyjama*, 9
pal *un copain, une copine*, 1
pants *un pantalon*, 10
paper: sheet of paper *une feuille*, 2
parents *les parents* (m.), 6
party *une boum*, 9; The party's in full swing. *La boum bat son plein.* 10
passion *une passion*, 9
Passover: Happy Passover! *Joyeuse Pâque!* 11
passport *un passeport*, 5; passport check *le contrôle des passeports*, 5
pastime *un passe-temps*, 3
pastry shop *une pâtisserie*, 7
pâté *le pâté*, 6
P.E. *la gym(nastique)*, 2
peanut butter *le beurre de cacahouètes*, 5
pen *un stylo*, 2; pen pal *un(e) correspondant(e)*, 6
pencil *un crayon*, 2; pencil case *une trousse*, 2
people *les gens*, 3; people in general *on*, 3
per *par*, 9
perfect *parfait, -e*, 10
perfume *le parfum*, 11; perfume shop *une parfumerie*, 11
to **phone** *téléphoner (à)*, 3
photo *une photo*, 6
photographer *un(e) photographe*, 11

photography *la photo*, 3
physics *la physique*, 2
to **pick out** *choisir*, 10
picture *une photo*, 6; to take pictures *faire de la photo*, 3
piece *un morceau* (pl. *-x*), 10
pink *rose*, 7
place *un endroit*, 9
to **play** *jouer*, 3; to play (a game) *jouer à*, 7; to play table soccer *jouer au baby-foot*, 7; to play (a musical instrument) *jouer de*, 10
playing: to be playing (a movie) *passer*, 9
pleasant *agréable*, 10
please *s'il vous plaît*, 2
pleasure: with pleasure *avec plaisir*, 6
plus *plus*, 1
pointed *pointu, -e*, 10
police station *la gendarmerie*, 7
polo shirt *un polo*, 10
postcard *une carte postale*, 3
poster *un poster*, 2; *une affiche*, 9
post office *la poste*, 7
practical *pratique*, 10
to **prefer** *aimer mieux*, 3; *préférer*, 9; I prefer *je préfère*, 9
to **prepare** *préparer*, 10
pretty *joli, -e*, 7; That looks pretty. *Ça fait joli.* 10
problem *un problème*, 5; no problem *pas de problèmes*, 5
program: TV program *une émission*, 3
Provence *la Provence*, 7
province *une province*, 7; in the provinces *en province*, 7
pullover *un pull*, 10
pupil *un(e) élève*, 2
purse *un sac*, 11
to **put (on)** *mettre*, 10

Q

quarter *un quart*, 2; quarter of/to (the hour) *moins le quart*, 2; quarter past (the hour) *et quart*, 2
quarter-hour *un quart d'heure*, 5
question *une question*, 6; What a question! *Quelle question!* 6
quickly *vite*, 11
quiz *une interro(gation)*, 2

R

radio *une radio*, 11
railroad station *la gare*, 7
to **rain** *pleuvoir*, 7; It's raining. It'll rain. *Il pleut.* 7
raincoat *un imperméable*, 10
rather *assez*, 9; *plutôt*, 9
razor (electric) *un rasoir électrique*, 11
to **read** *lire*, 3
ready *prêt, -e*, 10
really *vraiment*, 3; to really feel like it *avoir très envie*, 9
to **receive** *recevoir*, 11
recess *la récré(ation)*, 2

record *un disque*, 3; record shop *chez le disquaire*, 11
recreation center: Youth Recreation Center *la Maison des Jeunes*, 7
red *le rouge*, 3; *rouge*, 7
refrigerator *un réfrigérateur*, 6
rendezvous *un rendez-vous*, 7
reporter *un(e) journaliste*, 9
to **reside** *habiter*, 5
restroom *les toilettes* (f.), 5
retired *à la retraite*, 6
to **return** *rentrer*, 5
right: to the right (of) *à droite (de)*, 5
right *juste*, 5; right away *tout de suite*, 7; right there *juste là*, 5; right? (huh? is it?) *hein?* 7
ring *une bague*, 10
river *un fleuve*, 7
rock (music) *le rock*, 9
roof *un toit*, 7
room *une pièce*, 6
ruler *une règle*, 2
running shoes *des joggers* (m.), 3

S

sad *triste*, 11
saint: Happy saint's day! (Happy holiday!) *Bonne fête!* 11
salad *une salade*, 6
salami *le saucisson*, 6
salesman (saleswoman) *un(e) vendeur (-euse)*, 2
same *même*, 9
sandal *une sandale*, 10
sandwich *un sandwich* (pl. *-es*), 10
Saturday *samedi* (m.), 2; on Saturday(s) *le samedi*, 2
sauce *une sauce*, 6
Savoy *la Savoie*, 7
say *dis*, 5; *tiens*, 6
scarf *une écharpe*, 11
schedule *un emploi du temps*, 2; *un horaire*, 7
school *une école*, 2; middle or junior high school *un collège*, 2; high school *un lycée*, 7
schoolwork *le travail*, 9
science fiction: science-fiction movie *un film de science-fiction*, 9
sea *la mer*, 7
search *une recherche*, 11
season *une saison*, 3
second *deuxième*, 6; on the second floor *au premier étage*, 6
to **see** *voir*, 7; see you *salut*, 1; see you later *à tout à l'heure*, 1
selfish *égoïste*, 11
to **send** *envoyer*, 10; send *envoie*, 10
September *septembre* (m.), 2
series *une série*, 3
to **set:** to set the table *mettre la table*, 6
several *plusieurs*, 10
she *elle*, 1; she's *c'est*, 1
shirt: man's shirt *une chemise*, 10; polo shirt *un polo*, 10; T-shirt *un tee-shirt*, 2; turtleneck shirt *un col roulé*, 10; woman's tailored shirt *un chemisier*, 10

shoe *une chaussure,* 10
shop *une boutique,* 11; shop (class) *la technologie,* 2
shopping center *un centre commercial,* 9
short *court, -e,* 10
shorts *un short,* 10
show: TV show *une émission,* 3
to **show** *montrer,* 6
sign *une enseigne,* 5
simplest: the simplest thing *le plus simple,* 5
to **sing** *chanter,* 11
sir *monsieur (M.),* 1
sister *une sœur,* 6
site *un site,* 3
situated *situé, -e,* 7
size *la taille,* 11; (shoes) *la pointure,* 11
skates *des patins (m.),* 3
skating rink *une patinoire,* 9
ski: skis *des skis (m.),* 3; ski boots *des chaussures (f.) de ski,* 3; ski poles *des bâtons (m.),* 3
skiing *le ski,* 3
skirt *une jupe,* 10
sky *le ciel,* 7
slacks *un pantalon,* 10
to **sleep** *dormir,* 9
slice *une tranche,* 6
small *petit, -e,* 7
smart *malin, maligne,* 10
snack: afternoon snack *le goûter,* 6
sneakers: (high) sneakers *des baskets (f.),* 10; (low) sneakers *des tennis (f.),* 10
to **snow** *neiger,* 7; It's snowing. *Il neige.* 7
so *alors,* 2; So what? *Et alors?* 3
soap opera *un feuilleton,* 3
soccer *le foot(ball),* 3; soccer ball *un ballon (rond),* 3
sock *une chaussette,* 10
solution *une solution,* 7
some *des,* 2; *du, de la, de l',* 6
something *quelque chose,* 11
sometimes *quelquefois,* 2
son *un fils,* 6
sorry *désolé, -e,* 5; to be sorry *regretter,* 9
south *le sud,* 7
Spanish (language) *l'espagnol (m.),* 2
to **speak** *parler,* 6
sport *un sport,* 3; sports *le sport,* 6
sporty: the sporty style/look *la mode sport,* 10
spring *le printemps,* 3; in the spring *au printemps,* 3
square *une place,* 7
stadium *un stade,* 7
stairs *un escalier,* 6
stamp *un timbre,* 7
to **start** *commencer,* 10
stationery store *une papeterie,* 11
to **stay** *rester,* 5
stereo *une chaîne stéréo,* 6
stone *une pierre,* 7; (made) of stone *en pierre,* 7

store *un magasin,* 2; department store *un grand magasin,* 11
storeroom *le débarras,* 6
straight: straight ahead *tout droit,* 5
to **straighten up** *ranger,* 10
street *une rue,* 7
stroll *une balade,* 11
student *un(e) élève,* 2; *un(e) étudiant(e),* 5; high school student *un(e) lycéen(ne),* 9
stupid *idiot, -e,* 7; to act stupid *faire l'idiot,* 7
style *la mode,* 10; *un style,* 10; the latest style *la mode branchée,* 10; the sporty style/look *la mode sport,* 10; the style of the Fifties *la mode rétro,* 10
stylish *à la mode,* 10
subway *le métro,* 2; by subway *en métro,* 2
suitcase *une valise,* 5
summer *l'été (m.),* 3; in the summer *en été,* 3
sun *le soleil,* 7
Sunday *dimanche (m.),* 2; on Sunday(s) *le dimanche,* 2
sunny: It's sunny. *Il y a du soleil.* 7
super *super,* 2
superb *superbe,* 7
supper *le dîner,* 6
surfing *le surf,* 3
surprise *une surprise,* 11
sweatsuit *un survêt,* 3
to **swim** *nager,* 3
swimming *la natation,* 3; swimming pool *une piscine,* 3
swing: The party's in full swing. *La boum bat son plein.* 10
to **swing:** It's going to swing! *Ça va swinguer!* 10

T

table *une table,* 6; to set the table *mettre la table,* 6
to **take** *prendre,* 5, 6 (pres. tense); to take part in (sports) *faire (de),* 3; What sport(s) do you take part in? *Tu fais quel(s) sport(s)?* 3; to take up *monter,* 6
to **talk** *parler,* 6; *discuter,* 9
taste *le goût,* 10
taxi *un taxi,* 5; taxi stand *les taxis,* 5
tea *le thé,* 6
teacher *un prof(esseur),* 2
telephone *un appareil,* 5; *un téléphone,* 5
television (TV) *la télé(vision),* 3; What's on TV? *Qu'est-ce qu'il y a à la télé?* 3
temperature *la température,* 7; What's the temperature? *Il fait quelle température?* 7
tennis *le tennis,* 3; tennis ball *une balle,* 3; (tennis) racket *une raquette,* 3
terrace *la terrasse,* 6
terrific *extra(ordinaire),* 2

thanks *merci,* 6
thank you *merci,* 2; *Je te remercie.* 11; thank-you note *un mot de remerciements,* 11
that *ce, cet, cette,* 1; *ça,* 3; that one *celui(-là), celle(-là),* 11; that's *c'est,* 6; That's all right. *Ça ne fait rien.* 5
the *le, la, les,* 1
their *leur, leurs,* 6
them: (to or for) them *leur,* 11
then *alors,* 2; *puis,* 5; *ensuite,* 7
there *là,* 5; *y,* 7; over there *là-bas,* 1; right there *juste là,* 5; there is/are *voilà,* 2; *il y a,* 2; there it is *le voilà,* 5; there you are *voilà,* 5
these *ces,* 2; *ceux(-là), celles(-là),* 11; these are *c'est,* 6
they *ils, elles,* 1; *on,* 3
thick *gros, grosse,* 7
thing *une chose,* 9
to **think** *penser,* 9; Do you think so? *Tu crois?* 9; *Tu trouves?* 10; What do you think of that? *Qu'est-ce que tu en penses?* 11
third *troisième,* 6; on the third floor *au deuxième étage,* 6
thirsty: to be thirsty *avoir soif,* 10
this *ce, cet, cette,* 1; this is *c'est,* 6; this one *celui(-là), celle(-là),* 11
those *ces,* 2; *ceux(-là), celles(-là),* 11; those are *c'est,* 6
thunderstorm *un orage,* 7
Thursday *jeudi (m.),* 2; on Thursday(s) *le jeudi,* 2
ticket *un billet,* 5
tight *étroit, -e,* 10
time *le temps,* 5; one time *une fois,* 9; what time *à quelle heure,* 2; What time is it? *Il est quelle heure?* 2
timetable *un horaire,* 7
tired *fatigué, -e,* 6
to *à,* 2; *en,* 5
today *aujourd'hui,* 2
together *ensemble,* 9
toilet *les toilettes (f.),* 5
tomorrow *demain,* 2
too *aussi,* 1; *trop,* 6; *en plus,* 9; too much, too many *trop (de),* 9
top: at the top of *en *haut de,* 9
totally *tout à fait,* 10
touching *émouvant, -e,* 9
tour guide *un guide touristique,* 6
Tourist Office *l'Office de tourisme (f.),* 7
tower *une tour,* 7; Clock Tower *la Tour de l'Horloge,* 7
town *une ville,* 3; town hall *la mairie,* 7
track: track and field *l'athlétisme (m.),* 3
train *le train,* 7
trash: It's trash! *C'est bidon!* 9
traveler's check *un chèque de voyage,* 5
trip: Have a good trip! (by car) *Bonne route!* 11; (by plane, ship) *Bon voyage!* 11
true *vrai, -e,* 6

T-shirt *un tee-shirt,* **2**
Tuesday *mardi* (m.), **2**; on Tuesday(s) *le mardi,* **2**
to **turn** *tourner,* **5**
twelfth *douzième,* **7**
twice *deux fois,* **9**

U

umbrella *un parapluie,* **7**
uncle *un oncle,* **6**
United States *les Etats-Unis* (m.), **5**
unoccupied *libre,* **2**
usually *d'habitude,* **2**

V

vacation *les vacances* (f.), **7**; Have a nice vacation! *Bonnes vacances!* **11**
to **vacuum** *passer l'aspirateur,* **10**
varied *varié, -e,* **6**
variety show *les variétés* (f.), **3**
vegetable *un légume,* **6**
very *très,* **1**
viaduct *un viaduc,* **7**
videocassette *un film vidéo,* **3**; videocassette recorder (VCR) *un magnétoscope,* **11**
view *une vue,* **7**
village *un village,* **7**
violent *violent, -e,* **9**
visit *une visite,* **6**
to **visit** *visiter,* **7**
volleyball *le volley(-ball),* **3**; *un ballon,* **3**

W

to **wait (for)** *attendre,* **5**
walk *une balade,* **11**
to **walk** *marcher,* **7**
wallet *un portefeuille,* **11**
to **want** *vouloir,* **9**; If you want to. *Si tu veux.* **9**
wardrobe *une armoire,* **6**

warm *chaud, -e,* **7**; It's warm. *Il fait chaud.* **7**
watch *une montre,* **11**
to **watch** *regarder,* **3**
water *l'eau* (f.), **6**; mineral water *l'eau minérale,* **6**
way: Each one goes his separate way. *Chacun va de son côté.* **7**
we *nous,* **1**; *on,* **3**
to **wear** *mettre,* **10**; *porter,* **10**
weather *le temps,* **7**; What's the weather like? *Il fait quel temps?* **7**; It's nice weather. *Il fait bon.* **7**
wedding anniversary *l'anniversaire* (m.) *de mariage,* **11**
Wednesday *mercredi* (m.), **2**; on Wednesday(s) *le mercredi,* **2**
week *une semaine,* **2**; once a week *une fois par semaine,* **9**
weekend *un week-end,* **7**
welcome: Welcome! *Bienvenue!* **6**; *Soyez le/la bienvenu(e)!* **6**
well *bien,* **1**; *bon,* **1**; *alors,* **2**; *eh bien,* **2**; extremely well *drôlement bien,* **10**; Get well soon! *Bonne santé!* **11**
Western *un western,* **9**
what *quoi,* **2**; *quel(s), quelle(s),* **3**; *qu'est-ce que,* **3**; *que,* **5**; What a . . . ! *Quel (Quelle)...!* **6**; What a question/life! *Quelle question/vie!* **6**; What is it/that? *Qu'est-ce que c'est?* **9**; What's on TV? *Qu'est-ce qu'il y a à la télé?* **3**
when *quand,* **5**
where *où,* **1**
which *quel(s), quelle(s),* **3**
white *le blanc,* **3**; *blanc, blanche,* **7**
who (whom) *qui,* **5**
why *pourquoi,* **5**
wide *large,* **7**
wife *une femme,* **6**
wild *extravagant, -e,* **10**
wind *le vent,* **7**

window *une fenêtre,* **6**
window-shopping: to go window-shopping *faire du lèche-vitrines,* **11**
windsurfing *la planche à voile,* **3**
windy: It's windy. *Il y a du vent.* **7**
winter *l'hiver* (m.), **3**; in the winter *en hiver,* **3**
wish *un vœu* (pl. -x), **11**; Best wishes! *Meilleurs vœux (souhaits)!* **11**
with *avec,* **2**; *dans,* **5**
woman *une femme,* **6**
wood *le bois,* **7**
wooden *en bois,* **7**
work *le travail,* **9**; Down to work! *Au travail!* **10**
to **work** *travailler,* **6**
worker: factory worker, blue-collar worker *un(e) ouvrier (-ière),* **6**
wrong: wrong number *une erreur,* **5**

Y

year *un an,* **6**; *une année,* **11**; every year *tous les ans,* **11**; Happy New Year! *Bonne année!* **11**; to be . . . years old *avoir...ans,* **6**
yellow *le jaune,* **3**; *jaune,* **7**
yes *oui,* **1**; *si,* **5**
yesterday *hier,* **10**
yet: not yet *pas encore,* **10**
you *tu,* **1**; *toi,* **1**; *vous,* **1**; *on,* **3**
young *jeune,* **3**; young people *les jeunes* (m.), **3**
your *ton, ta, tes,* **6**; *votre, vos,* **6**
youth: the youth *les jeunes* (m.), **9**; Youth Recreation Center *la Maison des Jeunes,* **7**

Z

zero *un zéro,* **1**

GRAMMAR INDEX

The numbers and letters after each entry refer to the unit and section.

à: before names of cities and countries, 5 (A6); contractions with **le, les,** 5 (B5)

à quelle heure: 5 (B16)

acheter: present, 11 (A4). *See Verb Index,* 348.

adjectives: demonstrative adjectives, 1 (C9), 2 (C6); possessive adjectives, 6 (B8); agreement and position, 7 (A5); **beau, nouveau, vieux,** 7 (C4); interrogative adjectives, 11 (B9); used as nouns, 11 (B17)

adverbs: between auxiliary and past participle, 10 (A7)

agreement: of possessive adjectives, 6 (B8), of adjective with noun or pronoun, 7 (A5)

aimer, verbs like: present, 3 (B12); **aimer mieux,** 3 (C12). *See Grammar Summary,* 345.

aller: present, 5 (A3); **aller** + infinitive to express future time, 5 (C10). *See Verb Index,* 348.

s'appeler: 1 (B4). *See Verb Index,* 348.

articles: gender markers, 1 (C9); **ce, cet, cette,** 1 (C9); **ces,** 2 (C6); **le, la, l',** 1 (C9); **les,** 2 (C6); **un, une,** 1 (C9); **des,** 2 (C6)

attendre, verbs like: present, 5 (C6). *See Grammar Summary,* 345.

avoir: present, 2 (B11); requests or commands, 6 (A6); in passé composé, 10 (A7); past participle, 10 (A7). *See Verb Index,* 348.

beau: 7 (C4)

ce, cet, cette, ces: *see* articles.

celui, celle, ceux, celles: 11 (C9)

choisir, verbs like: present, 9 (C6). *See Grammar Summary,* 345.

combien: 2 (C17), 3 (C21), 5 (B16), 11 (B6)

commands or requests: 6 (A6); suggestions, 7 (B7); with indirect-object pronouns, 11 (A8)

comment: 3 (C21), 5 (B16)

connaître: present, 7 (C10); vs. **savoir,** 10 (C15). *See Verb Index,* 348.

contractions: with **à,** 5 (B5); with **de,** 5 (B11)

de: before names of cities and countries, 5 (A6); contractions with **le, les,** 5 (B11); in negative constructions instead of **du, de la, de l', des** or **un, une,** 6 (C11)

demonstrative pronouns: celui, celle, ceux, celles, 11 (C9)

dormir: like **sortir,** 9 (A6). *See Grammar Summary,* 345.

élision: with articles, 1 (C9); explained, 1 (C9), 2 (B11); with subject pronouns, 2 (B11), 3 (B12); with **ne,** 3 (C9); with **qu'est-ce que,** 6 (C7); with **de,** 6 (C11)

en: before names of countries, 5 (A6)

envoyer: present, 10 (A1). *See Verb Index,* 348.

être: present, 1 (C4); requests or commands, 6 (A6); past participle, 10 (A7). *See Verb Index,* 348.

faire: present, 3 (A4); talking about sports, 3 (A11); past participle, 10 (A7). *See Verb Index,* 348.

faut: il faut, 2 (C7)

feminine: gender, 1 (C9), 2 (C6)

future time: expressed by **aller** + infinitive, 5 (C10)

gender: explained, 1 (C9); singular noun markers, 1 (C9); plural noun markers, 2 (C6)

indirect-object pronouns: lui, leur, 11 (A8); in affirmative commands or requests, 11 (A8)

infinitive: explained, 3 (B12); following **aller,** 5 (C10)

interrogative adjectives: quel, quelle, quels, quelles, 11 (B9)

-là: with demonstrative pronouns, 11 (C9)

le, la, l', les: *see* articles.

liaison: explained, 2 (B11); with articles, 2 (C6); with subject pronouns, 3 (B12); with **aux,** 5 (B5); with **des,** 5 (B11); with possessive adjectives, 6 (B8); with **y,** 7 (B4); with adjectives preceding nouns, 7 (A5), 7 (C4), 11 (B9)

lire: past participle, 10 (A7). *See Verb Index,* 348.

lui, leur: indirect-object pronouns, 11 (A8)

masculine: gender, 1 (C9), 2 (C6)

mettre: present, 10 (B8); past participle, 10 (B8). *See Verb Index,* 348.

negative constructions: ne...pas, 3 (C9); **pas** alone, 3 (C9); **de** after a negative instead of **du, de la, de l', des** or **un, une,** 6 (C11)

nouns: gender of, 1 (C9); plural of, 2 (C6); adjectives used as, 11 (B17)

nouveau: 7 (C4)

numbers: cardinal numbers 0–20, 1 (D1); cardinal numbers 20–1,000, 5 (A15); ordinal numbers, 2 (B23), 6 (A20). *See Numbers,* 352.

offrir: present, 11 (A4); past participle, 11 (A4). *See Verb Index*, 348.

on: subject pronoun, 3 (A4); in suggestions, 7 (B7)

où: 3 (C21), 5 (B9), 5 (B16)

ouvrir: like **offrir,** 11 (A4). *See Verb Index*, 348.

partir: like **sortir,** 9 (A6). *See Grammar Summary*, 345.

passé composé: with **avoir,** 10 (A7); in negative constructions, 10 (A7); with adverbs, 10 (A7)

past participle: formation, 10 (A7); irregular past participles, 10 (A7)

pleuvoir: present, 7 (B11). *See Verb Index*, 348.

plural: of nouns, 2 (C6); of noun markers, 2 (C6); of adjectives, 7 (A5); of possessive adjectives, 6 (B8)

possessive adjectives: 6 (B8)

pourquoi: 5 (B16)

pouvoir: present, 9 (B5); past participle, 10 (A7). *See Verb Index*, 348.

préférer: present, 9 (C1). *See Verb Index*, 348.

prendre: present, 6 (C5); past participle, 10 (A7). *See Verb Index*, 348.

prepositions: with names of cities and countries, 5 (A6)

present tense: verbs like **aimer,** 3 (B12); verbs like **attendre,** 5 (C6); verbs like **sortir,** 9 (A6); verbs like **choisir,** 9 (C6); *for other verbs, see individual listings.*

pronouns: subject, 1 (C4); **tu** vs. **vous,** 1 (C4); use of **on,** 3 (A4); **il(s), elle(s)** referring to things, 6 (A18); **y,** 7 (B4); indirect-object pronouns **lui, leur,** 11 (A8); demonstrative pronouns, 11 (C9)

quand: 5 (B16)

quantity: in general, some, a serving, 6 (C11); expressions of, 10 (A21)

que: in exclamations, 11 (C12)

quel, quelle, quels, quelles: interrogative adjectives, 11 (B9); in exclamations, 11 (C12)

qu'est-ce que: 3 (B6), 3 (C21), 6 (C7)

questions: yes/no questions, 3 (C21); information questions, 3 (C21), 5 (B9), 5 (B16), 6 (C7)

qui: 5 (B16); **à qui,** 5 (B16); **avec qui,** 5 (B16)

quoi: 3 (B6), 3 (C21), 5 (B16), 6 (C7)

recevoir: present, 11 (C15); past participle, 11 (C15). *See Verb Index*, 348.

requests or commands: formation and use of second-person singular and plural forms, 6 (A6); irregular forms **avoir, être,** 6 (A6); suggestions, 7 (B7); with indirect-object pronouns, 11 (A8)

savoir: present, 10 (C11); past participle, 10 (C11); vs. **connaître,** 10 (C15). *See Verb Index*, 348.

si: as answer to negative question, 5 (B1)

sortir, verbs like: present, 9 (A6). *See Grammar Summary*, 345.

subject pronouns: referring to people, 1 (C4); use of **on,** 3 (A4); **il(s), elle(s)** referring to things, 6 (A18)

suggestions: 7 (B7); requests, 6 (A6); with indirect-object pronouns, 11 (A8)

tu: vs. **vous,** 1 (C4)

un, une, des: *see* articles.

venir: present, 2 (A4). *See Verb Index*, 348.

verbs: ending in **-er,** 3 (B12); ending in **-re,** 5 (C6); ending in **-ir** (like **sortir**), 9 (A6); ending in **-ir** (like **choisir**), 9 (C6); *for other verbs, see individual listings.*

vieux: 7 (C4)

voir: past participle, 10 (A7). *See Verb Index*, 348.

vouloir: present, 9 (B5); past participle, 10 (A7). *See Verb Index*, 348.

vous: vs. **tu,** 1 (C4)

y: use and position, 7 (B4)

Hallmark Cards, Inc.: Greeting cards, "Heureux Anniversaire," "Meilleurs Souhaits Pour Votre Fête," and "Bonne Fête Papa."

Harcourt Brace Jovanovich, Inc.: Maps from pp. 117 and 176, illustration from p. 153, and chart from p. 230 in *NOS AMIS: French 1.* Copyright © 1979 by Harcourt Brace Jovanovich, Inc. Map from p. 121 in *NOS AMIS, Cahier d'Activités: French 1.* Copyright © 1980 by Harcourt Brace Jovanovich, Inc. Chart from p. 40 in *LE MONDE DES JEUNES, Cahier d'Activités: French 2.* Copyright © 1982 by Harcourt Brace Jovanovich, Inc. From p. 19 in *Kaléidoscope.* Copyright © 1985 by Harcourt Brace Jovanovich, Inc. Map from pp. 206–207 in *EN ROUTE! Review Grammar: French, Advanced Level.* Copyright © 1985 by Harcourt Brace Jovanovich, Inc. Classified advertisement for editors and executive editor from *The Orlando Sentinel,* June 6, 1987.

The Hartford Insurance Group: Classified advertisement for underwriters from *The New York Times,* May 3, 1987.

Librairie Hatier S. A.: Map of France from *La France, J'aime* by Gilbert Quénelle. © April 1985 by Hatier, Paris.

Madame Figaro: Chart, "Que faire? Un ciné!" by sondage Madame Figaro/SOFRES, April 26, 1986.

Office de Tourisme de Dinan, France: Decal, "Fête des Remparts."

L'Officiel des Spectacles: Descriptions of films from *L'Officiel des Spectacles—Cette semaine,* No. 2067, August 6–12, 1986.

Random House, Inc.: Title page from *Remembrance of Things Past: Swann's Way, Within a Budding Grove* by Marcel Proust, translated by C. K. Scott Moncrieff and Terence Kilmartin. Published by Random House, Inc., 1981.

Les Editions Albert René: Astérix and Obélix cartoon characters from *Astérix chez les Belges* and from *Le Cadeau de César* by Goscinny, illustrated by Uderzo. © 1987 by Les Editions Albert René/Goscinny Uderzo.

Salut!: Chart of top twenty hits, "Hit-Parade," from *Salut!* Magazine, March 25–April 7, 1987.

SEPP S. A.: Le Grand Schtroumpf cartoon character from *L'Oeuf et les Schtroumpfs* by Peyo. © 1978 by Peyo/SEPP Brussels.

Société du Tour de France: Tour de France map. Copyright by Société du Tour de France.

Télé 7 Jours: Chart of top twenty hit songs, "Classement janvier 1986," Copyright © by Télé 7 Jours.

UNICEF: Classified advertisement for programmer analyst from *The New York Times,* May 3, 1987.

PHOTO CREDITS:	Cover photo by Daniel Aubry
All HBJ photos by Daniel Aubry, Stuart Cohen, Herman Emmet, and Ken Karp except the following. 1: May Polycarpe; 3: (t) Bernard Charlon/Gamma-Liaison; (c) Jean-Paul Nacivet/Leo de Wys; (bl) Nancy Hill/Leo de Wys; (br) Mark Antman/Image Works; 4: (tl) D. Simon/Gamma-Liaison; (tr) Stuart Cohen; (cr) C. Isy-Schwart/Image Bank; (bl) David W. Hamilton/Image Bank; (br) Steve Vidler/Leo de Wys; 5: (tl) Peter Menzel/Wheeler Pictures; (tr) Sygma; (bl) J. Messerschmidt/Leo de Wys; (br) Beryl Goldberg; 6: (t) Eric Preau/Sygma; (c) J. Messerschmidt/Leo de Wys; (bl) José Dupont/Explorer; (br) Robert Rattner; 7: (tl) William Karel/Sygma; (tr) John Lewis Stage/Image Bank; (bl) Mark Antman/Image Works; (br) Stuart Cohen; 8: (tl) Gordon Grahan/Photo Researchers; (tr) Marc Riboud/Magnum Photos; (bl) J. C. Francolon/Gamma-Liaison; (br) Christian Cuny/Rapho/Photo Researchers; 9: (tl) UPI/Bettmann Newsphotos; (tr) Jean-Loup Charmet; (bl) P. H. Ledru/Sygma; (bc) Bettmann Archive; (br) Mark Antman/Image Works; 12: (tl) Lynn Pelham/Leo de Wys; (tr) A. Nogues/Sygma; (bl, br) Stuart Cohen; 13: (l, r) Steve Vidler/Leo de Wys; 14: (tc) Charles Steiner/Intl. Stock; (cl) D. Simon/Gamma-Liaison; 15: (tl) Richard Kalvar/Magnum Photos; (tc) Eastcott/Momatiuk/Photo Researchers; (tr) Focus on Sports; (c) Gilda Guttmann/New England Stock Photo; (bl) Stuart Cohen; (br) Mark Antman/Image Works; 16: Scala/Art Resource; 17: Mark Antman/Image Works; 18: (tl) Seitz-Sola/Gamma-Liaison; (tr) J. Roy/New England Stock Photo; (bl) George S. Zimbel/Monkmeyer Press; (br) Hubert le Campion/ANA; 19: (t) J. Messerschmidt/Leo de Wys; (b) John Lidington/Photo Researchers; 20: (t) Richiardi/Gamma-Liaison; (c) G. Rancinan/Sygma; (b) UPI/Bettmann Newsphotos; 22: (b) Stuart Cohen; 23: (t) Mahaux/Image Bank; (b) Travis Photography; 24: (tr) Mark Antman/Image Bank; (b) Courtesy of Food and Wines from France, Inc.; 25: (tl) Stuart Cohen; (tr) D. Simon/Gamma-Liaison; (bl) P. Habans/Sygma; (br) Seitz/Photo Researchers; 31: (tl) Joe Viesti; 52: (cr) Luis Villota/Stock Market; (br) B. Kielczynski/Stock Market; 53: (r) Richard and Mary Magruder/Image Bank; 54: (b) Luis Villot/Stock Market; 75: (tl, tr) Giraudon/Art Resource; (tcl, tcr) Scala/Art Resource; (ctl) Joe McDonald/Bruce Coleman; (cbl) John Visser/Bruce Coleman; (cbr) Andrew Rakoczy/Bruce Coleman; (cr) Dr. E. R. Degginger/Bruce Coleman; (bl) Apple Computer, Inc.; (bcl, br) Karen Leeds/

Stock Market; (bcr) Frank Siteman/Picture Cube; p. 88: (cl) James H. Simon/Picture Cube; 91: (br) Mike Harker/G & J Images; 97: (tr) Frank Siteman/Picture Cube; 114: Joseph Daniel/Wildpic; 115: G. Rancinan/Sygma; 120: (#1) Gabe Palmer/Stock Market; (#5) Mike Maple/Woodfin Camp; 125: (t) Joseph Nettis/Photo Researchers; (c) Kay Chernush/Image Bank; (br) Dennis Purse/Photo Researchers; 126: (tl, b) J. M. Charles/Rapho/Photo Researchers; (tr) Michele Gile/Rapho/Photo Researchers; (c) Peress/Magnum; 127: (tl) Rene Burri/Magnum; (tr) Danilo Boschuna/Leo de Wys; (bl) David Hamilton/Image Bank; (br) Jean-Pierre Couderc/Rapho/Photo Researchers; 128: (t) David Burnett/Contact; (c) Sepp Seitz/Woodfin Camp; (bl) J. M. Charles/Rapho/Photo Researchers; (br) Hans Wolf/Image Bank; 129: (tl) Paolo Koch/Photo Researchers; (tr) Sophie Missir/Explorer; (c) Katrina Thomas/Photo Researchers; (b) Jeanne Strongin/Stock Market; 130: (t) Ronny Jaques/Photo Researchers; (c) David Frazier/Stock Market; (bl) G. Ehrman/Photo Researchers; (br) Richard Steedman/Stock Market; 131: (tl) Lionel Isy-Schwart/Image Bank; (tr) Claudia Parks/Stock Market; (c) Lonthier/Photo Researchers; (b) J. E. Pasquier/Photo Researchers; 132: (tl) Naud/AAA; (tr) Ciccione/Rapho/Photo Researchers; (c) Stuart Cohen; (b) Pierre Pilloud/Explorer; 134: Joe Viesti; 135: (b) Air France; 136: Air France; 137: (c) Ted Horowitz/Stock Market; (r) Steve Elmore/Stock Market; 139: (b) David Barnes/Stock Market; 165: (tl) Culver Pictures; (tc) Bettman Archive; (tr) Smithsonian Institute; (cl) Tim Holt/Photo Researchers; (cr) Culver Pictures; (b) Air France; 197: (b) Michel Baret/Rapho/Photo Researchers; 220: (bl) Rajak Ohanian/Rapho/Photo Researchers; 229: (l) Marc Romanelli/Image Bank; (r) Steve Vidler/Leo de Wys; (b) Brock May/Photo Researchers; 230: (t) Patricia Hodgkins; (cl) Gilda Guttman/New England Stock Photo; (cr) Richard Kalvar/Magnum; (b) Lee Battaglia/Photo Researchers; 231: (tr) Steve Vidler/Leo de Wys; (c) Kay Chernush/Image Bank; (b) Larry Fried/Image Bank; 232: (tl) Richard Steedman/Stock Market; (tr) Brownie Harris/Stock Market (c) S. Salgado/Magnum; (b) Pierre Gleizes/Explorer; 233: (t) 84 Planet/Stock Market; (cl) Francisco Hidalgo/Image Bank; (cr) Richard and Mary Magruder/Image Bank; (b) Joyce Photographics/Photo Researchers; 234: (tl) Joe Viesti; (tr) David Barnes/Stock Market; (bl) Luis Castañeda/Image Bank; (br) Gilles Guittard/Image Bank; 235: (tl) Jack Fields/Photo Researchers; (tr) Syllebranque/AAA; (bl) Vince Streano/Stock Market; (br) Boutin/AAA; 236: (t) Fiore/Explorer; (cl) Luis Villota/Stock Market; (cr) Blanc Pattin/Explorer; (b) André Picou/AAA; 239: (tr) Peter Menzel/Wheeler Pictures; (b) Jose Fernandez/Woodfin Camp; 241: (l) Mark Antman/Image Works; (tr) R. Levy/AAA; (br) Peter Menzel; 257: (tl) Eva Sereny/Sygma; (tc) D. Issermann/Sygma; (tr) G. Schachmes/Sygma; (bl) Tony Kent/Sygma; (bc) P. Kyriazis/Sygma; (br) Leonard de Raemy/Sygma; 264: Richard Haynes; 265: (b) Syllebranque/AAA; 272: Stuart Cohen; 273: Richard Haynes; 281: (tl) Carlos Santos/Rapho/Photo Researchers; (bl) J. Langevin/Sygma; (c) J. L. Atlan/Sygma; (r) Tine Porter/Sygma; 285: (cr) Richard Haynes; (r) Mark Antman/Image Works; 296: Val Wilkinson/Valan Photos; 297: (b) H. Donnezan/Photo Researchers; 300: (br) Emmanuel Rongieras d'Usseau; 308: Boutin/AAA; 310: Seth Joel/Wheeler Pictures; 326: Van Phillips/Leo de Wys; 327: (tl) J. Messerschmidt; (tr) Kay Chernush/Image Bank; (bl) Claudia Parks/Stock Market; (br) Lisl Dennis/Image Bank; 330: (tl) D. Murawski/Click Chicago; (tc) J. Messerschmidt/Bruce Coleman; (tr) J. Messerschmidt/Leo de Wys; 331: (t) Kay Chernush/Image Bank; 332: J. Messerschmidt/Leo de Wys; 333: (l) Marie Breton/ Rapho/Photo Researchers; (c) M. Kerdiles/Rapho/Photo Researchers; (r) Guy Hervais/Woodfin Camp; 334: (t) Jim Anderson/Rapho/Photo Researchers; (c) Ciccione/Rapho/Photo Researchers; (bl) F. Bouillot/Marco Polo; (br) Hubert le Campion/ANA; 335: (t) Karel A. de Gendre/ANA; (cl) J. Pavlovsky/Rapho/Photo Researchers; (cr) A. Wolf/Explorer; (b) J. M. Charles/Ralpho/Photo Researchers; 336: (tl) F. X. Lovat; (tr) Ciccione/Rapho/Photo Researchers; (c) J. M. Charles/Rapho/Photo Researchers; (b) Sophie Missir/Explorer; 337: (bl) R. G. Everts/Rapho/Photo Researchers; (br) Luis Villota/Stock Market; 338: (t) P. Roy/Explorer; (tl) Sarval/Rapho/Photo Researchers; (c) Harvey Lloyd/Stock Market; (b) Francois Ducasse/Rapho/Photo Researchers; 339: (t) Emmanuel Rongieras d'Usseau; (cl) le Naviose/AAA; (cr) Fabrice Rouland/Rapho/Photo Researchers; (b) Fournier/Rapho/Photo Researchers; 340: (t) Tom Pix/Peter Arnold; (cl) Franco Fontana/Image Bank; (cr) Tomas D. W. Friedmann/Photo Researchers; (b) Peter Frey/Image Bank

ART CREDITS: Susan Detrich 171, 173, (t) 200, 210, 213, 217, 273, 275, 286, 309, 310 Bert Dodson 37, 74, 104 Eldon Doty 94, 192, 193, 279, 322, 323, 324 Debbe Heller 162, 163 Lilly Langotsky 180, 181, 183, 184, 185, 271, 272 John Lawn 33, 43, 47, 60, 89, 92, (b) 98, 101, 102, 105, 108, 121, 145, 149, 152, 158, 169, 172, (t) 177, 178, 179, 188, 189, (b) 200, 214, 247, 249, 274, 276, 277, 283, 288, 317 Anita Lovitt 14, 16, 85, 186, (c) 318, 329 Tom O'Sullivan 153, 154, 187, 224, 302, 312 Steven Schindler 55, 116, 294, 295 Lauren Simeone 79 Mike Smollin 260, 261, 262 Tom Sperling 69, 71, 90, 93, (t) 98, 107, (b) 177, 203, 206, 246, 267, 280, 298, 299, 306, 313, 316, (t) 318, 328, 332 Susan Swan 83, 110, 111, 155, 156, 159, 207, 252, 263, 282, 284